XINXI JISHU JIAOYU YANJIU JINZHAN (2014)

ZHONGGUO JIAOYU JISHU XIEHUI XINXI JISHU JIAOYU ZHUANYE WEIYUANHUI
DISHIJIE XUESHU NIANHUI LUNWENJI

张剑平　刘军　主编

信息技术教育研究进展
(2014)

中国教育技术协会信息技术教育专业委员会
第十届学术年会论文集

教育科学出版社
·北　京·

出版人　所广一
责任编辑　贾立杰
版式设计　郝晓红
责任校对　贾静芳
责任印制　叶小峰

图书在版编目（CIP）数据

信息技术教育研究进展. 2014，中国教育技术协会信息技术教育专业委员会第十届学术年会论文集 / 张剑平，刘军主编. —北京：教育科学出版社，2015.4
ISBN 978-7-5041-9420-6

Ⅰ.①信…　Ⅱ.①张…　②刘…　Ⅲ.①信息技术—应用—教育工作—中国—学术会议—文集　Ⅳ.①G52-53

中国版本图书馆 CIP 数据核字（2015）第 073550 号

信息技术教育研究进展（2014）——中国教育技术协会信息技术教育专业委员会第十届学术年会论文集
XINXI JISHU JIAOYU YANJIU JINZHAN（2014）——ZHONGGUO JIAOYU JISHU XIEHUI XINXI JISHU JIAOYU ZHUANYE WEIYUANHUI DISHIJIE XUESHU NIANHUI LUNWENJI

出版发行	教育科学出版社		
社　址	北京·朝阳区安慧北里安园甲 9 号	**市场部电话**	010-64989009
邮　编	100101	**编辑部电话**	010-64989637
传　真	010-64891796	**网　址**	http://www.esph.com.cn
经　销	各地新华书店		
制　作	北京金奥都图文制作中心		
印　刷	保定市中画美凯印刷有限公司		
开　本	210 毫米×297 毫米　16 开	**版　次**	2015 年 4 月第 1 版
印　张	17.25	**印　次**	2015 年 4 月第 1 次印刷
字　数	450 千	**定　价**	49.00 元

如有印装质量问题，请到所购图书销售部门联系调换。

前　言

2014年7月29日至30日，中国教育技术协会信息技术教育专业委员会（以下简称专委会）在享有“森林之城”美誉的贵阳市召开了一年一度的学术年会，主题是“信息技术教育与学习创新”，旨在研讨新时代背景下信息技术教育与学习创新和发展的关系。

本次年会是专委会的第十届学术年会，由贵州师范大学承办。来自全国近30个省（直辖市、自治区）的大、中小学，以及信息技术教研与电化教育机构的教师、教研人员和研究生代表共230余人参加了年会。年会采用了大会报告、专题研讨和会议论文等交流形式，其中有16人做了大会报告，进行了8个场次的专题研讨。全国信息技术教育专家、学者与研究生们围绕“信息技术课程的创新研究”“信息技术教学与评价的创新研究”“信息技术教育的国际比较”“ICT支持的知识创新学习研究”“知识创新学习的过程设计”“知识创新学习的评价”“机器人、人工智能与教育游戏”“智慧学习环境的建设与应用”“数字化学习资源设计与应用”“MOOC与信息技术教育”“教师教育技术能力提升研究”“基于大数据的学习分析及其应用”“信息技术环境下的教师发展”等专题进行了深入探讨和广泛交流。

年会论文的征集、遴选与出版工作沿用了第七届年会以来的一贯做法。本次年会在收到的会议征文中通过评审录用了117篇，并评选出相应的优秀论文，最后将参加了大会交流的一、二等奖及部分三等奖论文经过修改后收入了本论文集。

作为专委会的学术展示平台，本次学术年会的组织与论文集的出版是专业委员会和相关人员共同努力的成果。在这里，要对贵州师范大学教育科学学院、教育科学出版社表示我们的谢意。还要感谢贵州师范大学的吴永祥教授、刘军博士，以及教育科学出版社对于年会承办和论文集出版的支持。也要感谢为本次学术年会顺利举行做出努力与提供支持的其他同人及全体参会代表。正是大家长期以来的支持、努力与坚守，实实在在地推动了我国信息技术教育与教育信息化事业不断向前发展。

编　者

2014年初冬

目　录

智慧学习环境的建设与应用

数字化学习资源设计与应用

MOOC 与信息技术教育

教师教育技术能力提升研究

其他相关问题的研究

一、大会报告部分

浙江省信息技术课程改革：经验与问题

魏雄鹰
（浙江省教育厅教研室，浙江　杭州　310012）

根据《基础教育课程改革纲要（试行）》（教基［2001］17号）和《义务教育课程设置实验方案》（教基［2001］28号）等有关文件精神，浙江省从2002年开始在义务教育阶段实施课程改革，从三年级开始开设信息技术课程。在制订浙江省义务教育阶段课程方案时，考虑到信息技术课程是2000年才由国家规定正式开设，信息技术教育刚刚起步等因素，信息技术课程并没有单纯合并到综合实践活动课程中，而是独立设科。经过十多年的探索，浙江省中小学信息技术课程体系逐步完善，形成了小学、初中、高中的有序衔接；师资队伍不断健全，涌现出了一批优秀的信息技术教师。

一、构建义务教育阶段信息技术课程体系

浙江省义务教育阶段的信息技术课程规定了独立的开课时间和课时数：小学3—6年级，每周1课时；初中7—9年级，每周2课时。一般来说，学校每学期的上课周数在20周左右，除去一些学校活动，每学科至少能保证15周的上课时间，这样在小学阶段，每学期15课时，3—6年级8个学期共有120课时的信息技术上课时间，而初中阶段也至少有120课时。目前，全省小学、初中基本上都能按要求开课，师资力量也逐年增强。

按照《中小学信息技术课程指导纲要（试行）》和浙江省的课程实施方案，浙江省对小学和初中的信息技术学科教学内容进行了全面而系统的设计，特别是在小学、初中、高中的衔接上进行了通盘考虑。小学阶段的基本教学要求如下：了解有关信息与信息技术的概念、表格数据处理的基本方法、动画的概念、简单图像处理方法；初步掌握计算机的基本知识、简单音视频处理方法；掌握计算机的基本操作、文字处理基本方法、网上信息获取基本方法、简单的演示文稿制作方法。初中阶段应熟练掌握计算机的基本操作、文字处理、网页制作、网上信息获取及演示文稿制作方法，掌握信息与信息技术的概念、电子表格数据基本处理方法、简单音视频处理技术、图像基本处理、简单动画制作，初步掌握算法与程序设计基本知识。这样的设计，既能有效区分各学段的教学要求，使义务教育阶段的学习为高中学习打下基础，又能兼顾城市和农村的地区差异，使不同的学生都能学有所得。

二、探索高中信息技术课程改革

2003年，我国开始实施《普通高中课程方案（实验）》，颁布了普通高中各学科课程标准。浙江省在2006年进入高中新课程实验，本着“积极、稳妥、创新、务实”的原则，平稳实施了5年，高中信息技术作为技术领域的基础学科，不仅有学业水平考试，而且还被列入了普通高校招生第三类高校的高考学科。从2012年秋季开始，浙江省进入深化普通高中课程改革阶段，这一改革的总体思想是“调结构、减总量、优方法、改评价、创条件”，高中信息技术必修和选修内容都做了较大的调整。对于必修内容，选定了“信息技术基础”和“多媒体技术应用”两个模块作为4个必修学分的学习内容，但对这两个模块的内容做了调整，减少了常识性知识与技能的学习

内容，减少了义务教育阶段已学习或日常学习与工作中不常用的知识，整合了模块间的重复性知识（如有关多媒体部分的内容），增加了提升学生思维且属于信息技术核心知识的内容（如算法思想）。对于选修内容，根据学生的兴趣爱好、个性特长、人生规划等，开设了知识拓展、职业技能、兴趣特长、综合实践四大类选修课程，形成了一大批深受学生喜爱、又能为学生将来的发展提供帮助与支持的课程。体现学科前沿知识的课程，如云计算、安卓系统开发、互动媒体技术、3D 打印等；体现信息技术核心知识的课程，如 Java 编程、单片机控制与应用等；体现信息技术最新应用的内容，如电子商务之网店设计与开发、微电影制作、Excel 在投资理财中的运用等。这些课程都是教师根据自身的特长和学科发展开发的，不仅丰富了信息技术的学科内容，提升了学科价值，也大大提高了教师的专业素养。

三、研究中小学信息技术课程评价

评价是检验教学效果的有效手段，由于学科特殊性，中小学信息技术的评价方式一直存在诸多困难，尤其是总结性评价。浙江省从 1998 年开始实施高中信息技术会考制度，到 2009 年开始实施信息技术高考，考试形式从纸笔测试、上机操作，到纸笔测试与上机操作相结合，尝试了各种考核方式，在高中信息技术总结性评价方面做出了许多探索。纸笔测试最大的优点在于能同时开考，有利于保证考试的公平性，但弊端也很明显，如无法体现信息技术学科的实践性，不利于信息技术的正常教学。上机考试可以测试学生的实践操作能力，体现信息技术学科的应用性，更能正确引导教学，但由于受硬件条件限制，上机操作考试往往要分多场多次进行，很难保证每场考试的试题难度一致。由于考试时间不同，有的考试要分两天甚至多天完成，考试的信度和效度也会受到质疑。目前，浙江省在高中信息技术学业水平考试和高考中都采用了上机考试的形式，为了尽可能提高考试的信度，发挥考试的正面导向作用，除了在考试管理方面与高考要求相同外，在命题技术上也采取了多种方式来控制试题的难度，保证考试的公平公正。如每次考试所有试题都重新命制，不重复使用试题，每场考试的题库都不相同，在命题时既重知识与技能考核，又重过程与方法、实践与应用能力的考核。

四、思考信息技术课程建设中存在的问题

信息技术课程从 21 世纪初出现后，十几年来，取得了很大的发展，课程体系逐步完善，师资队伍日益壮大，但在发展过程中也出现了许多问题，遇到了许多困难。

1. 信息技术的学科价值性如何体现

随着计算机和网络技术的不断普及，信息技术在社会生活中的应用越来越广泛，技术门槛越来越低。例如，计算机的使用越来越智能化，越来越方便；应用软件的使用也越来越简单，文字处理、演示文稿制作等常用软件的应用已非常普及，成为所有教师的必备技能。这导致目前以应用软件学习为主的信息技术课程特点越来越不明显，尤其是在小学阶段，如果信息技术教师因事不能上课，几乎任何学科教师都可以去代课，由此产生了一个很致命的问题，即信息技术学科的价值性受到了质疑：信息技术学科还需要存在吗？在小学，信息技术还需要独立设课吗？

2. 如何定位信息技术课程

由于义务教育阶段没有信息技术课程标准，在教育部的相关文件中，信息技术属于综合实践活动课程的一部分，尽管综合实践活动是必修课程，但其开设形式、开设时间等都有许多不确定因素，因此信息技术课程在不少地区都没有得到应有的重视，课程开设很不稳定。在许多领导心目中，信息技术课程不是非常重要的课程，是一门可有可无的课程。此外，虽然高中信息技术有课程标准，也有相关的学业水平考试，但由于没有义务教育阶段的合理衔接，没有打下良好的基础，使得高中信息技术课程的实施遇到了很大的困难。

3. 如何正确处理课程标准、教材、教学指导纲要等之间的关系

现行的高中信息技术课程标准是 21 世纪初制定的，教材也是 2004 年正式开始试用的，迄

今为止已有十多年了，信息技术的发展已与十年前不可同日而语，无论是课程标准还是教材，都已显得落后，部分内容已显得陈旧，但由于课程标准、教材等是国家制定、审核的，相当于一门课程的执行法规，具有一定的严肃性和权威性，其更新并非易事。同时，各省份在实施高中新课程改革方案时，往往会根据本省实际，制定相应的信息技术课程教学指导纲要，对教材、甚至课程标准中的部分内容进行调整，以更好地适应本地实际。因此，在实际教学过程中，教师就面临着如何处理好课程标准、教材、教学指导纲要以及学业水平考试标准之间的关系问题，应既能落实高中信息技术课程的基本要求，又能让学生学有所得、学有所成。

信息技术作为一门正在成长中的年轻学科，迫切需要各方力量的关注与支持，以早日形成完善的基础教育信息技术课程体系，明确信息技术课程的核心内容，构建合理的信息技术学科能力体系，使信息技术学科能健康稳步地发展。

高阶思维培养条件与建构型学习环境特征研究

——团队研究进展介绍

解月光

（东北师范大学　信息与软件工程学院，吉林　长春　130117）

一、为什么研究：背景与问题

对研究背景可以从社会的需求、人的发展、新技术呼唤以及如何深化基础教育课程改革等现实问题的角度来阐述。第一，在创造关乎民生的社会，创新被提到前所未有的高度。第二，一个惊人的事实，未曾利用的大脑潜能竟达90%。所以，教育面临的学生多是创造能力未被开发的人。第三，新技术环境下，需要可迁移的思维技能，思维是人类智力的核心、创新能力的基石，教会学生思维，教育担当着不可替代的重要角色。第四，基础教育课程改革深化的难题在课堂，破题在信息化上，题解在智慧教育、智慧学习上，广泛深入的研究被呼唤。

根据研究背景所提到的现实问题，可以将研究团队所研究的问题概括如下。第一，如何将学生的创造潜能挖掘出来。无疑，必须重新反思学科教育的目标取向和价值追求。第二，怎样的学习才能使学生的大脑智慧得到开发、创新精神和创造能力得到培养。第三，对于以上问题，技术如何有效地作为。

二、高阶思维的本质：特征分析

1. 由布卢姆的认知领域六级目标而来

1956年，布卢姆等人对认知结果/认知教学目标进行了分类，按认知发展水平分为六个层级，分别为知道、领会、运用、分析、综合和评价。这种分类方法将“难度”作为认知水平分类的基础，比如，认为“评价”活动比“综合”活动更难。

2001年，由当代著名的课程理论与教育研究专家安德森（Anderson L. W.）、曾与布卢姆合作研制教育目标分类的克拉斯沃（Krathwohl D. R.）、著名教育心理学家梅耶（Mayer R. E.）等数十位专家组成的学术团队对原有的教育目标进行了修订，新的分类学采用了“知识”和“认知过程”的二维框架，将认知过程维度的后三项改为分析、评价和创造。

2. 是复杂的、需要人们付出努力的思维

劳伦·雷斯尼克（Lauren Resnick）曾在1987年给美国国家研究安理会主持过一个思维教学方面的工作组，她得出的结论是：“高阶思维”是复杂的、需要人们付出努力的思维，它能够产生有价值的成果。这些有价值的成果很难预测，因为高阶思维跟计算不一样，它不是机械化的。她断定，高阶思维虽然很难定义但却很容易识别。

3. 一种非技能方式的思维类型，是教育者希望促进的

劳伦·雷斯尼克经常以一种非技术的方式利用“高阶思维”一词来表明这种类型的思维，认为这种思维要受到特别重视并且是教育者希望促进的，我们将从这个意义上使用高阶思维一词。

三、如何培养高阶思维：有效条件分析

1. 有效条件

高阶思维培养的理论基础主要有林崇德的智力理论、马扎诺的有关思维技能培养的研究成果、杜威的“反省思维”理论、加德纳的多元智能理论、大脑的思维方式理论和“沉浸式”思维技能培养理论。可以将高阶思维培养的理论依据

作为分析对象，从理论中分析出高阶思维培养的有效条件。

根据林崇德的“思维核心说”“概括基础说”和“思维发展的模式”等智力理论进行分析可以看出，高阶思维的培养可以是针对思维品质的培养，它依赖一系列的客观环境，通过内化和结构内部的动力作用获得发展。活动是促使发展实现的源泉和根本。

根据马扎诺关于学习的5个维度及其关系理论（即态度与感受、获取与整合知识、扩展与精练知识、有意义地运用知识和良好的思维习惯）进行分析可以看出，有效培养高阶思维的环境应该具有使学生愿意学、能够学和善于学的特征。

根据杜威的“反省思维”理论进行分析可以看出，有效培养高阶思维的环境应该具有教会人按好的思维方式去处理事情，获得更好的解决问题效果的特征。

根据加德纳的多元智能理论进行分析可以看出，有效培养高阶思维的环境应该具有提供解决问题或创造活动的机会，提供学生组合运用各种智能的机会的特征。

根据大脑的思维方式理论进行分析可以看出，形成神经连接的速度越快，思维越敏捷；形成新连接越容易，思想就越能创新。因此，有效培养高阶思维的环境应该具有能进入真实的活动，存在整合了多重内容或技能复杂的任务，提供讨论、交流、社会协商的机会的特征。

根据“沉浸式”思维技能培养方法的理论进行分析可以看出，有效的思维技能培养需要“沉浸”在课程内容的教授中。因此，有效培养高阶思维的环境应该具有在学科之中的特征。不同的学科有不同的“沉浸”方式，体现不同学科对于人的思维培养和思维品质表现的不同。

2. 两点结论

根据高阶思维发展的有效条件及思维发展结构的分析，可以得出以下两点结论：一是学生思维发展的需求，需要有丰富的教学环境、挑战性的学习结果、挑战性的问题解决、深层的思考过程和积极的班级气氛；二是有效条件与建构主义学习环境特征的契合，要发展学习者的元认知技能、对复杂任务的整体观、对复杂知识的发现和转化及对自己的思维与学习过程的意识，在培养的过程中要注意社会协商是学习不可分割的组成部分，还要多重表征、并置内容，提供多重角度探究学习材料的机会。

四、如何创建条件：建构型学习环境的要素与特征

目前，关于建构型学习环境的研究主要涉及环境设计的理论层面和应用层面两个方面。理论层面的研究包括建构型学习环境构成要素、学习环境影响思维发展的机理、技术对思维方式转变的作用及建构型学习环境设计模式四个方面；环境应用层面的研究主要包括应用方法、案例和效果实证的研究。

1. 建构型学习环境构成要素及其基本特征

体现对思维培养关怀的核心环境要素主要有情境、资源、工具、支架、案例。其中，情境要具备问题性、形象性特点；资源要呈现灵活、动态、情境性等特征；工具要能辅助学生思维的培养，包括效能工具、信息获取工具、认知工具、情境工具、交流工具和评价工具等；支架要体现“最近发展区”思想，对高阶思维发展的支持具有梯度性、层级性和粒度性特征；案例要体现典型的问题解决方法。

2. 环境要素影响思维发展的机理

情境通过有效引发学习者的思考，来启动学习者的思维，促进思维形态的转化；资源有效支持探究过程进展的宽度和深度；工具使学习者参与到诸多复杂的认知活动中，并辅助问题的解决；支架以支撑性方式引导学生到达更高的智力水平；案例有效地促进思维的迁移。

3. 技术对思维方式转变的作用

思维方式也叫思维习惯、思维偏好、思维模式，技术的作用涉及了改造环境的思维主体，作为特定目标的思维客体，作为特定方法的思维工具。技术对思维方式转变的作用包括：技术通过改造环境形成实现特定目标的特定方法；技术作为环境力支撑着建构型学习的发生；技术作为推

动力作用于学习环境的演变。

参考文献

［1］盛群力，褚献华．布卢姆认知目标分类修订的二维框架［J］．课程·教材·教法，2003（9）：90-96.

［2］Rupert Wegerif. 思维、技术与学习综述（上）［J］．魏晓玲，吉喆，钟洪蕊，译．远程教育杂志，2009（5）：39-42.

［3］林崇德．学习与发展——中小学生心理能力发展与培养［M］．北京：北京师范大学出版社，2013.

［4］简婕．支持高阶思维发展的数字化学习环境构建及其实证研究——基于小学五年级写作教学［D］．长春：东北师范大学，2011.

CTCL：由来概述、基本设想与初步尝试

董玉琦[1]　伊亮亮[2]

（1 上海师范大学　教育技术系，上海　200234；
2 东北师范大学　教育学部，吉林　长春　130117）

一、CTCL 的由来概述

从幻灯、无声电影等媒体被应用于教育领域开始，人们将新技术应用于教育领域并期待其解决教育领域中各种问题的追求就从未停止过。在我国，随着“电化教育”思想的提出，以利用新技术、新媒体改革教育为目的的教育技术学研究大量涌现，形成了“媒体应用”研究范式[1]。这些研究对新技术的引进，以及人们对新技术应用的关注起到了巨大的推动作用。但随着研究的深入和技术的不断发展，人们发现单纯的媒体应用研究，似乎并不能为教育带来革命性的影响。一些研究者开始尝试让技术与课程双向互动，在关注技术应用效果的同时，更关注技术与课程整合的策略和方式，形成了“课程整合”研究范式。在经历了十多年的课程整合后，人们又意识到“课程整合”研究范式存在着重方式轻基础的倾向，其效果并不理想。

教育技术学最终的目的是促进人的发展，归根结底是促进学习者的发展。因此，如果教育技术学研究仅关注媒体应用或信息技术与课程整合，而不是去深层次地关注学习者，关注学习者的学习，就容易陷入只见技术不见人的尴尬境地。我们认为真正好的技术应用方法与策略应当是基于学习者，尤其是“学习者如何学习”的。因此，在现代信息技术环境下，关注学习者发展的学习技术开始成为越来越多的教育技术学研究者的新追求。近年来，在教育技术学研究中，能够体现技术、学习内容、学习者相统合（TCL）的研究已初见端倪。而伴随着学习理论的发展，文化在教育技术学研究中的重要作用也日益显现。由此，我们将“TCL”进一步发展为“CTCL”，即研究者在文化（Culture，简称 C）视野下，将技术（Technology，简称 T）、学习内容（Content，简称 C）、学习者（Learner，简称 L）相统合的教育技术学研究新范式，亦可简称为“学习技术”研究范式[2]，从而形成了教育技术学研究从“媒体应用”到“课程整合”再到“学习技术”范式的演进过程。

二、CTCL 的基本设想

从对学习新认识的视角重新审视我国教育技术学研究历史上各个阶段的研究，我们不难发现：以往的研究对学习本质的关注是有限的，能够从学习系统的动态平衡角度对学习系统进行技术干预研究的更是凤毛麟角。这些研究大部分局限在对部分学习系统要素（尤其是对技术要素）的改良，以及对课堂中技术与其他要素之间彼此融合、适应方式的研究上。但教育技术解决的是教育问题，如果不对教育中的问题进行审视，则无法抓住教育技术学研究变革的方向。CTCL 研究范式试图站位于教育的核心问题——学习的角度，对学习进行由要素到过程，再到价值、目标的考量，目前已取得了一些成果。本部分以命题的形式，对 CTCL 形成的一些尚待完善的理念进行阐释。[3]命题间的逻辑示意图如图 1 所示，具体内容如下。

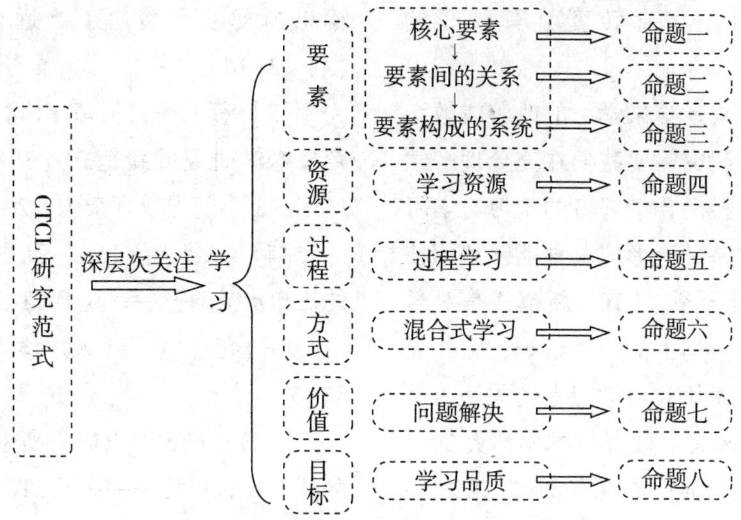

图1 CTCL研究范式及各要素关系

命题一：教育技术学研究的核心是有效促进学习者的发展。

命题二：技术的运用应与学习者状况以及学习内容相适应，以期有效改善学习。

命题三：教育技术学研究的指向是实现学习文化统领下的由技术、学习内容、学习者等要素构成的学习系统的最优化。

命题四：在开发、应用数字化学习平台与资源时，要充分考虑学习者的状况以及学习内容与学习者之间的适切性。

命题五：在设计学习过程时，应充分考虑与技术创设的学习环境有机结合，使其最大限度满足学习者的主动参与、积极体验和创造激情。

命题六：学习方式的选择应与学习文化、技术、学习内容和学习者的实际相适应。

命题七：技术的应用应该有利于学习者问题解决能力的养成。

命题八：教育技术学研究的最高目标是提升学习品质。

作为不断发展中的CTCL新范式，其理论也在不断完善中。本部分提出的这些命题，侧重的是CTCL新范式对学习从要素、过程到目标的思考，以及进而产生的对教育技术学研究的思考。命题本身即带有假设与待验证的含义，我们也将通过实践，不断对这些基于初步的实证研究得出的理论进一步进行检验。

三、CTCL的初步尝试

CTCL新范式下的基础教育研究通过充分认识和尊重学生学习的基础，利用技术对学生学习基础与学习需求之间的差距进行分析、调节与干预，为学生设计适切的学习内容、学习环境、学习资源与学习工具，推动学习的个性化发展。

学生在课堂学习前，其头脑并不是空白的，对即将学习的内容有固有的观点，即前概念或偏差认知。在我们的研究团队中，王靖和伊亮亮从与学习者密切相关的细微视角入手，深入研究了学习者有哪些前概念，以及这些前概念是如何形成的，并在此基础上设计学习内容和技术工具来帮助学生完成概念转变。

王靖所做的是高中学生信息技术学习的概念转变研究，她依据改进的二阶诊断测试方法，开发了高中信息技术学科前概念诊断工具[4]，探究了学习者具有的前概念及其学后变化，分析了前概念的类型及结构，并在此基础上选择了支架（scaffold，又译为“脚手架”）教学策略来促进高中学生的信息技术概念转变，并通过教学实验验证支架教学策略的有效性。[5]

伊亮亮则以初中物理“光现象”部分的学习为例，根据前人的研究成果和二阶诊断测试，了解学习者的前概念及其成因，开发具有针对性的微视频资源及教学设计，并通过单组、等组教学实验验证其效果，发现这些微视频及其教学设计开发模式对学习者的概念转变具有较好的效果。[6]

技术本身并不能自动带来学习的改善或教育的优化，教育技术学研究需要我们在充分理解学习文化的基础上，有机融合学习者的学习与学习内容的属性，并在此基础上形成一种能够利用技术实现的恰当的学习干预。CTCL 新范式是对教育技术学研究在未来方向上的一种认识，它凸显了文化视野下教育技术研究对学习者的关注。但 CTCL 新范式绝不应该成为教育技术学研究的唯一范式，在设计研究方面尚不充分的 CTCL 新范式还有诸多值得深思与研究的理论、命题、应用原则等问题，我们只是希望我们的研究能够在中国特色的教育技术学研究范式形成与发展的过程中起到抛砖引玉的作用。[7]

参考文献

［1］董玉琦，包正委，刘向永，等 . CTCL：教育技术学研究的新范式（2）——从“媒体应用”“课程整合”到“学习技术”［J］. 远程教育杂志，2013（2）：3-12.

［2］董玉琦，王靖，伊亮亮，边家胜. CTCL：教育技术学研究的新范式（1）——基本构想与初步研究［J］. 远程教育杂志，2012（4）：3-14.

［3］董玉琦，王靖，伊亮亮，等 . CTCL：教育技术学研究的新范式（3）——基础、命题与应用［J］. 远程教育杂志，2014（3）：23-32.

［4］王靖，董玉琦 . 高中信息技术学习之前的认知状况调查——基于 CTCL 的信息技术学科学习心理研究（1）［J］. 远程教育杂志，2012（5）：56-62.

［5］王靖，董玉琦 . 高中信息技术原有认知测试工具的开发——基于 CTCL 的信息技术学科学习心理研究（2）［J］. 远程教育杂志，2013（1）：67-72.

［6］伊亮亮，董玉琦 . 基于 CTCL 研究范式的微视频学习资源开发——以初中物理“光现象”单元为例［R］. 无锡：第十三届教育技术国际论坛——技术支持的教育创新与协同发展，2014.

［7］董玉琦 . CTCL：教育技术学研究新范式——基本设想与初步尝试［R］. 贵阳：中国教育技术协会信息技术教育专业委员会第八届学术年会，2014.

汉字书写教学系统及其核心问题

李　艺

（南京师范大学　教育科学学院，江苏　南京　210097）

一、项目的追求和意义

20世纪60年代以来，国人的汉字书写水平一落千丈，是中华文明肌体无法言说之痛。重视并尝试解决这个问题，是教育的当然责任。针对这个问题，教育部2011年颁发了《关于中小学开展书法教育的意见》，2013年又发布了《关于印发〈中小学书法教育指导纲要〉的通知》（教基二［2013］1号），足见其受到的重视。

然而，对成长中的中小学生而言，书法师资及教育资源的匮乏必定是制约书法教育产生实效的巨大障碍：具有一定汉字书写水平的教师数量过少，完全不能承担书写教学所需要的手把手的、随时的且长期的跟进指导任务。而自20世纪80年代初至现在毕业走向工作岗位的中小学教师，大多没有受到严格的汉字书写训练，不能在课堂及其他教学活动中为中小学生营造一个优美汉字书写的模仿氛围。这将导致国家汉字书法教育的意图，在一个相当长的时期内非常难以落实。实际上，意识到书法教育的重要性是一回事，如何落实并使之产生实效又是一回事，这个问题非常严重。

我们的“书法教育项目”正是针对社会需求，为解决目前书法教育的困境而设立的。试图通过自动化手段，对汉字书写学习者提供有效的、随时的、持续的指导，力争帮助我国的汉字书写教学在较短的时间内实现较大的飞跃。现已完成技术攻坚，形成了初步成果，特此报告。

二、项目要解决的核心问题

通过调研当前的汉字书写类产品、专利以及论文，我们发现在极少的汉字书写自动评判软件中相对好些的产品，可以记录书写笔迹、记录笔画数、判读笔画间交接关系；实施整体大小胖瘦、含混的“笔顺”等方面的判读及指导。调研结果还显示，所有方案都无法确认到每一个笔画，即无法对每一个笔画及部件的正确性、工整性进行判断，无法真正实现对整字的正确性和工整性进行判断。

针对这种情况，我们项目的一期目标便定位在：以当前普及程度较高的移动设备为平台，确认到用户书写的每一个笔画（解决倒笔顺问题）、部件直至整字的正确性与工整性问题。

三、项目核心问题的解决情况

经过一年多的研讨与开发，我们基本实现了预期的基础目标，确认了思路的可行性。从应用的角度来看，主要解决了以下问题：①通过确认每一个笔画，直接指出该笔画的正确性、工整性；②当用户笔顺错误时，可以匹配到其应属的正确笔顺；③实现了对用户部件的自动划分，进而判断部件间的大小、疏密关系；④实现了对整字的正确性与工整性的自动有效判别。

具体可以评判笔顺、笔画数、笔画类型、笔画间交接关系、笔画间的长短位置关系；部件的大小、位置及疏密关系；整字的饱满、位置及端正性等。

目前，实验室层次产品的核心功能主要包括书写练习模块和书写评价模块。其中，书写练习模块又包括笔画练习、笔顺练习、结构练习和整字练习，并把描红、点提示、闪现、补全、对临、背临等练习方法与各个层次书写练习有机结合在了一起；书写评价模块从小到大，包括对笔顺、笔画、部件、结构及整字的评价，从一到多，包括对单字的评价和对多字的综合评价。

后 MOOC 时期高校教学模式的变革与我们的实践

张剑平

（浙江大学　教育学院，浙江　杭州　301128）

一、后 MOOC 时期在线教育形态与高校教学变革

近年来，无论在教育界还是投资界，在线教育都成了热门话题。据有关的文献统计，2013 年平均每天诞生 2.6 家在线教育公司，2014 年在线教育市场预计将突破 1300 亿元，其中成人教育与学前教育将占比最大。玛丽·米克尔（Mary Meeker）推出的《2014 年互联网趋势报告》则认为“教育行业可能到了拐点”，而引发上述热潮的重要推手之一正是大规模在线开放课程 MOOC。

MOOC 自 2012 年进入人们视野的那一天起就一直饱受争议。一方面，它的出现被认为是在线教育领域的一场革命，成千上万在线学习者的参与，终将推动教育教学的大变革；另一方面，有人认为 MOOC 所遵循的只不过是过时的行为主义学习理论，况且在线学习者的课程完成率实在太低。无论如何，MOOC 毕竟是人类进入网络社会以来，在线教育发展中的一个里程碑。两年来，伴随着 MOOC 那特有的英文读音和富有寓意的中文译名“慕课”或“磨课”（台湾已经推出了“磨课师”网站）的流行，全世界已经有越来越多的人认识和体验到了在线学习。因此，也有人感叹：这才是 MOOC 真正的“功劳”所在。

当前，随着全球在线教育的实践推进及理念碰撞，后 MOOC 时期已经来临，其突出的表现之一就是在线教育，尤其是高等教育领域在线学习形态的多样化。其中不乏那些继续秉承“大规模”“公开”理念的个性化公播课 PMOOC、大众开放在线研究课 MOOR、个性化公播课 PMOOC、深度学习公播课 DLMOOC、超级公播课 Meta-MOOC、移动公播课 MobiMOOC，也有反其道而行之，聚焦于“小规模”“不公开”的小规模限制性在线课程 SPOC，以及走综合性道路的专项课（Specialization），等等。后 MOOC 时期五花八门的在线学习新形态与新模式，其共性在于它们无一例外地遵循了“公开、平等、协作、分享”的互联网思维。现在，越来越多的高等学校逐步将 MOOC 作为在线资源，与本校的传统教学相结合，建立了所谓的线上线下一体化（O2O）的混合式教学模式。

二、浙江大学“信息技术与教学”课程的实践探索

2014 年夏季学期，浙江大学教育学院对浙江大学的本科生课程“现代教育技术学”进行了教学改革，设立了颇具特色的 CH-SPOC 协作—混合教学模式，依托清华教育在线（THEOL）平台，开发了在线课程“信息技术与教学”（共 8 周，2 学分），并在浙江大学紫金港校区进行了混合式教学的探索。

CH-SPOC 意即基于“协作—混合”理念的 SPOC。其中，C（Collaboration）即协作学习，是以小组或团队的形式，组织学生展开互相促进学习的一种策略；H（Hybrid）即混合学习，就是把传统学习方式和网络学习的优势结合起来，包括不同学习空间的混合、不同学习资源的混合和不同学习方式的混合。SPOC（Small Private Online Course），即人们已经了解的“小规模限制

性在线课程”。SPOC的学习对象包括校内学生和校外学习者，对于前者，采用在线教学和课堂教学相结合的混合学习模式；对于后者，则从校外申请者中选取合格的学习者纳入SPOC课程，课程学习通过者将获得课程证书，而没有申请成功的学习者仍可以旁观课程视频、阅读课程材料。

“信息技术与教学”课程的教学团队由三位主讲老师、三位助教、两位技术人员组成。在课程内容的安排和组织方面，针对每一单元内容的特点，设计了适合碎片化学习的微视频、配套在线文本、交流讨论、单元测试和拓展阅读，以及多媒体作品设计、研究性学习（WebQuest）活动。在教学实施过程中，课前在线调查学生的基础知识与技能情况，接着学生课外登录平台学习课程内容（以微视频和文字内容为主），并完成本单元相应的测试，平台能够即时反馈学生的测试成绩，并为课堂面授提供宝贵的反馈信息。在课堂上，通过教师讲授、师生讨论等方式共同解决教学重点和难点，较好地体现了传统面授与翻转课堂有机结合、线下/线上、课内/课外一体化的混合教学思想。在交流讨论环节，每周都围绕一个指定的话题展开在线讨论，拓展阅读，发挥校际协作优势。在教学评价方面，采用面向过程和能力的评价体系，本校学生的评价方法将课堂学习和在线学习相结合，课堂学习成绩占70%，在线学习成绩占30%，校外学习则只考核在线学习成绩，同时对校内外通过课程考核标准的学生颁发在线学习课程电子证书。

CH-SPOC模式的教学探索让师生们体验了略为艰辛但又比较充实的经历，收获了教与学的成功和喜悦。所获得的初步体会是：首先，CH-SPOC模式的教学实施需要团队成员的通力协作，尤其是主讲教师之间协调一致，会有利于课程内容的衔接和教学活动的顺利开展；其次，在线学习需要教学者与学习者的及时互动，包括发布公告、发送邮件、讨论区发帖、站内信、视频会议等互动途径，互动应围绕课程要求以及学生的各种问题，旨在促进学生的持续参与和深层思考，培养学生的分析、综合、评价和创造等能力；最后，要充分利用在线平台的大量实时反馈信息，这些信息可以及时反映学习动态或问题所在，有利于师生及时采取改进措施。

前不久，“信息技术与教学”已被列入浙江大学在线开放课程培育项目，课题组也将对该课程做进一步的开发与探索。

致谢：本文中CH-SPOC模式的教学探索是课题组全体成员共同努力的结果，他们是张剑平、李艳、郭玉清、董榕、袁冰、张慕华、程萌萌、郑颖。

参考文献

［1］张剑平．现代教育技术［M］．3版．北京：高等教育出版社，2013.

［2］张剑平．虚实融合环境下的适应性学习研究［M］．杭州：浙江大学出版社，2014.

［3］李红美，陆国栋，张剑平．后MOOC时期高等学校教学新模式探索［J］．高等工程教育研究，2014（6）：58-67.

生态化学习

——信息时代学习的属性

张立新

（浙江师范大学　教师教育学院，浙江　金华　321004）

自20世纪70年代以来，人类社会正在步入一个新的文明时期，即生态文明时期。王牧华和靳玉乐于2000年指出，生态文明时期的到来为生态主义课程思想的发展提供了广阔的空间，在课程领域产生了一股充满生机与活力的生态主义课程思潮。教学生态、课程生态、课堂生态、学习生态等课程与教学的思想和方法的研究相继开展起来。从2000年以后，随着我国基础教育课程改革的实施，有关生态学习的思想也开始引起国内研究者，如叶澜、靳玉乐、王牧华、郑金洲、余嘉云等的关注，课程生态、教学生态、学习生态、课堂生态、网络学习生态、生态化教学资源与环境等思想与方法的研究成果也先后问世。

信息时代所创造的数字化学习环境使得学习资源更丰富、学习方式更多样、学习空间更广阔，因此学习过程的生态属性更突出。学习生态属性具体体现在以下方面。

1. 学习过程是一种连接的过程

学习过程是建立知识点之间、资源节点之间和人与人之间联系的过程。只有建立紧密和广泛的联系，才能保证学习的效率和效果。连接的范围越广泛、连接的程度越密切，学习过程的生态属性越强。

2. 学习过程是分享贡献的过程

传统的学习止于个人的理解和建构，不能充分体现个体对他人的贡献，不能保证深度学习的发生。实质上，学习结果的分享和贡献过程也是一种学习，它能够保证学习深度的提升。分享贡献的过程实质上是学习者从消费者转变为生成者的过程，是提升环境生态属性的过程。

3. 学习过程是分布式认知过程

学习过程不仅存在于个体内部，还可以分布于与环境的交互中。工具、人和其他环境要素也具有一定的认知功能。分布式认知是学习个体与环境要素协同作用的过程。通过分布式认知活动，个体与环境的联系更为紧密，关系更为协调。

学习的生态属性越强，学习的品质越高。因此，为了提升学习的品质，我们可以通过下列途径来提升学习的生态属性。

1. 创设能够支持生态化的学习环境

学习总是在一定的环境中才得以发生。生态化的学习环境能够支持学生与环境的互动，学生不仅能从环境中获得发展，其学习活动也会促进环境的发展。

2. 设计和开发具有生态属性的课程

生态化的课程是指能够在学习过程中生成有效的学习内容和学习活动的课程。这种课程能够充分发挥学生在创生学习资源和学习活动中的主体作用。

3. 创建和组织能够支持生态化学习的共同体

学习共同体是具有一定共同利益的学习者组成的群体。在群体中每个学习者在从他人那里获得利益的同时，也必须贡献自己的知识和智慧来帮助他人。

网络支持下的教学模式改革

——兼析南京市中小学的数字化学习项目*

张义兵

（南京师范大学　教育科学学院，江苏　南京　210097）

随着2010年后平板电脑的诞生，风靡全球的新一轮信息化教育改革风起云涌。电子书包、移动学习、可汗学院、翻转课堂、微课程、慕课等新概念令基础教育界目不暇接。如何跟上信息时代的教育教学改革步伐、围绕学生的能力发展重塑教学模式、促成应试教育走向素质教育，成为运用信息化带动教育现代化的理论研究与实践应用的迫切需求。

从宏观背景看，信息技术支持下的教育教学改革，是全国、全球的热点问题。2012年9月，时任国务委员的刘延东同志指出：今后几年，教育信息化的重点工作可以概括为“三通两平台”。在这样的大背景下，走入课堂的信息化教学迫切需要理论与方法的创新。从中观背景看，近年来，地方教育行政部门非常重视信息技术支持下的教育教学模式研究。2011年之后，南京市教育局提出用新三基研究（“基于网的教育”“基于脑的教育”和“基于小班的教育”）作为引领南京市基础教育改革的抓手；与此同时，江苏省E学习研究也从全省各地选择百所学校进行试点。江苏省、市教育行政部门都希望通过试点学校，探明新一轮改革的发展方向。从微观背景看，南京市白云园小学、弘光中学作为省E学习项目及南京市“新三基”项目的窗口学校，希望通过几年的实验研究踏出新路径，为其他学校开展创新教学提供可资借鉴的理论与方法，这也为本研究的开展提供了合适的“试验田”。

面对从中央到地方的多层次的迫切需求，大多数中小学处在观望之中；少数主动参与实验的学校也多是“摸着石头过河”，缺少理论的引领与解决问题的对策；少量已经进行的教学尝试，把看起来很“热闹”的技术运用变成了脱离教学实际的“表演秀”，有的学校甚至把电子书包变成了“应试教育”的帮凶……面临的核心问题是：信息化教学与应试教育到底有何区别？E学习该向何处去？如何抓住信息技术的优势，建构出符合信息时代教学的新模式？原有的课程与教材、备课与上课、教学与评价是否适合数字化教学？如何在新的教学活动中与中国的教育体制取得平衡？教师们能否适应新技术的使用？他们如何才能转型为创新教学者？……

网络支持下的教学模式改革的研究，需要体现以下学术价值：首先是理论价值，与全球信息化时代教育改革接轨，探索出符合中国基础教育信息化教育教学改革的新模式，为当前数字化引领下的课堂教学奠定科学合理的理论基础；其次是应用价值，以点带面开拓具有实际效果的中小学教学改革新路径，为区域性、全国性开展基础教育的数字化学习提供可以借鉴、可以复制的样本案例。如何真正围绕学生发展的内在逻辑，重新建构信息化的教与学的新模式呢？其本质是推

* 本文得到了2013年度江苏省社科基金项目“信息化时代学习方式变革研究”（课题批准号：13JYB004）的资助。

进工业时代教育理念与方法的改革，走向信息时代的知识创新学习。信息化教育教学模式研究将是21世纪教育教学改革实践新的助推器，更将是信息时代教育教学研究的核心增长点，是促进中国教育走向世界的时代契机。研究走向将表现在以下几个方面：突破传统课程观，走向生成性课程；改变传统师生关系，进行对等的知识建构学习；超越单纯的以知识技能训练为核心的应试教学，转向培养孩子的沟通与交流、探究与合作等能力的多元智能发展。

参考文献

[1] 何克抗．e-Learning的本质——信息技术与学科课程的整合［J］．电化教育研究，2002（1）：3-6.

[2] 迈克·沙普尔斯．移动学习：研究、实践和挑战［J］．肖俊洪，译．中国远程教育，2013（5）：5-11.

[3] 钟志贤．信息化教学模式［M］．北京：北京师范大学出版社，2006.

[4] 严莉．信息技术环境下的学习活动设计研究［D］．武汉：华中师范大学，2011.

面向实践性知识发展的教育技术公共课设计与实施

杨　宁

（福建师范大学　教育学院教育技术学系，福建　福州　350007）

一、教育技术知识性质的讨论

技术在教育中融合、消失的过程表现出两种基本的状态，或者被已有教育系统同化，或者改变已有教育系统，使其顺应技术的特性。教育技术知识并非是一种固定不变的知识，而是一种动态变化的知识。它是一种教师在充分理解并融合技术特性知识和教育系统知识基础上形成的复杂知识，以关于技术特性的认知和关于教育系统的认知为前提条件，但同时又包含有关如何恰当地使用技术进行教学的知识。教育技术知识具有情境性、开放性和实践性。情境性指教育技术知识的学习与运用离不开学科、学生等教学情境；开放性指教育技术知识的生成与发展开始于问题、终结于问题，在行动的过程中不断创新。

二、教育技术能力培养的课程体系

根据杨宁等 2012 年对师范生教育技术能力要素与路径分析的结果可知，教育技术能力的发展需经由“一般信息素养—学科信息素养——般教育技术—学科教育技术”的路径。单独一门教育技术公共课不能促进师范生教育技术能力的发展，尤其是实践性知识的发展。师范生阶段的教育技术能力培养目标是“拓宽视野、提高意识、强化教师作为教导者阶段的学科教育技术实践能力”，教育技术公共课在完整的课程体系中只是一门承上启下的中介型核心课程之一，教育技术公共课的核心目标是：促进师范生对技术与教育、技术与学习、技术与教学、技术与评价、技术与研究、技术与教师发展之间关系的理解，为学科教学实践首先建立“教育技术信念”。

三、教育技术公共课的设计

根据陈向明 2009 年提出的关于教师实践性知识的构成要素与生成机制可知，教育技术知识的学习需以问题为中心，在解决问题的行动与反思中不断形成与发展教育技术信念。教育技术公共课需为师范生建立学科教育技术问题情境，促使师范生在问题解决过程中不断行动与反思。在师范生还不具备学科教学实践的前提下，教育技术公共课的学习环境中学习脚手架的搭建必不可少，学习脚手架在我们的设计中具体表现为学习手册、学习资源包与技术指南。围绕目标，我们设计了六个学习主题。在学习主题下，学生将面临研讨性问题或情境性问题。在课程实施中，以 LT3（在技术氛围中用技术学技术，杨宁于 2012 年提出）为原则，学习过程设计以体验学习、设计学习、案例学习为主。以“技术与教学”学习主题为例，社会学学科类别的师范生在学习中会遇到情境问题：“利用图片可以变抽象为直观，但为什么学生在浏览了图片后仍然不能理解‘文化的内涵’？”从问题出发，学生将通过修正技术融入的思想品德课教学设计这一设计行动，反思技术与学科整合的有效性。在此期间，学习手册、学习资源包和技术指南可为学生提供学习支持。

四、教育技术公共课的实施与评价

2013—2014 学年，2011 级思想品德专业师范生首先实验了新的课程。结果表明，学生的教育技术实践性知识有部分提升，学生对课程涉及的学习资源和技术指南感到满意，对课程学习与评价方式基本认可。

二、会议论文部分

信息技术教学与评价的创新研究

高中信息技术课分层教学研究

孙中芳　解月光

（东北师范大学　软件与信息工程学院，吉林　长春　130117）

摘　要：《普通高中技术课程标准》（信息技术部分）强调教师在设计教学的过程中要关注学生的学习差异。一直沿用的班级授课制选用统一的授课方式，不能满足学生多样的学习需要，分层教学成为解决班级授课和关注学生差异矛盾的方法之一。本文主要是针对高中信息技术课分层教学中存在的问题进行改进研究，旨在完善分层教学的设计理念，使其更具有操作性，验证分层教学能促进学生学习的主动性，提高学生的学习成绩。

关键词：信息技术　分层教学　改进研究

一、引言

随着新技术的飞速发展，社会向人类提出了新的挑战。2010 年，中央政治局召开重要会议，发布了新时期《国家中长期教育改革和发展规划纲要（2010—2020 年）》。其中，在第十一章中提到教学要"关注学生不同特点和个性差异，发展每一个学生的优势潜能"[1]。该《教育规划纲要》要求在将来的教学中，要注重学生的主体地位，改变课程实施中以教师为中心的接受学习、一刀切的教学现状。

高中信息技术作为一门独特的课程，很大程度上受到家庭经济条件的影响，需要较高的硬件支持。学生在升入高中之前对信息技术的学习并没有统一的标准，很多学校设置教学的重点也各式各样。这些要素导致高中一年级学生在信息技术课程的学习中存在很大的不同，一直沿用的班级授课制选用统一的讲课方式，不能满足学生多样的学习需求。由此，分层教学成为解决班级授课和关注学生差异矛盾的方法之一。

二、分层教学的相关研究

（一）分层教学的概念

分层教学又叫分层次教学，关于分层教学的内涵，目前还没有一个统一的定义，其中比较有代表性的说法如下所述。

分层教学其实与教学中常用的任务驱动、协作学习、角色体验一样，都是在信息技术课堂上比较常用的一种教学方法。[2]分层教学是在大班授课的基础上，在新课程理念的指引下，依据学生的差异在实际的教学中探索出来的一种新的教学方法。[3]

分层教学是通过尝试混合多种教学方法，创设多样的任务主题，设计不同的学习目标，布置有层次的作业，完成等级考核，来减少学生的学习动机以及认知能力的差异，使每一个学生都有一定的进步与成长的教学方法。[4]

笔者认为，分层教学就是教师按照学生的兴趣爱好、知识基础、学习偏好、情感意志等差异将学生进行层次划分，针对不同的层次给学生提供不同的学习支持，从而使每一个学生在已有的基础上都有相应的提升。教师在设计分层教学的过程中，尺度的把握非常重要，一般以中等学生为参考，让成绩优秀的学生能"吃得饱"，成绩差的学生不至于太吃力。由于学生多样的学习差异是同时伴随存在的，对学生进行归类的时候可以将多个维度作为分层的参考依据。

（二）目前高中信息技术课分层教学存在的问题调查

本文主要针对高中信息技术课程的教学现状以及影响学生学习的要素，分别从教师和学生两个角度进行调查。对教师主要采用访谈的方式来了解分层教学法在信息技术课程中的使用状况；对学生采用问卷作答的形式。为了保证问卷设计的信度和效度，笔者阅读了大量的文献资料，根据调查的目的，参考了已有学者设计的问卷，在导师、实习指导教师的细心指导下，通过不断反思和修改，最终确定本问卷主要从五方面来设计。问卷题目的具体分配情况如下。

① 学生信息技术的学习现状（第 1、2 题）。

② 目前信息技术教师的教学方式以及教学效果的调查（第 3、6、11、12、16 题）。

③ 学生对信息技术课的看法以及学习态度（第 7—10 题）。

④ 学生期望的教学（第 4、5、13、15、17、18 题）。

⑤ 影响学生学习的主要因素（第 14、19 题）。

通过持续半个月的数据收集，得到学生问卷 149 份，有效问卷 149 份。对教师进行了多次访谈，最后对数据进行分析得出以下主要结论。

从教师访谈中，笔者获得以下信息：教师对学生的差异存在是认可的，在教学过程中也采取了一些措施去满足学生的差异，但是满足的一般是大部分学生的基础水平差异，不能促进全体学生的全面发展；教师也意识到学生的情感会在很大程度上影响学生的学习效果，但是在实际的教学中并没给予太多关注。

从学生的问卷数据分析中，笔者获得以下信息：学生希望在课堂上有更多自由支配的时间，当遇到困难或者情绪不好的时候，能够得到教师及时的关注；教师在设计教学的时候，要考虑学生可能存在的差异，设计学生感兴趣的、多样化的学习任务，给学生更多自主选择的机会；相对于学生的智商以及学生目前的学习知识基础而言，学生更希望教师能更多地关注他们的情感以及意志力，给予更多的关注和鼓励。

结合以上分析以及大量文献阅读，笔者发现目前关于分层教学的研究中，很多学者只是关注学生的知识基础，根据学生的学习基础对全体学生进行简单的分层分组。这样做，只能在某种程度上满足学生学习起点的需要，而对于影响学生学习的非智力因素，如学者的自制力、学习情感等的关注比较少。本研究在之前分层研究成果的基础上，把非智力因素也纳入学生差异的研究中，从学生的多个差异维度出发对学生进行分层研究。

三、设计分层教学的步骤与方法

（一）确定学生差异的方面

通过以上数据的分析，我们知道确定学生的差异应该综合考虑学生的智力因素和非智力因素，主要从以下几个方面进行。

1. 知识基础

知识基础其实就是学生的学习起点，信息技术有其独特的学科特征，具有较强的操作性和实践性，这样就需要较高的硬件支持。因此，学生的现有知识基础是学生差异的一个主要表现。

对于学生知识基础的把握，主要可以通过问卷调查以及学习作品的分析来获得，教师也要根据教学过程中学生的实际表现进行动态的调整。

2. 学习兴趣

兴趣是最好的老师，应使学生感到学习是一种内在的渴望，是一件非常愉快的事情。如果学生有发自内心的学习需求，再加上教师适当的引导，每一位学生都会成为拥有高信息素养的人才。[5]

笔者认为，关注学生的学习兴趣，不仅要关注学生对本学科知识内容的兴趣，还应该包括学习生活中的一些感兴趣的事物以及学生的特长。如果教师在设计教学时能为学生提供多种学习主题，使每个学生都能找到自己感兴趣的部分，则教学效果会得到很大提升。学生的学习兴趣可以通过问卷调查以及日常的教学观察获得，有时候也可以从与个别学生的访谈交流中获得。

3. 学习风格

目前，比较有代表性的学习风格模型有班德

勒和格林德尔的学习风格模型[6]、格拉沙和里奇曼的学习风格模型[7]、荣格的学习风格模型[8]。本研究中主要采用班德勒和格林德尔的学习风格模型，这个模型主要反映学习者感觉通道的偏好，将学习风格分为视觉、听觉和触动觉三个基本类型。因为操作起来相对比较容易，这种分类方式的应用较为广泛。视觉型学习者善于通过图形、图像、文字、数据表等获取信息，在书面考试中一般得分较高。因此，教师在设计教学的时候可以为这些学生提供文字教材、录像等。听觉型学习者比较喜欢通过交谈来获取信息，善于接受口头指导，语言表达能力强。针对这类学习者，教师可以在课堂上设计讲授、讨论的环节。触动觉型学习者易于掌握通过触觉学习到的知识，教师可以通过实验、实际操作练习来提高他们的学习效果。

4. 学习取向

从学生的意动/情感、学习独立性、学习坚持性三大因素出发，可以将学习者分为转换型、行为型、顺应型和反抗型四大类型的学习取向。[9]

对于学生学习取向的判断，国内外都有比较科学的测量量表。国外比较有影响力的是玛格丽特（Margaret）、马丁内斯（Martinez）的学习倾向调查量表，国内主要是学者刘明卓的学习取向调查量表。

（二）学习目标的分层

在分层教学中，给学习目标分层，就是为了从某一个方面去尊重学生的差异，分别为他们提供基础、中级和提升目标，这样每个学生都能在实现目标中找到自我，经过努力都能有一定的收获。每个层次的目标要依据实际的教学内容设定，各层目标遵循以下基本准则。

1. 基础目标

基础目标是全体学生都必须达到的目标，在设计的时候主要参考学生现有的知识基础以及教学大纲的要求来完成基本能力的培养，使学生能够在他人的帮助下或者独立地完成最基本的学习任务。

2. 中级目标

对于课上学习的知识内容能够熟练地操作，能够单独完成学习任务，在此基础上鼓励学生挑战更高层次的目标。

3. 提升目标

对于一些基础比较好的学生来说，他们能够很轻松地完成中级目标。在设计提升目标的时候，我们可以从知识的深度和广度出发来拓展学生的视野，提升学生的创新能力等。

（三）学习小组的划分

在众多的分层教学研究成果中笔者发现，分层对低层次的学生心理冲击大多表现为自卑，而对一些相对高层次的学生而言，有时候他们会表现出自傲。因此，教师在设计分层教学的过程中，如何避免学生产生消极的心理显得尤为重要。笔者认为应该从以下几个方面对学生进行分组分层教学。

1. 隐性分组

这种分组方式主要依据学生的起点水平和学生的学习倾向两个角度进行划分。

根据起点水平对学生进行分组分层教学是目前比较流行的分层方式，它将学生分成A、B、C三个层次。A层次学生：学习的能力比较强，自觉性比较高，学习作品比较有创新，在某一方面有自己独特的见解。对于这类学生，教师要学会发现他们的优势，为他们提供更多有挑战性的学习任务，鼓励他们敢于冒险。B层次学生：系统地学习过信息技术的有关知识，接触过一些常用的软件和工具，但是对于知识的掌握情况一般，仅仅能够使用计算机进行一些简单的问题解决。这个群体的学生所占的比例比较高，也是最有潜力的学生，他们具有一定的学习基础，不需要教师进行过多的指导，但是学习的动力并不强，需要教师的持续关注。C层次学生：接触计算机较晚，没有系统地学习过信息技术的有关知识，对基础知识的掌握较差。这类学生由于本身基础比较差，很容易出现不健康的心理问题，因此教师要有耐心地进行一步一步的指导，使学生感受到教师不会放弃每一位学生，大家会共同进步。

按照学习倾向类型对学生进行分组，教师需要根据不同学习者具有的学习特征提供适当的学习环境以及学习指导。

转化型学习者有比较高的学习动机，学习兴趣浓厚，自主学习能力比较强，不喜欢教师过多地进行指导，喜欢挑战自我。因此，在教学的过程中可以给这类学习者提供自由的学习平台，在完成教学大纲要求的基本目标之后，不要过多地干涉他们的学习，这样教学效果会更好一些。

行为型学习者已掌握了一些基本的技能，对自己没有过高的要求，遇到困难比较容易放弃。对于这类学习者，教师在设计教学的时候，可以为他们设定短期的学习目标，为他们提供感兴趣的学习主题。当遇到有挑战的任务时，需要教师及时地进行指导和帮助；当学生获得进步的时候，教师要提供一些奖励。

顺应型学习者没有良好的学习方法，不能很好地控制自己的学习过程。对于这类学习者，教师需要为他们提供详细的学习目标以及学习步骤，让学生不断地进行模仿操作。

反抗型学习者对学习具有一种抵触心理。对于这一类学习者，教师可以通过交谈的形式或者生活体验的方式，让他们明白教育的意义何在。同时，要尝试发现这类学生身上的优点，鼓励他们融入大家的学习中。

2. 显性分组

这种分组方式主要依据学生的兴趣爱好和学生的座位顺序进行划分。

按兴趣爱好分组是为了使学生不同的学习爱好得到一定的满足，教师在设计学习任务的时候要提供多样的学习主题，充分激发每一位学生的学习欲望。在课堂上，教师可以根据学生感兴趣的主题划分小组，使小组成员之间有着共同的爱好、共同的学习任务，这样每个成员都愿意积极分享自己的见解。对于学生兴趣主题的确定，可以从两个方面进行考虑：一个是学生对于学科本身的爱好；一个是学生在日常生活中的一些喜好，它可以是跟课本不相关的。

按座位顺序分组属于异质分组，教师按照学生的座位顺序将其分成小组。这种分组方式操作起来相对比较简单，对教师的技术要求也比较低。但要想关注全体学生的学习情况，就需要教师花费比较大的精力。在教学实践中，教师需要根据具体的教学内容、教学环境对学生的分组进行微调。比如，如果有些学生比较喜欢独自进行学习，认为自己有能力完成学习任务，便可以找教师单独进行调整。

3. 混合分组

每一节课教师都有预设的最佳教学方案，而学生之间存在差异也是不争的事实。在对学生进行分层的时候，可以采用多种分层的标准，在一节课中可以根据具体的学习内容考虑进行混合分组。比如，教师选择在课堂上按照座位顺序进行分组，那么在小组成员内部，教师应该多关注每个组员的学习倾向差异，鼓励每个组员努力完成学习任务。

（四）学习活动的分层

学习活动的设计一般是通过完成任务的形式来体现的，学生通过完成任务来达到一定的学习目标，而任务驱动法是信息技术课程中比较常见的教学方法之一。学习任务要依据实际的教学内容和学习目标进行设计，既要满足不同层次学生的学习需求，又要考虑学生的认知范围以及接受能力。任务的难度设计不能使低层次的学生具有挫败感，也不能使高层次的学生吃不饱。对于简单任务的设计，主要以课本上的基础知识为主，使学生稍微付出一些努力就能完成。中级任务主要是使学生在完成课本知识的学习后，能够通过一些简单的操作，解决一些实际问题，难度比较适中。高级任务主要供学生在熟练掌握了教学大纲的知识后完成，主要培养学生的创新思维以及自主探究的能力，难度较高，学生需要付出努力才能完成。

（五）学习评价的分层

分层教学的评价根据多种途径的反馈信息对学生进行评价，以过程性评价形式为主。过程性评价的有效开展将直接影响学生的层次划分，具体关系如图 1 所示。当然，对于过程性评价的四个方面也是分层次的，这就需要教师根据学生现有的状态对他们提出更进一步的任务要求。

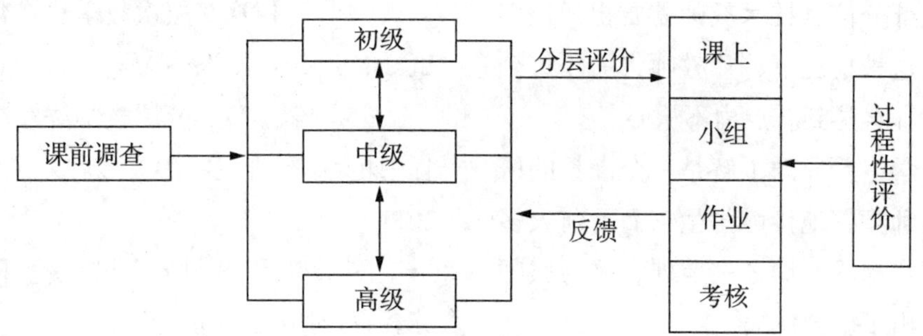

图 1　过程性评价在分层中的作用

1. 课上

课上主要针对学生的出勤以及课堂学习情况的记录。对于层次较好的学生，他们的注意力比较集中，能够积极回答教师提出的问题；对于层次一般的学生，他们注意力时间有限，教师要及时地以提问等形式来暗示他们要专心学习；对于层次差的学生，教师应要求他们不扰乱纪律，能够模仿完成基本学习任务，并在此基础上不断进步。

2. 小组

在实施分层教学过程中，分组是主要的体现形式。因此，学生小组内部以及小组间的竞争学习也是评价的主要方面之一。对于之前从不主动回答问题的学生，教师要鼓励他们克服心理障碍，尝试做出挑战；对于自卑、羞怯的学生，教师应该为他们创造更多展示自己的机会；对于小组中比较活跃的组织者，教师可以根据需要将他们培养成教学中很好的"助手"。

3. 作业

学生的作业是可选择的、多层次的，应规定学生必须完成一定数量的作业，然后根据自己的具体情况不断挑战自己、提升自己。

4. 考核

考试主要是对学生之前学习情况的反馈，信息技术课程一般是在计算机教室进行授课，这为教师进行机试提供了更有利的条件。教师可以设计不同层次的考试问卷，每个学生可以根据自己的实际情况进行选择。当学生完成一个层次的测试之后，系统会把测试结果反馈给学生。如果测试结果比较理想，就提示、鼓励学生进入下一个层级的学习；如果不理想，学生可以选择反复进行测试。

四、研究结论及反思

在以上分层教学设计方法的指导下，笔者进行了案例的设计以及实施，实施过程持续了半个月。针对实施过程中遇到的问题，笔者进行了以下反思。

在进行教学的过程中笔者发现，对于学生差异的了解，从问卷中分析得到的结论不一定是真实的。因此，我们需要通过课堂观察、学生访谈等多种途径对学生进行全面的了解。

笔者在实践过程中发现，大部分学生更愿意在课堂上完成作业，对于课后作业的提交率比较低。因此，教师在设计教学的时候要合理地安排时间，对于一些简单的任务，最好使学生在课堂上就能完成。

最后，得出以下主要结论。

第一，分层教学为学生提供了多样的学习主题、学习资源，这在很大程度上提高了学生的学习热情以及主动性与积极性。

第二，分层教学在高中信息技术课程的教学中具有可操作性，使全班学生都有事可做，每个学生在现有的学习基础上都有所提高，同时也增强了学习的自信心。

五、研究展望

对于今后分层教学在信息技术课程中的应用，笔者认为还有一些亟待解决的问题。

第一，对于信息技术教师少而学生多的现象

怎么解决。信息技术课程不像其他主课那样备受学校的重视，大部分信息技术教师需要担任很多班级的课程，在这种情况下，让教师去关注每个学生的差异，教师会感到有点力不从心。

第二，对于学生差异的了解是一个漫长的研究过程，需要教师频繁地接触学生，而目前大多数高中的信息技术课程一周才一节课，这为教师实施分层教学提出了新的挑战。

参考文献

［1］中共中央、国务院．国家中长期教育改革和发展规划纲要（2010—2020年），2010.

［2］肖友荣，郑全军，符传谊．信息技术课程教学教法［M］．北京：中国科学技术出版社，2008.

［3］靳艳琳．初中信息技术课分层教学的研究与实践［D］．成都：四川师范大学，2008：9.

［4］陈树逸．层次教学法在数学教学中的尝试［J］．中学数学教与学，2003（4）：20-21.

［5］李小玲．分层教学法在高中信息技术课程中的实验研究［D］．新乡：河南师范大学，2011：3.

［6］谭顶良．学习风格论［M］．南京：江苏教育出版社，1995：45-50.

［7］赵晓航．自适应学习系统中学习风格模型的研究［D］．长春：东北师范大学，2010：16.

［8］陈丽．中国远程学习者学习风格特征的三维模型［J］．开放教育研究，2005（4）：49.

［9］Margaret Martinez. Mass Customization：Designing for Successful Learning［J］. International Journal of Educational Technology，2001，2（2）：2.

中小学信息技术教育的质性研究

董树伟　刘　菁　韩　骏　高婕梅　王楠楠

（首都师范大学　教育技术系，北京　100048）

摘　要：信息技术教育是指培养教育对象利用计算机、各种通信设备等信息工具，收集、处理和利用各种信息的能力的教育活动。本研究基于扎根理论，运用质性分析软件 NVivo 10，对中小学信息技术教育的相关文献进行了研究，从分析数据中得到历年中小学信息技术教育在不同地区的期刊发表情况，结合核心期刊关键词的运用，揭示出热点和存在的问题，并根据分析结果提出了建议和措施。

关键词：信息技术教育　扎根理论　质性研究　问题　建议和措施

一、引言

计算机课程或计算机应用基础课程兴起于 20 世纪 80 年代，当时主要以计算机基础知识和基本技能为主；20 世纪 90 年代至今，课程覆盖面从高中逐渐普及到中小学，课程名称也改为“信息技术课程”，课程本身涉及信息技术的各个方面。随着信息技术的发展，加强中小学信息技术教育成为我国在计算机技术、人才培养和科学研究等方面的关键。根据教育部在 2000 年颁布的《中小学信息技术课程指导纲要（试行）》和中国教育技术协会信息技术教育专业委员会颁布的《基础教育信息技术课程标准（2012 版）》文件，全国各省市逐渐开设了信息技术课程，提高了学生的计算机水平，在中小学教学的理论与实践中取得了良好的效果，中小学信息技术教育取得了很大进步。但是信息技术毕竟是一门新兴的学科，如何突破当前中小学信息技术教育的瓶颈，探索出适合我国国情的中小学信息技术教育的办法与途径，这是摆在每个信息技术教育工作者面前的重要课题。

二、中小学信息技术教育研究现状分析

针对我国地域辽阔，人口众多，各地区间经济发展不平衡的特点，我国的信息技术教育还主要集中在具有软硬件设施与专业师资队伍的经济条件相对较好的城市和地区的中小学，信息技术教育的推进受到了严重的影响。如何才能缩短与发达地区的差距，加快信息技术教育的进程，实现我国信息技术教育整体推进的宏伟目标，是我们全面推进素质教育和普及信息技术所要考虑的关键问题。

在已有的研究中，学者们对我国中小学信息技术课程的研究以及国内外中小学信息技术教育差异的研究比较多，但大多数学者是在对以往文献的研究基础上，结合自身的理解或借助少数案例，提出一系列新的观点和方案。目前，还没有应用 NVivo 软件从整体上比较发达地区、欠发达地区和贫困地区，城镇和农村的中小学信息技术教育的文献。

三、研究方法和技术

（一）研究方法

1. 质性研究

质性研究（Qualitative Research），也叫作质的研究或质化研究。“质性研究强调对研究对象进行后实证和经验主义的考察分析，从批判立场对研究对象进行‘解释性理解’。”[1] 质性研究被认为是“以研究者本人作为研究工具，在自然情境下采用多种资料收集方法，对社会现象进行整体性探究，主要使用归纳法分析资料和形成理

论，通过与研究对象互动对其行为和意义建构获得解释性理解的一种活动”[2]。

2. 扎根理论

本研究所采用的“扎根理论”（Grounded Theory），来源于芝加哥大学的巴尼·格拉泽（Barney Glaser）和哥伦比亚大学的安塞尔姆·斯特劳斯（Anselm Strauss）两位学者的著作《扎根理论的发现》。研究者在研究开始之前一般没有理论假设，直接从实际观察入手，从原始资料中归纳出经验，并进行概括，然后上升为理论。扎根理论一定要有经验证据的支持，但它的主要特点不是经验性，而在于它从经验资料中抽象出的新概念和观点。

（二）研究技术

近些年来，整合性电脑辅助软件在国内外得到了迅速推广与应用，NVivo 软件的出现极大地促进了质性研究的发展。NVivo 10 软件是由澳大利亚 QSR 公司开发的最新版本的质性数据分析软件。NVivo 原名叫作 Nudist（Non-numerical Unstructured Data by Techniques of Indexing Searching and Theorizing）（非数值无结构性资料的索引搜寻和理论化技术），取关键性单词的首字母组合而成。

NVivo 软件最显著的优势是它强大的编码和查询功能，此外它还具有链接、建立模型等功能。它能够导入文档、PDF、音频、视频和图片等多种格式的材料，帮助我们收集、整理和分析文章、访谈、调查结果、音频/视频文件、图片等内容，最新版本的 QSR NVivo 10 软件还可以处理网页或社交媒体内容。NVivo 软件旨在通过实施通用的定性分析技术来组织、分析和共享数据（无论采用什么方法），比较常见的是采用“扎根理论”的方法。它可以把用户从以往的分类、排序、整理等繁杂的资料分析过程的劳累中解脱出来，大大减少研究周期。

四、中小学信息技术教育的质性分析

（一）收集相关文献

在中国知网中以“中小学信息技术教育”为关键词搜索 2004 年至 2014 年的核心期刊，搜索结果是位置靠前、相关性大、具有代表性的文献，共计 494 篇。这些文献符合中小学信息技术教育的研究，具有一般问卷调查和访谈等资料难以达到的真实性。

本研究尝试把与信息技术教育相关的文献资料作为分析数据进行分析研究。整理数据时，我们对这 494 篇文献进行了编号，以方便导入到 NVivo 10 软件中进行分析。

（二）导入材料

利用“新建项目（Project）”功能，将收集到的资料转换成 NVivo 10 软件支持的格式导入到内部材料中，进行统一的资料管理。

（三）编码和创建节点

NVivo 10 软件可以通过单击节点的方式查看所有相关信息，通过反复研究文献资料，形成对文献的整体了解，对中小学信息技术教育存在的问题、多次重复的信息点进行编码和创建节点。我们将信息技术教育的教育观念、教育投入、教育资源和教育师资确定为 4 个节点。在 NVivo 10 软件中，编码主要是通过导航视图中的节点来进行的，节点一般分为自由节点和树状节点。本研究主要采用的是树状节点，主要以某个词语出现的频次为准则。

（四）分析和得出结论

选取从 2004 年至 2014 年的 494 篇核心期刊文献作为研究材料，运用 NVivo 10 软件统计每一年的文献发表状况，结果如图 1 所示。

从图 1 中我们可以看到，从 2004 年至 2006 年热度有所降低，从 74 篇降到了 39 篇，这说明信息技术教育遇到了一定的问题；而从 2007 年至今，虽然经历了轻度起伏，我们仍可以看到近年来人们对中小学信息技术教育的关注度有所下降，新时期中小学信息技术教育处在一个逐渐下降的阶段。从文献的整体发表情况来看，我国中小学信息技术教育仍是现阶段需要持续关注的一个课题。

笔者从经济条件这个维度将我国中小学信息技术教育按地区划分为发达地区、欠发达地区和贫困地区，具体界定如下。

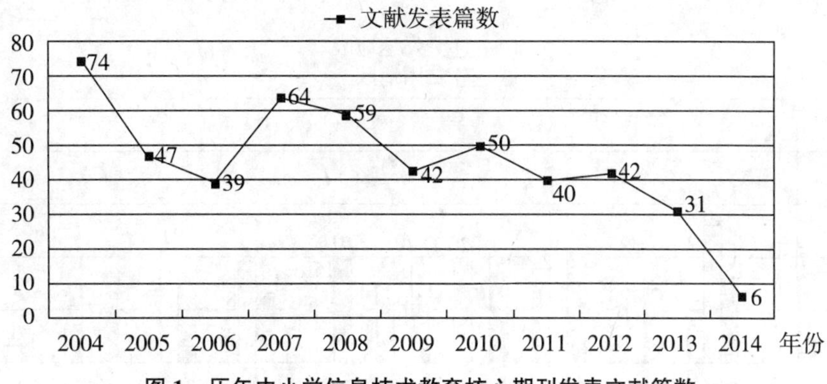

图 1　历年中小学信息技术教育核心期刊发表文献篇数

1. 发达地区

经济发达地区主要是指人均国民生产总值、人均财政收入、农民人均纯收入三项主要经济指标高于平均水平的地区。

2. 欠发达地区

欠发达地区是指那些有一定经济实力和潜力，但与发达地区还有一定差距，生产力发展不平衡，科技水平还不发达的区域，如我国的中、西部地区。

3. 贫困地区

贫困地区是指生活资料缺乏、收入水平低、文化水平落后、相对于经济发达地区还有较大差距的地区。

按地区分析信息技术教育在发达地区、欠发达地区和贫困地区的研究状况，得出结论如表 1 和图 2 所示。

表 1　2004—2014 年各地区中小学信息技术教育核心期刊发表文献篇数

年份＼地区	发达地区	欠发达地区	贫困地区
2004	17	47	10
2005	15	26	6
2006	14	18	7
2007	17	29	18
2008	17	22	20
2009	11	20	11
2010	20	15	15
2011	13	19	8

续表

年份＼地区	发达地区	欠发达地区	贫困地区
2012	7	21	14
2013	13	11	7
2014	1	3	2

根据表 1 可以统计出，关于发达地区的中小学信息技术教育的文献共有 145 篇，百分比为 29. 35%；关于欠发达地区的文献有 231 篇，百分比为 46. 76%；而关于贫困地区的文献仅有 118 篇，百分比为 23. 89%。目前，中小学信息技术教育在教育观念、教育投入、教育资源和教育师资方面仍存在问题，这不仅阻碍了我国信息技术教育的进程，而且严重影响了学生的信息技术水平和信息素养的培养。

从城镇和农村角度来分析这 494 篇文献，可以得到中小学信息技术教育每年在城镇和农村的研究状况，从中发现每个阶段的研究热点，结果如图 3 所示。

根据图 3 可以得到，关于城镇开展信息技术教育情况的文献有 340 篇，占总篇数的 68. 83%，而关于农村开展信息技术教育情况的文献仅有 154 篇，占总篇数的 31. 17%。从数据中我们能够看出，农村中小学信息技术教育仍在起步阶段，人们对其的研究也不是很多。

图 2　2004—2014 年各地区中小学信息技术教育核心期刊发表文献篇数

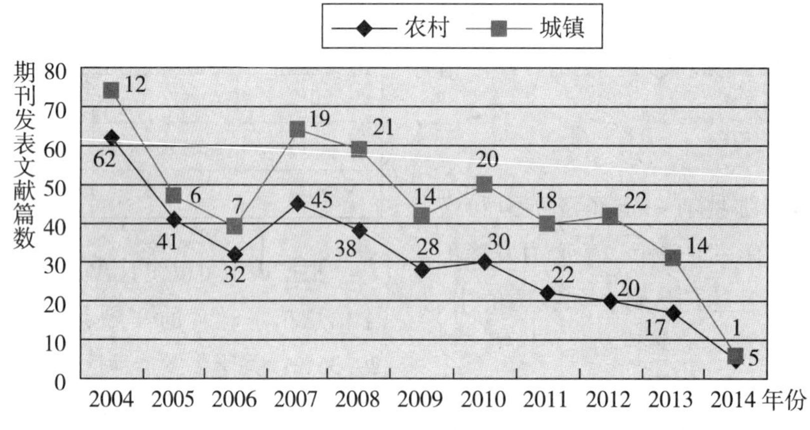

图 3　农村和城镇地区中小学信息技术教育核心期刊发表文献篇数

笔者还研究了各个高校在核心期刊上所发表文献的篇数，并进而得出所占百分比，结果如图 4 所示。

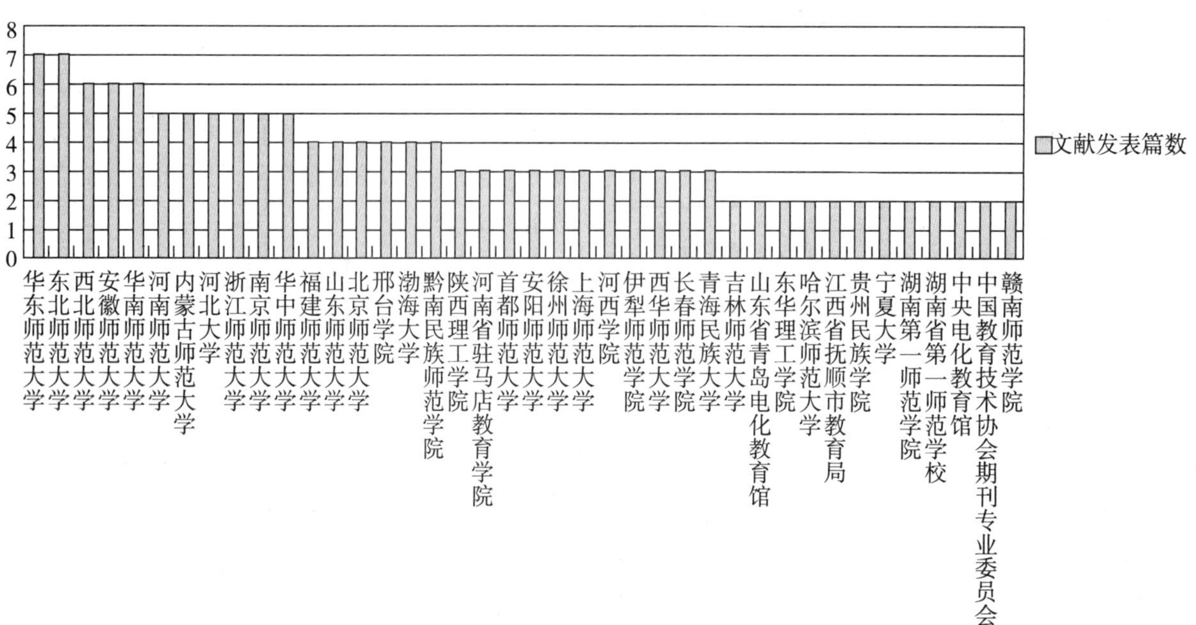

图 4　高校在核心期刊上发表文献情况

从图4中我们可以看到，师范院校和教育部门在这494篇文献中出现的频次为143，发表率为28.9%。师范院校对中小学信息技术教育有很高的关注度，高校在推动信息技术教育的工作中起到了举足轻重的作用，高校开始设立教育技术学、现代教育技术等专业也体现了中小学信息技术教育的进一步发展，而教育部门也在通过举办相关会议、比赛和宣传的方式来推进信息技术教育的发展。值得一提的是，绝大多数期刊文献是由高校发表，反映出现阶段高校十分重视信息技术教育发展的进程。

在文献分析中，我们将所有的关键词进行总结，运用NVivo 10软件对关键词进行频次分析，得到关键词频次，如表2和图5所示。

表2　文献关键词频次比较

关键词	频次	关键词	频次
信息技术教育	110	现状	20
中小学	106	模式	19
课程	68	调查	17
信息化	39	资源	17
信息素养	36	基础教育	16
农村	36	能力	14
计算机	34	建设	12
教师	33	策略	12
整合	27	学习	11
对策	27	培养	11
问题	22	学生	10

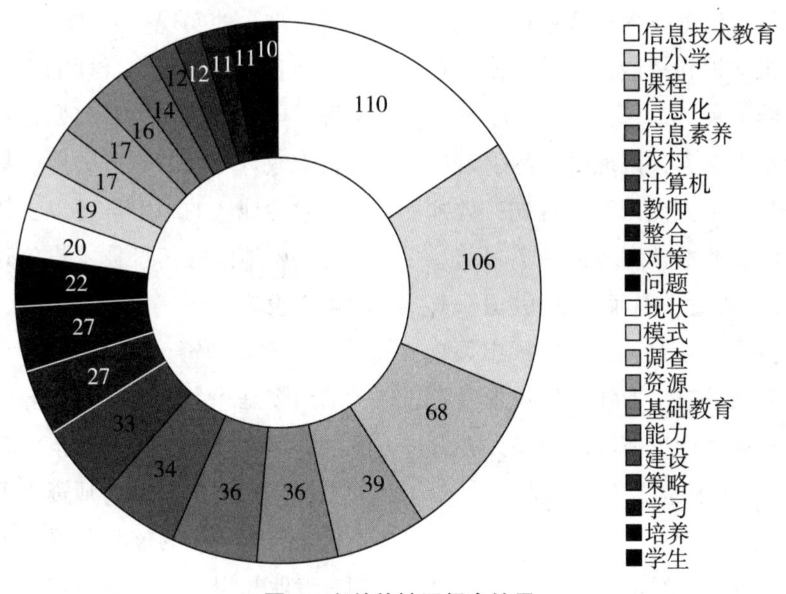

图5　文献关键词频次结果

文献关键词的频次能够清晰地反映学者们所研究的主题，探索出中小学信息技术教育的研究现状和热点。本研究只筛选出频次在10次以上的关键词作为研究对象，研究发现中小学信息技术教育的课程及其整合、农村中小学信息技术教育、中小学信息技术教育的教师、教育信息化、信息素养以及问题和对策成为学者们研究的主要方向。

根据以上图表，笔者总结出现阶段我国中小学信息技术教育有以下研究热点。

第一，中小学信息技术教育在贫困地区（尤其是农村地区）的状况，如何解决存在的问题，提出可行的策略。

第二，教育信息化、信息技术与课程整合以及信息素养教育将是我国中小学在未来发展的重中之重。

第三，加大计算机软硬件资源投入和教师专业化水平的提高是现阶段研究的重点内容。

五、建议和措施

本研究从中小学信息技术教育的相关文献出发，运用NVivo 10软件分析得出信息技术教育在教育观念、教育投入、教育资源和教育师资四个方面存在问题。笔者结合文献资料和自己的理解，针对每个方面的不同问题，提出了以下建议和措施。

1. 教育观念

目前，大多数信息技术教师的教育观念仍旧是传统的、狭隘的。他们认为信息技术教育只需要教授计算机基础知识，让学生掌握基本操作技能即可，所以还是喜欢采用传统的“粉笔+黑板+习题”的教学方式。受中考和高考的影响，有些学校还没有专门的信息技术教室和教师，信息技术课程也被当作闲课或直接改为语文课、数学课等，学校基础设施有待完善，教师的重视程度有待加强，以打破这种“主科”和“副科”不平等的现象。这种观念严重影响了中小学信息技术教育的进程。笔者认为信息技术教育不仅仅是教授学生基本的计算机知识和技能，而是应该注重学生信息素养的培养。

如何改变这种错误观念，是现阶段亟须解决的问题。我们需要从几个方面入手：首先，教师需要通过不断参加信息技术教育培训和学习信息技术教育知识来转变观念，从而提高认识；其次，学校要积极响应国家号召，执行国家相关政策要求，优化学校基础设施，加强信息技术教育管理；最后，国家和教育行政部门需要加大教育改革和发展力度，扎实推进信息素养教育。

2. 教育投入

信息技术的发展离不开经济，经费问题一直是困扰中小学信息技术教育全面普及的关键要素。“资料显示，我国中小学电化教育经费主要来源于学校自筹，其次才是国家和政府拨款。”[3]“当前我国共有中小学校达 721526 所之多，但是能够真正实施信息技术教育的中小学仅有 12 万所左右，所占比例偏低，同时规模不大。”[4]不管是教师的专业发展，还是软硬件设施的配置和建设，都需要充足的资金作为保障。而现在能够用在信息技术教育上的资金不足，加上计算机设备的价格又十分昂贵，导致学校短时间内无法建造合格的计算机教室或者多媒体实验室，久而久之信息技术教育也就淡化了。

笔者认为加大资金投入是解决信息技术教育资金短缺的重中之重，这首先需要国家和地方政府的大力支持与资金投入，其次需要学校和教师能够认真对待信息技术教育，对划拨的资金进行合理分配，逐渐形成良好的信息技术教育教学环境。

3. 教育资源

计算机资源稀缺和老化是中小学信息技术教育的另一个难题。在许多贫困地区，基本上没有专门的计算机教室和多媒体实验室，在硬件资源相对匮乏的情况下，软件资源更是贫乏。软硬件设施是实施信息技术教育的基础。而有些学校却片面地追求计算机设备的高档化、美观化和形式化，不仅浪费了教育资源，而且也不利于信息技术教育理念的实现。

笔者建议用更加合理的方式来循环利用教育资源，国家可以加大对欠发达地区和贫困地区信息技术教育建设的支持力度，提供必要的资源供给；发达地区的中小学可以支持和辅助欠发达地区与贫困地区的信息技术设施建设，提供必要的软硬件设施。

4. 教育师资

当今是一个知识日新月异的信息化时代，教育师资是保证中小学信息技术教育能够顺利进行的关键因素之一。提高师资水平、推进师资建设不仅是教学质量的核心要素，也可为培训和培养拥有专业知识、教学技能和信息素养的师资队伍提供支持。而在经济欠发达地区和贫困地区，由于自然环境和工资待遇等问题，很难吸引教师来这里任教。非专业化教师只能一边教学一边探索，课堂教学以单一、枯燥的讲授形式开展，给信息技术教学带来了严重问题。

笔者建议在教育师资的建设中，首先，要配备具有与信息技术教育相关专业背景的教师任教；其次，要聘请具有丰富的信息技术教育经验的教师对非信息技术教育专业背景的教师和知识与技能水平不高的相关专业背景的教师进行专业化培训；最后，国家要积极调配经济欠发达地区和贫困地区的师资队伍，提高教师的工资待遇，鼓励学生和教师投身到这些地区的信息技术教育中。

六、结束语

根据此次对中小学信息技术教育核心期刊进行研究的结果，我们发现最近十年来，我国中小学信息技术教育仍是一个需要高度重视的研究课题，在贫困地区，尤其是农村中小学开展信息技术教育是现阶段研究的重点，信息素养培养将是今后的一个研究趋势。随着研究的不断深入，我国将会不断推进教育信息化建设的进程。

参考文献

[1] 约瑟夫·A. 马克思威尔．质的研究设计：一种互动的取向［M］. 陈向明，译．重庆：重庆大学出版社，2007.

[2] 陈向明．质的研究方法与社会科学研究［M］. 北京：教育科学出版社，2000.

[3] 李瑞雪．在贫困落后地区中小学如何有效开展现代信息技术教育［J］. 考试周刊，2012（43）：22.

[4] 张雪峰．我国中小学信息技术教育发展趋势探究［J］. 科学致富向导，2012（6）：374.

[5] 陈向明．扎根理论的思路和方法［J］. 教育研究与实验，1999（4）：58-63，73.

[6] 安艳芳．定性资料计算机分析软件NVivo应用解析［J］. 中国科技信息，2012（5）：66-67.

[7] 王佑镁．我国中小学信息技术教育研究现状与趋势分析［J］. 电化教育研究，2012（2）：112-116.

[8] 王利刚．农村中小学信息技术教育初探［J］. 中国现代教育装备，2010（8）：106-107.

[9] 孙西朝．浅议中小学信息技术教育课程改革［J］. 中国教育信息化，2008（2）：15-18.

[10] 侯光奎，朱美玲．中小学信息技术课程发展方向的探讨［J］. 中国教育信息化，2012（11）：25-26.

基于任务驱动教学模式的信息技术教学发展趋势研究*

侯雪静[1] 杜文华[1] 刘 菁[2]

（1 首都师范大学 教育学院，北京 100037；2 首都师范大学 教育技术系，北京 100048）

摘 要：自从信息技术学科纳入课程体系20年来，学者们对信息技术教学模式的研究持续不断。对信息技术学科教学方式的研究中，任务驱动教学模式是应用最多的教学模式。对此，学者做了大量的研究与实践。本文通过设定文章数量、作者情况、研究主题和期刊来源四大变量，对《中国教育技术装备》《中国电化教育》《教育理论与实践》《中国教育信息化》四种教育类核心期刊中记载的相关文献进行了系统分析，概要描述了我国信息技术学科中应用任务驱动教学模式的发展过程，并总结出5条对我国信息技术学科的教学研究有所启发的建议。

关键词：任务驱动 信息技术学科 发展过程 内容分析

一、引言

信息技术课程有着实践性、综合性、基础性的特点。结合中小学信息技术课程的特点，学者们探索出了任务驱动的教学模式。任务驱动教学法是一种能够很好地应用于实验性、实践性与操作性较强的教学内容的教学方法，它是以富有趣味性、能够激发学生的学习动机与好奇心的情境为基础，以与教学内容紧密结合的任务为载体，使学习者在完成特定任务的过程中获得知识与技能的一种教学方法。任务驱动教学法为中小学信息技术教师所熟知，并被广泛应用。

基于此，本文对国内的教育类核心期刊《中国教育技术装备》《中国电化教育》《教育理论与实践》《中国教育信息化》展开了系统的内容分析，以观察信息技术学科中任务驱动教学法的研究现状和发展趋势，为我国信息技术学科的教学提供有益的启示。

二、研究设计

（一）研究资料来源

本研究资料来自于四种国内的教育类核心期刊《中国教育技术装备》《中国电化教育》《教育理论与实践》《中国教育信息化》中刊载的与主题相关的研究性文章。全部文章通过学校图书馆下载于中国知网数据库，以“信息技术”和“任务驱动”为关键词，期刊来源分别界定为《中国教育技术装备》《中国电化教育》《教育理论与实践》《中国教育信息化》，搜索出所有与主题相关的文章并下载。最后分析删除与主题无关的文章，将剩余的48篇研究性论文作为分析对象。

笔者检索文献时发现，没有与本主题相关的评论性文章发表，所以本研究具有比较重要的价值和意义，值得深入探究。

（二）研究方法

本研究主要采用内容分析法，对所有文献进行质和量的分析。由于数量不多，本研究浏览了全部文献，使用概念地图工具XMind建立总体分析框架，然后使用Excel软件进行变量分析，将文献的发表日期、文章数量、作者情况、作者单位、研究主题和期刊来源等项目进行整理并建立

* 基金项目：本文系北京市教委科技计划面上项目（项目编号：KM201310028017）的阶段性成果。

数据库，最后用图和表相结合的方法呈现结果。

（三）内容分析变量

1. 文章数量变量

由于所有文章均在2000年后发布，所以时间变量设为从2001年至2013年，以2007年为分界线，将前7年的情况和后6年的新情况进行对比分析。由于2014年刚开始，暂时不把2014年发表的文章计算在内。

2. 作者情况变量

该变量包括文章的合著度和著作者的工作单位。合著度是指某篇文献的平均作者数，合著度越高，表明信息技术学科的合作情况较多，代表着信息技术学科跨学科发展的程度越高。

著作者工作单位情况是指作者的工作单位情况，根据作者工作的单位性质共分为三类：高校（包括高职高专）、教研室、中小学。其中，工作在高校的作者不仅包括教授，还包括博士研究生、硕士研究生；工作在中小学的作者专指一线教师；工作在教研室的作者则是指隶属于教育部、教育局或者中小学的二线教育研究者。

3. 研究主题变量

本研究的研究主题分类，按照学者郭绍青在信息技术教学中分析的任务驱动的各要素进行分类，分为任务驱动的含义研究、任务设计研究、教学实施研究三类研究主题。在对每篇文章进行归类时，根据文章的标题摘要提取关键词进行分类。表1是对主题变量涉及范畴的简单展示。

表1　研究主题分类变量

研究主题	说　明
含义研究	任务驱动教学模式的有效性研究，内涵追溯，模式的定位研究，包括回归自然、真实情境，与其他教学理论的结合研究，涉及教学三段论等
任务设计研究	研究此教学模式中重要环节的任务设计，设计任务时的流程，任务的类型（例如基于独立任务还是基于项目的任务设计），设计时的注意事项，以及有效性策略研究

续表

研究主题	说　明
教学实施研究	主要分为小学、初中、高中三个层次，偏重真实的实施研究及反思、案例研究（包括 Flash、Photoshop、智能工具、程序语言在内的教学案例），以及以自主探究和自主知识建构为导向的应用研究

4. 期刊来源变量

在选择期刊时，偏重那些与教育教学相关的，故选择了《中国教育技术装备》《中国电化教育》《教育理论与实践》《中国教育信息化》四种较为主流的期刊。它们对该主题的文章刊载情况也各不相同。期刊来源变量能表明本研究在这四种期刊方面的变化情况。2001年至2013年发表文章的情况如表2所示。

表2　发表文章情况统计

年份	文章总量（篇）	年份	文章总量（篇）
2001	1	2008	2
2002	1	2009	5
2003	3	2010	7
2004	1	2011	3
2005	2	2012	8
2006	3	2013	8
2007	4	—	—
小计	15	小计	33
合计	发文总量（篇）		48
	年均发文量		3.69

三、研究结果与分析

（一）文章总量分析

从2001年至2013年，这四种杂志所刊载的文章共有48篇。从2001年至2007年，前7年共发表15篇，2008至2013年，后6年共发表33篇。两段时间相比，与此主题相关的文章数量明显增多。2008年后发文数量增加，正好反映了任务驱动教学模式在信息技术学科中的应用越来越成熟，越来越多的信息技术学者在对任务驱动教学法进行理论和实践研究。

从 2001 年到现在，年均发文量为 3. 69 篇，也说明了此主题一直有人在关注。而与此主题相关的文章每年的发表量也在变化，如图 1 所示。所发表文章的数量随着时间的推移，逐渐增多，说明任务驱动教学模式在信息技术学科中的应用越来越受到更多学者的关注和研究。

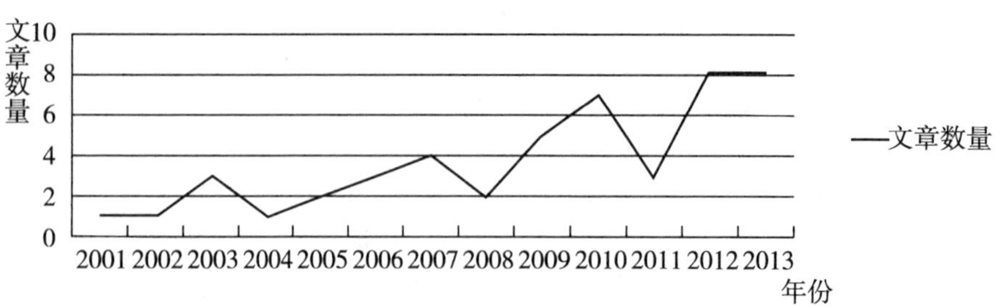

图 1　文章数量年份变化

（二）作者情况分析

所检索文章的作者合著情况统计如表 3 所示，由表 3 可知，48 篇文章中仅有 6 篇文章为合作而得。平均合著度约为 1. 26，即每篇文章的作者不到两个人，说明了任务驱动在信息技术学科中应用时，仅局限于本学科内，跨学科性不大。

其中，48 篇文章的 56 位作者均为不同的人，作者出现频率次数均为 1，这说明很少有哪位作者能发表两篇以上和此主题相关的文章，学者对此主题的研究不够深入，往往是浅尝辄止，需要换个角度进一步做更加透彻的研究。

表 3　作者合著度

年份	文章总量（篇）	作者人数（个）	合著文章篇数（篇）	合著度
2001	1	1	0	1
2002	1	2	1	2
2003	3	4	1	1. 3
2004	1	2	1	2
2005	2	2	0	1
2006	3	3	0	1
2007	4	6	1	1. 5
2008	2	2	0	1
2009	5	7	1	1. 4
2010	7	7	0	1
2011	3	3	0	1
2012	8	9	1	1. 125

续表

年份	文章总量（篇）	作者人数（个）	合著文章篇数（篇）	合著度
2013	8	8	0	1
合计	48	56	6	1. 26

此外，从作者单位性质的频次统计情况来看，高校（包括高职高专）、教研室、中小学的出现频次如表 4 所示。这 13 年间，中小学的学者出现次数最多高达 33 次，这些一线教师大部分做的是应用研究；教研室出现 8 次，研究主题多与指导一线教师教学有关；包括高职高专在内的高校出现了 14 次，他们所写的文章大多与任务驱动教学模式的定位、内涵和课程框架研究有关，属于哲学理论的思辨性研究。

表 4　作者单位分析

序号	单位性质	出现次数
1	高校（包括高职高专）	14
2	教研室	8
3	中小学	33

（三）研究主题分析

对于研究主题总量与年代分布分析，笔者根据每篇文章的主旨，抽取关键主题归入相应的一级主题和二级主题，由此得出文章的研究主题数量分布如表 5 所示。

表 5　主题数量分布

一级主题	数量（篇）	百分比（%）
含义研究	8	16. 67
任务设计研究	14	29. 17
教学实施研究	26	54. 16

从发文数量上看，信息技术学科中，任务驱动教学模式的实施研究比较多，发表的文章占据文章总量的一半多，这与教学模式注重应用的价值取向不无关系。而实施研究中，初中的教学实践研究较多，这正与信息技术课程设置的现状相吻合。小学期间开设信息技术课程的学校不多，初中和高中开课的学校数量较多，因为一部分地区的学校只有在初中和高中才有能力与资金开设信息技术课程，因此初高中的教师研究者比较多。任务设计研究次之，占据约 30%的分量，因为任务驱动教学模式是基于任务的教学，任务设计就是它的根基。关于教学法的内涵定位和与其他理论的整合研究的文章数量不多，仅占 16. 67%。这些研究主要从理论层面来高度提炼和总结教学法的核心本质，要求研究者具备大量的理论知识。

研究主题的年代分布如表 6 和图 2 所示。

表 6　研究主题的年代分布

年份	含义研究	任务设计研究	实施研究
2001	1	0	0
2002	1	0	0
2003	1	1	1
2004	0	1	0
2005	1	0	1
2006	1	1	1
2007	1	2	1
前 7 年小计	6	5	4
2008	0	2	0
2009	0	3	2
2010	0	3	4
2011	0	0	3
2012	1	1	6
2013	1	0	7
合计	8	14	26

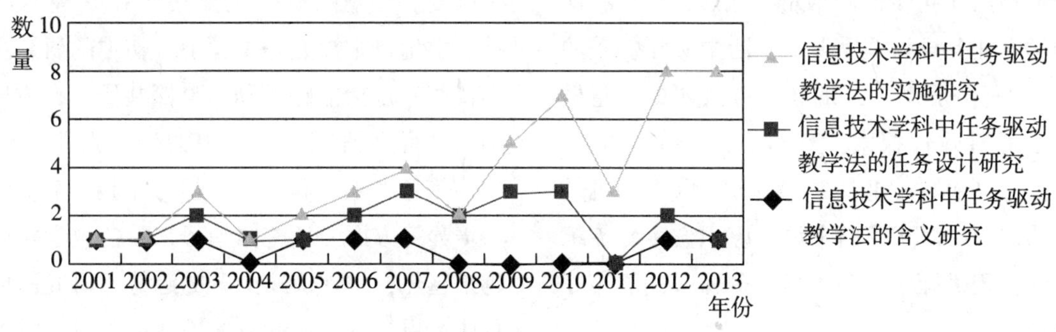

图 2　研究主题的年代分布

从前 7 年和后 6 年的对比中可以明显看出，含义研究的数量明显在减少，直到最近两年才又有所增加；而教学实施研究的发展势头则越来越好，大致处于上升的趋势；任务设计研究则发展平稳。艾奉平指出：“教学模式是指在一定的教育思想、教学理论和学习理论指导下的，在某种环境中展开的教学活动进程的稳定结构形式。”由此可以看出，在教学模式发展的初级阶段（在本研究中是指 2001 年至 2007 年），先要研究支持此种教学模式的教育思想和理论，再步入到真实的教学情境中开展教学活动的阶段（即 2003 年至 2013 年），而且随着时间的推移，对教学实施的研究还会持续高速发展。这个教学实施研究将沿着“探究实践、发现问题、解决问题、再进一步实践”的模式循环迭代。

1. 信息技术学科中任务驱动教学法的含义研究分析

含义研究有两个主流方向，即内涵与定位。学者郭绍青深刻总结了任务驱动的内涵，指出“任务驱动教学法是一种能够很好地应用于以实验性、实践性与操作性较强的教学内容的教学方法，它的含义是以富有趣味性、能够激发学生的学习动机与好奇心的情境为基础，以与教学内容紧密结合的任务为载体，使学习者在完成特定任务的过程中获得知识与技能的一种教学方法”，并提出了以任务为明线，以培养学生的知识与技能为暗线，以教师为主导、以学生主体的教学纲领。在初期应用时，一线教师出现了不同的误解，学者钱晓菁分别就这些误区做出指导，指出任务不应“试图涵盖所有的知识与技能”“不要过于强调所谓的系统性。软件本身只是学生学习的载体，我们的目标不是学习软件的使用方法，而是学习‘学习方法’”等。

定位研究则偏重向现实生活回归的研究和初期的有效性策略研究等方面。“要实现信息技术学习回归现实生活，课堂教学当然是首当其冲……”学校教育方式和管理方式的跟进，成为目标达成所必不可少的两个重要保障——只有课堂上的学习任务成为学生现实生活中实际任务的分支时，“任务驱动”式的教学方式才算是生根了。初期的有效性探索，有利于任务驱动的定位。“有效课堂的构建取决于多方面因素，也是个长期的课题。对于我们来说，应积极转变传统教学理念，积极探索，多积累，多思考，落实好教学要素。”

2. 信息技术学科中任务驱动教学法的任务设计研究主题分析

任务设计的研究主要集中在有效性策略、小组合作等方面。有效性策略方面，学者都共同强调运用“明确的目标、任务的可操作、注意学生特点、分散教学知识重难点、注重学生能力的培养、注意与其他学科的整合”等六个策略。一位一线教师指出，采用任务驱动教学法，关键是“任务”设计，要仔细推敲知识点、统筹兼顾，为学生设计、构造出一系列典型的可操作的“任务”，让学生在完成“任务”中掌握知识、技能与方法。设计好的驱动“任务”，需要教师颇费心思，而学生做出的丰富多彩、富有创意的作品则是对教师最好的回报。

基于小组合作的任务设计也有一部分人在研究，由于信息技术学科本身的特性——综合性、操作性，采用小组合作方式进行教学十分恰当。因此，一部分研究者便把目光投向了这一领域。在设计任务的时候，要注意任务驱动的主体是一个小组。在目标确定、教学环境布置、任务实施、教学评价的时候应加入“协作性”因素，让学生以一个团体为单位来共同学习。在基于小组的任务驱动的基础上，学者邬彤研究了“基于项目的学习在信息技术教学中的应用”。基于项目的教学更能体现信息技术教学的跨学科性、协作性、应用性，一个小组为一个项目开发团队，在完成项目的同时可以习得信息技术的知识与方法技能。

3. 信息技术学科中任务驱动教学法的实施研究主题分析

教学实施研究的主题有小学、初中、高中三个维度。小学的研究主要集中在兴趣与情境设计、学生自主探究等主题上。初中的研究主题更丰富些，包括情感激励、自探共研、自主知识建构、可行性研究等。高中的研究聚焦在学以致用、信息素养培养、学生学习体验、解决问题能力培养等方面。从整体趋势来看，教学实施研究越来越热，呈现快速上升的趋势。研究的内容更具体、更具有操作性，都是基于“改造学习者微文化的批判设计研究”。

（四）期刊来源分析

如图 3 所示，这 48 篇文章中，2 篇来自于《教育理论与实践》，18 篇来自于《中国教育技术装备》，14 篇来自于《中国电化教育》，14 篇来自于《中国教育信息化》。其中，《中国电化教育》发表了大部分与该主题相关的思辨性研究文章，实践应用性文章则是在《中国教育技术装备》和《中国教育信息化》上发表的。

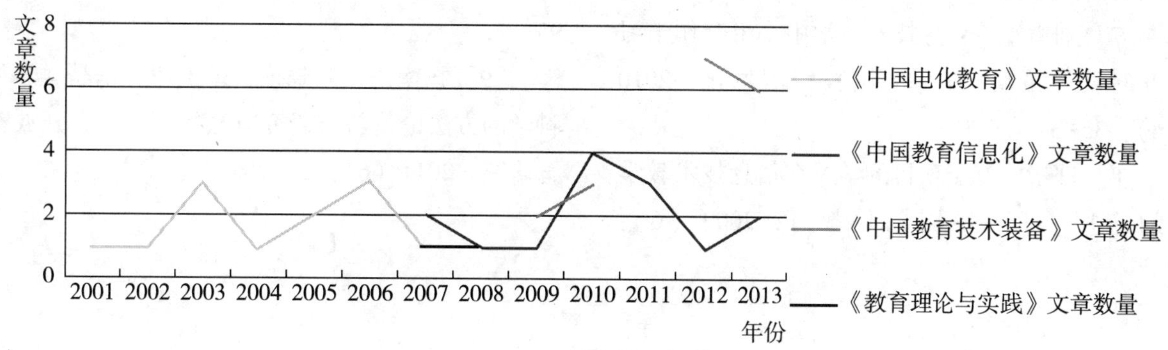

图3 期刊来源分析

这反映了主流期刊对此主题的态度，《中国电化教育》最先推出了与任务驱动的信息技术教学研究相关的文章。但2008年后，《中国电化教育》不再刊登此类文章。相反，《中国教育信息化》和《中国教育技术装备》作为后起之秀，在2007年以后越来越多地刊登与任务驱动的信息技术教学相关的文章，支持学者对信息技术教学的研究，供广大研究者展示自己的研究成果，并相互交流。

四、结论与启示

对于国内信息技术学科的任务驱动模式研究与发展，可归结出以下几大特点。①与此主题相关的研究逐渐增多，是一个很有前景的应用型研究领域；②研究者力量较为薄弱，学科背景单一，孤军奋战；③研究者拘泥于一般的流程进行行动研究，创新性不强，教学模式的理论基础较为薄弱，且目前思辨性研究不多；④主流杂志对此主题的态度不一。

针对在信息技术学科中应用任务驱动教学模式的研究与发展，不仅引发了我们深深的思考，也为我们以后的研究带来一些启示。

第一，信息技术学科的一线教师应多与教研室研究员、高校学者合作，以使得研究既有理论的根基，又有实践的验证。

第二，研究者应该多变换角度，从另一个视角深层次观察问题，进行微观视角的批判设计研究。

第三，有能力的学者可以进行理论创新研究。此外，行动研究的内容不要局限在“任务设计研究”和“教学实施的一般性过程研究”上，多研究与具体的任务驱动教学环节有关的内容，例如教学评价的研究。

第四，同样是基于任务驱动教学模式，应多变换不同的教学法，如竞赛式教学法、基于项目的教学方法以及基于微课/网站的信息技术教学法，进行新型教学法的开发和行动研究。

第五，研究与此主题相关的问题的学者若要投稿，可向《中国教育信息化》《中国教育技术装备》等期刊投稿。

五、结束语

综上所述，本文主要通过文章数量、作者情况、研究主题和期刊来源这四个层次变量对任务驱动的信息技术教学研究进行了系统分析。由于期刊选择的局限性以及文章类型的模糊性，在对变量进行归类和编码时难免有所偏颇。这些不足之处留待以后进行更深层次的研究。

参考文献

［1］郭绍青．任务驱动教学法的内涵［J］．中国电化教育，2006（7）：57-59.

［2］艾奉平．信息技术课堂教学模式初探［J］．中国电化教育，2001（9）：15-16.

［3］郭绍青．任务驱动教学法的内涵［J］．中国电化教育，2006（7）：57-59.

［4］钱晓菁，马玉娟．试论“任务驱动”［J］．中国电化教育，2002（9）：35-36.

［5］殷雅竹．例谈信息技术教学向现实生活的回归［J］．中国电化教育，2005（4）：45-49.

［6］董自明．小学信息技术“任务”设计的“六性”［J］．中国电化教育，2006：（11）：61-62.

［7］刘雪平．信息技术教学中小组合作学习任务的设计策略［J］．中国教育信息化，2010（14）：35-37.

［8］邬彤．基于项目的学习在信息技术教学中的应用［J］．中国电化教育，2009（6）：95-98.

［9］杨南昌，刘晓艳，曾玉萍，李晶．学习科学的方法论革新与研究方法综述［J］．开放教育研究，2011（6）：20-28.

中学生信息技术课程学业情绪研究

——以福州××中学为例

陈丽娟　杨　宁

（福建师范大学　教育学院，福建　福州　350007）

摘　要： 教育技术学研究范式从关注媒体走向关注学习，学习科学的快速发展凸显了关注学习者及学习过程的重要性。有关学习的研究不应仅停留在学习认知，甚至是更小范围的概念转变上，而应涉及学习的更多方面。信息技术作为一门区别于其他传统课程的新兴学科，其学业情绪对学生的学业影响尤其重要。因此，信息技术课程学业情绪的研究对信息技术教与学有极其重要的现实意义。

关键词： 中学生　信息技术课程　学业情绪

美国新媒体联盟2011年的《地平线报告》指出，四到五年后，学习分析将成为以教育为主的组织机构使用的主流技术，进行学习分析的目标是使教师和学校根据每个到校接受教育的孩子不同程度的需求，提供不同的教育方式。[1]可以看出，教育越来越关注学习者，越来越趋向于一种个性化定制的模式。而随着教育技术学与学习科学的演进与发展，众多领域都论证了关注学习者及其认知的重要性。

一、教育技术学与学习科学的发展

（一）教育技术学研究范式的转变

美国学者塞特勒（Paul Saettler）提出教育技术学发展至今经历了四种范式，如今处于认知科学范式阶段。[2]历经三次范式（Paradigm Shift）更替后所产生的认知科学范式认为，仅仅关注学习的外显反应是不够的，教学应该根据认知心理学理论，将重心置于如何引发学习者的内在学习策略。

在我国，随着基础教育改革和基础教育信息化的推进，以学习者为中心的、满足个性化学习需求的教学成为新的教育理念。我国学者董玉琦在TCL范式研究的基础上提出了教育技术学研究的新范式——CTCL。CTCL研究范式将“学习者”作为研究的主要对象之一，强调技术（T）的设计、开发的每一个环节，均应该建立在对学习者（L）与学习内容（C）充分统整的基础之上，“教育技术学应该更加关注学习者”[3]。新范式的提出将进一步推动我国教育技术学研究从“媒体”到“整合”再到“学习”的范式的演进与发展，而学习的主体就是学生。

（二）学习科学的发展

学习科学是认知科学的分支学科，其目标与认知科学一样，是对学习进行解释。Sasha Barab认为“学习科学是一门综合性的多学科研究领域，它利用人类科学中的多种理论观点和研究范式，以实现对学习、认知和发展的属性及条件的理解”。Chris Hoadley则认为学习科学是两个“研究教育技术的团体”之一。学习科学把真实世界的学习作为研究对象，关注学生的认知，关注学习的心智过程，关注脑与认知的发展过程，他们运用新的实验工具、新的认识论和新的方法对学习与思维进行研究，探寻促进正规与非正规环境中学习的最好方法。学习科学的快速发展一方面强化了教育对学习者的研究，另一方面也凸显了在学习活动中学习者的学习心理、生理过程的重要性，学习情绪则是学习心理的一个重要方面。

教育技术学研究范式从关注媒体走向关注学习，有关学习的研究不应只停留在学习认知，甚至是更小范围的概念转变上，而应涉及学习的更多方面。信息技术教育也应该走出仅仅对教师、教学环境、媒体资源等的研究，结合现代认知心理学、心理生理学等学科加强对学习者的关注，关注学习者在学习过程中各种心理、生理参数的变化。信息技术课程学业情绪（以下简称信息技术学业情绪）直接影响着学生学习信息技术的学习效率和学习结果，鉴于此，笔者以福州某中学为例，以问卷的形式对该校初一和初二学生的信息技术学业情绪做了调查。

二、学业情绪概述

（一）学业情绪

2002 年，Reinhard Pekrun 等人首次提出了学业情绪（Academic Emotions）的概念，指出“学业情绪表示与学校学习、课堂教学以及学业成就直接联系的情绪，例如学习过程中的兴奋、成功后的自豪以及与考试相联系的焦虑等。它不仅指学生在获悉学业成功或失败后的情绪体验，也包括学生在学校环境中经历的与成就有关的情绪”。学业情绪的表现形式多种多样，而且极易受主客观因素的影响，对学业情绪进行合理的分类是一项艰难的工作。传统的分类方法是将学业情绪分为互不相连的具体情绪，如焦虑、愉快、敌意等。Reinhard Rekrun 等人将从实验和观察中总结出的 9 种学业情绪划分为积极情绪和消极情绪，如图 1 所示。本研究对学业情绪的分类就是以此为标准的。

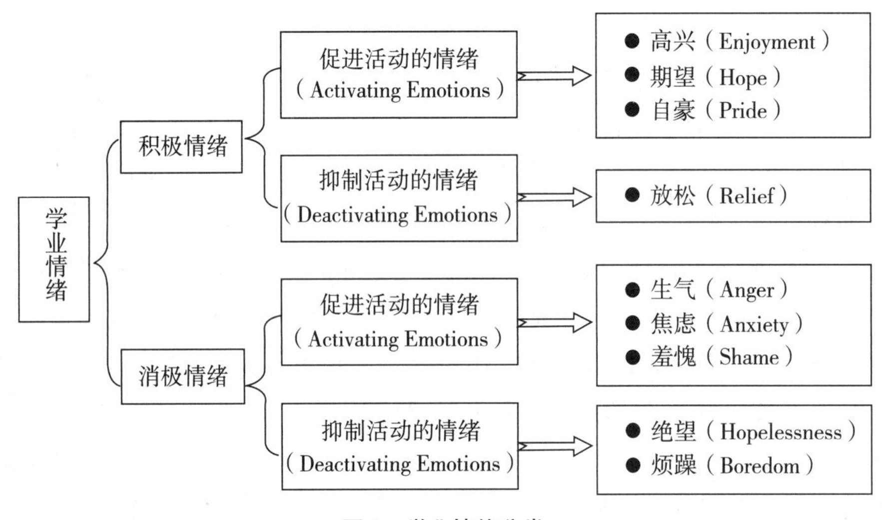

图 1　学业情绪分类

（二）信息技术学业情绪

1. 信息技术学业情绪

笔者认为，信息技术学业情绪是学生在信息技术学习过程中有关信息技术学业活动的各种情绪体验。信息技术学业情绪与信息技术教师的教学方式、学生的信息技术学习策略、学习目标、学习动机、信息技术学习材料、信息技术课堂环境、信息技术学业现状等都有着密切的联系。积极的信息技术学业情绪有助于激发学生的信息技术学习兴趣和学习动机，促进学生的信息技术思维活动，从而保证学生的学业进步。反之，消极的学业情绪阻碍学业进步。信息技术学业情绪是学生信息技术学业成败的关键影响因素之一，研究学生的信息技术学业情绪对于信息技术教育教学有着重要的意义。

2. 信息技术学业情绪现状

2014 年 4 月，本研究利用 CNKI 数据库对相关文献进行了全面检索。在没有任何限定条件的情况下以“学业情绪”为关键词进行检索，搜索到的文献为 261 篇，去除不相关的文献，剩余 217 篇。在这 217 篇文献中，从各个学习阶段来看，成人教育、本科、高职、高中、初中、小学各阶段的相关文献分别为 3 篇、63 篇、18 篇、32 篇、54 篇、9 篇。可以看出，目前的学业情绪研究多集中于本科阶段和初中阶段。从学科来看，明确涉及的学科有 6 门，包括医学、语文、物理、体育、英语和数学，其中与学业情绪相关的医学文献有13篇、英语文献有8篇、数学文献有8篇、物理文献有3篇、语文文献有1篇、体育文献有1篇。很显然，我国目前对学业情绪的研究不够深入，学业情绪与学科结合的研究存在大量空白。

之后，笔者缩小检索范围，以"信息技术 & 学业情绪"为关键词，在没有任何限定条件的情况下进行检索，搜索到的文献篇数为0。可以看出，目前至少在公开发表的文献中没有与信息技术课程学业情绪相关的研究。所以，本研究有一定的开创性，对信息技术课程教与学的理论和实践研究均有积极的意义。

三、研究的设计与实施

（一）研究的设计

本研究假设信息技术学业情绪与学生学习信息技术课程的动机、学业成绩、性格、受关注程度、自我评价、教师评价、家长和教师对学生的期望等因素有关。

研究对象定位为初中生，但由于初三的教学任务较繁重，且初三的信息技术课程比较特殊，考虑到调查实施的可操作性和结果的有效性，本研究最后将研究对象确定为福州××中学的初一和初二学生。

本研究主要采用的研究方法有文献研究法、访谈法和问卷调查法。运用文献研究法分析国内外学业情绪及其在信息技术课程中的研究现状，总结已有成果，确立本研究的主题和方向。在编制问卷和正式调查之前，对被调查学校的信息技术教师进行简要访谈，了解研究对象的整体情况，分析施测问卷的设计是否合理有效，为问卷的修改和分析提供依据。设计好问卷，预测结果可以达到要求后进行正式调查，然后整理分析所收集的数据，利用SPSS 20进行统计分析，总结初中生信息技术学业情绪的主要表现和影响因素，并进行深入分析。

（二）数据统计与分析

与所研究学校的教师协商沟通后，本研究运用网络调查的形式，将问卷地址告知代课教师，由代课教师组织统一填写问卷。共收回739份问卷，在问卷的整理过程中发现，有个别问卷的开放题未作答或答题态度不端正，笔者将此类问卷视为无效，共删除无效问卷45份，剩余有效问卷694份，问卷收回有效率为93.91%。

1. 信息技术学业情绪数据分析

信息技术课程学业情绪问卷中总共有17个情绪项目，其中，积极学业情绪项目有12个，消极学业情绪项目有5个。每个项目的最高得分为5分，积极学业情绪项目最高60分，消极学业情绪项目最高25分。

积极学业情绪的得分如图2所示，其估计的分布参数正态分布的位置为40.41，标度是8.153，频次分布图显示，40分出现的频次最多，占27.5%，此外，得分多集中于31—50分，可以看出大部分学生的积极学业情绪值较高。

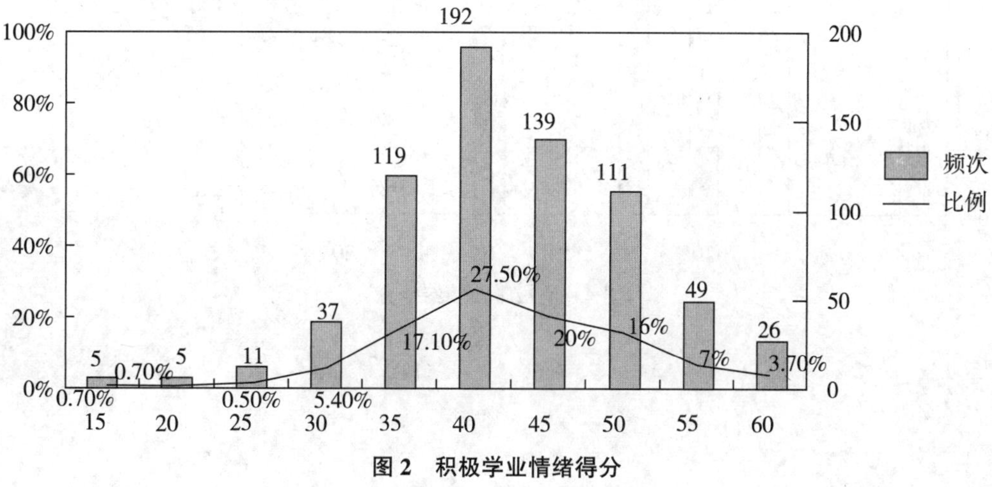

图2 积极学业情绪得分

分析积极学业情绪的正态 *P—P* 图（如图 3 所示）也可以看出，积极情绪项目分数分布基本呈直线趋势，符合正态分布。据图可以看出，积极学业情绪项目得分分布的中间部分分别向上、向下稍微偏离直线，并且项目得分分布在线的两端较密集，中间较稀疏。由此可知，与标准正态分布相比，积极学业情绪得分的低分数段和高分数段范围小，人数少；中分数段范围大，人数多。

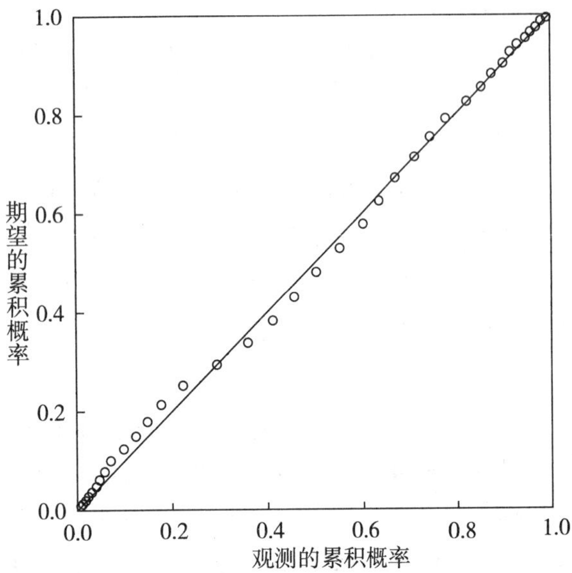

图 3　积极学业情绪得分的正态 *P—P* 图

据图 4 分析，消极学业情绪估计的分布参数正态分布的位置为 10. 74，标度是 3. 415，频次分布图显示，12 分出现的频次最多，占 26. 4%，此外，得分多集中于 7—14 分，可以看出大部分学生的消极学业情绪值较低。

消极学业情绪的正态 *P—P* 图表明，消极情绪项目分数分布基本呈直线趋势，符合正态分布。据图可以看出，消极学业情绪项目得分分布的中间部分稍微偏离直线，并且项目得分分布在线的两端较密集，中间较稀疏。由此可知，与标准正态分布相比，消极学业情绪得分的高分数段范围小，人数少；低分数段范围大，人数多。

2. 信息技术学业情绪与性别

信息技术学业情绪与性别的关系如表 1 所示，男生和女生的消极学业情绪适中，积极学业情绪都较高。男生的消极学业情绪和积极学业情绪得分的均值和女生相当，但都比女生偏高些，说明不同性别学生的学业情绪没有明显差异，但与男生的学业情绪相比，女生的学业情绪更稳定。

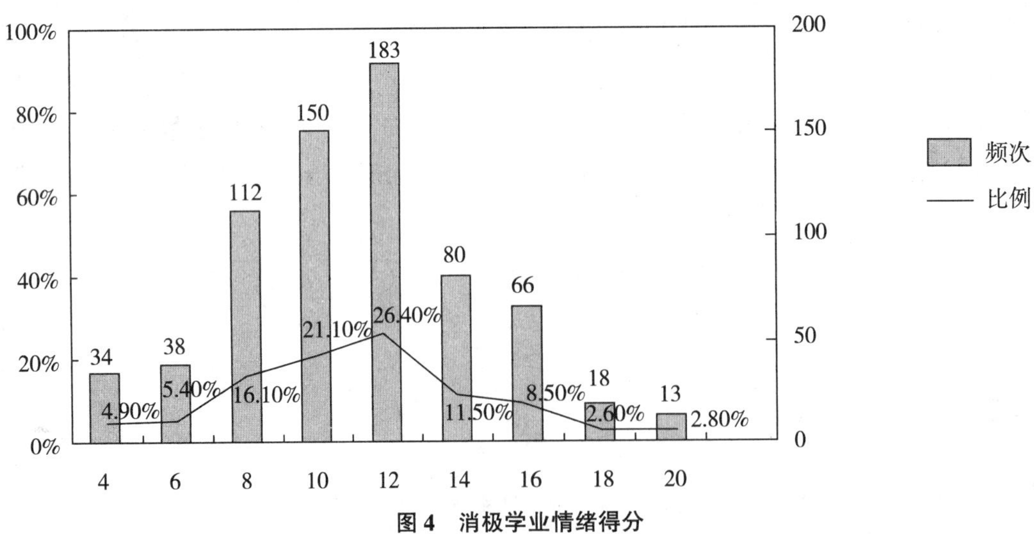

图 4　消极学业情绪得分

表 1　学业情绪与性别组统计量

	组统计量				
	性别	样本数	均值	标准差	均值的标准误
消极学业情绪得分	男	332	10.82	3.595	0.197
	女	362	10.66	3.244	0.171
积极学业情绪得分	男	332	40.92	8.851	0.486
	女	362	39.94	7.437	0.391

3. 信息技术学业情绪与年级

信息技术学业情绪与年级的独立样本检验数据显示，消极学业情绪与年级的方差齐性检验的结果 $P=0.848>0.10$，可以认为方差相等，故取方差相等的检验结果。消极学业情绪与年级的 t 检验结果显示，$P=0.049<0.05$，差异较显著，表明消极学业情绪与年级显著相关，初二学生比初一学生的消极学业情绪高。

积极学业情绪的方差齐性检验的结果 $P=0.840>0.10$，可以认为方差相等，故取方差相等的检验结果。积极学业情绪与年级的 t 检验结果显示，$P=0.001<0.05$，差异非常显著，表明积极学业情绪与年级显著相关，初一学生比初二学生的积极学业情绪高。这表明，年级越高，学生的信息技术学业情绪积极性越低，消极性越高。

4. 信息技术学业情绪与学习动机

如表 2 所示，信息技术消极学业情绪和积极学业情绪与学习动机的相关性所得数据一样，消极/积极学业情绪与学习动机的 Pearson 相关系数为 0.386，属于正相关关系，显著性（双侧）结果为 0.000<0.01，所以具备显著性，即信息技术消极/积极学业情绪与学习动机具备显著相关性。这说明，学业情绪越消极，学业动机越弱；学业情绪越积极，学业动机越强。

表 2　信息技术学业情绪与各因素相关性分析数据

		相关性								
		学习动机	学习目标	性格	喜爱教师的程度	教师上课的投入程度	学生受表扬频率	教师评价	学生评价	父母对成绩的关心程度
消极学业情绪得分	Pearson 相关性	0.386**	0.097*	0.115**	0.095*	0.055	0.244**	0.136**	0.061	0.124**
	显著性（双侧）	0.000	0.011	0.002	0.012	0.147	0.000	0.000	0.111	0.001
	N	694	694	694	694	694	694	694	694	694
积极学业情绪得分	Pearson 相关性	0.386**	0.478**	0.361**	0.533**	0.494**	0.399**	0.583**	0.528**	−0.018
	显著性（双侧）	0.000	0.000	0.000	0.000	0.000	0.000	0.000	0.000	0.631
	N	694	694	694	694	694	694	694	694	694

5. 信息技术学业情绪与学习目标

如表 2 所示，信息技术学业情绪与学习目标的相关性检验结果显示，消极学业情绪与学习目标的 Pearson 相关系数为 $0.097<0.2$，属于极弱相关，显著性（双侧）结果 $0.011>0.01$，所以不具备显著性；积极学业情绪与学习目标的 Pearson 相关系数为 0.478，$0.40<0.478<0.6$，属于中等程度相关，显著性（双侧）$0.000<0.01$，所以具备显著性。表 2 中数据表明，信息技术消极学业情绪与学习目标相关性较弱，积极学业情

绪与学习目标中等相关，学业情绪的消极性与学习目标的明确性关系不大，学业情绪的积极性越高，学业目标越明确。

6. 信息技术学业情绪与性格

如表 2 所示，信息技术学业情绪与性格的相关性检验结果显示，消极学业情绪与性格的 Pearson 相关系数 0. 115<0. 2，属于极弱相关，显著性（双侧）0. 002<0. 01，所以具备显著性；积极学业情绪与性格的 Pearson 相关系数为 0. 361，0. 20<0. 361<0. 40，属于弱相关，显著性（双侧）0. 000<0. 01，所以具备显著性。表 2 中数据表明，信息技术消极学业情绪与性格相关性极弱，积极学业情绪与性格弱相关。性格的开朗程度与学业情绪的消极性有极弱相关，性格越开朗，学业情绪的积极性越高。

7. 信息技术学业情绪与喜爱教师的程度

如表 2 所示，信息技术学业情绪与喜爱教师的程度的相关性检验结果显示，消极学业情绪与喜爱教师的程度极弱相关；积极学业情绪与喜爱教师的程度中等程度相关，且具备显著性。表 2 中数据表明，学业情绪的消极性与喜爱教师的程度有极弱相关；学生学业情绪的积极性越高，越喜爱教师。

8. 信息技术学业情绪与教师上课的投入程度

如表 2 所示，信息技术学业情绪与教师上课投入程度的相关性检验结果显示，消极学业情绪与教师上课的投入程度属于极弱相关；积极学业情绪与教师上课的投入程度属于中等程度相关，且具备显著性。表 2 中数据表明，学业情绪的消极性与教师上课的投入程度有极弱相关；教师上课越投入，学生学业情绪的积极性越高。

9. 信息技术学业情绪与学生受表扬频率

如表 2 所示，信息技术学业情绪与学生受表扬频率的相关性数据表明，消极学业情绪与受表扬频率属于弱相关，且具备显著性；积极学业情绪与受表扬频率属于弱相关，且具备显著性。表 2 中数据表明，学业情绪的消极性与受表扬频率有弱相关；学生上课越频繁地受到表扬，其学业情绪的积极性越高。

10. 信息技术学业情绪与教师评价

如表 2 所示，信息技术学业情绪与教师评价的相关性数据表明，消极学业情绪与教师评价属于极弱相关，且具备显著性；积极学业情绪与教师评价属于中等程度相关，且具备显著性。这表明，学业情绪的消极性与教师评价相关性较弱；积极性与教师评价相关性较强，教师的评价越高，学生学业情绪的积极性越高。

11. 信息技术学业情绪与学生评价

如表 2 所示，信息技术学业情绪与学生评价的相关性数据表明，消极学业情绪与学生评价极弱相关；积极学业情绪与学生评价中等程度相关，且具备显著性。表 2 中的数据表明，学业情绪的消极性与学生评价相关极弱，学业情绪的积极性与学生评价的相关性适中，同伴的评价越高，学生学业情绪的积极性越高。

12. 信息技术学业情绪与父母对成绩的关心程度

如表 2 所示，信息技术学业情绪与父母对成绩的关心程度的相关性数据表明，消极学业情绪与父母对成绩的关心程度极弱相关，积极学业情绪与父母对成绩的关心程度呈极弱负相关。这说明父母对孩子的信息技术成绩越关心，孩子的信息技术学业积极情绪越高。

（三）结论

以上对信息技术学业情绪与相关因素的研究数据表明，信息技术消极学业情绪与性别、年龄、学习目标、学习动机等因素的相关性不高，积极学业情绪与年级、学习动机、教师上课是否全身心投入、教师对学生的评价等因素有着较高的正相关性。所以，信息技术教师可以从以下几个方面改进教学。

1. 针对不同的年级因材施教

研究显示，年级越高，学生的信息技术消极学业情绪越高，积极学业情绪越弱。出现这种现象的原因可能有以下几个：其一，学生对信息技术课程的期望与现实有一定的差距，所以，随着年级的升高，学生的积极性降低；其二，所有年级的教学方法、教学模式没有差异，导致低年级的学生适应良好，而到了高年级就会产生问题。这就要求教师根据不同年级的特点选择适宜的教学方法和教学模式等。

2. 提高学生的学习动机

研究显示，学习动机越强，积极学业情绪越高，因此，激发学生的学习动机有助于提高学生的积极学业情绪。教师可以利用情境、问题、任务等引起学生的兴趣从而激发学生的学习动机。此外，教师可以帮助学生正确认识信息技术这门课程，发掘学生学习的内驱力和外驱力，充分调动学生学习的积极性。

3. 教师要做到全身心的投入

教师上课的言谈举止最直接地影响着学生的学习态度和价值取向，教师讲课越投入，学生的积极学业情绪越高涨；反之，消极学业情绪就越强。由于考试制度等原因，信息技术课在大部分学校里得不到重视，信息技术教师不应该为此而将负面的情绪传递给学生。信息技术教师应该发掘信息技术课程的价值和内涵，认真研读教材，做好备课、讲课、反思等工作，并引导学生深入了解信息技术课程的价值和内涵。

4. 教师多对学生进行正面评价

研究数据表明，教师对学生的正面评价越高，学生的信息技术积极学业情绪就越高。教师应该多注重对学生进行正面激励和表扬，帮助学生建立自信心，使学生在学习信息技术的过程中有一定的成就感，从而引发学习信息技术的热情。

四、总结与反思

本研究通过调查分析证实了信息技术学业情绪与性别、年级、学习动机、教师评价等因素之间的相互作用关系，为信息技术课程教及学的设计及实施提供了切实可行的依据。本研究也存在许多不足之处：首先，本研究所采用的问卷是信息技术课程与心理学结合的自编问卷，受学科和修改次数的限制，问卷还不成熟，如果进行特大规模的调查和研究，还需要对问卷做进一步的修改和完善；其次，本研究的调查对象只有一所学校，调查结果的适用范围有限。在今后的研究中，本研究会进一步细化研究内容，扩大研究范围，对信息技术的教与学进行更深入的研究。

参考文献

[1] 陈娜．未来五年影响教育技术的趋势、挑战和技术——关于《2011 Horizon 年度报告》[J]．电化教育研究，2011（10）：11-16.

[2] Paul Saettler. The Evolution of American Educational Technology [M]. IAP，1990.

[3] 董玉琦．CTCL：教育技术学研究的新范式（1）——基本构想与初步研究 [J]．远程教育杂志，2012（2）：3-14.

[4] 宫淑红．美国教育技术学的历史与范式演变 [D]．广州：华南师范大学，2003.

[5] Gueulette，D. G.. Psychotechnology as Instructional Technology：Systems for a Deliberate Change in Consciousness. Paper presented at the annual meeting of AECT'，Atlanta，Georgia，1987.

[6] 郑英娟．中学生物理学业情绪研究 [D]．西安：陕西师范大学，2007.

交互式电子白板的课堂教学互动层级研究

马勋雕　解月光

（东北师范大学　信息与软件工程学院，吉林　长春　130117）

摘　要： 近年来，交互式电子白板在课堂教学中已经得到迅速普及和推广，然而已经有很多研究结果表明，交互式电子白板在课堂教学中还未得到有效应用。本文针对这一问题，采用定量研究的方法，对精选出的18节交互式电子白板课堂教学案例，通过基于交互式电子白板的弗兰德斯互动分析系统一一进行采样、编码、分析，得出由5个一级互动要素和14个二级互动要素构成的交互式电子白板的课堂教学应用分析框架。研究发现，目前交互式电子白板课堂教学应用中包含三个互动层级：初级互动、中级互动和高级互动。初级互动阶段实现的是教师与交互式电子白板的技术功能进行交互；中级互动阶段实现的是教师让学生走到交互式电子白板面前，操作上面的元素；高级互动阶段实现的是师生与课程的概念、观点进行交互和知识建构。

关键词： 交互式电子白板　互动层级　基于交互式电子白板的弗兰德斯互动分析系统

一、问题的提出

近年来，交互式电子白板在课堂教学中已经得到迅速普及和推广，到2004年，英国大约80%的中小学配备了交互式电子白板，配备交互式电子白板的课堂约有11万间，占教室总数的15%。到2007年，英国小学、中学采用交互式电子白板的比率分别达到了100%和98%，英国政府计划在2015年之前更新包括交互式电子白板在内的所有中小学的教学设施。[1]除英国外，欧美和亚洲的其他国家也将交互式电子白板技术应用到教育教学中。由于交互式电子白板便于演示教学内容，在必要时还可以回放操作细节，因此它能够提高学生的学习兴趣，增强学习动力，并激励学生参与和交互，[2]教师通过鼓励学生在交互式电子白板面前进行各种操作运算，能有效增强学生对学习内容的理解[3]；能够为学生提供创新性学习方式[4]；当教师的教学风格与交互式电子白板的情境支持相匹配时，能够增强课堂教学效果[5]；等等。因此，交互式电子白板不仅给课堂教学带来变化，也为教师的专业发展带来变化。

然而，新技术、新媒体不会主动改变课堂教学效果，教师的教学设计和教学实施才是关键。在课堂教学中，交互式电子白板只能提供技术支持，起到辅助教学的作用，关键还看教师和学生如何使用。“高质量的交互与新技术的使用没有直接关系，教师的教学设计和教学实施才是关键。”国内研究人员大多尝试从教学设计、教学策略等方面进行研究，从而改变课堂教学效果。本文拟从交互式电子白板课堂教学应用的互动情况出发，依据基于交互式电子白板的弗兰德斯互动分析系统对课堂互动行为要素进行分类，研究分析交互式电子白板在课堂教学应用中的分层标准并从中发现问题，为改进交互式电子白板的课堂教学应用提供一定的建议。

二、案例分析工具的设计

在基于弗兰德斯互动分析系统、基于信息技术的弗兰德斯互动分析系统以及交互式电子白板的功能和特性的基础上，本文设计了一个基于交互式电子白板的弗兰德斯互动分析系统。该系统是学习过程中重要的反馈工具，主要用于师生在基于交互式电子白板的课堂上互动过程的观察分析，它由五部分组成，即根据教师言语、学生言语、沉寂、教师与白板的互动、学生与白板的互动这五大类别划分编码系统，其中包含21种互动行为编码，每种互动行为编码后面都有相应的编码步骤规范描述，如表1所示。

表1　基于交互式电子白板的弗兰德斯互动分析系统分类表

一级维度	二级维度	序号	互动行为编码	编码步骤规范描述
教师言语	间接影响	1	教师接纳情感	以一种不具威胁性的方式接纳及澄清学生的态度或情感
		2	教师鼓励称赞	称赞或鼓励学生的动作或行为
		3	采用意见	澄清学生的说法，修饰或发展学生的说法，应用它去解决问题并与其他学生的说法相比较和总结
		4	提出开放性的问题	以教师的意见或想法为基础，询问学生问题，并期待学生的回答
		5	提出封闭性的问题	
	直接影响	6	讲授	根据内容或步骤提供事实或见解；表达教师自己的观点，提出教师自己的解释，或者引述某位权威者（而非学生）的看法
		7	指令	指示或命令学生做某件事情，此行为具有期望学生服从的功能
		8	批评	陈述的语句内容为企图改变学生的行为，从不可接受的形态转变为可接受的形态；责骂学生；说明教师为何采取这种行为；极端的自我参照
学生言语	9	应答（被动反应）		（对编码4的反应）学生为了回应教师所讲的话，教师指定学生回答问题，或是引发学生说话，或是建构对话情境。学生自由表达自己的想法是受到限制的
	10	对话（主动反应）		学生主动发言，表达自己的想法；引出新的话题；自由表达自己的见解和思路，如提出具有思考性的问题、开放性的架构
	11	主动提问		主动提出问题，自由表达自己的见解和思路
	12	分组讨论		自由交流看法
沉寂	13	沉默或混乱		暂时停顿，短时间的安静或混乱，以至于观察者无法了解师生之间的沟通，学生或者教师由于不熟悉白板操作而短时间停顿
	14	思考问题		学生思考问题
	15	做练习		学生进行课堂练习，特指没有使用白板的课堂练习
教师与白板的互动	16	初级互动		教师运用白板演示教学内容，搜索和下载网络资源
	17	中级互动		为了使学生掌握知识和记住概念，教师利用白板的功能对教学内容进行各种操作
	18	高级互动		教师利用白板资源库和计算机内的各种思维表征工具、软件（几何画板、思维导图、概念地图以及各种虚拟软件等），帮助学生建构知识和培养学生的高阶思维能力
学生与白板的互动	19	初级互动		学生运用白板演示学习内容，搜索和下载网络资源
	20	中级互动		在教师的要求下，在白板上完成学习任务，做练习
	21	高级互动		在教师的组织和安排下，学生利用白板资源库和计算机内的各种思维表征工具、软件（几何画板、思维导图、概念地图以及各种虚拟软件等）来建构知识

在课堂中，每 3 秒取样一次，对每个 3 秒钟的课堂语言活动都按编码系统规定的意义赋予一个编码符号，作为观察记录，这样一节 40—45 分钟的课，取样数量为 1000—1200 个，符号代表的意思是课堂上按时间顺序发生的一系列事件，这一系列事件反映了课堂教学结构、教师的教学风格以及师生与白板的互动情况。[6]

对数据进行分析是通过基于交互式电子白板的弗兰德斯互动分析矩阵来实现的，该矩阵是一个 21×21 阶的对称矩阵，它的行和列的意义都由编码系统所规定的编码序号来代表，矩阵的每个单元格中填写一对编码表示先后连续出现的课堂行为的频次，根据矩阵中各种课堂行为频次之间的比例关系以及它们在矩阵中的分布情况，就可以对课堂教学情况做出有意义的分析。得到弗兰德斯互动分析迁移矩阵后，就可以用一个分析公式对其进行分析，分析公式如表 2 所示。[7]

表 2　基于交互式电子白板的弗兰德斯互动迁移矩阵分析表

分析内容	计算公式	含义
教师言语比例	1—8 列次数/总次数	课堂中教师言语所占的比例
间接影响与直接影响的比例	1—5 列次数/6—8 列次数	比例小于 1 表示教师对课堂和学生做间接的控制；反之，则表示教师倾向于直接的控制
沉寂比例	13—15 列次数/总次数	课堂中安静及混乱所占的比例值如大于 1，表示教师倾向
思考和做练习的比例	14—15 列次数/13—15 列次数	比例越大，表明课堂中沉寂越倾向于学生思考问题和做练习；反之，越倾向于课堂混乱
教师提问比例	4—5 列次数/总次数	课堂中教师提问占整个课堂的比例
开放性问题比例	4 列次数/4—5 列次数	教师提问中的开放性问题占教师提问的比例
封闭性问题比例	5 列次数/4—5 列次数	教师提问中的封闭性问题占教师提问的比例
学生言语比例	9—12 列次数/总次数	课堂中学生言语所占的比例
被动回答比例	9 列次数/9—12 列次数	学生言语中被动回答占学生言语的比例
主动回答比例	10 列次数/9—12 列次数	学生言语中主动回答占学生言语的比例
主动提问比例	11 列次数/9—12 列次数	学生言语中主动提问占学生言语的比例
分组讨论比例	12 列次数/9—12 列次数	学生言语中分组讨论占学生言语的比例
师生与白板互动比例	16—21 列次数/总次数	课堂中师生与白板互动占整个课堂的比例
教师与白板互动比例	16—18 列次数/16—21 列次数	教师与白板互动占师生与白板互动的比例
初级互动比例	16 列次数/16—18 列次数	初级互动占教师与白板互动的比例
中级互动比例	17 列次数/16—18 列次数	中级互动占教师与白板互动的比例
高级互动比例	18 列次数/16—18 列次数	高级互动占教师与白板互动的比例
学生与白板互动比例	19—21 列次数/16—21 列次数	学生与白板互动占教师与白板互动的比例
初级互动比例	19 列次数/19—21 列次数	初级互动占学生与白板互动的比例
中级互动比例	20 列次数/19—21 列次数	中级互动占学生与白板互动的比例
高级互动比例	21 列次数/19—21 列次数	高级互动占学生与白板互动的比例

基于交互式电子白板的弗兰德斯互动分析系统的优点在于以量化的方式对课堂教学中的师生

言语行为和师生与白板的互动行为进行统计、分析，这样可以通过量化的数据对教师的教学进行分析和反思。

三、案例分析

（一）案例的来源与选择

本研究采用录像分析的方法，初步选取 56 节中小学课，录像来自黑龙江、江苏、上海、安徽、江西、浙江等省市的中小学课堂。在这些录像中，一部分是交互式电子白板大赛的录像和优质课大赛录像，其中，有很多是获奖作品；另一部分是教师平时上课的课堂实录。

经过进一步筛选，最后保留了 18 个教学录像案例，以下是本研究剔除的对象：①教师只把交互式电子白板当作多媒体投影使用，交互式电子白板只是用于教师演示教学内容的工具；②教师在整节课中以讲授为主，没有和学生进行互动；③教师对交互式电子白板的操作不熟悉，严重影响了课堂教学效果；④课堂中各个环节的教学环境（导入、展开、总结和评价）不全或应用不好。

经过筛选之后，保留的教学案例包括：初中物理、化学、思想品德，小学语文、数学、英语、思想品德和美术。其分布如表 3 所示。

表 3　录像选取课例

科目名称	节数	课例名称
小学语文	1	触摸春天
小学数学	9	角的度量、认识千以内的数、有余数的除法、走进平移、奇妙的图形密铺、年月日、锐角和钝角、植树问题 1、植树问题 2
小学英语	2	四季、Dreams
小学思想品德	1	我的祖国多辽阔
小学美术	1	谁画的鱼儿最大
初中物理	2	电的安全使用、浮力的应用
初中化学	1	石灰石的利用
初中思想品德	1	发展人民民主

（二）数据统计

运用基于交互式电子白板的弗兰德斯互动分析方法，分别对精选的 18 个教学录像案例进行采样，得到 18 个 21×21 阶二维矩阵，运用基于交互式电子白板的弗兰德斯互动迁移矩阵分析表对这 18 个 21×21 阶二维矩阵中的数据一一进行计算、分析，最后得到基于交互式电子白板的弗兰德斯互动迁移矩阵分析结果，部分数据统计结果如表 4 所示。

表 4　基于交互式电子白板的弗兰德斯互动迁移矩阵分析部分数据统计结果

互动行为	四季	石灰石的利用	发展人民民主	电的安全使用	年月日	植树问题 1	Dreams	植树问题 2
	比例（%）	比例（%）	比例（%）	比例（%）	比例（%）	比例（%）	比例（%）	比例（%）
教师言语比例	44.60	32.85	28.72	52.88	19.26	31.63	37.51	24.16
学生言语比例	15.76	7.97	6.98	13.97	27.91	22.02	21.24	22.91
师生与白板互动比例	40.79	42.36	58.84	65.21	52.02	40.86	41.25	49.66
教师与白板互动比例	100	91.17	100	100	56.76	37.79	87.13	63.18
初级互动比例	56.54	79.37	76.95	52.94	100	50.93	63.07	46.93
中级互动比例	42.21	20.63	23.05	47.06	0	47.83	39.93	53.07
高级互动比例	1.25	0	0	0	0	1.24	0	0
学生与白板互动比例	0	8.83	0	0	43.24	62.21	12.87	36.82
初级互动比例	0	0	0	0	0	5.66	0	0
中级互动比例	0	100	0	0	47.69	0	100	31.58
高级互动比例	0	0	0	0	52.31	94.34	0	68.42

（三）数据分析

1. 互动层级分析框架

经过对 18 个案例进行分析后发现，课堂互动层次相差很大，基于此，笔者把课堂互动分为初级互动、中级互动和高级互动三类，因为基于交互式电子白板的课堂互动主要包括五个部分，分别为教师言语、学生言语、沉寂、教师与白板互动、学生与白板互动。所以，划分依据就以这五个部分为标准，具体划分标准如表 5 所示。

表 5　基于交互式电子白板的课堂互动层级分析框架

<table>
<tr><th>课堂互动层级</th><th>一级互动要素</th><th>二级互动要素</th><th>描　述</th></tr>
<tr><td rowspan="16">初级互动</td><td rowspan="3">教师言语</td><td>间接影响与直接影响的比例</td><td>比例小于 100%</td></tr>
<tr><td>教师提问中开放性问题的比例</td><td rowspan="2">开放性问题的比例远远小于闭合性问题的比例</td></tr>
<tr><td>教师提问中闭合性问题的比例</td></tr>
<tr><td rowspan="4">学生言语</td><td>被动回答比例</td><td rowspan="4">以被动回答为主，很少有主动回答和主动提问，有很少一部分分组讨论</td></tr>
<tr><td>主动回答比例</td></tr>
<tr><td>主动提问比例</td></tr>
<tr><td>分组讨论比例</td></tr>
<tr><td>沉寂</td><td>思考和做练习的比例</td><td>比例较小</td></tr>
<tr><td rowspan="3">教师与白板互动</td><td>初级互动比例</td><td rowspan="3">以初级互动为主，有少部分中级互动，没有高级互动</td></tr>
<tr><td>中级互动比例</td></tr>
<tr><td>高级互动比例</td></tr>
<tr><td rowspan="3">学生与白板互动</td><td>初级互动比例</td><td rowspan="3">以初级互动为主，有少部分中级互动，没有高级互动</td></tr>
<tr><td>中级互动比例</td></tr>
<tr><td>高级互动比例</td></tr>
<tr><td colspan="3"></td></tr>
<tr><td colspan="3"></td></tr>
<tr><td rowspan="14">中级互动</td><td rowspan="3">教师言语</td><td>间接影响与直接影响的比例</td><td>比例适中</td></tr>
<tr><td>教师提问中开放性问题的比例</td><td rowspan="2">开放性问题占有很大比例，接近闭合性问题的比例</td></tr>
<tr><td>教师提问中闭合性问题的比例</td></tr>
<tr><td rowspan="4">学生言语</td><td>被动回答比例</td><td rowspan="4">主动回答比例接近被动回答比例，分组讨论占了一定比例，主动提问比例较少甚至为 0</td></tr>
<tr><td>主动回答比例</td></tr>
<tr><td>主动提问比例</td></tr>
<tr><td>分组讨论比例</td></tr>
<tr><td>沉寂</td><td>思考和做练习的比例</td><td>比例较大</td></tr>
<tr><td rowspan="3">教师与白板互动</td><td>初级互动比例</td><td rowspan="3">以初、中级互动为主，高级互动所占比例较少甚至为 0</td></tr>
<tr><td>中级互动比例</td></tr>
<tr><td>高级互动比例</td></tr>
<tr><td rowspan="3">学生与白板互动</td><td>初级互动比例</td><td rowspan="3">以初、中级互动为主，高级互动所占比例较少甚至为 0</td></tr>
<tr><td>中级互动比例</td></tr>
<tr><td>高级互动比例</td></tr>
</table>

续表

课堂互动层级	一级互动要素	二级互动要素	描　述
高级互动	教师言语	间接影响与直接影响的比例	大于100%以上
		教师提问中开放性问题的比例	以开放性问题为主
		教师提问中闭合性问题的比例	
	学生言语	被动回答比例	以主动回答为主，主动提问和分组讨论占一定比例
		主动回答比例	
		主动提问比例	
		分组讨论比例	
	沉寂	思考和做练习的比例	比例大于100%
	教师与白板互动	初级互动比例	以中、高级互动为主，高级互动占一定或很大比例
		中级互动比例	
		高级互动比例	
	学生与白板互动	初级互动比例	以初、高级互动为主，高级互动占一定或很大比例
		中级互动比例	
		高级互动比例	

2. 课堂互动分层分析

依据表5基于交互式电子白板的课堂互动层级分析框架，对统计数据进行分析，最后得到基于交互式电子白板的课堂互动层级课例统计表，如表6所示。

表6　基于交互式电子白板的课堂互动层级课例统计表

互动层级名称	案例个数	案例名称
初级互动	8	四季、发展人民民主、电的安全使用、浮力的应用、我的祖国多辽阔、Dreams、角的度量、谁画的鱼儿最大
中级互动	6	石灰石的利用、走进平移、触摸春天、有余数的除法、认识千以内的数、奇妙的图形密铺
高级互动	4	年月日、锐角和钝角、植树问题1、植树问题2

从表6可以看出，在分析的18个案例中，8个案例属于课堂初级互动，6个为中级互动，4个为高级互动。为了对案例进行分层分析，本文采用定量研究方法、聚类分析方法和平均数统计方法对数据统计结果进行平均数处理，得到如表7所示的平均数统计表。

在表7中，横向维度为3互动层级名称，纵向维度为20项与课堂互动质量相关的互动行为统计项目，纵向维度与横向维度的交叉为所占百分比平均值。

下面分别对初级互动、中级互动和高级互动案例进行分组分析。

1. 初级互动案例分析

根据表7，我们可以得到以下结论。

（1）教师言语。

在这8个案例中，教师言语占整个课堂比例的平均值约为41.59%，教师提问中开放性问题和闭合性问题占教师提问比例的平均值分别为17.68%和82.32%。可见，在课堂教学中，教师在教学中居于支配地位，对课堂起决定作用，而且提问都是一些封闭的、不利于学生思维能力发展的问题。

出现这种现象的原因是教师一直不停地讲授和提问，很少给学生时间思考和做练习；提问简单且没水平，学生只要回答“是”还是“不是”即可；讲授中也穿插一部分开放性问题，但是很少让学生独立思考，教师往往引领学生朝自己想要的答案方向思考，并快速进行点评。

表7　课例互动分层平均数统计表

互动行为	初级互动	中级互动	高级互动
	百分比（%）	百分比（%）	百分比（%）
教师言语	41.59	36.23	27.56
开放性问题	17.68	42.13	50.21
闭合性问题	82.32	57.87	49.79
间接影响与直接影响	109.10	232.75	465.15
学生言语	12.71	18.54	22.28
被动回答	81.97	58.23	28.38
主动回答	8.30	33.61	66.40
主动提问	0.25	0	3.47
分组讨论	9.48	18.16	1.75
沉寂	4.18	10.31	5.62
思考和做练习	70.49	95.05	75.00
师生与白板互动	15.61	34.99	44.63
教师与白板互动	84.39	89.57	60.38
初级	46.42	57.79	65.35
中级	53.42	41.39	32.97
高级	0.16	0.82	1.68
学生与白板互动	15.61	10.43	39.62
初级	1.99	0	1.42
中级	60.52	64.22	36.48
高级	0	2.45	62.10

（2）学生言语。

在这8个案例中，学生言语占整个课堂比例的平均值约为12.71%，其中，主动回答、被动回答、主动提问和分组讨论占其比例的平均值分别为8.30%、81.97%、0.25%和9.48%。针对这些数据统计结果，我们再对8个案例从学生言语维度进行研究，发现主要是教师提问的方式和深度导致学生只能被动回答教师的提问，即使个别案例的教师提问较有深度，但是一旦学生短时间内答不上来，教师就给予提示或者帮助学生回答；课堂互动不佳，学生也有不可推卸的责任，在一些案例中，教师也给学生留出时间思考，但学生很少会对思考的问题提出建议或意见。

（3）教师倾向。

在这8个案例中，间接影响与直接影响比例的平均值约为109.10%，间接影响与直接影响比例反映了教师的教学风格、倾向。本研究的8个案例平均比值稍大于1，说明教师倾向于对学生施加间接影响。回到课堂中，我们发现这些课堂有一个共同特点：教师很少批评或指令学生回答问题或解决疑难问题，课堂相对比较民主；回答完问题后，教师总是以一种接纳的感觉、称赞或鼓励的情感对待学生；教师提问频率很高。

（4）沉寂。

在这8个案例中，课堂沉寂占整个课堂比例的平均值约为4.18%，其中，思考和做练习占沉寂比例的平均值约为 70.49%。从这些统计数据可以看出，课堂并没有发生诸如混乱等现象，唯一的就是偶尔有几个地方教师对白板的操作不熟练。

（5）师生与白板的互动。

在这 8 个案例中，师生与白板互动占整个课堂比例的平均值约为 15.61%，其中，教师与白板的互动和学生与白板的互动占师生与白板互动比例的平均值分别为 84.39%和 15.61%；教师与白板互动比例中初级互动、中级互动和高级互动平均值分别为 46.42%、53.42%和 0.16%；学生与白板互动比例中初级互动、中级互动和高级互动平均值分别为 1.99%、60.52%和 0。由此可见，师生对白板的操作频率还是很高的，但是中心主要落在教师与白板的互动上，学生与白板的互动比较少；师生与白板互动主要集中在初级和中级互动上，高级互动很少，甚至为零。出现这种现象的原因是教师把白板作为一种辅助教学的手段，用白板来演示教学内容，同时也利用了白板的多项功能，如利用电子笔在白板上书写教学内容、标注重难点、擦除无关内容；利用拉幕幕布对屏幕上的内容进行暂时遮蔽，留出有针对性的信息供演示，利用放大镜将选定区域进行放大或缩小，使重点看得更清楚。教师几乎就没有利用白板资源库和计算机内的各种思维表征工具、软件，如几何画板、思维导图、概念地图以及各种虚拟软件等对问题进行探究，从而帮助学生建构知识、培养学生的高级思维能力；教师留给学生操作白板、培养学生高级思维能力的时间更少，因为他们一直在讲授和操作白板，只有让学生解答教师提出的问题时，才会给学生留出少量时间在白板上操作和演示出来。

2. 中级互动案例分析

根据表 7，我们可以得到以下结论。

（1）教师言语。

在这 6 个案例中，教师言语占整个课堂比例的平均值约为 36.23%，教师提问中开放性问题和闭合性问题占教师提问比例的平均值分别为 42.13%和 57.87%。可见，在课堂教学中，教师在教学中支配地位有所下降，言语比例比较适中；开放性问题占比重很大。

出现这种现象的原因是教师不再一味讲授，而是在适当的时候给学生机会进行课堂实验或组织小组学习；提问水平相对也有所上升，除了提一些简单的、只需要学生回答“是”或“不是”及自问自答等问题外，还提一些稍有难度和深度的问题，并给予学生思考的余地。

（2）学生言语。

在这 6 个案例中，学生言语占整个课堂比例的平均值约为 18.54%，其中，主动回答、被动回答、主动提问和分组讨论占其比例的平均值分别为 33.61%、58.23%、0 和 18.16%。学生言语、主动回答和分组讨论比例相对初级互动案例都有所上升。出现这种现象的原因是教师提问水平相对提高，针对问题，学生可以阐述自己对问题的看法和见解，针对一些现象和问题，教师组织学生进行分组讨论；学生自己也有问题，比如学生太过于服从教师，从来不多问，遇到问题不问为什么，认为只要回答教师提问就算完事，以至于学生主动提问为 0。

（3）教师倾向。

在这 6 个案例中，间接影响与直接影响比例的平均值约为 232.75%，间接影响与直接影响比例反映了教师的教学风格、倾向。比值远远大于 1，说明教师明显倾向于对学生施加间接影响。出现这些现象的原因是教师的讲授时间趋于合理化，并不是满堂灌，而且注重提问数量和质量，注重学生对问题的思考。

（4）沉寂。

在这 6 个案例中，课堂沉寂占整个课堂比例的平均值约为 10.31%，其中，思考和做练习占沉寂比例的平均值约为 95.05%。由此可见，这些课堂很少发生混乱现象，课堂的沉寂几乎全部是学生做练习和思考问题。出现这种情况的原因是教师提问之后给学生一定的思考时间，而且也组织了一定的课堂练习。

（5）师生与白板的互动。

在这 6 个案例中，师生与白板互动占整个课堂比例的平均值约为34.99%，其中，教师与白板的互动和学生与白板的互动占师生与白板互动比例的平均值分别为89.57%和10.43%；教师与白板互动比例中初级互动、中级互动和高级互动平均值分别为57.79%、41.39%和0.82%。由此可见，师生与白板互动比例还算适中，但是在这些互动中，主要是教师与白板的互动，而且主要是初级和中级互动，高级互动很少；学生与白板的互动比例较少，且主要是中级和高级互动。

出现这种现象的原因是教师对白板的运用更加熟悉，不但是对白板操作更熟悉，而且更熟练地把白板的各项技术与所教内容进行整合，正因为如此，他们太沉醉于把白板用于如何进行有效教学，却忽略了给学生更多机会到白板面前进行操作和练习；由于教师已经能够把白板很好地融入教学中，提问质量也相对较高，使学生与白板互动较少，但是显示出学生与白板进行的是更深层次的互动，而不仅仅是在白板面前进行简单操作。

3. 高级互动案例分析

根据表7，我们可以得到以下结论。

（1）教师言语。

在这4个案例中，教师言语占整个课堂比例的平均值约为27.56%，教师提问中开放性问题和闭合性问题占教师提问比例的平均值分别为50.21%和49.79%。由此可见，教师对课堂的“主宰”地位大大降低，课堂提问的开放性问题所占比例明显已经超过闭合性问题比例，这种课堂结构正朝向民主的课堂发展。

出现这种情况的原因是在这4个案例中，有3个案例中的教学是在机房中授课，每个学生一台电脑，每台电脑都与白板相连，这种教学环境有利于教师进行探究式教学；教师的教学方法与初级和中级互动案例中的教学方法不同，教师讲解的内容很少，整个课堂都是针对一系列有联系的问题让学生在自己的电脑上进行探索学习，最后把研究结果呈现在白板上，再由教师进行点评。教师提的问题也是很有深度的，学生根据教师提出的问题在电脑上进行探索，而且问题也是开放性的。

（2）学生言语。

在这4个案例中，学生言语占整个课堂比例的平均值约为22.28%，其中，主动回答、被动回答、主动提问和分组讨论占其比例的平均值分别为66.40%、28.38%、3.47%和1.75%。由此可见，学生言语比例已经趋于正常合理化，而且主动回答比例远远大于被动回答比例，学生不但主动回答教师的问题，而且会主动提问。这种课堂完全调动了学生的积极性，学生不再是被动的接受者，而是积极的主动者。

出现这种情况的原因是教师对课堂进行了精心的设计，问题层层深入，学生一步步解决问题；教师鼓励学生大胆发言，表达自己的见解，而且鼓励学生在电脑上把自己的想法表达出来。

（3）教师倾向。

在这4个案例中，间接影响与直接影响比例的平均值约为465.15%，间接影响与直接影响比例反映了教师的教学风格、倾向。比值远远大于1，说明教师明显倾向于对学生施加间接影响。

出现这种现象的原因在于教师的讲授大大减少，把更多的时间留给学生，教师只是扮演了引领者的角色；教师更多采用鼓励、称赞的行为，整个课堂，教师根据学生对问题的回答澄清学生的说法，针对回答内容，教师修饰或发展学生的说法，然后应用它去解决问题或与其他学生的说法相比较并总结。

（4）沉寂。

在这4个案例中，课堂沉寂占整个课堂比例的平均值约为5.62%，其中，思考和做练习占沉寂比例的平均值约为75.00%。由此可见，这些课堂很少发生混乱现象，课堂的沉寂时间大多是学生做练习和思考问题。

出现这种现象的原因在于这些案例中，学生思考问题时是一边操作电脑一边思考，而且课堂发生混乱的情况又很少，所以课堂沉寂比例很小。

（5）师生与白板的互动。

在这4个案例中，师生与白板互动占整个课

堂比例的平均值约为 44.63%，其中，教师与白板的互动和学生与白板的互动占师生与白板互动比例的平均值分别为 60.38%和 39.62%；教师与白板互动比例中初级互动、中级互动和高级互动平均值分别为 65.35%、32.97%和 1.68%；学生与白板互动比例中初级互动、中级互动和高级互动平均值分别为 1.42%、36.48%和 62.10%。由此可见，师生与白板互动比例大幅度提高，而且学生与白板互动比例也很高，已经接近 40%，教师和学生与白板互动层次不再是简单的初级互动，而是主要以中级和高级互动为主，特别是学生与白板的互动中，高级互动达到了理想的要求。

出现以上情况的原因在于每个学生都有一台与白板相连的电脑，功能与白板功能一致，而且学生学习主要是以探究式学习为主；教师不再进行“满堂灌”，而是很好地运用白板来组织教学，讲解学生要探究的问题、对学生的探究结果进行讲解和评价，最后引申出更多的探究问题；学生在教师的组织和安排下，利用白板资源库和计算机内的各种思维表征工具、软件（几何画板、思维导图、概念地图以及各种虚拟软件等）来建构知识、探究问题。

四、研究结论

本研究主要得到以下结论。

1. 初级互动层级的 8 个案例的共同特征

教师的教学方法落后，以教为主，整个课堂被牢牢控制在教师手中；教师的提问质量较低，缺乏深度和广度，主要以闭合性问题为主；白板的使用效果不好，白板的作用以演示教学内容为主，学生很少参与到和白板的互动中来。

2. 中级互动层级的 6 个案例的共同特征

在白板的支持下，教师试着改变传统的教学方法，但是效果不理想；教师提问质量有一定的提高，在教学中重视开放性问题的提法，但仍然缺乏深度；教师为了使学生掌握知识和记住概念，开始利用白板的功能对教学内容进行各种操作，而且很多教师也开始大胆尝试用白板的虚拟软件进行教学；学生与白板互动的时间相对增加。

3. 高级互动层级的 4 个案例的共同特征

教师已经彻底改变了传统的教学方法，把大部分时间留给学生，学生掌握课堂的主动权，教师善于鼓励学生积极参与课堂的讨论和交流，课程都是以问题驱动的方式进行，教师引领学生主动寻找问题和解决问题；提问质量较高，具有一定的深度和广度，以开放性问题为主；教师利用白板资源库和计算机内的各种思维表征工具、软件（几何画板、思维导图、概念地图以及各种虚拟软件等），帮助学生建构知识、培养学生的高级思维能力；整个课堂，学生大部分时间都在与白板进行互动，而且以深层互动为主。

参考文献

[1] 石映辉，杨宗凯，杨浩，刘三妍. 国外交互式电子白板教育应用研究［J］. 中国电化教育，2012（5）：99-103，121.

[2] 丁兴富，蒋国珍. 白板终将替代黑板成为课堂教学的主流技术——革新课堂教与学的新生代技术（2）［J］. 电化教育研究，2005（5）：24-26.

[3] Andrews，Delise R.. Integer Operations Using a Whiteboard［J］. Mathematics Teaching in the Middle School，2011，16（8）：474-480.

[4] Nolan，K. K.. SMARTer Music Teaching：Interactive Whiteboard Use in Music Classrooms［J］. General Music Today，2009，22（2）：3-12.

[5] 石映辉，杨宗凯，杨浩，刘三妍. 国外交互式电子白板教育应用研究［J］. 中国电化教育，2012（5）：99-103，121.

[6] N. A. Flanders. Analyzing Teaching Behavior［M］. Addison-Wesley Publishing Company，1970：107.

[7] 顾小清，王炜. 支持教师专业发展的课堂分析技术新探索［J］. 中国电化教育，2004（7）：18-21.

基于层次分析法的信息技术课程考核指标体系研究

李政敏　李高祥

（贵州师范大学，贵州　贵阳　550001）

摘　要：信息技术课程是以培养中小学生（包括中等职业技术学校学生）信息素养为目标的必修学科，落实好本课程的教学过程是保证教学质量的关键。课程考核作为教学过程的重要组成部分，对教和学起到检验及推动作用。然而，传统的考核方法过于单一、不具体、不系统、不科学等特点使得课程考核的作用得不到最大限度发挥。本文运用层次分析法（AHP），建立了信息技术课程的考核指标体系，运用方根法计算各指标的权重，然后以信息技术课程的考核指标体系为基础建立信息技术课程综合考核模型，对学生的学习过程和学习效果进行综合评价，以期使得课程评价更加多元化、具体化。

关键词：信息技术　层次分析法（AHP）　考核体系　模型

信息技术课程是以培养学生掌握信息科学、信息技术的基本知识，采集、加工以及发布信息等处理信息的基本技能，明确并接受参与未来信息社会特有的道德规范与法律法规，能够利用信息工具和信息资源，通过评价信息、应用信息解决具体实际问题为总体目标的学科，其最终目标是提高学生的信息素养。

我国信息技术教育始于20世纪七八十年代的计算机教学，自2001年以来，全国开始在中小学（包括中等职业技术学校）普及信息技术教育，以信息化带动教育的现代化，努力实现我国基础教育跨越式发展。从此，“中小学信息技术教育”这个名词取代沿用近20年的“中小学计算机教育”，揭开了我国中小学信息技术教育发展史上的新篇章。

如今，信息技术课在各中小学和中等职业技术学校已经普及，其在各方面所取得的成绩也很突出，得到了大家的认可。笔者通过调查研究发现，在信息技术课程的考核指标体系方面尚有不足，如评价方式单一、不系统、不具体、不科学等。由于信息技术学科的特殊性，笔者认为，单以期末成绩来评定学生的信息技术掌握和应用等能力是不科学的。通过文献检索等，笔者得到了很多关于信息技术课程评价之类的文章，分析总结后发现，这些文章大多陈述了信息技术课程的评价类型，如诊断性评价、形成性评价、总结性评价，并没有明确具体地告诉我们怎么运用这些评价来对一个学生的学习情况进行总体把握。学习过程的评价不仅要关注学生的学业成绩，更要关注学习的过程、方法、情感态度和价值观等方面的发展。[1]本文试图利用层次分析法，探究信息技术课程的评价指标体系和各指标的重要程度，形成一个科学、具体的信息技术课程考核指标体系，以今后应用于信息技术课程的评价，并为研究者提供一定的参考。

一、层次分析法概述

（一）层次分析法的概念

层次分析法（Analytic Hierarchy Process，简称AHP），是指将一个复杂的多目标决策问题作为一个系统，将目标分解为多个目标或准则，进而分解为多指标（准则、约束）的若干层次，通过定性指标模糊量化方法算出层次单排序（权数）和总排序，以作为目标（多指标）、多方案优化决策的系统方法。该方法是美国运筹学家、匹茨堡大学教授萨蒂于 20 世纪 70 年代初为美国国防部研究“根据各个工业部门对国家福利的贡献大小而进行电力分配”课题时，应用网络系统理论和多目标综合评价方法提出的一种层次权重决策分析方法。

（二）层次分析法的研究现状和运用领域

层次分析法的应用极为广泛，在经济、教育、医学、生态环境、食品安全、建筑、消防设施、资源质量检测、灾害预测等领域均有应用。似乎需要评价的地方，都可以应用层次分析法来进行评定。

以往对层次分析法的研究比较多，笔者仅在 CNKI 数据库中以“层次分析法”为关键词检索文献，就得到了 160024 条结果；以相同的条件检索指数，得到以下层次分析法文献关注度和环比增长率，如图 1 所示。

可以看出，自 20 世纪 80 年代以来，层次分析法的文献发文量逐年上升，其环比增长率呈稳定平衡状态。各种研究纷纷印证了层次分析法的科学性和可用性。

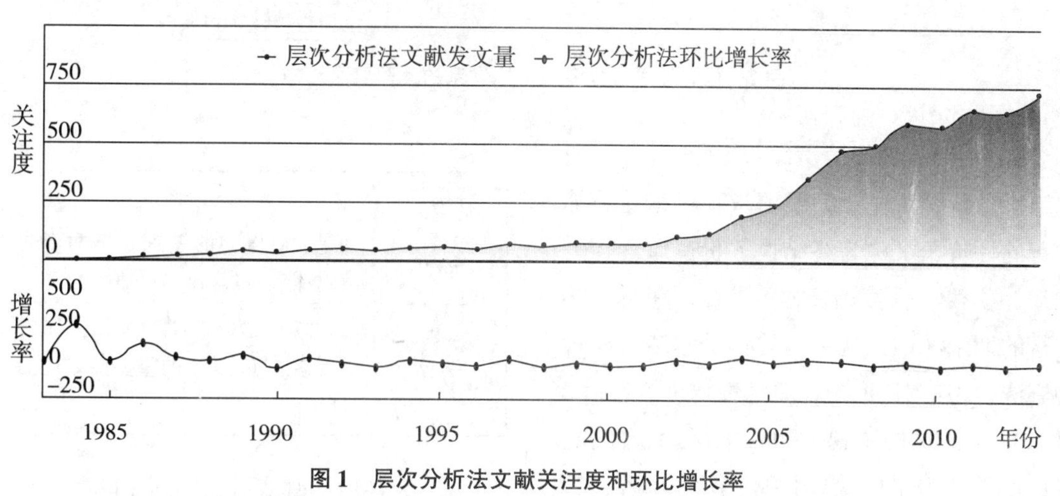

图 1　层次分析法文献关注度和环比增长率

二、利用层次分析法构建信息技术课程考核指标体系

（一）指标体系构建流程

层次分析法的基本过程是：把复杂问题分解成各个组成元素，按支配关系将这些元素分组，使之形成有序的递阶层次结构，在此基础上通过两两比较的方式判断各层次中诸元素的相对重要性，然后综合这些判断确定诸元素在决策中的权重。[2] 这一过程体现了人们决策思维的基本特征，即分解、判断、综合。依据层次分析法，得到如下信息技术课程考核指标体系构建流程：建立递阶层次结构—构造判断矩阵—计算单层指标权重—一致性检验—建立评价模型。若一致性检验没有通过，那就返回构造判断矩阵那步，重新构造判断矩阵，再进行逐步操作。

（二）建立多元化的信息技术课程考核指标体系的递阶层次结构

笔者在以往研究者的基础上，鉴于诊断性评价一般是在教学前进行，目的是分析学生的起点行为，摸清学生的现有水平及个别差异以便安排教学，在对学生学习课程的考核方面，只以形成性评价、总结性评价为出发点，构建了多元化的信息技术课程考核指标体系。根据信息技术学科的特点和要求，笔者将信息技术课程考核指标体系分为 2 个一级指标体系、8 个二级指标体系，如图 2 所示。

1. 形成性评价

形成性评价通常在教学过程中实施，是教师及时了解学生学习进展情况的重要方式，又称诊断进步评价或进展评价。[3] 形成性评价是在教学过程中对学生行为表现的评价，即学生的平时表现，如平时练习、作业完成情况、课堂上的任务完成情况、平时在线的单元测验或阶段性测验、出勤时间、作业提交时间、竞赛次数、得奖情况、提问、交流、讨论等。它们被列为形成性评价下的二级指标。

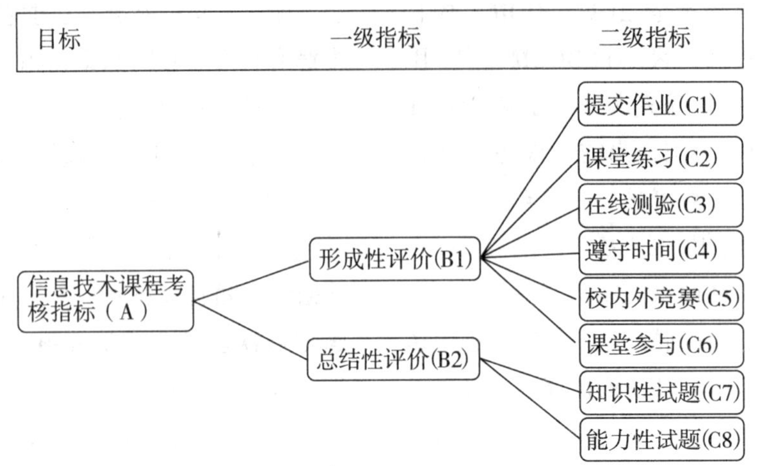

图2 信息技术课程考核指标体系的递阶层次结构

2. 总结性评价

总结性评价是对一个完整的教育过程的总体结果进行的评价，又称为终结性评价，通常在一门课程或一项教学活动结束之后进行。在每个学期末举行的期末考试，就可以看作是总结性评价的一种方法。[3]在本研究中，总结性评价下包括2个二级指标：知识性试题，如相关概念、性质、作用等；能力性试题，如相关任务的理解、操作、设计、完成能力等。

（三）构造判断矩阵

1. 为各指标赋值的含义

根据层次分析法的原理，比较各指标的相互关系，根据各指标重要程度的不同予以1—9赋值，其中1—9赋值的含义如表1所示。

表1 层次分析法1—9赋值含义

标度值	含　义
1	表示两个元素相比，具有同等重要性
3	表示两个元素相比，一个元素比另外一个元素稍微重要
5	表示两个元素相比，一个元素比另外一个元素明显重要
7	表示两个元素相比，一个元素比另外一个元素强烈重要
9	表示两个元素相比，一个元素比另外一个元素极端重要

续表

标度值	含　义
2，4，6，8	如果成对事物的差别介于两者之间，可取上述相邻判断的中间值
倒数	若元素 i 与元素 j 的重要性之比为 a_{ij}，那么元素 j 与元素 i 的重要性之比为 a_{ji}，$a_{ij}=1/a_{ji}$

2. 为各指标赋值后的判断矩阵

表2、表3、表4分别表示信息技术课程的一级指标和二级指标（分为形成性评价和总结性评价两部分指标）的赋值情况。此赋值是笔者通过对信息技术专业学生进行问卷调查及与高校和中学信息技术专业的教师进行访谈，并参照有关文献的研究成果制定的。

表2 一级指标的判断矩阵

A	B1	B2
B1	1	1/3
B2	3	1

表3 形成性考核各指标的判断矩阵

B1	C1	C2	C3	C4	C5	C6
C1	1	1/3	1	5	3	1/5
C2	3	1	3	7	5	1/3
C3	1	1/3	1	5	3	1/7

续表

B1	C1	C2	C3	C4	C5	C6
C4	1/5	1/7	1/5	1	1/3	1/9
C5	1/3	1/5	1/3	3	1	1/7
C6	5	3	7	9	7	1

表 4　总结性考核各指标的判断矩阵

B2	C7	C8
C7	1	1/5
C8	5	1

（四）各指标权重的计算、一致性比率的计算和判断、总体权重分布表的建立

判断矩阵的最大特征根向量经归一化处理后，即得到各指标相对于上层指标的权重向量，这里采用方根法求解各阶的权重向量。得到相应的权重向量后，还需要计算一致性比率（CR），若满足一致性比率 $CR<0.1$，则说明该矩阵具有满意的一致性；相反，若一致性比率 $CR>=0.1$，则需要重新构造判断矩阵。

1. 计算步骤（以复杂的 6 阶矩阵 B1—C 为例，二阶矩阵 A—B 和 B2—C 以此步骤为参考）

权向量的计算：一般来说，在 AHP 法中计算判断矩阵的最大特征值与特征向量并不需要高的精度，故用近似计算即可，常用的方法有“乘幂法”（迭代法）、“方根法”和“和积法”三种。[4]本文采用的是方根法。

（1）计算、判断矩阵每一行的乘积 M_i：

$M_i = C_{i1} * C_{i2} * \cdots * C_{ij}$　　　（i，$j=1$，2，3，4，5，6）

（2）计算 M_i 的 n 次方根 W：

$\overline{W}=\sqrt[n]{M_i}$　　（$n=6$）

（3）将方根向量归一化：

$$W_i = \overline{W_i} / \sum_{i=1}^{n} \overline{W_i} \quad (n=6)$$

得排序权向量 $W=(W_1, W_2, \cdots, W_n)\ T$（$n=6$）

判断矩阵 B1—C 运算后结果为：

W=（0.109234，0.237259，0.103277，0.026666，0.050291，0.473274）T

2. 一致性的判断

一致性比率计算公式：$CR = \dfrac{\lambda \max - n}{(n-1)RI}$

式中若满足 $CR<0.1$，则矩阵具有满意的一致性。式中 RI 为矩阵的最大特征根，通过“方根法”计算表 2 和表 4 中各指标的权重，这两个矩阵均为二阶矩阵，$RI=0$，具有完全一致性。

为了随机判断矩阵的一致性指标值，本文只涉及二阶矩阵和六阶矩阵，它们的 RI 分别为 0 和 1.24。[5]判断矩阵 B1—C 的一致性判断：用软件 MATLAB 计算得到该矩阵的 $RI=6.2946$，则

$CR=\dfrac{6.2946-6}{(6-1)*1.24}=0.04751613<0.1$，所以证明判断矩阵 B1—C 具有满意的一致性。

3. 信息技术课程考核指标体系各指标权重分布

通过“方根法”计算表 2、表 3、表 4 中各指标的权重，并通过一致性检验可知，表 2、表 3、表 4 的判断矩阵均具有完全一致性，得到信息技术课程考核指标体系各指标的权重，如图 3 所示。

三、信息技术课程考核指标体系综合模型和应用举例

（一）模型的建立

由教师、学生及其他有关人员按图 2 列出的指标逐项评分，每项指标的评分通过算术平均即得每项指标的评分 N_i，再根据图 3 所给的权值，可得到其综合评分 N。[6]得综合评分 N 后，即可判断学生学习成绩的优劣。计算公式如下：

$$N = 0.25 * \sum_{i=1}^{6} X_i * N_i + 0.75 * \sum_{i=1}^{2} Z_i * N_i$$

（二）应用举例

应用上述评价方法和模型，对某两位学生进行综合评价，得到他们的综合分 N_1、N_2。假如学生 1 和学生 2 的各项得分为：学生 1，提交作业 85、课堂练习 82、在线测试 78、遵守时间 70、校内外竞赛 65、课堂参与 90、知识性试题 88、能力性试题 74；学生 2，提交作业 76、课堂练习

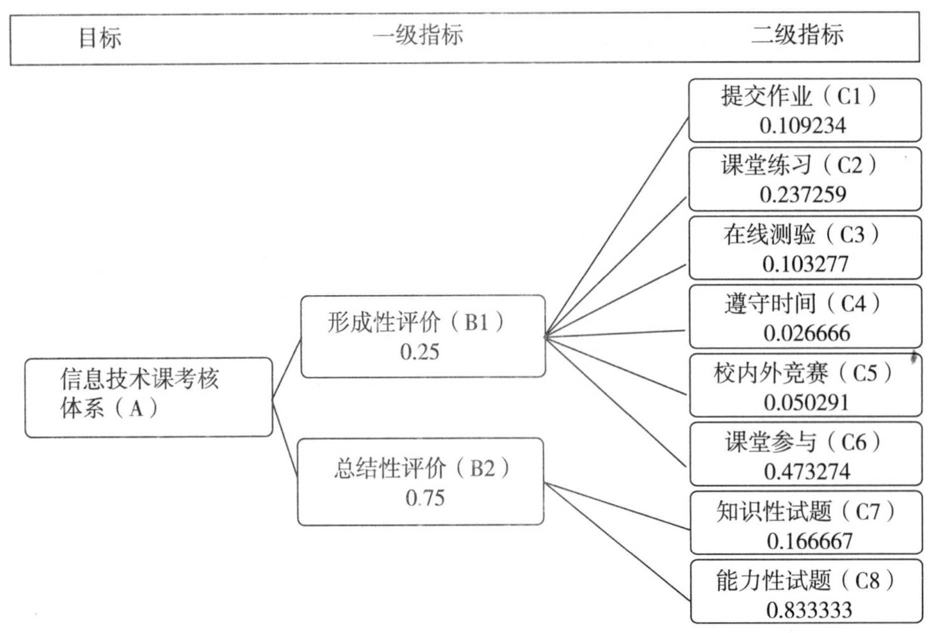

图 3　信息技术课程考核指标体系各指标权重分布

87、在线测试 80、遵守时间 89、校内外竞赛 70、课堂参与 85、知识性试题 73、能力性试题 85。为了计算他们的综合成绩，我们运用建立的模型

$$N = 0.25 * \sum_{i=1}^{6} X_i * N_i + 0.75 * \sum_{i=1}^{2} Z_i * N_i,$$

计算结果是 $N_1 = 82.58149$，$N_2 = 88.42185$。

可以看到，虽然多个指标决定了学生的成绩，但我们运用层次分析法，通过已经计算好的权重和模型，很容易就算得了学生的综合成绩。这明显补充了以单一期末成绩评价学生信息技术课程成绩的不足，实现了信息技术课程评价的多元化。在实际应用的时候，多元化的课程考核指标体系的运行，需要相关的保障条件，如教师具备较高的专业素养、完善的课程标准、学生具有良好的学习习惯等。

四、结论

笔者运用层次分析法，探究信息技术课程考核指标体系，建立了信息技术课程综合考核模型。运用这个模型，可以实现对学生学习信息技术课程多元化的评价，使学生不仅注重期末成绩，也注重平时学习习惯的养成、学习兴趣的培养、学习进程的跟进等，真正达到以评促学的目的。

由于笔者经验不足、调查不充分等原因，可能会导致本研究某些方面存在不足，希望各位专家、学者批评指正，更希望本文能够起到抛砖引玉的作用，吸引更多的人对教育评价指标体系、评价系统、评价平台等进行深入研究，使教育评价更加具体化、多元化、系统化。

参考文献

［1］郭炯，霍秀爽．学生学习过程质性评价工具的开发与应用研究［J］．电化教育研究，2001（7）：79-84.

［2］乔维德．基于 AHP 和 ANN 的网络课程质量评价方法研究［J］．江苏广播电视大学学报，2006（6）：31-33.

［3］应可．刍议高师学校信息技术课程的教学评价［J］．计算机教学信息化，2010（12）：180-181.

［4］高丽．微格教学中课堂教学技能评价的定量化研究［J］．电化教育研究，2005（10）：56-59.

［5］黎会．高校课堂教学质量评价的层次分析模型［J］．茂名学院学报，2010（4）：74-79.

［6］陈内萍．教学质量评估的 AHP 模型［J］．湖南师范大学教育科学学报，2005（1）：109-110.

ICT 支持的知识创新学习研究

信息技术支持初中生学科学习的现状研究

——社会性软件使用的调查与分析

李　哲　解月光

（东北师范大学　信息与软件工程学院，吉林　长春　130117）

摘　要：社会性软件的发展与迅速普及，为人们的交流与合作提供了广阔的平台，也成为支持初中生学科学习最为便利的技术途径。本文通过对176名初中生使用社会性软件进行学科学习的现状、态度、偏好和影响因素的调查与统计分析，揭示社会性软件在支持学习过程中存在的问题，并提出可行性建议，以期为进一步应用社会性软件改善教学提供借鉴。

关键词：社会性软件　初中生　调查

一、引言

计算机和网络技术的飞速发展与普及是一场正在进行的互联网革命，影响着每个人的工作、生活、娱乐和学习方式。中国互联网络信息中心（CNNIC）发布的《第32次中国互联网络发展状况统计报告》显示，截至2013年6月30日，我国网民规模达5.91亿，互联网普及率为44.1%。[1]网络逐渐成为人们学习、生活中不可或缺的一部分，越来越多的学习者选择互联网作为知识获取与共享的新途径。

社会性软件作为一种基于互联网的工具，是Web2.0的重要组成部分。它具有资源开放、信息共享、个性鲜明、操作便捷等特点，能够为学习提供极度友好的支持。社会性软件关注的是主体在使用软件过程中构筑的社会网络，而非工具技术本身。国内学者毛向辉提出的“社会性软件是个人带着软件成为社会网络的一部分”[2]是目前使用较多的一个概念。它强调人机之间、人人之间的交互与协作，将技术和人际沟通有机地整合在一起，是技术逐渐社会化的产物。常见的社会性软件主要有以下几类：博客、视频网站、图片共享软件、微博、即时通信软件、电子邮箱、论坛、百科网站、书签、社交网络（如Facebook、人人网）、搜索引擎和内容聚合软件（如鲜果网、抓虾网）。

二、问题的提出

功能与种类繁多的社会性软件的发展与迅速普及，为学习者提供了如内容聚合、信息订阅、即时通信等多样的服务支持学习，能够扩展学生的课堂学习，提供更多的学习渠道、学习来源和交流互动空间。庄秀丽在《社会性软件变革知识传播方式》一文中提出，社会性软件能够为知识传播提供支持，使知识和信息的采集变得可行与便捷；郑颖在《社会性软件：学习的黄金之道》中提出社会性软件对纠正学习者的学习态度能够起到有益的作用；胡强的《社会性软件在个人知识管理中的应用研究》一文则从技术层面分析了社会性软件作为个人知识管理工具的可行性。可见，社会性软件为用户提供了丰富的功能，用社会性软件来支持学习可以使学习过程中的交流、协作变得更加方便、快捷，使知识的获取、转移和共享更加易于实现，其社会性与个性化相结合的特点提高了学习的主动性和积极性，为新型学习方式提供了技术的支撑。

初中生的年龄为13—15岁，目前的初中生都是2000年后出生的第一批00后。一方面，按照皮亚杰对儿童思维发展阶段的划分，初中生属于第四个阶段——形式运算阶段（12—15岁）。

他们思维活跃、敏捷、乐于探索又兴趣广泛，是接受和感知新知识与新事物、培养和锻炼多方面能力的关键时期。另一方面，他们是在信息化时代成长起来的数字一代，即“数字土著”。他们有很强的个性，能迅速接受信息，喜欢同时处理多种任务，喜欢文本前呈现图表，喜欢随机进入。[3]因而，传统的学习方式显然无法满足初中生的学习需求。而社会性软件个性化、开放性、社会性、体验性的特点却与作为数字一代的初中生追求的学习方式不谋而合。

在这样的背景下，我们对社会性软件在初中生学科学习中的应用进行了调查，希望通过调查了解现状，从而为帮助学生更好地利用社会性软件进行学习以及教师利用社会性软件改善教学提供借鉴、指导。

三、调查对象与方法

（一）调查对象

笔者对两所中学、三个年级的200名初中生使用社会性软件进行学科学习的现状进行了问卷调查，共发放问卷200份，回收有效问卷176份，问卷有效率为88%。调查对象中男生98人（占55.6%）、女生78人（占44.3%）；初一年级84人（占47.7%），初二年级43人（占24.4%），初三年级49人（占27.8%）。

（二）问卷设计

社会性软件能在社会交互、资源创建等诸多方面为初中生的学科学习提供支持，使得学习者由静止地、被动地、孤立地学习，向动态地、主动地、协同地学习转变。但是，它作为一种网络技术应用于学习，其效果将受到学生对技术的感知程度、接纳程度，以及学生使用技术学习的自我效能感和个体偏好等诸多因素的影响。因此，为了了解更加真实、全面的信息，保证研究的深度和有效性，调查从初中生使用社会性软件的基本情况、初中生使用社会性软件进行学科学习的现状、初中生对使用社会性软件支持学习的态度和影响因素以及初中生使用社会性软件学习的偏好四个方面展开。在进行大量文献阅读的基础上，参考已有的相关问卷，经过征求专家意见和不断地修改、完善，编制了最终的问卷，共设题目25道，以封闭性问题为主，同时还包括少量开放性问题，旨在获得更加丰富的信息。

（三）调查实施

问卷的实施主要采取集中填写的方式，在课间时间以班级为单位进行问卷的现场发放、填写和收集。此外，为了扩大样本数量，笔者还制作了网络问卷，将网址发放给各班班长，鼓励学生利用课余时间填答问卷。截至回收最后一份电子问卷，该调查共历时近一周。

四、数据统计与分析

（一）使用社会性软件的基本情况

对社会性软件选择了解的有42.6%，选择一般的有45.4%，选择不了解的有11.9%；使用频率上，每天使用社会性软件1小时以下的占40.9%，1—3小时的占52.8%，而每天使用3小时以上的只占6.2%，这可能是初中生课业比较紧张导致的。

在设备选择上，67.0%的初中生都会使用手机登录，仅次于手机的是平板电脑（占46.5%），23.8%的学生会使用台式机登录社会性软件，用笔记本电脑登录的则只有16.4%。考虑到初中生能够使用互联网的时间有限，手机和平板电脑较其他设备而言登录方便、迅速，使用起来没有空间限制，这样的设备选择状况也比较容易理解。

在使用类型上，几乎全部的初中生经常使用的社会性软件都超过两种。按照使用任务和所占比例由高到低依次为聊天软件、搜索引擎、视频网站、微博、电子邮箱、百科网站、博客、论坛、社交网站、书签、图片共享软件和内容聚合。与初中生对聊天软件和搜索引擎等的高使用率相对立的是其对网络书签、图片共享、内容聚合等社会性软件的极度不了解，在176名调查者中只有16人经常使用书签，而使用内容聚合类软件的更是只有2人。书签和内容聚合软件作为获取、收藏和整理网络资源的平台，能够提供强大的知识管理功能，有助于提高用户获取信息的效率，过滤无用信息并将不同用户采集的信息连接起来，实现资源共享。初中生对这两类软件的不了解反映了他们在获取网络资源方面方法比较单一，有待进一步提高。调查数据如图1所示。

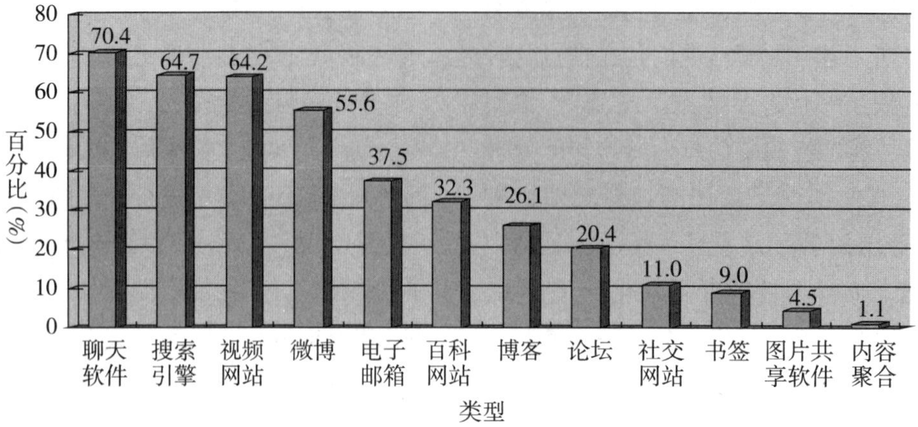

图1　经常使用的社会性软件类型

在使用的目的性上，将社会性软件主要用于与他人联系交流的占78.9%，用于娱乐休闲的占52.8%，用于了解生活百科的占61.3%，会使用社会性软件学习课程知识的占56.8%，用于发表个人观点的仅占17.0%。可见，尽管使用社会性软件进行学科学习不是初中生使用社会性软件的主要目的，但也已有超半数的初中生会采用这种学习方式。

（二）使用社会性软件进行学科学习的现状

被调查的初中生中，每天使用社会性软件进行学习的时间在1小时以下的有69.3%，在1—2小时的有30.6%，使用时间超过2小时的为0。这表示，社会性软件并不是初中生学习的主要方式，而只是一种辅助手段。

1. 课上使用现状

课上学生使用社会性软件学习的情况呈现显著差异：仅有9.6%的学生在课上经常使用社会性软件辅助学习，主要用于查阅学习资料、解决学习中遇到的问题和与他人交流；课上偶尔使用社会性软件的则占了52.2%，他们使用社会性软件除了用于上述目的外，还用于配合教师使用社会性软件教学，并注明在英语课程中使用过；另外有38.0%的学生在课上从未使用过社会性软件。可见，超过半数的初中生有在课上使用社会性软件的需求。尤其是在查阅学习资料和解决疑难问题方面，被调查对象中40.9%的学生都有过课上使用社会性软件查阅资料和解决疑惑的经历。但是，教师应用社会性软件支持教学的意识明显欠缺，使用社会性软件支持教学只是少数学科中少数课程的个别现象。学生课上使用社会性软件缺乏系统、科学的指导。具体情况如表1、图2和图3所示。

表1　课上使用社会性软件学习的比例

	人数	百分比（%）	方差检验
经常使用	17	9.6	$P=0.091$ 差异显著
偶尔使用	92	52.2	
从不使用	67	38.0	
合计	176	100	

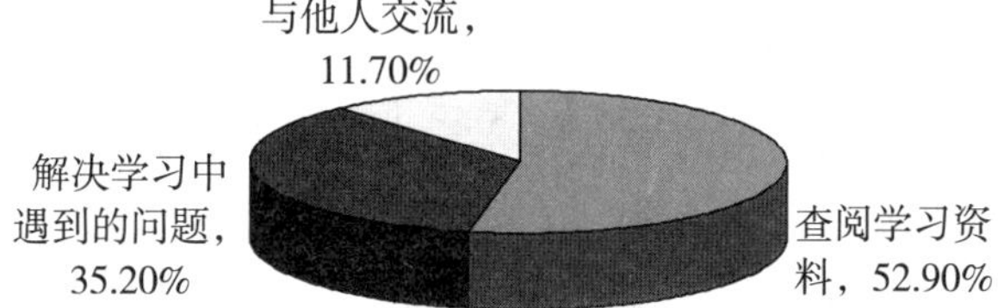

图2　课上经常使用社会性软件的同学的使用目的

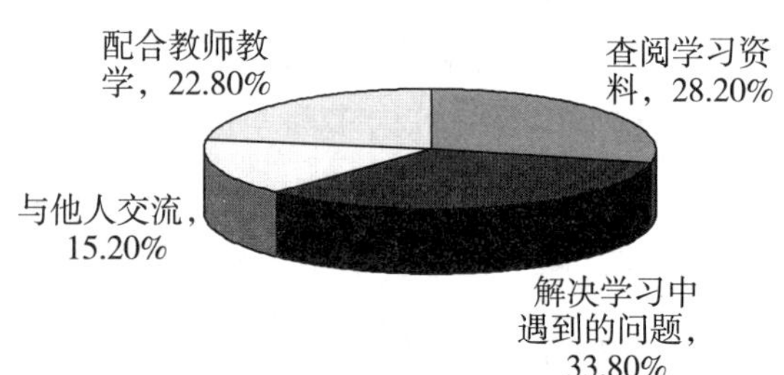

图3　课上偶尔使用社会性软件的同学的使用目的

2. 课下使用现状

为了了解同学们在课下使用社会性软件进行

学习的情况，笔者对社会性软件在获取学习资料、解决疑难问题、展开学习交流、整理所学知识、共享学习经验和反思学习过程中的应用进行了调查。

调查发现，初中生课下使用社会性软件进行学习的情况比较普遍，最显著的是在解决疑难问题方面。初中生在课下学习中遇到困难时，84.0%的学生会选择上网搜索，40.9%的学生会上网求助（如发帖子），31.8%的学生会选择上网联系他人解决，这一比例远远大于选择当面请教的25.5%和选择翻阅教材的37.5%。这与使用社会性软件解决疑难问题较当面求助他人或查阅教材更加方便、快捷有关。同时，笔者推断，通过社会性软件连入网络能为学习者提供更多相关联的知识和多元化的视角，这也是初中生选择社会性软件来解决学习问题的原因之一。此外，社会性软件在展开学习交流和获取学习资料方面的使用频率也比较高，如表2所示。

表2　课下使用社会性软件学习的情况

	经常使用（人数/百分比）	偶尔使用（人数/百分比）	从不使用（人数/百分比）
获取学习资料	98（55.6%）	72（40.9%）	6（3.4%）
解决疑难问题	125（71.0%）	32（18.1%）	19（10.9%）
展开学习交流	82（46.5%）	73（41.4%）	21（11.9%）
整理所学知识	40（22.7%）	46（26.1%）	90（51.1%）
共享学习经验	47（26.7%）	43（24.4%）	86（48.8%）
反思学习过程	31（17.6%）	56（31.8%）	89（50.5%）

相比之下，会使用社会性软件进行知识整理（占48.8%）、经验共享（51.1%）和学习反思（49.4%）的比例明显偏低，这说明学生对社会性软件支持学习还停留在一个比较浅层次的应用上。社会性软件强调其社会性，只有参与学习的个体都积极分享自己的想法，并对他人的观点进行分析、评价，在与共同体中其他成员的交流中产生碰撞、达成共识，才能实现新知识的建构。目前，初中生在利用社会性软件进行学科学习时，在学习共同体中的贡献力普遍比较弱，他们期待在共同体中的获取远大于他们的付出，这显然不利于集体智慧的形成，也限制了个体知识水平的提升。

（三）对使用社会性软件支持学习的态度和影响因素

1. 学生态度

绝大多数初中生很期待教师引入社会性软件支持教学，有较高的参与热情：对教师课上使用社会性软件进行教学很有兴趣的占72.1%，而表示不喜欢的仅有2.2%；认为使用社会性软件能够帮助自己学习的初中生占69.8%，认为用不用无所谓的占25.5%，觉得对自己学习毫无帮助的仅占4.5%。

此外，初中生对利用社会性软件完成自己的学习任务也表现出很大的信心：希望教师使用社会性软件来布置作业或任务的占84.6%，表示不喜欢的仅有1.7%；而在学习效率方面，43.7%的初中生在利用社会性软件进行学科学习时自我感觉较好，认为自己的学习效率很高，还有48.8%的学生则认为自己的效率一般，7.3%的学生认为自己浪费了大量的时间，学习效率很低。

这表明初中生对课下使用社会性软件来学习表现出积极态度，认为学习中遇到某些问题或需要某些资料时，使用社会性软件能够得到帮助。但是在实际应用中，却有部分学生认为自己的学习效率比较一般，在使用中遇到了困难，浪费了时间。考虑到社会性软件的种类、功能繁多，初中生课下应用时缺乏计划性和指导，这一调查结果与笔者的推测相一致。

2. 影响因素

对哪些困难或问题影响了他们使用社会性软

件进行学习，认为不了解社会性软件、不会使用的占5.1%，会使用社会性软件、但不知道怎么用它学习的占37.5%，习惯书本学习的占25.5%，使用社会性软件学习找不到学习伙伴的占48.8%，找不到学习资料的占31.8%，认为没有学习气氛的占46.5%，没有教师参与的占23.2%，还有单纯不想用的占2.8%。这为我们应从哪些方面为学生使用社会性软件进行学科学习提供支持具有借鉴意义。

（四）使用社会性软件学习的偏好

在使用社会性软件时，34.6%的初中生喜欢学习视频课程，27.2%的初中生喜欢讨论交流，24.4%的初中生倾向于资料阅读，还有13.6%的初中生更愿意发帖或发表日志。这一偏好还呈现出很大的差异性，被调查的初中生中，男生最喜爱的学习方式是讨论交流，占全部男生的33.6%，而女生则喜爱视频课程和资料阅读，分别占全部女生的41.0%和28.2%。而无论男生还是女生，选择发帖或发表日志的学生明显较少，可见初中生在学习中表达和共享的意识还比较欠缺，如图4所示。

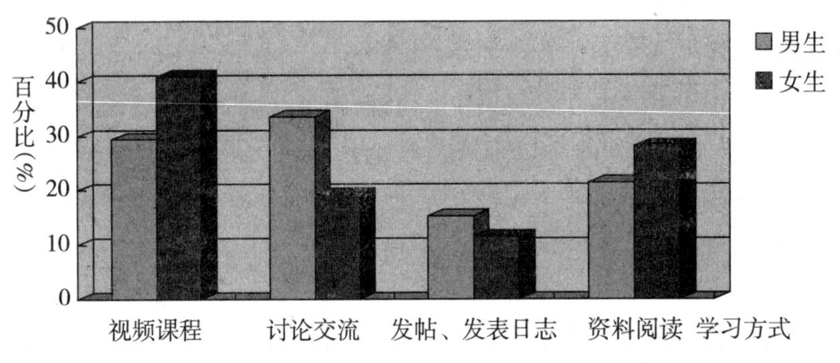

图4　使用社会性软件时学习方式倾向的性别差异

更多的初中生在使用社会性软件时表达出强烈的合作学习欲望，60.7%的学生更喜欢与他人合作学习，此外，也有39.2%的学生喜欢自己单独学习。因为社会性软件具有个人化与社会化相结合的特点，因而能够支持学习者合作或单独使用这两种不同的需求。

学习者对使用社会性软件学习的强烈热情还表现在82.2%的学生希望社会性软件能够成为他们学习的主要方式；表示不想用社会性软件学习的只有5人，约占2.8%；15.3%的学习者提出部分内容想用它学。笔者在这一选项后设置了答题空请同学们注明希望用社会性软件来学习哪些内容，同学们回答的内容包括“总复习的时候整理资料”“知识拓展那部分”和“大家一起研究的问题”等。

最后，问卷请学生就教师使用社会性软件来教学提出自己的想法和建议，下面引用几条比较有代表性的答案：“希望资料更多些，更广泛，更准确，若老师用语音布置作业，还能及时答疑就更好了！”“不错，提倡！把课堂的主要内容做成视频吧，这样复习起来会方便很多。”“毕竟太高端，能普及比较难吧？当然了，学习起来会比较轻松。”“尽量使用书籍，有气氛。”“学习资料图文并茂，适当添加音视频材料，有点激发兴趣的东西，提高学习的灵活性。”“软件要简单好用，老师要更多地与我们沟通，建议广泛推广！”。

五、研究结论与建议

（一）研究结论

通过调查我们发现，初中生在使用社会性软件进行学科学习时具有以下特点。

1. 学习兴趣强烈

技术门槛低，不需要很强的信息技术能力，学生可以自如地运用，使社会性软件成为学生可以方便使用的技术工具。调查中我们发现，无论是在生活中还是在学习中，无论课上还是课下，学生应用社会性软件进行学科学习的行为比较普遍，学生兴趣强烈、热情很高，72.1%的学生很欢迎教师使用社会性软件进行课堂教学。同时，初中生对自己能够使用社会性软件完成学习任务也有很强的自信心。

2. 呈现个体差异

尽管大多数初中生对使用社会性软件学习表现出积极态度，仍有部分学生习惯于书本学习，觉得自己在应用社会性软件的过程中学习效率不高，学习收益较低，不支持社会性软件成为学科学习中的主要方式，还有 2.8%的学生甚至完全不想使用社会性软件学习。除此之外，调查还显示学生使用社会性软件学习过程中偏好的资源类型存在性别差异，女生喜欢视频课程和资料阅读，而男生则喜欢讨论学习，这一偏好可以为我们研究应用社会性软件支持学科学习时要为学生提供怎样的资源提供有益参考。

3. 缺乏科学引导与后续支持

在使用类型上，交流、娱乐和了解生活百科是初中生使用社会性软件的主要目的，而非学科学习。因此，初中生使用较多的软件还是聊天软件、百度、视频网站等，对书签、内容聚合等具有强大的知识管理功能的软件普遍了解不多，或基本没有使用过。在使用方法上，由于教师基本上不会使用社会性软件来辅助教学，因此 39.0%的学生虽然有课上使用的需要，却认为没有得到科学的引导，在学习中找不到学习资料，没有教师参与，缺少学习伙伴，37.5%的初中生表示自己不知道怎样使用社会性软件来学习。

4. 初中生的表达意愿和共享意识有待加强

社会性软件对学习最大的贡献之一就是学生不再是知识被动的接受者，他们可以在社会性软件提供的开放平台中自由地讨论、交流和创造新知识。但是调查中发现，学生并没有充分地利用这一功能，初中生虽然喜欢使用社会性软件解决问题，或参与学习讨论，但是在总结、反思自己的学习，帮助他人提供意见并解决问题的方面还很欠缺，仍有 50%左右的初中生从未使用社会性软件进行知识整理与学习反思，这反映了初中生表达意愿和共享意识的不足，需要进一步加强。

（二）应用建议

针对调查中发现的问题，笔者对社会性软件的应用提出以下几点建议。

1. 提高教师应用意识

如何帮助初中生用好社会性软件支持学科学习，教师承担着不可推卸的责任。初中教师需要正视学生使用社会性软件进行学科学习的热情和需要，关心其在学习中遇到的困难并及时给予引导和支持，将如何使用社会性软件进行教学的理论运用到实践中去，在教学中充分发挥社会性软件的功能优势，帮助学生明确学习目标，制订学习计划，关注学生在应用过程中的个体差异，提供更多高质量的学习资料，鼓励学生相互交流，组织展开合作学习，帮助初中生更轻松、更高效地使用社会性软件。

2. 使应用指向智慧学习

社会性软件丰富的学习功能之所以没有得到充分发挥，一方面是由于它的优势没有延伸到课堂上，教师在教学中的应用意识不足，另一方面就是在应用理念上存在缺陷，传统的学习范式限制了其应用效果。信息技术对教育发展具有革命性影响[4]，技术在教学中的作用绝不仅仅是提供学习工具，而在于促进新型学习范式的形成，这种新型的学习范式就是智慧学习。智慧学习是一种学习者自我积极参与，以学习者为中心，具有完整学习体验的新型学习范式。[5]在学习中应用社会性软件，应该以智慧学习的理念为引导，促进学习者智慧能力的发展和智慧行为的出现，以社会性软件的强大功能创设真实的学习情境、建立学习共同体、促进学习者互动交流、方便学习者的知识管理，帮助学生通过社会性软件展开协作学习，产生大于所有个体动力之和的群体动力，为智慧学习的发生提供支持。

3. 搭建初中生个人学习空间

“三通两平台”是我国教育信息化建设“十二五”的核心目标与标志工程，其中网络学习空间人人通是发展的核心，也是难点。[6]社会性软件为学习者提供了丰富的功能，能够满足初中生多样化的学习需求，帮助学习者搭建属于自己的网络学习空间。学习中，教师可以指导学生根据自己的个性和需要，挑选适合自己的社会性软件搭建个人学习空间。空间里不仅包括丰富的学习材料、学习工具，而且还有学习支架和志同道合的伙伴，学生可以利用这个平台自由订阅学习资源、展开自主探究、共享学习经验、展示学习成果，并通过留言、回复等方式进行评价反思，激发学习的积极性，同时促使深度学习的发生。

参考文献

［1］中国互联网络信息中心．第 32 次中国互联网络发展状况统计报告［J］．互联网天地，2013（10）：74-91.

［2］庄秀丽，刘双桂．拥抱 2004 社会性软件年［J］．中国电化教育，2004（5）：61-64.

［3］Marc Prensky. 数字土著　数字移民［J］．胡智标，王凯，译．远程教育杂志，2009（2）：48-50.

［4］中共中央国务院．国家中长期教育改革和发展规划纲要（2010—2020 年）（公开征求意见稿）［N］．人民日报，2010-03-01（5-7）.

［5］贺斌．智慧学习：内涵、演进与趋向——学习者的视角［J］．电化教育研究，2013（11）：24-33，52.

［6］祝智庭，管珏琪．“网络学习空间人人通”建设框架［J］．中国电化教育，2013（10）：1-7.

网络课程教学的嬗变

乜 勇[1] 姜婷婷[2]

(1 陕西师范大学，陕西 西安 710062；2 西安尊德中学，陕西 西安 710048)

摘 要：网络课程教学不是一蹴而就的，它是伴随着人类社会信息传播方式的变革而逐渐发展起来的。本文综合分析人类传播方式的变革以及因传播方式的进步而诞生的网络课程教学，追溯网络课程教学的演变轨迹，厘清网络课程教学的发展脉络，对网络课程教学理论体系的建构与网络课程教学实践模式的开发具有重要的指导意义。

关键词：网络课程 网络教学 网络课程教学

一、信息传播方式的嬗变与网络教学的产生

人类社会在历经了农业文明时代、工业文明时代之后已经进入目前的信息技术文明时代，而人类社会的信息传播方式也由农业文明时代的个体内向的信息处理、创制的自我传播，工业文明时代的单向式、自上而下的统一制控的信息处理、创制和传播的方式，发展到信息文明时代的具有交互性、平衡性、开放性、全球性、多元性、自由性、共享性、平等性和非权威主义等基本特征的网络化的信息处理、创制与传播的方式。而信息传播方式的变革必然导致教学方式的变革，网络教学的诞生也就在情理之中。[1]

(一) 人类社会信息传播方式的变革

1. 农业文明时代

由于未曾发明远程信息处理、创造和传播的媒体工具，所以在农业文明时代，人类的信息处理、创制和传播方式，主要是个体内向的信息处理、创制的自我传播，个人之间面对面的信息互动的亲身传播，以及在自我传播和亲身传播基础上展开的团体传播和组织传播。

在农业文明时代，人类信息处理、创制和传播的实践方向是指向历史的。整个人类知识、经验和技能的相对停滞、固化和不发展，导致了社会制度变迁速度的迟缓，以及人们的道德观念对过去的忠实。对历史的、已有知识和技能的学习，成了人们进入社会生产系统的基本信息活动方式。整个社会教育系统的功能，也只被看成是对过去的学习。这样一种对前人拥有的知识、经验和技能的忠实，这样一种更多注重对先人文化遗产的继承和接受的信息活动方式，不仅成为维持西方中世纪和我国封建社会漫长而稳定、落后而保守的迟滞状态的信息活动的前提，而且也是造成人们崇拜长者、迷信权威，以及维持神权、皇权和族权的道德和价值观念体制的一般根据。[2]

2. 工业文明时代

工业文明时代发展起来的大规模、单向式、自上而下统一制控的信息处理、创制和传播的方式，乃是形成和加强高度集权化国家统治与高度同步化、机械化经济秩序的技术前提。中央集权高度控制下的信息处理、创制和传播的大规模、单向式信息媒体，如广播、电视、电影、书报、杂志等，都成了保证形成、维护和强化统一舆论、统一思想、统一信仰、统一价值观念、统一行为模式的强有力的有效工具。在这类单向式、自上而下统一控制的大众信息媒体中所传播的信息，是由主宰这类信息工具的统治集团认真筛选、严格规范、精心炮制之后的某种单一模式化

的内容。正是这类单一模式化的内容，使在相应媒体中所传播的信息具有单调、刻板、僵化，并且表现主宰信息工具的统治集团意志的特征。所以，在工业文明时代，人类信息处理、创制和传播的时间方向是指向现在的。分门别类的自然科学体系的逐步建立，众多适用性技术的发明创造，使人们认识到科技知识的重要价值。“知识就是力量”，成了这一时代最为振奋人心的格言和信条。

然而，由于各门自然科学正处于建立初步体系的时期，科技工作者所追求的，更多是被他们认为是具有刚性不变的、真理性的科学理论、观点和体系，这个时期人类知识的更新频率，仍然处于相对缓慢的状态，所以与这一时期相适应，人类信息活动的时间箭头从对过去的崇拜转移到了对现在的关注。工业文明时代建立了宏伟、严密、刻板的大众教育体系，把教育从对上帝和古代圣贤的教义的领悟中解脱出来，变为培养适应当代社会需求的人才的工具。在这种教育制度下，人在青少年时期被强制学习那些被认定是对的、现实的知识和技能，教育的观念从崇尚过去转移到了重视现在。美国实用主义哲学家、教育家杜威就特别强调教育即生活，学校即社会，要以儿童为中心。他说：“出之于自我扬弃的学术体系的方法，在于把过去看作是了解现在的工具。”这种注重现在，追求既定真理性知识的大一统格局，也造成了工业文明时代人类价值观念的种种短视性缺陷，如对物和金钱的过分崇拜、对大众行为的盲从、对自然价值的无视。[3]

3. 信息技术文明时代

信息技术文明时代与工业文明时代有很大的不同，计算机网络化的发展为信息技术文明时代的到来提供了技术前提。正是这种网络文化的产生、发展和普及，有可能使人类价值观念的模式发生变革，朝着多元化的方向发展。网络化的信息处理、创制和传播方式，在其形式上具有交互性、平衡性、开放性、全球性、多元性、自由性、共享性、平等性和非权威主义的基本特征，这些基本特征能够有效地克服单向式、自上而下集权控制的信息处理、创制和传播方式的局限。它们在信息发布者与信息接收者之间建立起了某种及时、互逆性的反馈式联系和沟通的有效渠道，这就使信息活动不再是简单地由信息发出者一方单独主宰的一种行为。

在信息技术文明时代，人类信息处理、创制和传播的时间方向是指向未来的。崇拜历史、注重现在的信息活动方式，所能适应的仅仅是知识更新频率相对缓慢的社会状态。随着信息社会的到来，知识更新、社会发展的速度是如此之快，以致过去和现在的距离会如此神速地拉大。如果仅仅停留在对过去的学习上，那么，我们便不可能轻而易举地弥合这种日益拉大的距离。这样，我们就像是永远生活在历史中。这就要求我们必须对未来的信息给予更大的关注。与此相适应，人类的教育观念、教育内容和教育方法也应该做出相应的改变：从注重既定知识的传授转变到注重创新能力的培养和人的全面发展的塑造；从注重所谓完整体系成熟知识的讲解转变到注重介绍不同学派的争论和前沿问题的探索；从注重直接接受的教学方法转变到注重启发式、探索式的教学方法；从只注重科班式、师徒式教学体制转变到兼而注重短训式、自导式、终身式的教学体制。正是这种指向未来的信息活动方式，充分彰显着网络化信息处理、创制和传播方式的无限构造及创新的非凡能力，从而为信息社会的高度发展提供了信息活动前提，为信息时代人类社会的发展展现新的价值取向，为信息网络教育开创一个崭新的时代。[4]

（二）网络教学的诞生

不同的时代，社会信息传播的方式不同，作为社会信息传播中重要组成部分的教育信息传播的方式也不相同，而不同教育信息的传播方式也就决定了不同时代教学方式的不同。

在农业文明时代，人类信息处理、创制和传播的实践方向是指向历史的。在农业社会中，人们主要以传统的教学方式，即师生通过面对面的课堂教学的形式来讲授知识和经验。这种教学方式以教师为中心，讲授圣贤及其前人积累的各种经验和知识。

在信息技术文明时代，人类信息处理、创制和传播的时间方向是指向未来的。信息时代，计算机网络化的发展，提供了先进的技术前提，它是一种信息处理创制和传播的全新方式。网络信息处理、创制和传播的全球化、交互式、平行性和非权威性的特征，促进了知识与信息模式的多元化，也推动了教育教学的网络化。网络的普及，使教学信息的传播更加便捷、传播的规模更加广泛、共享的资源更加丰富。作为这个时代特有的教学形式——网络教学也就应运而生了。

网络是一种媒体。从平面媒体、多媒体，到互联网网络媒体，都是科技发展、经济社会发展的成果。所以，从传统教育到网络教育的发展，是一个历史的过程。网络引入人类的教学中，自然而然就产生了网络教学。网络教学并不单纯指只有网络的教学活动。网络教学不是传统教学的电子化和网络化，它是运用新的教学手段，把教育思想融入一个全新的教育教学过程中的活动。网络教学是一场教学革命，它使高等教育从精英式的教育向大众化、普及化方向发展。网络教学突破了传统教育的范式，使当代教学成为一种更为多元复合范式的活动。[5]

网络教学是一种利用现代教育技术，运用现代课程与教学论和学习论的理论，实施组织教学，完成教学任务的网络教学系统。网络教学的主要特征是以开放的非线性分布方式为学习者提供丰富的教育资源环境；为学习者的个性发展提供优化的教育时空，满足学习者的个别化需求。

二、网络课程教学的产生与发展

从20世纪90年代以来，计算机网络的发展给各领域带来了巨大的变革，计算机网络进入校园，促进了网络教学思想的产生，进而催生了信息技术时代新型的教育形式——网络教育。

在形式多样的网络环境中，按照一定的教学目标，在网络化的现代教育理论指导下，将某门课程的内容进行系统的教学设计，并精心设计教学策略及教学活动过程等，这就是我们所说的网络课程教学。

首先，较早又较为成熟地应用网络课程教学的是国内一些大学的网络教育学院。1998 年 9 月，教育部正式批准清华大学、湖南大学、北京邮电大学、浙江大学作为网络远程教育首批试点高校，自此我国开始了真正意义上的网络教育，网络课程也就随之诞生。

此后，教育部陆续批准了一些院校开展远程教育，这些高校在成立网络学院后就分别着手建设与各自专业学科相关的网络课程，并且用这些课程进行远程的网络学历教育和非学历的培训。随着教育信息化的推进和高校数字化校园的建设，很多高校也逐步建设了一些专业和学科的网络课程并将其用于在校本科生和研究生学历课程的教学。在此期间，有很多全国重点中学和一些社会办学、培训机构也纷纷建设各自的网络课程，尝试进行网络教学和网络培训。

同时期，我国还启动了精品课程建设项目。2003 年 4 月 8 日，教育部下发了《关于启动高等学校教学质量与教学改革工程精品课程建设工作的通知》，我国的精品课程建设正式启动。该项目预计用 5 年的时间（2003—2007 年）建设1500 门国家级精品课程。精品课程是具有一流教师队伍、一流教学内容、一流教学方法、一流教材、一流教学管理等特点的示范性课程，它旨在通过网络发布、共享优质网络课程资源，推动高校教学改革和课程建设。

2005 年，教育部发布了《关于进一步加强高等学校本科教学工作的若干意见》，该文件主要强调的是我国高校精品网络课程的建设。[6]我国高度重视精品课程的建设，几次下发文件强调精品课程建设相关问题，可见，网络课程的建设已经成为提高培养质量、更新教育观念、提高学生自主学习、加大信息技术力度的重要标志和指标。

2006—2007 年，教育部与微软公司、IBM 公司、Sun 公司、英特尔公司进行合作，推出了“教育部——IBM 精品课程”建设项目（2006年）、“教育部——微软精品课程”建设项目（2006 年）、“教育部——英特尔精品课程”建设项目（2007年）、“教育部——Sun精品课程”建设项目（2008年）。

2010年，国家制定了精品课程评审指标。在国家精品课程评审指标中，网络环境是教学条件下的一条评审指标，其评审要求为“学习网络硬件环境良好，课程网站运行良好，教学资源丰富，辅教、辅学功能齐全，并能有效共享”[7]。精品课程建设的初衷就是通过网络达到优质教学资源共建、共享，以便全面提高高等教育教学的质量。

截至2011年1月，经教育部正式批准，全国已经有68所高校开办了网络教育试点，通过网络接受教育的学生逐年增加。

从2000年开始，教育部启动了高校网络课程资源的建设项目。[8]到目前为止，已经有相当丰富的网络课程资源，而且每年还都在开展各高校校级、省级、国家级网络精品课程的建设及评选工作。可以说，各专业、各学科的网络课程已经非常丰富了。在此过程中，为了规范和提高我国网络课程的质量，教育部教育信息化技术标准委员会于2002年11月发布了《网络课程评价规范（标准草案征求意见稿）》，在评价规范中对网络课程进行了定义：网络课程是指在先进教育思想、教学理论指导下为一个或多个学习者使用而设计的，通过网络表现的某门学科的教学内容及实施的教学活动的总和。[9]有很多专家和教育技术各级委员会对网络课程进行了界定，目前被大家普遍认可的是教育部现代远程教育资源建设委员会对网络课程所下的定义：“网络课程是通过网络表现的学科的教学内容及实施的教学活动的总和。它包括两个组成部分：按一定的教学目标、教学策略组织起来的教学内容和网络教学支撑环境。”[10]

2003年，网络公开课的出现推倒了大学的围墙，为我们能够随时随地学习提供了新的方式。网络公开课主要是针对资源的建设应运而生的，它不要求课程提供者组织教学，只是单纯地针对知识点在网上提供课堂实录的录像，以供全世界的求知者学习，而且也不会给予学习评价。从2008年开始到现在，教育领域又兴起一种新的课程模式——MOOC（Massive Open Online Course，大规模在线开放课程），MOOC不仅提供免费的优质资源，还提供完整的学习体验。MOOC与网络公开课有很大的区别。MOOC不仅提供免费资源，而且实现了教学课程的全程参与，力求真实模拟课堂，用技术作为根本手段，满载顶尖的精英课程，理想是用技术完成教育资源民主化。MOOC是以大规模互动参与、借助互联网开放获取资源为目标的在线课程，既提供视频、教材、习题集等传统课程材料，又提供交互性论坛，并为学习者、教师和助教建立学习社区，将数以万计的学习者，在共同学习目标、学习兴趣和先备知识的驱使下组织起来。[11]在平台上，学习者可以进行学习、分享观点、做作业、参加考试、得到分数、拿到证书，其平台囊括学习的全过程。美国《时代周刊》把2012年称为MOOC元年，未来的MOOC一定会拉平世界教育，因为这种课程形式可以集合全球最优质的教育资源，冲击相对普通的大学，网络课程将不再是一个教师对着镜头说话的模式。

三、网络课程教学对传统教学的超越

过去谁也不敢想象没有教室、没有教材、没有教师的现场讲授也可以进行学习，现在随时随地的学习已经无处不在。较之传统的教学，网络教学彰显了信息时代的特色，将教学推向了一个新的制高点。

（一）传统教学的剖析与反思

我国传统教育建立了私塾、书院式教育制度，教学内容是“四书”“五经”，教学场所是“国子监”“书院”，教学方法是单向的、灌输式的讲授法，师生之间的关系是“授”与“受”的关系，教学评价方式就是考试。

传统的教学模式存在以下几个方面的弊端。

1. 重负低效

传统教学模式下，“加时之风”“题海之术”“灌输之道”盛行，结果教师累、学生苦、家长难，教学成本（代价）高、效率低，教学陷入了“低效率—重负担—低效率”的怪圈。

2. 物式灌注

知识本位的物式目标成了教学的唯一目标，全盘讲授的物式灌注成了教学的唯一方法，量化评分的物式评价成了评价的唯一手段，整齐有序的物式管理成了组织教学的价值标准。这种物式灌注的教学使学生的自主学习时间被挪用，自主思维的空间被挤占。

3. 教师主宰

目前，教学模式逐渐由“三中心”演化为“五中心”，即教学活动以教师为中心、教学过程以课堂为中心、课堂教学以讲解为中心、教师讲解以教材为中心和教学价值以应试为中心。“五中心”导致师生之间形成了一种单向传输的关系，致使学生缺乏自学能力、生活自理能力和思想自律能力。

4. 主体缺失

传统的教学过分强调教学的社会价值而忽视其促进个人发展的价值，教学活动被看作是为社会生产人才“标准件”的流水线，按照固定的模式，把千差万别的学生打磨塑造成一个个标准“产品”，学生没有真正被看作是学习的主体。

5. 知能脱节

传统教学为实现较高的智育目标，一直比较强调学习者对知识最终形态的掌握水平。反映在教学方法上是重接受、轻探究、重用脑、轻动手（实践），重记忆、轻应用，重结果、轻过程，使得知识只能以孤立的形态而不是以相互联系的形态为学生所接受。

6. 发展畸形

教学中单纯重智能发展的人才培养模式，只训练了学生的即期应试能力，对学生终身发展所必需的非智力因素（也有人称作人格因素）的培养比较忽视，以至于不少学生表现出智商高而情商低的畸形状态。[12]

（二）现代教学的阐释和解读

要阐述与解读传统和现代教学方法的转变，要从教育哲学上进行梳理和辨析。从哲学上讲，近代西方哲学，包括英国经验论、欧洲大陆唯理论、法国哲学和德国古典哲学在内，都是建立在主客二分、主客对立基础上的。以康德、黑格尔哲学为例，这些哲学理论都是一方面讲主体，讲感性、知性、理性、消极理性和积极理性；另一方面讲客体，讲现象与物体，讲绝对观念，都是主客二元对立的模式。所以，现代西方哲学要克服这种主客二元对立的模式。反映到教育上就是，传统教育把教师看作主体，把学生看作客体。教师是知识的灌输者、传授者，学生是知识的被灌输者、接受者，是知识的容器，所以学生没有主动性、积极性和创造性。

现代教学则要破除这种主客二元对立的思维形式和教学模式，它要求把教学建立在主客二元统一的基础之上。现代教学理论认为，在教学中，教师与学生、教与学的主客体地位不是对立的，而是相互转化的、互为主客体的。因此，首先要破除教师中心、课堂中心、教科书中心、学校中心，要让学生成为主体，使学生积极投入到教学活动之中，充分发挥其主体性、积极性和创造性。

从马克思主义哲学认识论的观点来看，主客体理论就是认识论。主体是认知者，是处于一定社会关系中的从事实践活动和认识活动的人。客体是认识的对象，是进入人的实践活动领域并与主体相联系的客观存在。在“教”与“学”的教学平台上，教师与学生是互为主客体的。如果教师只管教不管学，而学生不听、不看，昏昏沉沉地在课堂上睡觉，教师与学生就构不成认识关系，就谈不上教学；如果教师与学生在课堂上互动，教师的主导性与学生的主体性及主体能动性相互联结和统一，就可以构成认识和教学关系。在主客体之间，主体与客体不仅具有反映与被反映、改造与被改造的关系，而且还有主体客体化和客体主体化的双向过程。教师在教学中，对学生要授之以“鱼”，更要授之以“渔”。因此，教师必须改变“满堂灌”“注入式”的教学方法，必须引导学生进入教与学的平台，在教学中发挥其主体地位。在教师的指导下，学生阅读材料、分析理解教材，归纳综合教材中的问题，研讨教材中的重点、难点和疑点，进行理论性思考，提高自己的辩证思维能力和水平。学生在学习中，要培养自己的观察能力、分析问题的能力、口头与文字表达能力，要举一反三、触类旁通地研究现实问题，解决实际问题，教师在教学中要把教育方针、教学目的与课程教学理论统一起来，把课程教学理论与教学实际统一起来。

（三）网络教学的探求及分析

网络教育与现代科学技术相联系是信息社会、知识经济时代的产物。网络教育的教学法与传统教学、现代教学相联系，它既是对传统教学、现代教学的继承，又是对传统教学、现代教学的超越和发展。因此，对网络教育、网络教学既不可全盘否定，认为它与传统教育、传统教学是格格不入的；也不能认为网络教育、网络教学没有缺点，完全超越了现代教育、现代教学，是一种崭新的科学技术产物。

网络教育是网络环境下，以现代教育技术为手段，结合现代课程与教学论、学习论的要求，充分发挥网络的各种教育功能，运用充足的教育资源，向教育者与学习者提供“教”与“学”的一种新型的、与传统教育不同的教育形式。

网络教学，就是旨在运用现代教育技术，运用现代课程与教学论、学习论的理论，实施组织教学，从而完成教学任务。

网络课程是网络教学的核心。网络课程是在课程与教学论、学习论指导下，通过网络实施的课程，是为实现某学科领域课程目标设计的网络学习环境中教学内容、学习资源、教与学等活动的总和。网络课程包括学习内容、学习资源、学习策略、学习支持、学习评价和教与学的活动等六个要素，是通过网络呈现学科教学内容及教学活动的总和，包括按照一定教学策略组织的教学内容和网络教学支撑平台，其目的是促进学习者的自主学习，最大限度地促进学习者发展。

由最初的网络课程发展到网络公开课再到MOOC，十余年的时间，课程的形式已经发生了翻天覆地的变化。目前，MOOC集成了社交网络的互联、专家的辅导和免费访问的在线资源[13]，并且支持学校间的学分互认，这与以前的网络课程有很大不同。根据《国际教育信息化2013地平线报告（高等教育版）》统计，“在未来12个月内，MOOC将在高等教育中得到广泛的应用”[14]。MOOC旨在为人们提供高质量的大规模的网络学习，无论人们身在何处、教育背景如何，都可以参与其中，这也充分体现了网络教学中教师与学生地位的转变。

四、结语

从最初的网络课程到MOOC的发展体现着学习中心的转移，早期的网络课程是以教师的单向传授为主，而MOOC以学习者为中心，按需制订个性化学习方案，自发组织学习圈，随时随地开展学习，这才是现代网络课程真正需要的。[15]现代网络课程教学首先要有现代教育技术、网络教学支持环境；其次，要有按照一定的教育方针、教育目的、教学目标和教学策略组织起来的教学内容；再次，要有实施教学内容的教学活动，包括教学资源、教学策略、学习支持、教学评价等，最重要的是要以学习者为中心，从学习者的需求出发。

参考文献

［1］邬焜．论人类信息活动方式与文明形态、价值观念变革的一致性［J］．重庆邮电大学学报（社会科学版），2007（1）：1-4.

［2］周树智．价值哲学发展论［M］．西安：陕西人民出版社，2009：62-63.

［3］周树智．价值哲学发展论［M］．西安：陕西人民出版社，2009：63-65.

［4］周树智．价值哲学发展论［M］．西安：陕西人民出版社，2009：65-69.

［5］陈晓端．当代教学范式研究［J］．陕西师范大学学报（哲学社会科学版），2004（9）：113.

［6］教育部．教育部关于印发《关于进一步加强高等学校本科教学工作的若干意见》的通知（教高［2005］1号）．

［7］国家精品课程评审指标（本科，2010）［J］．安全，2010（5）：55.

[8] 丁新. 推动现代远程教育"跨越式"发展——教育部现代远程教育经验交流会召开[J]. 中国远程教育, 2000 (5): 9-10.

[9] 教育部教育信息化技术标准委员会 CELTS—22.1 网络课程评价规范（标准草案征求意见稿）[S]. 2002.

[10] 教育部现代远程教育资源建设委员会. 现代远程教育资源建设技术规范 [S]. 2000.

[11] McAuley A., Stewart B., Siemens G., et al.. The MOOC Model for Digital Practice[DB/OL]. [2013-04-25]. http://oerknowledgecloud.org/sites/oerknowledgecloud.org/files/MOOC_Final.pdf.

[12] 辜胜阻. 变革传统教学模式的实践探索 [J]. 教育研究, 2003 (8): 55-60.

[13] McAuley A., Stewart B., Siemens G., et al.. The MOOC Model for Digital Practice[DB/OL]. [2013-04-25]. http://oerknowledgecloud.org/sites/oerknowledgecloud.org/files/MOOC_Final.pdf.

[14] Johnson L., Adanms Becker S., Cummins M., Estrada V., Freeman A., Ludgate H.. 国际教育信息化 2013 地平线报告（高等教育版）[J]. 张铁道, 殷丙山, 殷蕾, 白晓晶, 译. 北京广播电视大学学报, 2013 (2): 7-29.

[15] 张振虹, 刘文, 韩智. 从 OCW 课堂到 MOOC 学堂: 学习本源的回归 [J]. 现代远程教育研究, 2013 (3): 20-26.

发展性教学理论在网络教学中的应用

赵呈领　马　丹

（华中师范大学　教育信息技术学院，湖北　武汉　430079）

摘　要：本文首先简述了发展性教学理论的产生背景、科学内涵和指导思想，然后从发展性教学理论的五个教学原则深入地分析了如何运用该理论指导网络教学，最后总结了发展性教学理论对我国网络教学的启示，以期对我国网络教学的发展提供理论指导。

关键词：发展性教学理论　网络教学　教学原则

一、发展性教学理论概述

（一）发展性教学理论的产生背景

20世纪50年代后期，由于科学技术的飞速发展，“知识爆炸”的时代随之而来，主宰苏联教学理论的凯洛夫把教学的重点放在如何使儿童掌握现成知识及概念上，即忽略了学生的思维、想象力、逻辑记忆等能力的发展，不重视或者说忽视学生智力的发展。[1] 苏联的学校教育与现实生活需要严重脱节，同时，由于苏联当时所呈现的教育状况是一种“不见儿童的教育学”，即教育教学不再以研究儿童的心理发展规律作为科学依据，而是将注意力转移到掌握知识、技能和技巧上。为改变当时的教育现状，赞科夫就教学与发展的关系进行了长期的教育实验，并构建了影响颇深的发展性教学理论。

（二）发展性教学理论的科学内涵和指导思想

发展性教学理论以促进学生的一般发展为目的，要求在教师的主导下，充分发挥学生的主动性和创造性，使学生在掌握知识技能、培养智力和非智力因素、提高思想道德素质等各方面都得到全面、协调和可持续的发展。[2] 关于教学和发展的先后问题，赞科夫认为教学更应该走在发展的前面，推动发展前进，通过教学创造最近发展区，然后最近发展区转化到现有发展水平范围之中，赞科夫说“教学不应当以儿童发展的昨天，而应当以儿童发展的明天作为方向”[3]。

发展性教学理论的中心思想是“以尽可能大的教学效果来促进学生的一般发展”。要理解这句话，首先要理解“一般发展”的含义。在赞科夫看来，一般发展包括智力的发展、道德情感的发展、意志的发展、身体的发育等各个方面，是整个身心全面和谐的发展。[4] 赞科夫认为对儿童的发展应该从观察力、思维能力和实际操作能力三方面进行研究。观察力对于儿童的智力发展有着极其重要的意义，因为儿童获取知识的最直接方式就是观察，作为教育工作者的我们需要做的不仅仅是为学习者提供各种感官上的材料，更重要的是适时、适地、适需地利用这些感官材料培养学生的观察能力。善于观察的人对周围环境的认识往往更深刻，而且能够获得比一般人更多的信息。因此，学生要获得一般发展就必须提高他们的观察能力。思维能力涉及一个人对问题的分析、综合、推理、总结、抽象和概括的能力，同时还要求能够从不同角度看待问题。学习的过程本身就是一个需要不断去反思、不断去探索的过程，如果没有一定的逻辑思维能力，学习者所获得的知识将是静止的、没有价值的。观察力和思维能力是一个人隐性的能力，体现的是一个人头脑中的东西，往往不易表现，而实际操作能力则以外显的行为方式表现出来，因此，教学过程中还要注重培养学生的实际操作能力。现代社会最需要的是“手脑并用”的人，所以学生的观察能力、思维能力以及实际操作能力不应出现顾此失彼的现象，应该得到同步发展。

二、发展性教学理论在网络教学中的应用

网络教学模式是信息时代的产物，随着信息技术的快速发展，传统教学模式已经不足以满足学生对学习的需求，网络环境下的教学逐渐登上了教育的舞台，并且扮演着越来越重要的角色。近几年出现了各种类型的网络教育平台，包括网络课程、在线学习、专题学习网站等。网络教学模式以其突出的优势适应了信息时代对教育发展的需求，改变了以往传统教学中面对面的、以教师为中心的教学结构，以一种全新的教育理念和教育方法推动了教育改革的步伐。

网络环境下的教育固然给教育的发展提供了很多生机，但是我们也必须看到网络教学所面临的一些问题。任何一种教学形式的提出都需要建立在一定的理论基础之上，网络教学作为一种新的教学形式主要是以认知学习理论作为基础，学生可以自主选择所需的学习内容进行自学，也可以在教师或同伴的帮助下主动建构知识意义。我们必须认识到，只有认知学习理论的支撑是远远不够的，应该结合其他教育理论对网络教学的发展进行指导，如建构主义、人本主义、发展性教学理论等。本文着重探究发展性教学理论对网络教学的指导作用，主要从五个教学原则方面探究其内在的联系。

赞科夫的“发展性教学论”包括教学原则、教学大纲、教学法等各个方面的观点，其中以教学原则最为重要。他认为教学原则决定教学大纲的内容和结构，决定教学法的典型属性。这五条教学原则对网络教学同样具有一定的指导意义。

（一）网络教学中的“高难度”教学原则

由于传统教学内容几乎完全建立在教材的基础之上，内容相对匮乏，知识点陈旧、过时，而信息时代的知识每天都在以指数级进行着更新，单靠书本上的知识远不能满足学生对知识的需求，很大程度限制了学生的向前发展。赞科夫根据维果斯基的“最近发展区”理论提出了“高难度”的教学原则，这里的“难度”包括两个方面的含义，其一是克服障碍，其二是学生做出努力。[5]任何形式的教学都必须考虑学生的学习需求，而这种学习需求首先是对学生目前的发展水平进行了解，通过在现有发展水平的基础上设置一定的障碍，从而激发学习者的学习兴趣，让学习者通过自身的努力排除障碍，解决疑问，最大限度地发挥学生学习的潜能以达到知识的增长。网络教学的特点之一是个性化的自主学习，因此，满足不同学生的学习需求成为网络教学成功的关键，我们可以通过学习前测等方式了解学生的现有发展水平，针对不同学生的现有发展水平提供具有一定难度的网络教学内容，从而激发学生学习的积极性。在这个过程中学生处于学习的主体地位，并且能够从排除障碍中获得学习的乐趣。实施这条原则时应该注意难度的把握，所呈现的网络教学内容既不能太难又不能太简单，要能够使学习者在原有的知识基础上有所发展，同时，网络教学内容要不断进行更新，随时了解学生的学习需求和学习动向，根据学生的学习表现，在内容的呈现方式上应随着学生的水平从现有发展区向最近发展区的转换相应提高难度，逐步引导学生向更高的目标前进。

（二）网络教学中的“高速度”教学原则

传统教学中教师很少深入地了解学生对知识的掌握程度，认为不厌其烦地重复复习旧的知识能够帮助学习者对知识的巩固，但结果并不理想，很多学生并没有因为多次的复习而对知识有更进一步的认识。相反，这样做不但没有起到固化知识的作用，反而浪费了大量时间，学习进度很难提高，学生对这样的学习也表现出很低的情绪。针对这一现象，赞科夫提出以高速度进行教学的原则，这一原则要求教学要不断地向前运动，不断地以各个方面的内容来丰富学生的智慧，为学生越来越深入地理解所学的知识创造有利条件，因为这些知识被纳入一个广泛展开的体系中。[6]网络教学也需要不断地向前运动，知识

点在横向上是并列的，通过各种类型的网络资源丰富学生对知识的理解，而不是通过重复的、大量的练习来打压学生的学习兴趣。在纵向上是阶梯式的，网络教学内容要能够促进学生的一般发展，包括智力和非智力的发展。实施这条原则应该注意的是“高速度”不等于开快车，网络教学不应忽视学生的发展状况，而应该以促进学生的一般发展来决定发展的速度。贯彻这条原则时应保持与高难度原则相互作用，以高速度辅佐高难度，即通过尽可能地减少重复来加快教学进度，反过来则通过加快速度拓宽知识的广度，进而从拓宽知识的广度中提高理论深度。

（三）以理论知识主导网络教学的原则

“理论知识”是相对于那些技巧而言的规律性知识，它不仅是关于现象本身的知识，更重要的是关于现象之间相互联系的本质性知识。[7]任何一门课程的知识点都不是孤立的，都是有一定的规律性和结构性的。知识的掌握不是简单的了解或记忆，这样的知识是“死”的，没有生机的。网络教学也需要理论知识的指导作用，因此不能完全用网络教学来取代传统课堂教学，网络教学的开展必须建立在学生对理论知识的理解之上，通过理论知识来培养学生的逻辑思维能力。网络教学在内容的设置上应注重知识点之间的连贯性、系统性和多样性，能够帮助学生理解学科知识结构，以不同类型的练习题促使学生学会举一反三，达到对知识的融会贯通，从而加快学生思维发展的过程，促进心理技能的早日完善。

（四）网络教学中要使学生理解学习过程的原则

这一原则强调要重视学习活动的内部机制，学生的学习必须建立在理解学习过程的基础之上，即让学生掌握获取知识的方法和途径，掌握学习过程的特点和规律。网络环境下的教学对学生的自学能力有很高的要求，为了不使学生在自学中迷失方向，网络教学更应该设法将学生的注意力集中到教学过程中，让学生知道学什么、应该怎么学、学习的重点和方向在哪里。应当通过各种方法引导学生学会自学，培养学生的独立性、主动性和创造性，这也是网络教学追求的目标。

（五）网络教学应顾及每一位学生的发展

这条原则追求的目标是大范围提高教学质量，不忽视每一个学生。根据加德纳的多元智能理论，学生的发展是多元化的，不可能达到完全一致，所以我们必须承认再好的教学也会存在优生和差生。传统教学的做法大多是以惩罚为主，即通过增加差生的作业量，多次布置重复性练习题，这样做的结果往往适得其反，学生对学习逐渐产生畏惧，形成厌学的态度。针对这一现象，赞科夫从心理学的角度分析了差生的普遍特点，强调教师不应忽视这些学生的发展，而应给予他们更多的关注，帮助他们提高观察力、思维能力和实际操作能力。因为他相信每一个学生都可以在现有的发展水平上得到更进一步的发展，只是发展的程度不同而已。网络环境下的教学也要关注每一位学生的发展，网络教学内容不应该只是适合成绩好的学生的发展，在资源和题目的设置上应该多样化，要能顾及每一个学生的发展，尤其需要给差生提供更多的帮助和支持。此外，需要强调的是这条原则绝不是在帮助差生得到发展的同时降低教学要求，限制优生的发展，而是尽可能地让每一个学生都能够在现有的发展水平上得到发展。所以，在网络教学内容的设置上应尽可能地考虑每一个学生的发展需要，时刻关注学生的学习表现，有针对性、有计划、有目标地开展网络教学，力求根据每个学生不同的最近发展区开展合适的网络教学活动。

以上这五条教学原则是相互联系的、不可分割的，在网络教学中我们应该综合考虑这五条原则，不能孤立地对待任何一条原则。

三、发展性教学理论对网络教学的启示

网络教学作为一种新的教学形式，其在理论基础和实践经验方面均相对匮乏，开展和实施过程难免存在许多问题。发展性教学理论不论是在教学原则还是在教学方法上都对网络教学有一定的指导意义，主要体现在以下几方面。首先，网络教学要以培养学生的创新能力为目标，目前的

网络教学多是辅助课堂教学的一种手段，在教学内容上没有什么创新性，以发展性教学理论为指导的网络教学首先要具有创新意识，坚持高难度和高速度的原则，让学生真正地发挥自己的潜能。其次，网络教学内容应关注不同学生的发展，学生的发展水平都是不等质的，网络教学在内容的设置上应该更多地关注学生的现有发展水平，根据不同的发展水平设置不同的学习内容，提供适合不同学习需求的学习材料，做到因材施教。再次，网络教学环境应有利于激发学生的学习热情，任何一种学习都是在一定的环境下展开的，良好的学习氛围将会大大促进学生学习的积极性，网络教学更是如此。发展性教学理论强调要创设各种教学情境来激发学生的精神需求，从内部激发学生对学习的兴趣，网络环境下的教学也需要在教学情境上下功夫，努力使学生从内心接受这种学习方式。最后，网络教学内容应注重拓宽学生的知识面。网络教学最大的优势就是可以利用丰富的网络资源支持学习，但在网络资源的选择上应该注重知识与知识的联系，形成系统的知识体系，不断将新知识纳入已有的知识系统之中。这些知识不应该是重复的、零散的，而应该是能够促进学生进一步发展的拓展性知识，以及有利于学生一般发展的知识。

四、总结

发展性教学理论从提出到现在虽然饱受教育家和心理学家的争议，其在教育方面的贡献却是不容小觑的，对于当今炙手可热的网络教育事业的发展有着深远的指导意义，在很大程度上促进了网络教育的完善和发展。我们不应该停留于眼前的研究，而应该更多地发掘它所蕴含的教育价值，将其与现代教育理念巧妙地结合起来，进一步加快教育事业的发展和教育改革的步伐。

参考文献

[1] 张天宝．赞科夫的发展性教学理论及其对我国教育改革实验的影响［J］．湖南教育，2000（20）：22-23.

[2] 金海林．对发展性教学理论的理性思考［J］．高等农业教育，2007（4）：55-57，67.

[3] 牛瑞鹏．赞科夫“发展性教学”理论对课堂教学的启示［J］．西南农业大学学报（社会科学版），2010（6）：208-210.

[4] 侯冬梅，王旭．发展性教学理论与网络环境下教学改革探讨［J］．北华航天工业学院学报，2011（6）：46-47，52.

[5] 赞科夫．教学论与生活［M］．俞翔辉，杜殿坤，译．北京：教育科学出版社，2001.

[6] 赞科夫．教学论与生活［M］．俞翔辉，杜殿坤，译．北京：教育科学出版社，2001.

[7] 张一兵．现代教学论三大流派教学的比较［J］．内蒙古体育科技，2008（2）：139-140.

信息技术环境下初中生英语学习策略运用调查研究

刘　畅　解月光

（东北师范大学　信息与软件工程学院，吉林　长春　130117）

摘　要： 信息技术的飞速发展为初中生的英语学习发挥积极性和主动性创造了条件。同时，选择好的学习策略对英语学习也起着十分重要的作用。本研究利用调查问卷，根据《义务教育英语课程标准（2011年版）》中（以下简称《标准》）对学习策略五级目标的划分，主要从学生自身层面调查了解某所中学初中生在信息技术环境下英语学习策略的整体运用状况。本研究结果表明，为提高信息技术环境下初中生的英语学习效率，应帮助其有效地运用学习策略。

关键词： 信息技术环境　初中生　学习策略　英语学习策略

一、问题的提出

随着社会生活的信息化和经济的全球化，英语的重要性正变得越来越突出。英语作为最重要的信息载体之一，已成为应用于各个领域最广泛的人类生活语言。英语学习策略是影响英语学习效果的重要因素，是衡量学习能力的重要指标。有研究表明，利用信息技术有效地运用英语学习策略能够显著提高英语成绩、改善英语学习的态度和情感。对初中生来讲，学习动机、学习策略和注意力是影响学习行为的三种最主要因素，[1]因此，英语学习策略对初中生英语学习的影响亦不容忽视。

鉴于学习策略的重要性及新课程标准的要求，教师应该更注重教学策略，为学生提供更有效的学习策略，并且帮助学生学会学习，最终改变学生的学习方式。[2]因此，本研究力图在调查的基础上，在英语新课程的实施背景下，通过问卷调查，以初中生为研究对象，从初中生信息素养及信息技术环境下初中生英语学习策略运用的意识和能力两个维度探讨信息技术环境下初中生英语学习策略运用的现状，从而为实施英语学习策略提供有针对性的指导，以此来提高英语教与学的质量。

二、相关概念

（一）学习策略

20世纪60年代，学习策略的研究广泛兴起，它是心理学不断发展的产物。那么，何为学习策略呢？关于学习策略的界定，归纳起来有以下几种观点：①Duffy认为，学习策略是内隐的学习规则系统；[3]②Nisbert认为，学习策略是学生选择、整合、应用学习技巧的一整套学习过程；[4]③我国学者刘电芝把学习策略看成学习方法与调控的有机统一，是学习者在学习过程中有效学习的程序、规则、方法、技巧及自我调控方式，它既可以是内隐的规则系统，又可以是外显的操作程序与步骤。她还指出凡是有助于提高学习质量、学习效率的程序、规则、方法、技巧以及调控方式均属于学习策略的范畴，它既有内隐和外显之分，又有水平层次之别。[5]

（二）英语学习策略

英语学习策略的定义有很多种。1981年，Tarone认为，英语学习策略就是试图去发展英语的应用能力[6]；1987年，Rubin提出英语学习策略就是对学习者构建和直接影响学习的英语系统的发展产生贡献的策略[7]。1989 年，Oxford 提出，英语学习策略就是学习者用来使学习英语的过程变得更成功、更自主和更快乐的行为[8]。从狭义上来说，英语学习策略指的是学习者在学习英语的过程中使用的具体方法和技术。从广义上来说，英语学习策略指的是英语学习过程中使用的普遍方法的总称。

本文中的英语学习策略采纳了《标准》中的定义，《标准》中提出，英语学习策略是指学生为了有效地学习和使用英语而采取的各种行动和步骤以及指导这些行动和步骤的信念。英语学习策略包括认知策略、调控策略、交际策略和资源策略。认知策略是指学生为了完成具体学习任务而采取的步骤和方法；调控策略是指学生对学习加以计划、实施、反思、评价和调整的策略；交际策略是学生为了争取更多的交际机会、维持交际以及提高交际效果而采取的各种策略；资源策略是学生合理并有效利用多种媒体进行学习和运用英语的策略。[9]

三、研究方法

（一）调查对象选择

本研究从某初中学校的三个年级中各选取了一个班级，发放 200 份问卷。回收问卷 162 份，问卷回收率为 81%，剔除信息不完整的问卷，有效问卷为 150 份，有效问卷的回收率为 75%，如表 1 所示。男生 63 名，女生 87 名；初一 54 人，初二 50 人，初三 46 人。

表 1　问卷的发放及回收情况统计

发放问卷总量（份）	回收的问卷		有效的问卷	
	份数（份）	回收率（%）	份数（份）	回收率（%）
200	162	81	150	75

（二）问卷设计

为了保证问卷设计的信度和效度，笔者阅读了大量的文献资料，根据调查目的，参考已有学者设计的问卷，通过不断地反思和修改，最终确定了本问卷。问卷是根据《标准》中英语五级水平的学习策略标准设计的，主要内容包括两部分：基本信息调查及信息技术环境下初中生英语学习策略运用调查。其中，第二部分包括认知策略（1—8、13—15 题）、调控策略（16—20、27—29 题）、交际策略（21—26 题）和资源策略（9—12 题）四个方面调查内容，共计 29 个题目。经过信度和效度检验，发现该问卷有效、可行，能够较好地反映信息技术环境下初中学生的英语学习策略运用现状。

（三）数据处理

本研究所有调查结果利用 Excel 软件录入数据，为便于进行统计分析，采用利克特量表（Likert Scale）对调查结果进行了量化处理，采用 SPSS 统计软件进行数据处理。主要统计技术包括描述统计、相关分析、标准差分析等。

调查问卷的问题用来测试四类学习策略的运用情况，具体做法是把每类学习策略具体化为若干问题，每个问题的答案分为“从不、偶尔、一般、经常和总是”。为了便于数据的统计分析，将答案选项对应的数值分别规定为“1、2、3、4 和 5”。这样，每类学习策略的所有问题答案的平均值便可以反映该类学习策略的使用情况。

四、数据统计与分析

（一）基本信息分析

受调查学生的基本情况如表 2 所示：在调查的 150 人中，100%的学生都拥有个人计算机，而且能够上网，学生利用计算机来学习英语的情况较普遍，这说明计算机和网络在受调查的初中生的生活中已经很普及，为进一步培养初中生信息素养奠定了扎实的基础。除了常用的学习资料外，大部分学生每周用于浏览英语网站、专业书籍、报纸、杂志的时间均能达到 10 小时以上，学生平时利用计算机上网聊天的有 115 人，占 76.7%；用于信息查询的高达 139 人，占 92.7%；用于网上交友的有 62 人，占 41.3%；用于利用信息资源拓展知识面的人数为 103 人，占 68.7%；用于玩游戏的有 54 人，占 36%；用于其他用途的有 27 人，占 18%。此外，当前初中生熟知并能够使用网上的一些搜索工具，如百度、谷歌等。

表2　基本信息情况统计表

	类别	人数	所占比例（%）
性别	男	63	42
	女	87	58
年级	初一	54	36
	初二	50	33.33
	初三	46	30.67
个人是否拥有计算机	是	150	100
	否	0	0
拥有的计算机能否上网	是	150	100
	否	0	0

调查发现，受调查的初中生绝大多数都能够认识到信息的重要性，对信息的态度和要求等方面的表现还是比较理想的。占总人数一半以上的初中生能够正确地评价和看待信息及信息技术。学生的信息素养较高，计算机利用率高，但在利用计算机的过程中，用于信息查询所占的比例较高，说明学生获取信息的意识较强。

（二）信息技术环境下初中生英语学习策略运用情况

在对信息技术环境下初中生英语学习策略运用情况的统计中，由于每个分量表的题项数不同，因此在计算平均分后，又用平均分除以题项数，从而得出每题的平均得分。由统计结果可知，初中生在认知策略、调控策略和交际策略这几个方面的学习策略得分较低，得分高的是资源策略。此外，从标准差列表中可见，学生学习策略所有四个分量各自的得分差异不同，标准差的数值相差较大。

统计得出，在英语学习策略的29个分量上，三个年级的学生每题的平均得分参差不齐，表明英语学习策略整体水平不佳。而且将学生英语学习策略的所有29个分量之间相互比较发现，各自的得分差异也很大，标准差的数值也有所偏差，表明不同学习策略分量的总体水平相差较大，学生之间的差异也很大。

研究样本所使用的各项学习策略的平均分（Mean）、标准差（Std. Deviation）、最低分（Minimum）、最高分（Maximum）以及样本数（*N*）如表3所示，调查结果显示初中生英语学习策略呈现以下特点：各项学习策略的平均分都大于1，表明各项学习策略学生都能使用到。四类学习策略的平均分分别为认知策略2.29分、调控策略2.54分、交际策略3.09分、资源策略4.45分。①得分最高的是资源策略，表明学生经常使用这一策略，并且擅长利用信息技术发现和运用对英语学习有帮助的资料，注意生活中和媒体上所使用的英语，以此来丰富自己的学习；也表明学生善于利用图书馆的资源，学校藏书量能满足学生需求，当前学生也有条件上网，学生利用网络学习资源的机会也很多。②在交际策略方面得分略高，表明初中生有与他人交流的意识，但是碍于技术环境以及自身对学习内容的理解，交流稍稍受阻碍，在交际方面表现相对一般；无论在课上还是课外都需要真实的交际空间和环境，我国英语教学重课堂而轻课外活动，使得学生没有机会将课堂中学到的英语运用到交际的社会环境中去。③在认知策略和调控策略方面得分较低，表明初中生的英语学习态度相对不太积极，学习主动性比较低，总是消极、被动地接受教师所教授的内容，比较依赖教师，学生的积极性和创造性低下，所掌握运用的学习方法不多，具有相对比较差的学习动机；调控策略使用较少反映出初中生不太善于自我评价，教师在课上一般都给出了每一阶段的学习要求、学习目标和学习建议，家长也会配合教师一起去监督学生完成，所以学生自主制订简单学习计划的能力较差，也不能及时发现和反思自己在英语学习中的进步与不足。

表 3　样本总体统计值

	N	Minimum	Maximum	Mean	Std. Deviation
认知策略	150	1	5	2. 29	0. 428
调控策略	150	1	5	2. 54	0. 527
交际策略	150	1	5	3. 09	0. 676
资源策略	150	1	5	4. 45	0. 804

五、调查结果与讨论

（一）发现的问题

1. 学生利用信息技术运用英语学习策略的能力低下

总体来说，学生运用问卷调查表上各项英语学习策略的频率较低，这说明目前初中生还没有充分利用信息技术有效运用英语学习策略，缺乏灵活多样的使用英语学习策略的能力，同《标准》中的要求还有一定的距离。学生利用信息技术运用学习策略进行英语学习的时间远远不够。在传统教学中，学生的学习进度及学习内容有严密的教学计划，但在信息技术环境中学习，要达到这个目标很难。调查表明，学生虽然有一定的上网时间，但上网学习英语的时间很少，甚至有学生表明自己上网学习英语的时间为零，承认自己在利用信息技术学习英语的过程中经常会看与英语学习不相关的内容。大多数学生虽然意识到信息技术是辅助英语学习的有效工具，但没有真正了解其特点，并不能合理、科学、有效地利用其进行英语学习，经常处于漫无目的的学习状态。

2. 学生缺乏信息技术手段和技能

我国初中生长期接受传统的课堂教学，早已习惯了教师在学习过程中的主导作用，无法适应利用信息技术学习的模式。很多学生认为做笔记很难，感觉阅读速度很慢，记不住阅读过的材料，当查阅大量英文资料时，大部分学生只是走马观花地浏览，随便选择一些相关信息，很少会咨询老师哪些是适合的信息，有的学生甚至会感到信息杂乱而失去兴趣，最后放弃查询。总体来说，不少学生检索网络英语学习资源的能力还可以，但阅读速度、分析理解程度较差，不足以确保他们充分利用信息技术搜索和获取所需的信息。信息技术的及时性还没有得到充分而有效的利用。

3. 学生不能充分利用“学习交流社区”

学习交流社区是由教师和学生组成的小组，他们彼此之间经常在学习过程中交流，分享各种学习资源，共同完成学习任务，因而在成员之间形成了相互影响、相互促进的人际关系。他们可以通过 E-mail 等软件与其他学习者进行交流；利用 BBS 电子公告板等组织活动。它的目的是促使学生与教师、学习者与学习者之间更好地交流、传递信息和资源。但在学习过程中，学生并没有意识到这种参与式、互动式、协同式学习的重要性，不少学生本身尚不具备保证他们比较顺畅地用英文完成功能性交际的能力，还缺乏必要的网络学习手段和技能，所以他们对学习交流社区的参与并不积极。学生不积极参与学习交流社区的活动，不和教师交流也使教师无法及时掌握、了解学生的学习情况，这样的学习很难保证效果。

（二）解决方案

根据以上发现的问题，应选择有效的应对解决方案，尝试构建信息技术环境下英语学习策略的指导模式。信息技术有助于促进初中生对英语学习策略的运用，这提示教学工作者应重视并正确发挥信息技术在学习中的作用，培养学生掌握运用信息技术开展学习的基本技能，如信息搜索、加工和整理等，不断提高学生的信息技术操作能力和信息素养；培养学生主动思考、运用信息技术解决问题的意识和能力；选择和正确运用信息技术支持学习过程，促进知识的迁移，如借助信息技术呈现不同的知识应用情境、多种复杂的问题情境，引导学生灵活运用所学内容。

结合信息技术学习理论和英语学习策略的相关理论，尝试构建信息技术环境下英语学习策略学习系统的初步模型，为解决初中生利用信息技术运用英语学习策略提供一个整合的、系统的思路。该模型将英语学习策略系统放在一个更大的系统中即整个网络教育系统、社会学习系统之中考察。该模型以学生为主体，以教师为主导，包括英语学习策略系统、信息技术学习环境、课堂学习环境、学习目标和学习任务等因素。该系统模型既将学习策略系统看成信息技术环境下英语学习的手段和方法，又把学习策略系统本身看成是信息技术环境下英语学习的结果，也就是说，既可以通过对学习策略知识和技能的训练直接改进学习者在信息技术环境下的英语学习策略，也可以通过提高学习者的自主学习能力、提供信息技术学习支持服务、基于策略的教学等措施来间接改善学习者利用信息技术运用英语的学习策略。

六、总结

教学工作者应重视并正确发挥信息技术在英语学习策略运用中的作用。第一，引导和培养学生掌握运用信息技术开展学习的基本技能，如信息搜索、加工和整理等，不断提高学生的信息技术操作能力、培养学生的信息素养；第二，培养学生主动思考、运用信息技术解决英语学习问题的意识和能力；第三，选择和正确运用信息技术支持学习策略运用的过程，促进知识的迁移，如借助信息技术呈现不同的知识应用情境、多种复杂的问题情境，引导学生灵活运用所学内容。

参考文献

[1] 杨孟萍，丁锦红．影响小学生学习行为因素的调查与研究［J］．天津师范大学学报（社会科学版），1998，25（1）：44-49.

[2] 刘加霞，辛涛，黄高庆，申继亮．中学生学习动机、学习策略与学习成绩的关系研究［J］．教育理论与实践，2000，20（9）：54-58.

[3] Duffy G．．Fighting Off the Alligators：What Research in Real Classroom Has To Say about Reading Instruction［J］．Journal of Reading Behavior，1982，14（4）：357-373.

[4] Nisbert，J．，Shucksmith，J．．Learning Strategy［M］．Routledge & Kegun Paulplc，1986.

[5] 刘电芝，黄希庭．学习策略研究概述［J］．教育研究，2002（2）：78-82.

[6] Tarone，E．．Communication Strategies，Foreigner Talk and Repair in Inter language［J］．Language Learning，1980：30（2）：417-430.

[7] J. Rubin. Learning Strategies：Theoretical Assumptions，Research History and Typology［M］//A. Wenden & J. Rubin（eds）．Learning Strategies in Language Learning．Prentice Hall，1987.

[8] Oxford，R. L．，Ehrman M. E．．Adults' Language Learning Strategies in an Intensive Foreign Language Program in the United States［J］．System，1995，23（3）：359-386．

[9] 中华人民共和国教育部．义务教育英语课程标准（2011 年版）［M］．北京：北京师范大学出版社，2012.

通用技术课堂数字化学习环境设计模式的应用研究

——以《系统的优化》为例

邱　博　解月光

（东北师范大学　信息与软件工程学院，吉林　长春　130117）

摘　要：通用技术课堂数字化学习环境设计模式是信息技术应用于通用技术课堂教学的新型学习环境设计模式。它打破了传统的学习环境对通用技术学习场所的依赖和单纯的物理因素对通用技术学习环境的束缚，可为教师提供具体的、可操作的通用技术课堂数字化学习环境。课堂环境是否能够促进学生的深层次思考，是否支持高阶思维能力的发展，关键在于教师对学习环境数字化的统整性、合理性把握。本文结合《系统的优化》教学，分析数字化学习环境设计模式在通用技术教学中的具体应用。

关键词：通用技术　数字化学习环境　学习环境设计模式

一、问题的提出

目前，通用技术课堂学习环境存在着一些问题。例如：多数学校通用技术课程的教学设施不全，没有专门的通用技术教室，所有的学习和实践都是在普通教室里完成的，并且缺少大量的实践操作工具；通用技术课程课时安排也不合理，每周只有一节课，很难在这有限的课堂教学时间里完成教学任务，更别说给学生足够的时间进行探索与实践，无法保证深层学习中学生的思考时间；课堂中固定的教学空间，难以支持合作探究型的学习活动；等等。为了能够更好地培养学生"用技术"分析和解决问题的思维方式，以及使学生能够更好地获得高品质学习结果，对通用技术学习环境的探索与研究是必不可少的。

利用文献检索法可以得出，目前人们对通用技术课程学习环境的关注度越来越高，相关研究大致可分为三种：一是硬件层面的，针对通用技术教室的装备及空间设计方面，可称其为必要条件；二是信息技术应用方面的，针对的是信息技术与通用技术教学环节的有效整合，可称其为优化条件；三是应用于课堂学习环境的虚拟学习平台的设计使用方面，可称其为媒体条件。本文着眼于服务于课堂实施层面的通用技术数字化学习环境的设计模式研究，可称其为课程层面，也可称其为通用技术课堂数字化学习环境设计模式，是通用技术课堂数字化学习环境规范化的设计流程和明确的设计过程，促进通用技术课堂充分合理地利用信息网络，获取更加先进的教学资源，改变传统的教学模式，激发学生自主学习的兴趣和独立解决问题的能力，进行现代化教学，从而使学生在各个方面的素养都得到发展，提高教学质量。

二、通用技术课堂数字化学习环境设计模式概述

（一）通用技术课堂数字化学习环境设计模式研究的必要性

对乔纳森的建构主义学习环境设计的研究分析发现，乔纳森建构主义学习环境设计只提出设计的要素，包括问题、情境等要素，并没有给出设计模式，因此看不到要素之间的关系。华东师范大学的李妍博士对乔纳森的建构主义学习环境

进行了系统的研究，提出了包括问题、案例等七大方面的建构主义学习环境设计要素，但李妍也没有提出规范化的设计过程和明确的设计流程。本文受教学设计与教学模式发展关系启发，提出了课堂数字化学习环境设计模式的概念。同时，针对通用技术学科的特点，构建能够支持通用技术学科高阶思维发展的课堂数字化学习环境设计模式，力图能够在一定程度上弥补通用技术课堂学习环境的不足。

（二）通用技术课堂数字化学习环境设计模式分析

在进行设计实践时，将各种支持性条件（如问题情境、资源工具、支架、案例等要件）围绕学习活动进行统整，并对各个要素进行设计，这种对各种支持性条件统整的结果就产生了各种各样的课堂数字化学习环境设计模式。它是对课堂数字化学习环境设计操作进行宏观的规范化，其可操作性强，可以简化设计实施的难度，是课堂数字化学习环境的处方性解决方案、规范化的操作指南。图 1 是对具体操作流程的介绍。

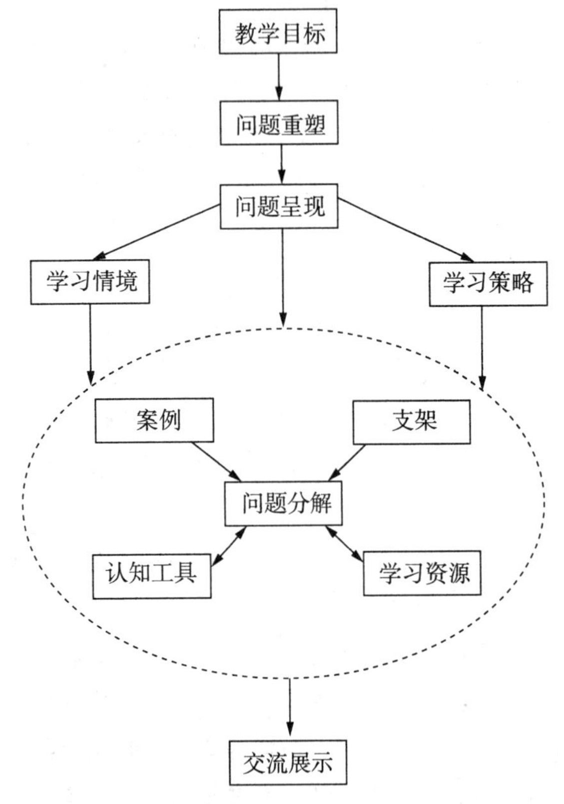

图 1　通用技术课堂数字化学习环境设计模式

1. 问题重塑

问题重塑是设计者在对教学任务、教学目标进行整体把握的情况下，在提供一个丰富的境脉的基础上，了解学习者的兴趣、已有经验、风格、特点，分析问题的情境、表述和操作空间，尝试重塑分析出的问题要素，给学习者呈现一个完整具体的问题。

2. 问题呈现

问题呈现阶段，教师需要提前设计以下部分：以什么方式呈现问题；学生已有的背景知识是什么；通过解决这个问题，学生应达到哪些目标；帮助学生知道可以采取哪些途径获得资料；如何确定问题是否被解决了。通过对以上问题的考虑，教师设计出学习情境、学习资源、认知工具、学习支架、学习案例等。

3. 问题分解

问题分解阶段，重点是分解问题序列，并指导学生如何切入问题，包括学生通过调查研究、收集与共享信息，理解、分析与技术问题相关的背景知识；学生通过角色扮演、分析问题，了解该技术所引起的问题的成因及影响；学生产生解决方案。这一阶段最关键的是赋予学生问题解决者的角色，而不是让他们把自己当作学生，这样，他们就能自然地投入问题情境。

4. 交流展示

交流展示包括学生通过讨论或辩论的方式陈述观点；学生撰写案例分析报告；等等。对该环节的具体设计策略在关键要素设计里进行表述。然后是学习效果形成性评价和总结性评价环节，虽然在这里设计学习效果形成性评价的环节，但实际上对学习效果的形成性评价是贯穿整个教学过程的，是针对学生学习过程的评价，教师要及时适当地对学生的阶段性学习成果给予适当的评价与指导，因为该模式是促使学生在学习环境的支持下建构知识、自主探索认知，及时的评价与指导可以帮助学生把握学习方向，避免偏离学习内容。

三、通用技术课堂数字化学习环境设计模式应用案例

本应用案例针对的是通用技术必修模块“技

术与设计 2”（苏教版教材）第三单元第二节《系统的优化》的内容，这部分内容主要是让学生“理解系统优化的意义，能结合实例分析影响系统优化的因素”。

（一）前期分析

教学目标如下。

1. 知识与技能

（1）理解系统优化的意义。

（2）能分析影响系统优化的各因素之间存在的相互关联、相互制约的关系。

（3）能够对一个简单系统运用最优化的方法进行分析。

2. 过程与方法

培养自主探究、协作学习的能力。学会多角度、多方位思考问题，发展辩证思维能力，用发展、联系的观点看待多元素之间的关系。

3. 情感、态度与价值观

体验系统优化的意义，指导学生把系统优化的思想延伸到整个生活与学习中。

（二）问题重塑

本节课的重点是能分析影响系统优化的各因素之间存在的相互关联、相互制约的关系，能够对一个简单系统运用最优化的方法进行分析，考虑到几乎每个人都体验过交通堵塞，本节课期望通过解决影响交通堵塞的因素有哪些、这些因素相互之间是什么关系、缓解交通堵塞的办法有哪些这几个问题，来完成该节课的学习目标。

（三）问题呈现

问题呈现阶段，教师应围绕着重塑的问题，在课前设计好课堂学习环境。

1. 学习情境设计

以什么样的方式呈现问题是通过对学习情境的设计来实现的，本节课首先导入两段交通堵塞的视频，一段是关于北京堵车的视频（如图 2 所示），主要介绍了北京的堵车现状及相关数据，由此引领学生进入问题情境。

图 2

另一段视频如图 3 所示，介绍了相关群众对堵车的态度、说法以及关于如何解决堵车问题的观点，从而引发学生对堵车问题的观点，引领学生融入堵车问题的解决者角色中。

图 3

2. 学习策略设计

学习策略若选择合作学习策略，小组成员的人数应当控制在3—4名，每个小组将配有一台能上网的电子白板（如果课堂上不能提供此类设备，可采用计算机设备代替）。

3. 学习资源设计

学习资源的设计首先要考虑学生可能出现的思考模块，预解决缓解交通堵塞的问题应考虑以下四个模块：①什么是交通堵塞？②影响交通堵塞的因素有哪些？③影响交通堵塞的因素之间有什么关系？④如何缓解交通堵塞？

由于课堂学习时间有限，这里通过设计交通堵塞单元的资源网站，为学生自主学习提供帮助，不仅有利于学生开展自主学习，同时也可避免学生在浩瀚的网络世界中查找资料而浪费时间。

如图4所示，关于资源网站首页设计，知识模块包括四个方面，工具栏是学生在分析、整理、收集资料时所需要的处理工具；搜索栏为学生提供资源库以外的其他知识，学生可随时在搜索栏中搜索相关知识点。

图4　交通堵塞单元的资源网站首页

工具栏包括收藏工具、标记笔、批注栏、截图和截频工具五个资源处理工具。

收藏工具（如图5所示）：当学生需要收集一些文字、图片、视频、网站等时，单击收藏工具，就会将需要收藏的资源按类型归类到“我的空间”里。

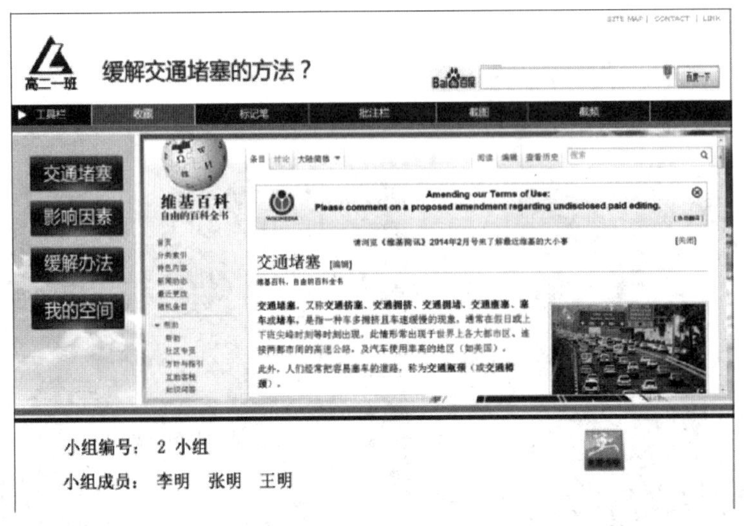

图5　收藏工具

标记笔（如图 6 所示）：学生在阅读资源时，需要重点关注的内容，单击标记笔工具，鼠标将变成笔的形状，学生可通过单击并拖动鼠标的方法进行标记。标记完成后，单击标记笔按钮，鼠标恢复原状。

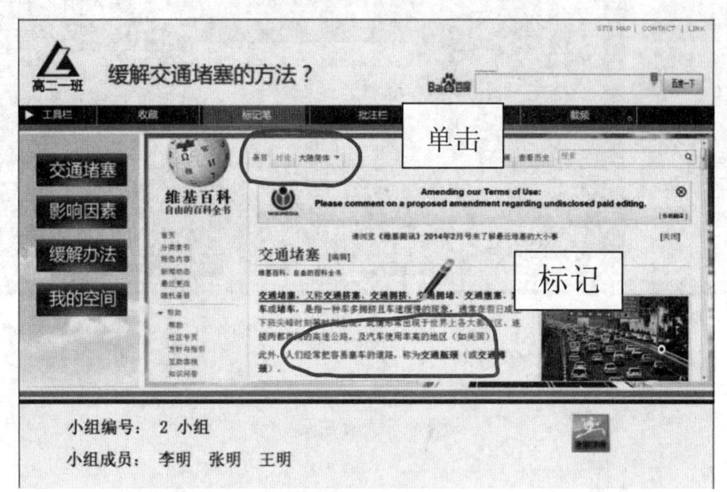

图 6　标记笔

批注栏（如图 7 所示）：当学生对资源内容有新的想法或需要注明等时，单击批注栏按钮，然后单击需要批注的位置，便出现批注栏（使用方法类似 Word）。该功能可配合标记笔使用。

图 7　批注栏

截图和截频工具：对于截图工具，此处不做详细介绍，它类似 QQ 的截图工具；对于截频工具，如图 8 所示，当学生观看视频时，需要特别收藏的部分，在开始点单击截频工具，进入视频存储状态，在结束点再次单击截频工具，即可完成存储。

如图 9 所示，知识类模块的内容包括四部分，针对交通堵塞、影响因素、缓解办法的模块设计，每一个模块包括的资源有视频、图片、网址、科研、其他五个种类。在每种资源中，教师提供能够帮助学生学习该模块知识的有效资源。教师应注意资源的顺序，将视频、图片、新闻类等形象的资料放在前面，将知识点叙述等文字类型的资料放在后面，这样可以避免学生对知识点先入为主，缺乏自己的思考过程。

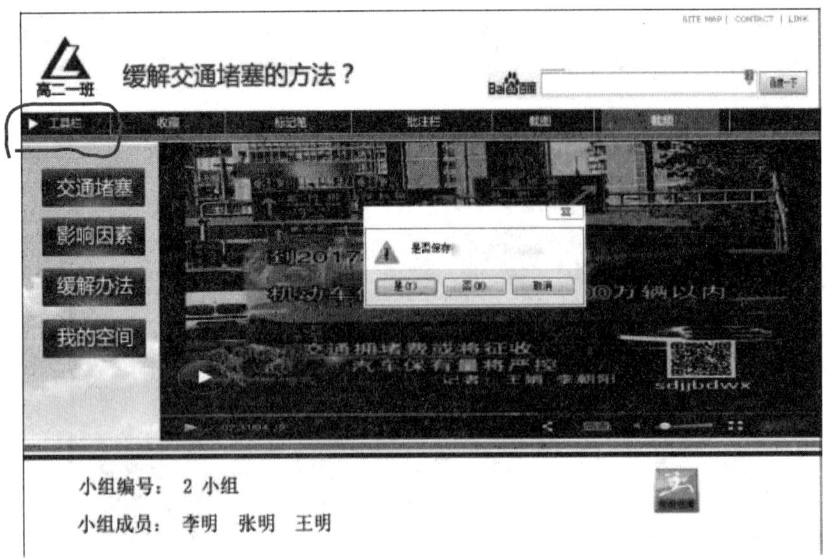

图 8 截频工具

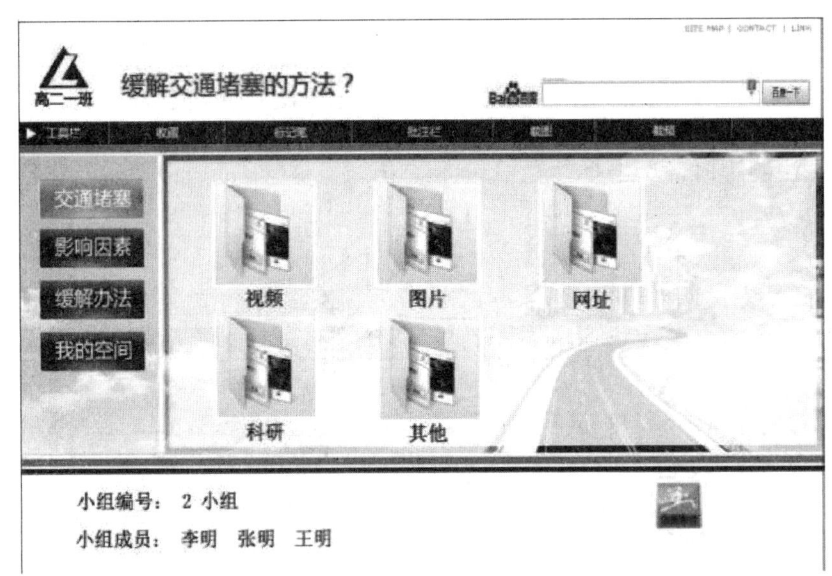

图 9 知识类模块设计

4. 认知工具设计

本案例采用的是 Seeing Reason 认知工具（“英特尔未来教育”出品），如图 10 所示。

本次课重在使学生学会多角度、多方位思考问题，发展辩证思维能力，用发展、联系的观点看待多元素之间的关系，所以选择关系工具（Seeing Reason）十分重要。这里不对 Seeing Reason 认知工具做详细介绍，后面将在问题分解部分详细介绍。

（四）问题分解

问题分解阶段主要是指学生解决问题的过程，这一部分教师要充分起到指引作用，设计好学习支架。

在问题呈现阶段，教师已经考虑到学生要解决“缓解交通堵塞问题”时，需要解决四个子问题，那么在引领学生解决问题时，应基于以上四个子问题设计学习支架。

1. 学习支架一：交通堵塞是什么

对于学习情境引入，教师引领学生进入问题解决者角色后，提问学生“什么是交通堵塞？是指汽车停止或缓慢行进吗？是指高速公路或任何类型的道路吗?”，学生运用交通堵塞单元资源网站中“交通堵塞”模块提供的资料学习。这一部分不需要给交通堵塞下一个精确的定义，经由全班简短的讨论对问题达成共识就可以。

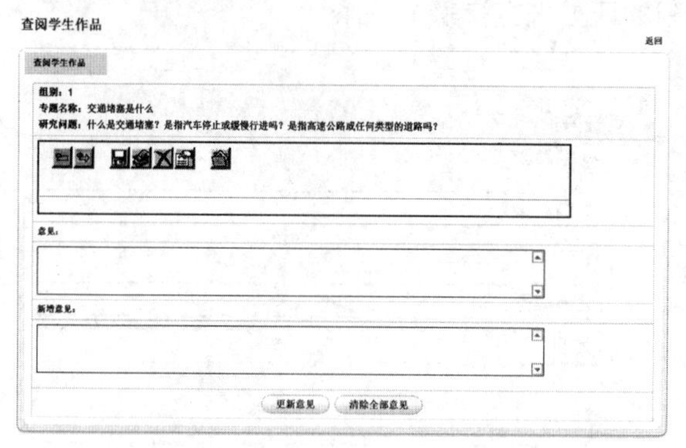

图 10　Seeing Reason 认知工具

2. 学习支架二：影响交通堵塞的因素有哪些

明确交通堵塞的定义后，教师便可以引领学生开始使用 Seeing Reason 列出影响因素。首先，让学生凭经验和直觉以及他们的先备知识绘制因素图。然后，提醒学生“已经提出全部因素了吗”，引导学生进入交通堵塞单元资源网站中的“影响因素”模块，通过对该模块资料的分析整理提取出较完整的影响因素，如图 11 所示。

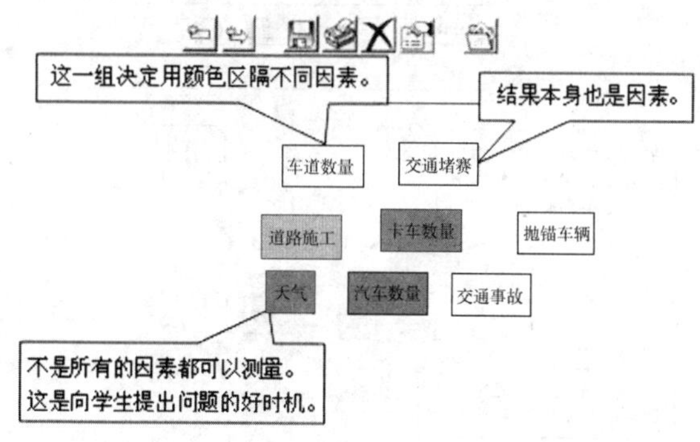

图 11

Seeing Reason 工具中对各个因素的名称、颜色、属性都可以单独设置，教师引领学生给因素命名，并描述它。好的描述包括如何测量因素或什么证据可以指出事件已发生。以“汽车数量”这个因素为例，在它的描述中将会定义为“测量某个点每十五分钟汽车经过的数量”，如图 12 所示。

图 12

一开始，对于一个因素必须具备哪些属性，没有太多的规则可循，因为可能会有一些有趣的且意想不到的想法。这就是教师能用得到“看得见的思维”的地方。教师可以和小组成员讨论并提出以下学习支架问题，并引导学生在因素中说明这些问题的答案。

“天气”一词是指什么？晴天和雨天都包含在内吗？

一辆车停止多久可以称之为“抛锚车辆”？

这三个因素都是绿色的，有什么原因吗？

这些因素的位置在你的因果图上有什么意义吗？

3. 学习支架三：影响交通堵塞的因素之间有什么关系

当学生找寻因素时，他们经常谈论每个因素与问题之间的关联。教师引导学生在 Seeing Reason 工具中用箭头将因素连接以呈现因素关系图，如图 13 所示。表示关系的句型为：“当 A 增加，B 减少（或增加）。”例如，“当汽车数量增加，交通事故增加”。

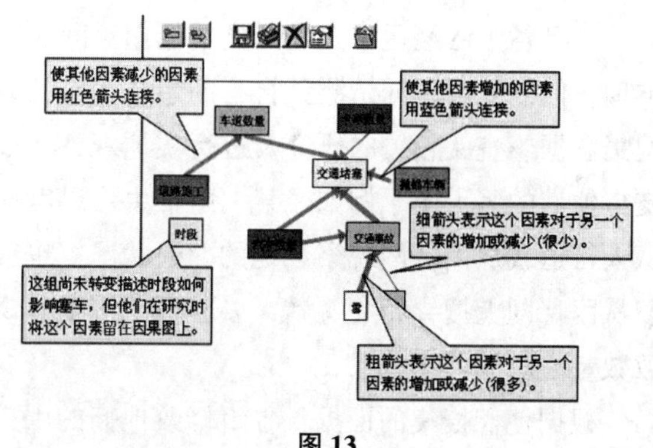

图 13

当学生要把一个因素放进一个关系中时，会发现他们需要改变原来的因素名称。例如，“天气”并不会引起事故，“坏天气”才会。如果需要修改，则鼓励学生修改他们的因素。例如，鼓励学生将“天气”划分为两个因素——“雪”和“雨”。

当小组定义关系时，教师指导学生运用 Seeing Reason 工具描述这个关系如何运用，并提出能证明这个关系的证据，如图 14 所示。

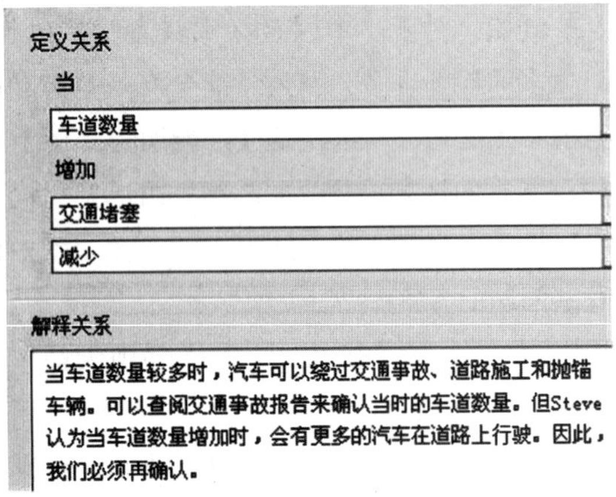

定义关系

当

车道数量

增加

交通堵塞

减少

解释关系

当车道数量较多时，汽车可以绕过交通事故、道路施工和抛锚车辆。可以查阅交通事故报告来确认当时的车道数量。但Steve认为当车道数量增加时，会有更多的汽车在道路上行驶。因此，我们必须再确认。

图 14

教师鼓励各组学生彼此互动及与教师互动，指导学生运用资源网站、搜索引擎等进行搜索相关证据以及哪些证据能支持因果关系。例如，提出以下学习支架问题：

道路施工的增加一定会减少车道数量吗？

你为什么认为卡车数量增加导致交通堵塞增加的情形少于汽车数量的增加？

有什么方法可以将“时段”这个因素加入到关系中？你为什么认为“时段”是一个因素？

4. 测试阶段

一旦各组已经运用因果图显示他们对问题的推理，他们就可以开始测试自己的想法了。各组搜集数据、查阅相关的研究及进行实地观察，以支持他们的因果图。例如，某一组学生可以考虑从人行道或从因特网观察当地的交通状况；也可以从因特网上搜寻相关文献，以验证下雪量和事故数量之间的假设关系。

根据他们搜集的证据，各组修改他们的因果图，使因果图可以真实反映他们的新知识和意见。学生将证据输入到每个关系的“解释关系”（说明框）中，如图 15 所示。输入到说明框中的可以是实际数据、参考文献、观察记录。这时，学生将可挑战彼此以证明自己的推理是否正确。对于因果图上的每个箭头（关系），各组应有充分的证据来支持每个关系。

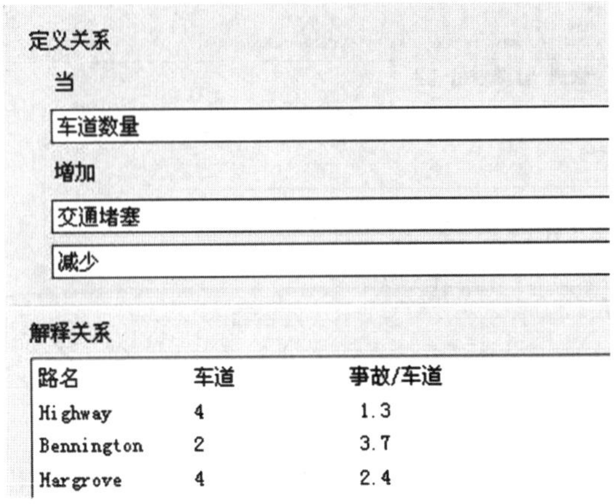

定义关系

当

车道数量

增加

交通堵塞

减少

解释关系

路名	车道	事故/车道
Highway	4	1.3
Bennington	2	3.7
Hargrove	4	2.4

图 15

通过在网站中获取大量资源后，学生会发现呈现在因果图上的某些初期关系可能比当初所想的还复杂，这时学生可以修改因果图上的初期关系，如图 16 所示。例如，学生发现当雨增加时，交通事故也会增加，尤其是干旱后所下的第一场雨，会使交通事故大量增加。

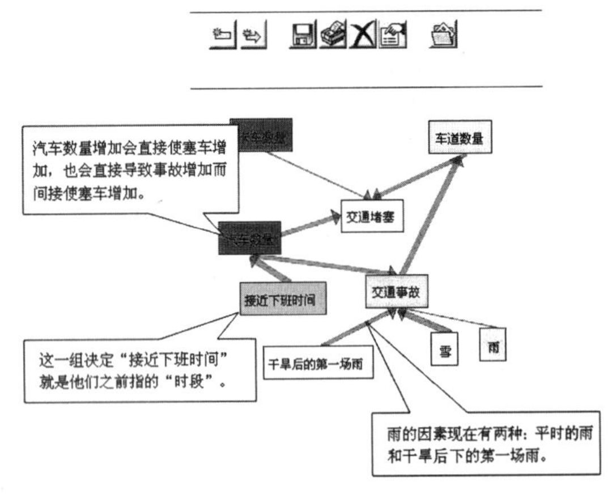

图 16

到这里，教师可以要求学生打印他们的因果图，写下他们对影响交通堵塞关键因素的分析。

5. 学习支架四：缓解交通堵塞的办法

教师要引领学生运用因果图和他们的研究去了解交通堵塞是如何发生的，以及应如何避免，草拟解决方案。

例如，查阅如图 17 所示的因果图，一组学生决定找出增加或减少交通堵塞“最多”的因素（因果图上箭头最粗的关系）。依据这个决定，他们发现车道数量是最关键的因素。他们的最初想法是找出降低汽车数量的方法，而因果图让他们了解到车道数量是比汽车数量更关键的因素。

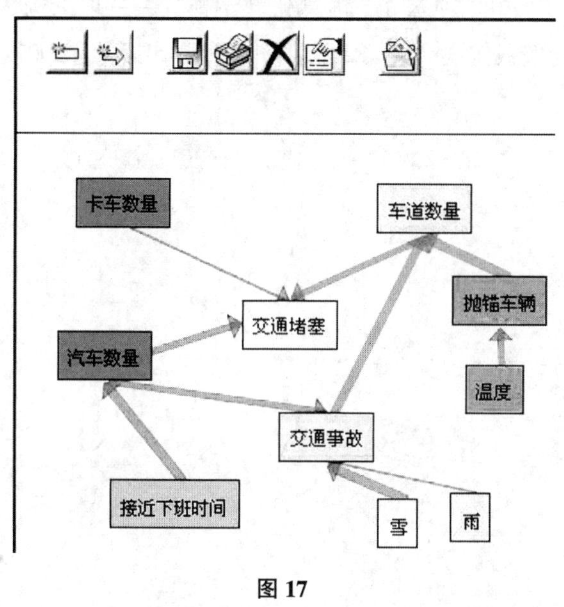

图 17

这张因果图显示了两个降低车道数量的主要因素。红色箭头来自“交通事故”和“抛锚车辆”。根据这一组学生的资料，学生们提出了下列计划：

成立一个由警察和拖吊车组成的事故处理小组，尽快排除故障车辆和事故；

公路双向各增加一个车道，并在公路旁建造一条故障车专用道；

研究去除公路积雪的化学药剂。

最后，学生形成解决方案，教师引领他们预测解决方案对交通流量改善的程度，并估算每个新计划所需的费用。

（五）交流展示阶段

学生展示：如图 18 所示，运用 Seeing Reason 打印因果图的功能可以展示最新的因果图和每个因素及其关系描述。在学习进行期间的适当时机，学生也可以打印因果图后与其他小组进行讨论，或者复制因果图并将其贴到期中报告中。

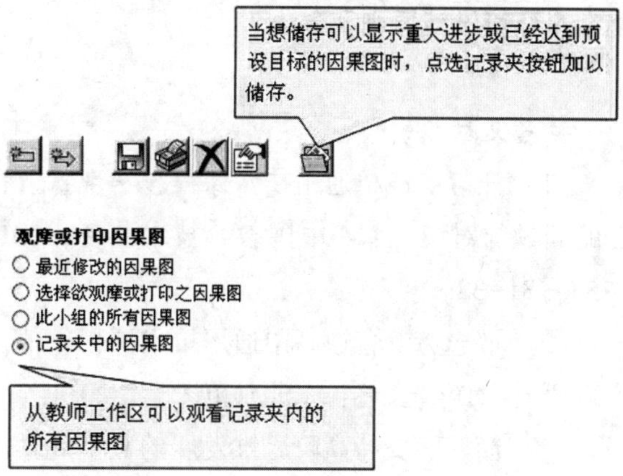

当想储存可以显示重大进步或已经达到预设目标的因果图时，点选记录夹按钮加以储存。

观摩或打印因果图
○ 最近修改的因果图
○ 选择欲观摩或打印之因果图
○ 此小组的所有因果图
⊙ 记录夹中的因果图

从教师工作区可以观看记录夹内的所有因果图

图 18

教师指导学生制作一套图表，图表上显示出每个因素对交通流量的影响。同时，展示解决方案，并要求展示预测解决方案对交通流量改善的程度，估算每个新计划所需的费用。

教师做总结性评价：教师以搜集证据的质量、建议的合理性及简报的效果评价学生的学习成果。因果图不列入评分，只作为了解交通堵塞原因和解决方法的参考。

教师做形成性评价：运用 Seeing Reason 的辅助教师监控功能，可以从教师工作区观看并展示学生全部的因果图。在专题进行期间，教师可以边展示学生的因果图，边带领全班讨论某个有趣的因素或讨论对某个关系的不同见解。教师可以运用这项功能监控学生描述文字的质量及对问题理解的程度。

四、总结与展望

通用技术课堂数字化学习环境设计模式能够促进学生对知识的深度学习，养成“用技术”分析和解决问题的思维方式，使他们获得信息时代要求的高品质学习结果，更追求促进学生分析、综合、评价和创造等高阶思维能力的发展。

笔者认为，应继续通过教学实践来发现学习环境设计模式的缺陷，进而完善其结构和内容。运用行动研究法，在实际教学中反复应用进行实证研究。此外，本文基于通用技术学科探索了支持高阶思维发展的数字化学习环境的设计方法，未来的研究需要在更多的学科中进行设计方法的探索，并归纳出一般的支持高阶思维发展的数字化学习环境设计原则和方法。

参考文献

［1］汪静．浅析通用技术课程教学现状、存在的问题与对策［J］．中国教育技术装备，2012(25)：31-32.

［2］邢志芳．普通高中通用技术课程价值及实现研究［D］．长春：东北师范大学，2011.

［3］简婕．支持高阶思维发展的数字化学习环境构建及其实证研究——基于小学五年级写作教学［D］．长春：东北师范大学，2011.

［4］李妍．乔纳森建构主义学习环境设计研究［D］．上海：华东师范大学，2007.

［5］陈向阳．普通高中通用技术课教学设计研究［D］．南京：南京师范大学，2007.

［6］钟志贤．信息化教学模式——理论构建与实践例说［M］．北京：教育科学出版社，2007.

智慧学习环境的建设与应用

虚实融合学习环境的关键技术及案例分析*

程萌萌　张剑平

（浙江大学　教育学院，浙江　杭州　310010）

摘　要：虚实融合的环境能动态地将采集到的真实信息或生成的虚拟信息与当前学习活动相融合，互为弥补并发挥各自优势。本文阐述了虚实融合学习环境及学习模式的内涵，在概述虚实融合学习环境中RFID、增强现实、传感器三大技术支持的基础上，分别对技术应用层面上的教学案例予以分析。

关键词：虚实融合　RFID　增强现实　传感器

新技术和学习理念的发展推动着学习内涵和形式的变革，从利用现场讲授、演示、操作练习的方法开展教学活动，到借助网络和多种技术手段支持非面对面形式的学习活动。现实的物理世界能为学习者提供真实的体验，虚拟的网络平台和工具则能够打破限制，但两者在拥有优势的同时也都逐步暴露出问题。

基于真实环境的学习难以获取隐蔽于现实环境表象下的知识，如学习者在植物园可通过多种感官对植物的形态特征形成直观的认识，却难以获得植物的名称、习性等隐性知识；基于课堂或网络的学习缺少直接经验的习得，如学生可以通过各种媒体或渠道了解植物的相关信息，却无法获得感性认识。随着技术的更迭和学习理论的发展，两者日趋呈现融合态势，即产生了虚实融合的学习模式。虚实融合的学习能够根据学习者的需要和反馈，动态地将采集到的真实信息或生成的虚拟信息与当前学习活动相融合，互为弥补并发挥各自优势。

所谓虚实融合学习，是指利用互联网，通过传感器设备识别、获取真实环境中与学习活动相关的客观信息，或通过计算机生成与学习活动相关的虚拟信息并使两者相互融合，在基于课堂和社会的真实学习环境与基于网络和多媒体的虚拟学习环境融为一体的环境中开展学习。[1]

虚实融合的学习环境实质上是信息空间与物理空间的融合。在这个融合的空间中，学习者可以随时随地、透明地获得数字化的学习服务。随时随地指的是用户可以在任意场所获得学习服务，服务像空气一样无所不在，而无须固定在计算机或其他设备前；透明是指学习服务访问方式是自然的，甚至是用户本身注意不到的，即获得这种服务时不需要花费很多的注意力。

在技术实现上，凡是能够帮助采集真实数据或生成虚拟信息的技术都可视为虚实融合环境的技术支持，包括互联网技术、多媒体技术、嵌入式技术、网络并行处理技术、多传感交互技术、物联网技术等。下面，将对支持虚实融合学习环境构建的关键技术及其相关的应用案例予以分析。

一、射频识别技术

（一）概述

RFID的全称是Radio Frequency IDentification，即射频识别技术，又称无线射频识别。[2]作为一种通信技术，RFID通过无线电信号识别特定目标上的标签并读写相关数据，而无须识别系统与特

* 本研究所属基金项目：浙江省哲学社会科学规划课题“基于虚实融合环境的适应性学习研究”（课题编号：13NDJC065YB）、浙江省科技计划课题“智能化办事大厅信息展示与交互平台的研制”（课题编号：2013C33050）。

定目标之间建立机械的或光学接触。[3]

一套完整的 RFID 系统，由 RFID 读写器（Reader）、电子标签（TAG）、应用软件系统三个部分组成。应答器（Transponder）由天线、耦合元件及芯片组成，一般来说都是用标签作为应答器，每个标签具有唯一的电子编码，附着在物体上标识目标对象；读写器由天线、耦合元件及芯片组成，读取（有时还可以写入）标签信息的设备，可设计为手持式 RFID 读写器或固定式读写器；应用软件系统是应用层软件，主要是对收集的数据进一步进行处理。RFID 电子标签的读写器通过天线与 RFID 电子标签进行无线通信，利用频率信号将信息由 RFID 标签传送至 RFID 读写器，实现对标签识别码和内存数据的读出或写入操作。其工作原理是 RFID 读写器发射特定频率的无线电波能量给应答器，用以驱动应答器电路将内部的数据送出，此时 RFID 读写器便依序接收解读数据，送给应用程序做相应的处理。

RFID 灵活、易于操控，识别工作无须人工干预；支持非接触识别、穿透性阅读，无须接触或瞄准；可自由工作在各种恶劣环境下，在有效识别范围内动态实时通信；体积小、数据容量大，支持快速扫描与批量识别。[4]

（二）案例分析

美国加州技术创新博物馆使用 RFID 技术实现参观者与展示会之间的互动，来拓展和增强参观者的参观体验。该博物馆成立于 1990 年，作为硅谷有名又受欢迎的参观地吸引了很多家庭和科技爱好者前去参观访问，每年约接待 40 万参观者。博物馆对于那些对人类科学、生命科学及交流等做出贡献的科学技术将会进行永久性的展列，并对硅谷的革新者等所做出的业绩进行详细展示。

该博物馆工作人员经调研发现，由于时间和场地限制以及其他参观者的影响等问题，参观者并不能够像其所期望的那样很好地了解和学习较多与展示相关的知识。2004 年 3 月，该博物馆举行了一个名为“Genetics: Technology with a Twist”的生命科学展会，展会上博物馆展示了使用 RFID 标签的方案。博物馆在每个展区安装 RFID 读写器，并同时设有向参观者介绍怎样使用该种标签的招牌和标语。操作说明显示在一台手动监测器上面。博物馆给前来参观的访问者每人一个 RFID 标签，当参观者携带标签进入某展位时，RFID 读写器会识读进入该区域的 RFID 标签并登记。当参观者看到显示灯闪了一下或听到一声操作音后，便知道他们的标签已经被识读过了。在参观结束之后，参观者可以在学校或家中通过网络访问网站并键入其标签上一个 16 位长的 ID 号码进行登录。这样他们就可以访问其独有的、通过 RFID 标签自动生成的个人信息网页。参观者可在该个人网页上浏览展会的相关信息、某展会议题的相关资料，或找寻博物馆中的相关资料文献。通过 RFID 也可确定博物馆的参观者所访问的目录列表中的语言类别。用户无须提供任何的邮箱地址或其他类似的信息，他们只需要提供一个 16 位长的数字密码就可以直接登录他们的个人网页。实践证明，使用这种标签并没有引发破坏隐私等问题。许多前来参观的高新技术爱好者对此反映良好，很多前来参观的人很想更多地了解它到底是怎样工作的。目前，加州技术创新博物馆已拥有约 40 个此种标签站点，且数目一直在增加。

很多美国及其他国家的博物馆也打算在卡片或徽章的同一端使用 RFID 技术。丹麦的一家自然历史博物馆以 PDA 的形式将读写器交到参观者手中，并将标签与展示内容结合起来，而加州技术创新博物馆使用的是 RFID 腕圈。这种 RFID 腕圈很像一个带有饰物的手链，它由一个三英寸长一英寸宽的黑色橡皮圈将该博物馆的标签固定住，每一个 RFID 标签上都粘贴了一个特有的 16 位长的数字密码。数字密码被刻在一个薄膜状的蓝绿色铝制金属薄片天线上，天线中央是一个数字配线架——日立公司推出的 μ-Chip。这种仅 0.4 平方毫米大的 μ-chip 是最小的用于标识日期的 RFID 芯片，工作频率为 2.45 GHz，它最适合用于类似加州技术创新博物馆的应用程序的闭环系统。

二、增强现实技术

（一）概述

增强现实（Augmented Reality，简称AR），是在虚拟现实的基础上发展起来的新技术，也被称为混合现实，具有对真实环境增强显示输出的特性。它通过计算机系统提供的信息增加用户对现实世界的感知，将虚拟的信息融入真实的世界中，并将计算机生成的虚拟物体、场景或系统提示信息叠加到真实场景中，从而实现对现实的增强。

不同于人类可以感知的信息，它不仅展现了真实世界的信息，而且将虚拟的信息同时显示出来，两种信息相互补充、叠加。[5]它把原本在现实世界的一定时间、空间范围内很难体验到的实体信息（视觉信息、声音、味道、触觉等），通过科学技术模拟仿真后再叠加到现实世界被人类感官所感知，从而达到超越现实的感官体验。它将真实世界信息和虚拟世界信息“无缝”集成，包含了多媒体、三维建模、实时视频显示及控制、多传感器融合、实时跟踪及注册、场景融合等新技术和新手段。

增强现实系统具有三个突出的特点：①真实世界和虚拟世界的信息集成；②具有实时交互性；③在三维尺度空间中增添定位虚拟物体。增强现实技术可广泛应用到军事、医疗、建筑、教育、工程、影视、娱乐等领域。[6]

（二）案例分析

台湾成功大学针对真实环境中隐性知识不易察觉、环境干扰、复习不便等教学缺陷，提出永续校园计划。该计划面向校园中的实物学习教材，利用增强现实与射频识别等技术将校区内隐性知识显性化，以个人化信息流服务搭配多层次三维显示，整合成一个环境行动学习网络，使参观者得以利用实景探索的方式进行探索学习，协助用户探掘埋藏于真实环境后面的知识。[7]

该计划的教学目标是帮助学习者了解生态园区中各种动植物的特性，并将隐藏于其后的科学运作程序显现出来，建构了“中水循环信息系统”，包含“全域扫描”“点布观测”与“终端汇集”三个平台。

全域扫描平台架设于半户外空间，由内嵌RFID芯片的平板计算机与增强现实数据库组成。学习者输入个人资料后，可使用平板计算机扫描外围环境，隐蔽于环境表象后面的内容将以虚拟三维信息的形式与真实环境影像融合，供学习者查看。虚拟信息的呈现分三个层次。一是浏览层次，画面中仅显示隐蔽于地下的中水循环管线三维模型在真实环境中的位置，提供学习者从不同方位了解中水循环管线与真实环境的对位关系；二是标注层次，当用户将平板计算机转到某些角度时，由于画面中出现重要的生态物种或是该处蕴含特殊的科学机制，此时画面上将会出现提示标注，提示该处有详细信息；三是阅读层次，如果用户对该标注内容有兴趣，可让该标注于画面中央停留大于3秒，此时画面会将该标注的详细内容显示出来，供学习者进阶阅读。通过不同画面显示层次，用户在学习过程中可依照自己的兴趣决定想要接收的信息种类和程度，从而提高学习的自主性。

点布观测平台架设于户外空间，由串联分散观测点构成网状动态学习系统，学习者可携带平板计算机，游走于生态园区中不同的观测热点观察环境知识。当使用者到达某一观测热点时，可先通过无线网络连接主数据库，下载观测热点的“互动信息封包”。与此同时，点布观测平台会启动预设在周边环境中的RFID读写器，识别用户身份，同时计算机开始记录平板计算机屏幕的动态影像以及所点选的观测信息，生成个人浏览记录回传到主数据库，供学生后续回顾。由于RFID识别了学习者身份，倘若学习者再次到访该观测点，则主数据库将传输之前浏览过的该点信息给学习者，提供个人化信息流服务。再者，学习者若对于某项知识渴望延伸学习，也可通过无线网络进行进阶查询，实时下载。

终端汇集平台架设于室内空间，采用互动方式让使用者重新体验学习历程和加深学习记忆。此平台以互动地板、投影设备、RFID读写器及电容传感器为主体。互动地板由模矩化的地板单元所组成，每一地板单元分别代表生态园区中的一个观测热点。当RFID以无线识别确认用户身份后，主数据库便将用户曾经造访过的热点所对应的地板单元点亮。凭借着灯光指引，用户可选择踩踏想要回顾的地板单元。由于每块地板单元都镶嵌一个电容传感器得以感应用户身上的电流，只要踩踏某块地板单元，主数据库便能投射用户在该热点的学习记录影像，供用户回顾体验。

三、传感器技术

（一）概述

传感器（Transducer/Sensor）作为一种检测装置，能感受到被测量的信息，并能将感受到的信息按一定规律变换成电信号或其他所需形式的信息输出，以满足信息的传输、处理、存储、显示、记录和控制等要求。传感器是实现自动检测和自动控制的首要环节。[8] 传感器网络是由部署在监测区域内大量的微型传感器节点，通过无线或有线通信方式形成的一个多跳的自组织网络系统。传感器网络系统由若干个普通传感器节点，加上一个基站构成。基站将传感器数据传送到PC机上进行处理。传感器节点由传感器模块、处理器模块、无线电通信模块和能量供应模块四部分组成。传感器网络可通过协作来感知、采集和处理网络覆盖地理区域内的感知对象信息，并发布给观察者。近年来，传感器技术在教育领域应用的潜力也在不断凸显。[9]

（二）案例分析

始于2013年4月，英国推动了一个为期11个月的教育计划。该计划由技术策略委员会资助，目的在于鼓励教师和学生创建、测量、分享校园中的数字内容，让教学过程更有趣，使学生具备迎接数字化经济的各种特殊技能。

该计划联合了8家机构，包括ScienceScope、Intel、Xively、Explorer HQ、Stakeholder Design等公司，并联合伯明翰大学城市气候实验室、伦敦大学学院的高级空间分析中心及英国开放大学计算机系，计划将8所英国学校列为试点单位。

当前大多数数据采集与测量设备并不是基于网络的，因此阻碍了真实世界信息的使用和共享。即使有些设备与互联网相连，也并没有真正做到校际间分享和分析数据。如伯明翰有130所学校具有校内温度传感器，这些传感器可通过互联网将温度情况传输到伯明翰大学，但其他学校并不能直接获取传感器数据。由此，对资源造成了浪费，很多学生对STEM科目失去了兴趣。

该计划为解决上述问题，提出构建基于物联网的教育数据共享云平台。ScienceScope等公司为其提供硬件支持，Xively为其提供云端物联网平台，计划通过传感器等设备采集到数据，经无线网络传输至云端物联网平台。作为开放数据中心，该平台可将一定区域内交通、能源、天气和健康等数据实时汇集，并提供可视化工具和数据分析工具供教师教学和学生学习使用。教师和学生可通过一系列装载在移动设备上的APP查看、分析平台中的数据，分享校际间的科学、数学、地理和其他学科教学材料。云端物联网平台不仅实现了数据的存储和汇集，同时也提供了一种将不同类型的数据资源以更为有效的方式关联的方法，如将天气数据与交通数据关联。

总之，项目平台和服务层将英国学校、硬件制造商、教育机构和第三方应用开发机构有机联合起来，构建了一个基于物联网的信息系统——云端物联网平台，并提供基于网络的测量设备和分析软件。

云端信息中心允许教师和学生使用大型的科学设备，收集并分析当地天气、污染、垃圾、能源消耗，分析学校周围的交通及环境情况。

云端信息中心创建了一个由教育机构和独立第三方共同构建的基于数据驱动的教育应用。

云端信息中心创建了一个英国范围内现象驱动的数据收集，如学校中的能源利用、垃圾的产生和回收、学校运行情况、学生的健康水平及当地的污染状况。这种前所未有的数据采集会使研究者和其他机构对其产生兴趣，同时提供看待社会和环境问题的独特视角。

云端信息中心创建了新的教育模式，信息中心及其相关的服务应用会为学校、教师、学生乃至供应商提供新的改变。

云端信息中心通过创建学校非营利性组织和公司联合解决上述问题，发展、使用和驱动下一代学校教学应用的解决方案，为英国学校提供高质量的实时信息流，并激发教育、经济和商业中数据的潜在价值。

本文梳理了虚实融合学习环境及学习模式的内涵，并简要概述了虚实融合学习环境中的关键技术，分别对 RFID、增强现实、传感器三大技术的教育应用案例予以分析，以期对人们开展后续相关研究有所启发。

参考文献

[1] 李红美，许玮，张剑平．虚实融合环境下的学习活动及其设计［J］．中国电化教育，2013（1）：23-29.

[2] 百度百科．射频识别技术［EB/OL］．http：//baike. baidu. com/view/531097. htm?fromtitle=RFID&fromid=497249&type=syn.

[3] 维基百科．射频识别技术［EB/OL］．http：//zh. wikipedia. org/wiki/RFID.

[4] 互动百科．无线射频识别［EB/OL］．http://iot. 10086. cn/2013-09-11/1377148271848. html.

[5] 百度百科．增强现实［EB/OL］．http：//baike. baidu. com/link？url=JZOq4o7dUPTgAQg7RRPWha30JZjONu5O2FWPiwQzIugnIN6JxX6KUVcKGaenanvl.

[6] Ronald T. Azuma. A Survey of Augmented Reality［DB/OL］.https://nzdis. org/projects/projects/berlin/repository/revisions/22/raw/trunk/Master's%20Docs/Papers/A%20Survey%20of%20Augmented%20Reality. pdf.

[7] 郭其纲，郑泰升，沈扬庭．用增强现实与射频识别技术建构永续校园的行动学习网络之研究［J］．西安建筑科技大学学报，2009（3）：380-390.

[8] 百度百科. 物联网［EB/OL］. http://baike. baidu. com/link?url=eSfOyXnQPAHE92YvlsAICO_DIToAsDm-lfD2bodhKyW6vv1kcImXE0yeO0tfylzS-S8EAZ1OYyl3BmZvdO15lq.

[9] CrossBow. Xmesh User's Manual［DB/OL］. http://www. xbow. com/Support/Support_pdf_files/XMesh_Users_Manual. pdf.

基于双重编码理论的 PGP 电子双板教学应用效果实证分析*

刘晓莉　张　屹　孟亚红　周平红　范福兰

（华中师范大学　教育信息技术学院，湖北　武汉　430079）

摘　要： PGP 电子双板作为课堂教学的新平台，部分学校已在教学中进行应用，其应用效果如何成为使用者关心的问题。笔者结合 PGP 电子双板的特有功能，以双重编码理论为理论依据，在课堂教学中应用 PGP 电子双板、电子单板两种教学环境，开展多媒体课堂教学实验研究，对比两种环境下的教学效果。结果表明，PGP 电子双板环境下的教学效果优于电子单板环境下的教学效果。笔者还通过问卷调查，对学生的学习态度、PGP 电子双板应用质量和技术接受度进行了调查，并结合教师的反馈信息对 PGP 电子双板在教学中的应用提出了建议。

关键词： PGP 电子双板　双重编码　教学应用

一、引言

随着教育信息化的大力推进，高校课堂成为我国教育信息化的领头羊，信息技术成为推动教育教学改革的突破口。近年来，随着多媒体技术的进一步发展，以交互式电子白板为代表的信息化设备走进课堂，助力课堂教学信息化的发展。盘古课堂教学平台（PanGu Presentation，简称 PGP），是一款由华中师范大学国家数字化学习工程技术研究中心在交互式电子白板的基础上设计开发，面向教育需求、针对学科特色、以“学生学为中心”的新型课程教学平台，该平台已在华中师范大学、华中师范大学第一附属中学等地使用。[1]一种新的教学平台能否被推广应用，主要在于其对学生成绩的影响以及使用者对平台的接受程度。为检验 PGP 课堂教学平台的使用效果，笔者以“教育技术学研究方法”课程为例，开展了教学研究，尝试将 PGP 电子双板教学系统与课堂教学深度融合，并基于双重编码理论探讨电子双板环境下的课程教学效果，最后结合实践经验提出了一些改进建议。

二、研究背景

（一）双重编码理论及其在教学中的应用研究

心理学家阿伦·佩维奥（Allan UrhoPaivio）于 1969 年提出了“双重编码理论”（Dual-Coding Theory）。该理论强调大脑中存在语言和非语言两个功能独立却又相互联系的认知系统，它们分别处理语言信息与非语言信息。其最重要的原则就是可通过同时用视觉和语言的形式呈现信息来增强信息的回忆与识别。也就是说，当学习者用语言和表象两种认知系统表征相同的材料时，如果语言信息和图画信息在时间和空间上一致，则在编码的过程中就会形成语言表征和视觉表征的连接，从而提高学习效果，并且能够增加学习者提取信息的路径。[2]

双重编码理论作为一种促进学习者认知的科学理论，在教学中得到了广泛的应用。为了检验抽象单词记忆时附加视觉图像的记忆效果，国外

* 基金项目：本文受湖北省协同创新中心项目“构建湖北省基础教育信息发展研究平台（项目编号：XTCX20130001）”基金资助。

学者 Helen H. Shen 通过实验对比了两种环境（仅使用语言编码和语言与图像编码同时进行）下学生学习汉语的效果。结果表明，与仅使用语言编码方法的教学方法相比，语言与图像双重编码的教学方法在对声音、形状的记忆以及具体单词的理解上没有明显的优越性，但是在抽象单词的记忆上显示出了很大的优势。[3]我国学者魏清指出，在阅读理解的过程中，对于文本知识的形象再现可以加快对文章的理解速度并加深理解的程度。[4]刘学伟将双重编码理论运用到提高儿童表征能力的发展中，将模型和图像作为表征的入门，借助自我语言促进符号表征，并与概念图结合起来，最终达到了促进儿童表征能力的目的。[5]陈长胜、刘三娅等从教学资源运用方式的角度来解决多媒体教学中的问题，提出了基于双重编码理论的双轨教学模式。[6]严嘉受双重编码理论的影响，提出了在大学英语教学中运用图示教学法，将视听结合起来，使学生更容易对内容进行理解和记忆。[7]吴玉飞在其硕士学位论文中表明，运用双重编码理论能够使英语词汇的学习与学生的生活相联系，增强学生的自信心，激发学生的学习兴趣。[8]以上研究表明，同时以图像和语言形式将知识呈现给学生，在知识的理解和记忆方面对学生有着重要的、积极的作用。

（二）PGP 电子双板及教学应用研究

电子双板除了具有传统的课堂教学功能外，还有许多新的功能，比如双屏显示功能、PPT 关联显示功能、书写功能等，可以很好地支持各个学科的教学。双屏显示功能的优势在于同时呈现两种不同类型但内容相关的资源。PPT 关联显示功能除了可以实现传统 PowerPoint 的功能外，还能够实现内容的前后对照显示，利用电子双板的页面锁定功能，可以实现任意两页的同时呈现。因此，电子双板可以同时用视觉和语言的形式呈现信息，并使教学内容以意义关联的形式呈现，结束当前教学内容孤立呈现的现状，使学习者更好地把握前后知识的联系，在相互关联的信息中积极建构新知识的意义，进行高效的学习，可以创造出一种全新的多媒体教学方案。

目前，已有很多学者对 PGP 电子双板进行了研究。李景鱼从理论层面分析了 PGP 电子双板在教学设计、教学实施和教学反思三个阶段中的作用，同时提出了 PGP 电子双板的优势。[9]朱凯歌、张屹等以“教育技术学研究方法”课程为例，提出了基于电子双板的颠倒课堂模式，研究表明，这种教学模式能够提高学生的学习成绩和研究能力。[10]胡征兵、范然对弗兰德斯互动编码系统进行改进，通过视频对 PGP 电子双板平台课堂教学活动进行了分析，指出在这种环境下以教为主的教学方式转变成了以学为主。[11]杜芳以“辛亥革命”一课为例，在电子双板的环境下，指导历史师范生就如何掌握和运用这一教学平台以培养和提高其教学技能进行了探讨。[12]席淑娟设计了电子双板环境下课堂交互分析的编码，分析了课堂交互行为，指出电子双板教学环境有利于创建平等和民主的师生关系。[13]郑懿薪将交互式电子双板应用到初中生物课堂中，提供了双板环境下的教学设计与实施过程，并通过问卷调查了学生的学习态度、效果与反馈情况。[14]张玲玲以物理课堂评价为例，对电子双板环境下基于 Clicker 的课堂评价进行了研究，提出了如何设计 Clicker 课堂评价项目，以及怎样实施 Clicker 课堂评价活动。[15]由此可见，目前大多数学者对 PGP 电子双板的研究停留在理论分析以及其在教学中的应用方面，个别学者通过问卷对其应用效果进行了调查，但缺乏通过实验来对比电子单板和电子双板两种环境下的教学效果、电子双板环境更适合用于何种知识的学习的研究。

三、研究设计

（一）研究目的

在“教育技术学研究方法”课程中实施 PGP 电子双板环境下的课堂教学，验证 PGP 电子双板教学系统是否比 PGP 电子单板教学系统更能提高教学效果；探究怎样利用 PGP 电子双板教学系统优化课堂教学效果。

（二）研究方法

首先采用实验研究法，设计电子双板和电子单板两种教学环境，对比两种环境下学生的学习效果。其次通过问卷调查法，调查学生在PGP电子双板环境下的学习态度、PGP电子双板应用质量和技术接受度等方面的内容。

（三）两种环境下的教学实验设计

选取相关联的两个知识点开展实验教学，具体教学内容安排如表1所示，根据教学内容，编制测试题目对学生进行前测和后测，采用Clicker应答器记录应答结果，并编制问卷对PGP电子双板的应用效果进行调查。

1. 被试

选取华中师范大学选修“教育技术学研究方法”课的58名2009级本科生作为实验对象。

2. 实验材料

本次教学实验结合PGP电子双板的设备特征，设计PGP电子双板、电子单板两种平台，从第四章、第八章、第九章分别对PGP电子双板的应用效果进行调查。

3. 设计方法

本研究根据教学内容，编制测试题目对学生进行前测和后测，并将被试随机分为两组。一组作为实验组，采用PGP电子双板教学系统教学；另一组作为对照组，采用PGP电子单板教学系统教学。

4. 假设

PGP电子双板环境下的教学效果优于PGP电子单板环境下的教学效果。

5. 实验模式及步骤

Clicker前测—PGP双板教学—Clicker后测；Clicker前测—PGP单板教学—Clicker后测。

实验安排如表2所示。

待两个小组实验完毕，对收集到的数据进行处理，从而得出哪种教学环境更有利于提高学生的学习效果。

表1 教学内容

教学环境 章节	PGP电子双板	PGP电子单板
第四章“实验研究法”	按自变量水平划分实验设计类型	按被试的分组水平划分实验设计类型
第八章“SPSS数据的初步分析”	条形图	直方图
第九章“SPSS数据的高级统计”	两配对样本 t 检验	两独立样本 t 检验

表2 实验安排

步骤		教师	学生	实验材料	目的
课前准备		安排学生的课外自主学习	学生在教师的指导下完成每章的学案	学案、“教育技术学研究方法”	学生对每章的知识有初步的认识，便于做前测
实验组	Clicker前测	教师向实验组发布前测试题，回收答案	学生使用Clicker作答	双板前测试题	观察学生的测试情况，了解学生自主学习的成果
	双板教学	讲授相关知识	实验组在教师的指导下学习	双板课件	观察员记录学生的学习情况
	Clicker后测	教师向实验组发布后测试题，回收答案	学生使用Clicker作答	双板后测试题	观察学生的测试情况，了解双板教学后的知识掌握情况

续表

步骤		教师	学生	实验材料	目的
对照组	Clicker 前测	教师向对照组发布前测试题，回收答案	学生使用 Clicker 作答	单板前测试题	观察学生的测试情况，了解学生自主学习的成果
	单板教学	讲授相关知识	实验组在教师的指导下学习	单板课件	观察员记录学生的学习情况
	Clicker 后测	教师向对照组发布后测试题，回收答案	学生使用 Clicker 作答	单板后测试题	观察学生的测试情况，了解单板教学后的知识掌握情况

四、PGP 电子双板实验教学应用效果分析

（一）课堂教学效果分析

为了能够比较客观地观测三次实验组、对照组的课堂教学效果，本研究进行了前测和后测，学生利用 Clicker 及时反馈测试信息。

1. 两组测试成绩对比分析

在电子双板和电子单板环境下对学生进行前测和后测，比较两种教学环境中试题正答率的增长值，以此分析两种环境下的教学效果。学生前测和后测实验的结果如表 3 所示。由表 3 数据可知，PGP 电子双板环境下实验教学的正答率平均增长值是 0. 225，标准差是 0. 193；电子单板环境下实验教学的正答率平均增长值是 0. 198，标准差是 0. 287。由此可知，PGP 电子双板环境下的教学效果优于 PGP 电子单板环境下的教学效果。

表 3　Clicker 前测和后测数据

教学环境	前测正答率（%）	后测正答率（%）	差值（%）
PGP 电子双板	30. 8	91. 7	60. 9
	54. 2	81. 5	27. 3
	69. 0	92. 0	23. 0
	71. 4	91. 7	20. 3
	76. 9	95. 5	18. 6
	71. 9	86. 2	4. 3
	66. 7	69. 6	2. 9

续表

教学环境	前测正答率（%）	后测正答率（%）	差值（%）
PGP 电子单板	33. 3	100	66. 7
	30. 0	83. 3	53. 3
	60. 0	75. 9	15. 9
	85. 7	95. 5	9. 8
	62. 1	62. 5	0. 4
	71. 4	70. 4	-1. 0
	41. 9	35. 3	-6. 6

2. 三个层次知识获得对比分析

前测和后测试题分为事实性知识（能否清楚准确地记忆事实性知识，如定义、公式法则等）、概念性知识（能否运用自己的话解释表述概念性知识的意义并形成自己的观点）和程序性知识（能否应用程序性的知识解决具体问题）三个层次，对三次实验前测和后测的正答率差值的平均值进行分析，结果如图 1 所示。

由图 1 可知，在识记事实性知识、应用程序性知识和理解概念性知识三个方面，PGP 电子双板环境下教学的平均正答率差值均高于 PGP 电子单板的。与表 3 的结果一致，说明在本课程中，使用 PGP 电子双板的教学效果优于使用 PGP 电子单板的数学效果。在事实性知识的学习中，单双板之间的差距比在概念性知识和程序性知识学习中的大，说明双板的知识关联有助于学生清楚准确地记忆事实性知识，这也为概念性知识的理解和程序性知识的应用奠定了坚实的基础。

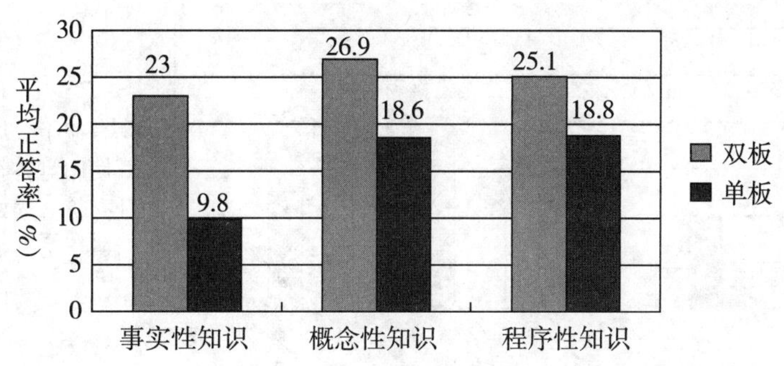

图 1　Clicker 测试成绩对比

（二）PGP 电子双板教学效果调查分析

本研究采取 PGP 电子双板教学后，通过问卷调查法来了解 PGP 电子双板教学的实际应用效果，调查问卷主要包括学生的学习态度、PGP 电子双板应用质量评价和技术接受度调查等方面的内容。共发放问卷 58 份，回收 48 份，回收率 82.76%，所回收问卷的有效率 100%，利用 Spss 18.0 对数据进行统计分析。

1. 学生的学习态度调研与分析

问卷设计了三个问题对学生的学习态度进行调查，包括"在 PGP 电子双板上同时展示多种媒体资源，能引起我的注意""PGP 电子双板的使用对我的课堂学习很有帮助""我对盘古教学平台的课件展示效果很满意"。调查结果如表 4 所示。

表 4　学生对交互式电子白板的教学态度调查表

项目	1	2	3	4	5
引起我的注意（%）	2	10	25	48	15
对我的课堂学习很有帮助（%）	2	8	23	48	19
对盘古教学平台的课件展示效果很满意（%）	2	4	20	70	4
※数字 1 到 5 表示"非常不同意"到"非常同意"，其中 1 为"非常不同意"，5 为"非常同意"					

从表 4 可以看出，63%的学生认为 PGP 电子双板能够引起他们的注意，15%的学生认为非常有帮助。在对课堂学习的帮助方面，有 67%的学生认为双板教学有帮助，其中 19%的学生认为非常有帮助。74%的学生对盘古教学平台的课件展示效果满意，其中 4%的学生非常满意。从调查数据可知，PGP 电子双板教学能有效地改善学生的学习态度，对学生的课堂学习很有帮助。

2. PGP 电子双板技术接受度分析

在调查了解 PGP 电子双板对学生学习态度的影响后，我们从技术有用性和易用性两个方面调查了学生对 PGP 电子双板的技术接受度，包括"PGP 电子双板的使用将有益于我今后的教学和学习""我认为使用盘古教学平台时很容易""我有信心很好地使用 PGP 电子双板来展示我的研究成果"。调查结果如图 2 所示。

调查表明，大多数学生认为 PGP 电子双板有益于今后的教学和学习，盘古教学平台使用简单，有信心很好地使用 PGP 电子双板展示研究成果。

3. PGP 电子双板应用质量评价

为获取学生对 PGP 电子双板的应用反馈信息，为 PGP 电子双板的开发提供改善依据，本研究也对电子双板的应用质量做了调查。关于 PGP 电子双板的应用质量分析结果如图 3 所示。数字 1 到 5 表示"非常不同意"到"非常同意"，其中 1 为"非常不同意"，5 为"非常同意"。

由图 3 可以看出，13.64%的学生认为 PGP 电子双板有助于更好地完成课后作业，对知识理解、交互、记笔记、课堂参与部分非常满意的学生分别占总体调查人数的 18.18%、15.91%、25%和 20.45%。在图 3 中，4 分及以上表示学习者对该部分比较满意，学习者对 PGP 电子双板满意度最高的是记笔记部分，75%的学生认为 PGP 电子双板有助于记笔记。68.19%的学生认为 PGP 电子双板对课后作业的完成有很大的帮助。

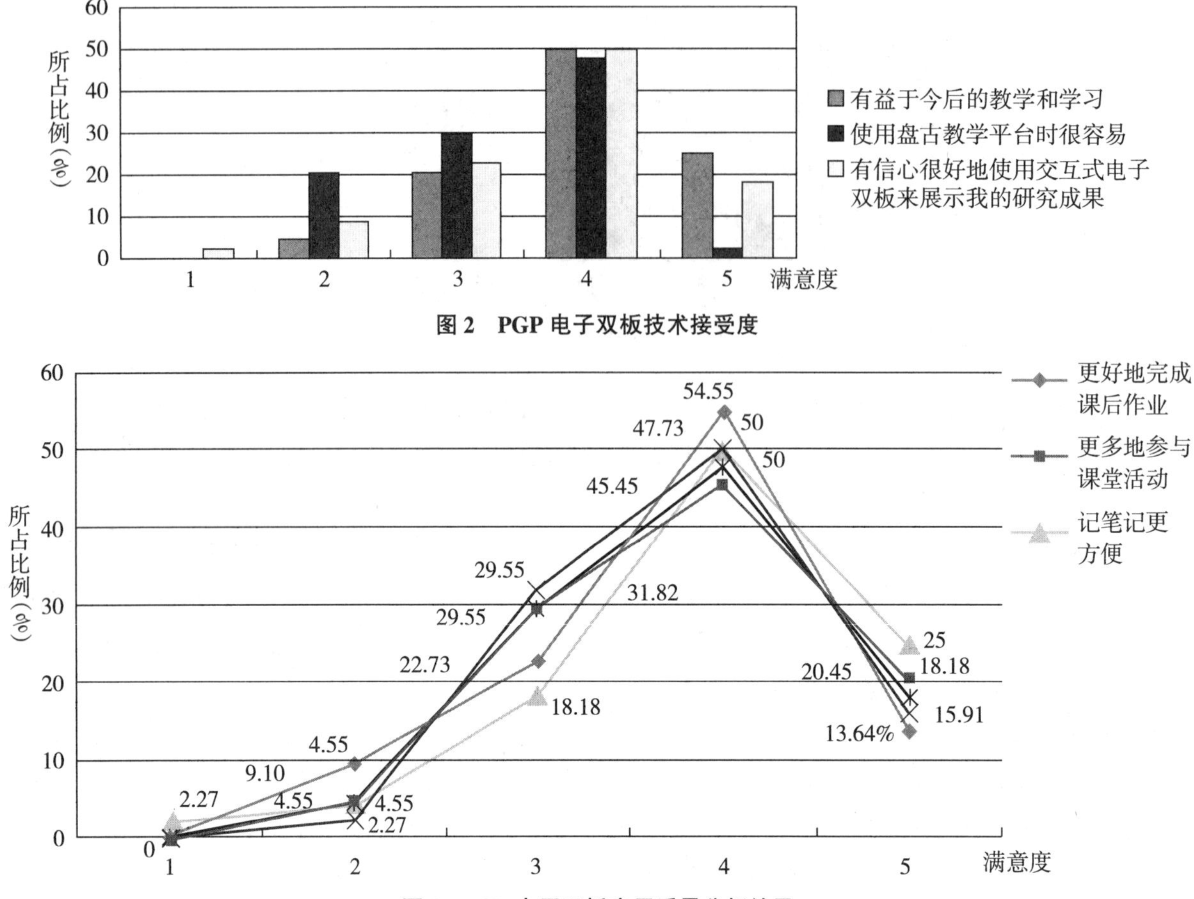

图 2　PGP 电子双板技术接受度

图 3　PGP 电子双板应用质量分析结果

在本次调研中，笔者还针对学生对 Clicker 测评的及时反馈性的满意度进行了调查，结果如图 4 所示。

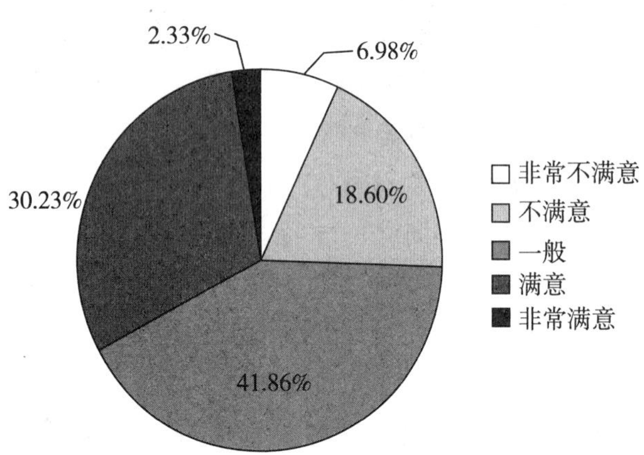

图 4　对 Clicker 测评的及时反馈性的满意度

由图 4 可以看出，在本次测评中，72.09%的学生认为 Clicker 能够及时反馈测试信息，仅 9.31%的学生认为 Clicker 不能很好地及时反馈信息。Clicker 提供了一个交互式的平台，学生在这个平台上可以积极参与课堂并完成知识的建构。[3]

由调查结果可以看出，大多数学生对 PGP 电子双板的应用质量比较满意。

（三）教师访谈

除了了解学生对 PGP 电子双板的接受度，笔者还请任课教师谈谈对此次实验课程教学的感受与想法，并对 PGP 电子双板的改进提出一些建议。

他们说，教师利用交互白板手段进行授课，在很大程度上减少了传统课堂教学需要大费口舌解释的现象。例如，通过一张图片、一个简单的动画作品或一段录像就可以形象直观地把定理展现在学生眼前，在节省有限课堂时间的同时还强化了学生的印象，教学效果和效率远非传统的黑板粉笔加教师口述可比。而且使用交互式电子白板缩短了教师的板书时间，增大了课堂的容量。此外，利用 PGP 电子双板可以增大课堂信息密度，但若控制不好，容易造成课堂教学信息量过大，再加上屏幕快速切换，学生思维容易跟不上，且难以做笔记，会因此影响教学效果。

五、研究结论与建议

（一）结论

通过此次研究，可以得出以下结论。首先，PGP 电子双板基于知识关联理念的锁定和前后关联工具为学习者的学习提供了多通道刺激，可以有效地促进对知识的理解。其次，实验结果表明，结合电子双板的特点采用双画面的模式呈现教学内容，有效地解决 PowerPoint 教学中存在的顺序播放、无法前后对照、缺乏意义关联、学生来不及做笔记等弊端，可以有效地促进学生的认知与知识迁移，激发学生的学习动机，提高学生的学习兴趣，激发学习者的学习积极性，促进学习者的知识建构，从而促进有效学习。最后，利用 Clicker 实现课堂评价，教师可根据测试结果及时了解学生对知识的掌握情况，适时调整课堂教学，提高课堂教学效率和学生的课堂参与度。

（二）建议

1. 提高教师对 PGP 电子双板环境下教学设计的能力

在电子双板教学平台建设中，教师需要不断努力，精心规划教学设计并制作相关课件，要建设完善优秀的教学设计方案与课件资源库，根据课堂实际教学效果和各方面的反馈意见，反复修改、完善教学设计与相关课件，直到达到一个理想的状态。

2. 加强教师对信息技术与具体课程进行整合的能力

交互式电子双板的推广将有望使我国对信息技术与课程整合的研究取得突破性进展，这就要求教师在使用电子白板教学时，进一步思考和反复探索这种技术与各学科的切入点，探索这种交互式技术在教学中应用的最佳方式和方法。

3. 恰当控制课堂教学节奏

在应用交互式电子白板教学的课堂上，教师可以有更多的时间讲解分析，把重点讲慢讲细，甚至重放，或者进行合理的停顿。教师最好能在屏幕上标明重点和应该记笔记的地方，每次翻到这些地方的时候，能留出一些时间让学生来记录，特别重要的地方，甚至还要通过板书体现出来。可多列举实例提高学生的学习兴趣，在这部分可以快速点击播放，以听为主，也可以多安排一点时间组织讨论、辅导答疑。

总之，本次教学研究证实 PGP 电子双板在双重编码理论、多媒体教学理论的指导下，通过信息化手段将教学内容以视觉（图像）形式和语言（文字）形式呈现，图文并茂，意义关联，达到了促进学习者大脑语言系统和非语言系统激活的目的。盘古电子双板教学平台的出现，为课堂教学开辟了新的天地，给教学改革提供了一个更大的、崭新的发展空间。如何能更好地发挥 PGP 电子双板的功能，还需要我们进一步努力和探索。

参考文献

［1］华中师范大学国家数字化学习工程技术研究中心．PGP 电子双板课堂教学平台产品说明［EB/OL］.http://wenku.baidu.com/link?url=Bc-UaVm_edw6ufLK_xtwMv9PLu9-MqA2cZwGzDN5yW0x8wHSgbGlALaDA00V-fFAv4LJFg_QnOSZGRb0gatBisvMJlVMnYzV3GOrBI75Wxiq.

［2］刘儒德，赵妍，柴松针，徐娟．多媒体学习的认知机制［J］. 北京师范大学学报（社会科学版），2007（5）：22-27.

［3］Helen H. Shen. Imagery and Verbal Coding Approaches in Chinese Vocabulary Instruction［J］. Language Teaching Research，2010：485-499.

［4］魏清．浅析双重编码理论在英语阅读理解过程中的作用和启示［J］. 中学英语之友（下旬刊），2010（1）：17.

［5］刘学伟．利用双重编码理论促进学前儿童表征能力发展［J］. 教育导刊（下半月），2013（7）：25-27.

［6］陈长胜，刘三妍，等．基于双重编码理论的双轨教学模式［J］. 中国教育信息化，2011：52-55.

［7］严嘉．双重编码理论对大学英语教学的

启示——谈图示教学法在大学英语综合课课文讲解中的运用［J］. 曲靖师范学院学报，2008（2）：87-90.

［8］吴玉飞. 双重编码理论在大学英语词汇教学中的应用研究——以高职院校为例［D］. 济南：山东师范大学，2011：1-80.

［9］李景鱼. 巧用电子双板，构建高效课堂［J］. 软件导刊（教育技术），2012（11）：44-45.

［10］朱凯歌，张屹，等. 基于电子双板的颠倒课堂模式探究——以“教育技术学研究方法”为例［J］. 现代远程教育研究，2014（2）：62-67.

［11］胡征兵，范然. 基于视频分析的 PGP 电子双板平台课堂教学应用研究［J］. 中国教育技术装备，2013（24）：38-40.

［12］杜芳，陆优君. 浅议 PGP 电子双板在中学历史教学中的运用［J］. 中国电化教育，2012（8）：120-124.

［13］席淑娟. 电子双板环境下的教师教学行为变化研究［D］. 武汉：华中师范大学，2013.

［14］郑懿薪. 交互式电子双板在初中生物课堂教学中的应用研究［D］. 武汉：华中师范大学，2013.

［15］张玲玲. 电子双板环境下基于 Clicker 的课堂评价研究——以物理课堂评价为例［D］. 武汉：华中师范大学，2012.

虚实融合环境下的同伴互助学习及其案例分析

郑　颖　马斯婕

（浙江大学　教育学院，浙江　杭州　310028）

摘　要："同伴互助学习"是基于建构主义的教学策略或学习方式。在传统课堂环境中，同伴互助学习已得到广泛应用，人们对基于数字化环境的同伴互助学习也有一定的研究，而对关于虚实融合环境中的学习的研究较少，这一有效的教学策略尚未得到充分的探索。本文将同伴互助学习、虚拟学习社区等运用于虚实融合环境的学习中，以维多利亚大学语言与学习学校为例，分析虚实融合环境下同伴互助学习的教学过程和教学策略，以期为后续相关研究提供借鉴。

关键词：虚实融合　同伴互助　教学策略

一、相关概念界定

1. 虚实融合环境

所谓虚实融合的学习环境，是指一类通过传感器设备识别、获取真实环境中与学习活动相关的客观信息，通过互联网将基于课堂和社会的真实学习环境与基于网络和多媒体的虚拟学习环境融为一体的新型学习环境。[1]

随着技术的不断变革和发展，教学理念的完善与进步，传统的物理教学环境和现在的虚拟网络教学平台均体现出了一定的缺陷和不足，为了优化教学环境，保障有效教学的顺利进行，需要将二者融合起来，相互弥补。

2. 同伴互助学习

1998 年，美国的 Ehly S. 博士和英国的 Topping K. 教授合作出版了《同伴互助学习》一书，同时提出了 Peer-assisted Learning，即同伴互助学习。Ehly S. 博士和 Topping K. 教授在文中指出：所谓同伴互助学习，是指通过地位平等或匹配的伙伴（同伴）积极主动的帮助和支援来获得知识与技能的学习活动。[2]

二、虚实融合环境下的同伴互助学习

1. 协作学习理论

美国教育心理学家 Johnson D. W. 和 Johnson R. T. 多年来专注于相关领域的研究，提出在教学中存在着竞争的、个体的和合作的三种性质的目标结构形式。大多数研究者认为，相对于竞争学习和个体学习，合作学习更有助于提高学习者的学业成绩。

2. 同伴关系理论

同伴（Peer），也可称为伙伴，是指儿童或同龄人之间与之相处的具有同样社会认知能力的人。[3]同伴关系（Peer Relationships），也可称为伙伴关系，指年龄相近或心理发展水平相同或相近关系的人群之间的相互协作关系。良好的同伴关系奠定了同伴互助学习的基础。同伴互助学习的过程，同时是同伴之间获得社会交流所必需的技能，并且发展相应的社会认知能力的过程。良好的同伴关系，有助于提升学习效果。

3. 同伴互助策略

19 世纪 80 年代初期，Fuchs D. 和 Fuchs L. S. 教授开展了关于同伴互助学习策略（Peer-assisted Learning Strategies）的研究与开发的相关工作，指出同伴互助学习作为一种教学策略，将学习者以分组的形式组织起来进行学习活动，并在研究中重点关注具体的操作流程，强调在学习集体之中开展一对一的结对学习活动，同时充分考虑多样化的学习需求。

三、同伴互助学习支持系统案例

位于墨尔本的维多利亚大学语言与学习中心首创了一种多层次的同伴互助学习支持策略——学习者互助学习，这一策略在虚实融合空间调度部署学习者同伴互助导师。该中心是一种促进虚拟学习社群的实际运作的在线学习平台，同时是一种“面向学术的社会性网络”，教师、同伴互助导师和学习者都可以参与相互的学习支持，促进虚拟学习社群的实际运作。

1. 同伴互助学习的演进过程

传统的方式通常是学习者通过与学习支持专家进行一对一的咨询，寻求课外的学术指导。从目前的资源来看，上述方式不足以满足全部学生的需求，所以需要探索更为有效地利用学习支持的方式。

如图 1 所示，学习者同伴互助学习的兴起，反映出人们逐步意识到使学习者融入大学生活本身的重要性。但与此同时，应该注意的是，学习者的兼职工作和其他校外活动的增多使得他们的在校时间越来越有限。

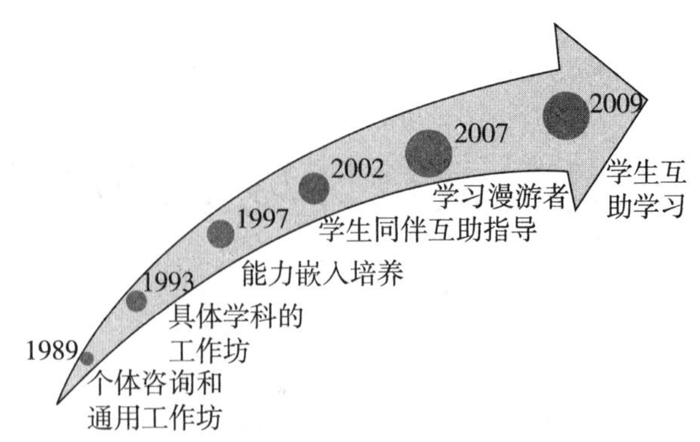

图 1　维多利亚大学学习支持策略的演变

为了应对上述改变和挑战，维多利亚大学研究学习支持的教师与学院和图书馆支持系统合作，在虚实融合的环境下开展了一系列同伴互助学习项目。

2. 不同类型的学习空间

随着学生同伴互助学习支持方式的发展，出现了与之相适应的学习空间。图 2 显示了上述学习支持策略的学习空间类型。

学习支持种类	独立办公室	教室	学习共享空间	学科办公室	指导空间	虚拟空间
个体咨询						
通用工作坊						
具体学科的工作坊						
能力嵌入						
学生同伴互助指导						
漫游者						
学生互助学习						

图 2　维多利亚大学学习支持空间

在了解同伴互助学习优势的基础上，我们尝试开展基于虚实融合空间的同伴互助学习指导项目。校方鼓励学习者参与，同时为其他学习者（同伴）提供帮助。2009 年初，维多利亚大学语言和学习中心将一间本来面向教师的办公室开放给同伴互助导师，同伴互助导师可以在办公室准备会议，讨论相关事项，存放同伴互助导师的相关资源等。校方称，这类空间在教师们的积极努力下会不断得以拓展，以满足同伴互助导师对开放更多空间的需求。

3. 在学习共享空间部署学习漫游者

维多利亚大学信息共享空间到学习共享空间

的转变构建了一种新式学习空间的概念，不是简单地为学生的学习提供技术、信息、服务和资源，更重要的是为学生提供了一个共享的参与式学习“场所”，在这里，学生的学习和参与能够获得支持与提升。对于学习漫游者的角色，有以下几个说法。

(1) 协助学生解决在查找核心设备、利用信息资源和硬件软件等方面的问题。

(2) 帮助学生弄清并说明他们学习方面存在的问题。

(3) 指导学生获得信息或其他帮助，包括信息技术、图书馆或学习支持的教师，以及学习共享空间之外的服务，例如学生咨询部门。

4. 虚拟学习空间的演进过程及维多利亚大学的实践

社群实践的概念由 Etienne Wenger 于 1998 年提出，他认为一个实践社群的成员通过知识的“具体化”——这些知识是“抽象、工具、符号、故事、术语和概念”的成果产出，它们与实践相关，并且通过“参与”定义、形成、组织社群本身而加入了意义商榷与构建。社群通过三个部分紧密相连：共同的进取心、相互的契约和共享的任务。

在线学习环境从学习管理系统（LMS），如 Blackboard、Sakai 和 Moodle，演进到个人学习环境（PLE）、个人学习网络（PLN）或个人学习生态系统（PLE），最终演进到虚拟实践社群（vCoP）。在线学习平台的进化体现了从以管理者/教师为中心到以学习者为中心的教学思想的转变，如图 3 所示。

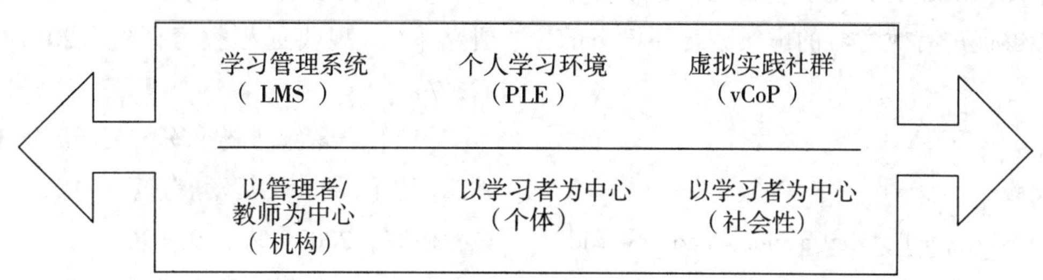

图 3　虚拟学习空间的演进

正如 Wesch 观察到的，当前在 Web 2.0 服务器支持下的“信息革命”是“一场社会性革命，而非技术性的。其中最具革命性的方面是，它促使我们重新思考在几乎没有限制的多种方式中的教育和师生关系”。在发展虚拟学习社群实践的过程中，指导者的角色是全新且不断变化的。虚拟学习社群由此成为知识建构与管理的场所，其中的社会性软件工具需要管理那些作为虚拟学习社群实践基础的社会性知识。

基于上述原则，维多利亚大学语言和学习学校为学生创建了一个虚拟学习平台——“面向学术的社会性网络”（Social Networking for Academic Purposes，简称 SNAPVU）。该平台广泛运用社会性软件，通过提供聚焦于问题点的学习支持，促进虚拟学习社群的发展。平台采用了具有良好灵活性和扩展性的开放资源内容管理系统（CMS），平台像同伴指导和学习漫游者项目一样，意在脱离原有的灌输式同伴互助学习，而是利用学生人口的显性和隐性知识，通过学生论坛、评论、投票和其他的反馈机制展现当前的实践。网站上的核心静态资源由教授们负责创建，而大部分动态资源由学生自己创建。

同伴互助导师和学习漫游者在“面向学术的社会性网络”平台的社会性学习环境中扮演重要角色。他们和工作人员一样，在平台上参与投稿和行政管理工作，建设群组博客、添加社会性书签资源，在播客论坛创建资源。同伴互助导师和学习漫游者团队已经创建了数以百计的播客，均在平台上以可分享、可评价、可评论的方式提供资源。

同时，同伴互助导师和学习漫游者在平台的虚拟学习社群的形成与易化上扮演着积极的、核心的角色，促进、鼓励他们的同伴互助参与平台学习。

SNAPVU 平台被设计、发展为一个虚拟学习场所。教学法的转向假定学生处在持续推进的学习过程中，同时位于虚拟学习空间的中心。在“电子教学”的中心，师生双方被要求重新商榷他们的角色，并以平等的身份参与学术共享空间。这些潜在的参与式学习论坛和社群建构正在以全新的方式影响着学习者。

四、小结

对于学习空间而言，成功的设计、发展和利用不仅需要关注技术层面，而且还需要关注虚实空间的可用性。由此，我们建议以学习者为中心，在学习空间部署同伴导师和学习漫游者。同伴导师联结了新手知识和专家知识，同时促进着学习社群中知识的创造和管理。由此，将学习空间转变为能够促进有效学习的虚实融合环境下的学习场所。

参考文献

[1] Mike Keppell，Kay Souter，Matthew Riddle. Physical and Virtual Learning Spaces in Higher Education Concepts for the Modern Learning Environment [M]. http：//www. igi-global. com. 2012.

[2] 李琴．数字化学习环境下“同伴互助”调查及策略研究 [D]. 长春：东北师范大学，2012.

[3] 程向荣．CSCL 的伙伴模型研究 [D]. 重庆：西南大学，2008.

[4] 赵建华．计算机支持的协作学习 [M]. 上海：上海教育出版社，2006.

[5] 向芃．虚拟高校——运用虚拟社区技术营建的新型学习社区 [J]. 现代教育技术，2001 (2)：28-34，78.

[6] 李力．论 21 世纪学习环境的走向：从实到虚 [J]. 现代远距离教育，1999 (3)：18-21.

[7] 李红美，许玮，张剑平．虚实融合环境下的学习活动及其设计 [J]. 中国电化教育，2013 (1)：23-29.

[8] 孙觉良．数字化学习与信息技术教育 [J]. 中国农村教育，2010 (11)：28-29.

[9] 左璜，黄甫全．国外同伴互助学习的研究进展与前瞻 [J]. 外国教育研究，2010 (4)：53-59.

[10] 吴友贵．数字化学习与学习型社会构建策略 [D]. 南昌：南昌大学，2010.

[11] 杨素娟．德国高校 E-learning 发展现状研究 [J]. 现代远程教育研究，2010 (2)：39-42，74.

[12] 汪家宝，杨德军．关于美国 E-learning 理念产生的背景及其发展过程的探讨 [J]. 电化教育研究，2007 (7)：93-96.

[13] 江文华，江卫华．世界数字化学习的发展现状、趋势与展望 [J]. 社会科学家，2005 (5)：542-543.

[14] 汪家宝，杨德军．关于美国 E-learning 理念产生的背景及其发展过程的探讨 [J]. 电化教育研究，2007 (7)：93-96.

[15] Ross M. T.，Cameron H. S.. Peer-assisted Learning：A Planning and Implementation Framework：AMEE Guide No. 30 [J]. Medical Teacher，2007，29 (6)：527-545.

虚实融合环境下的泛在学习案例分析及启示

张慕华

（浙江大学　教育学院，浙江　杭州　310007）

摘　要：本文从对泛在学习与虚实融合环境这两个概念的界定入手，探讨了虚实融合环境下的泛在学习概念，并通过对MIT手持式增强现实模拟项目、MIT Vanished项目、英国的环境森林项目、中国台湾的观察蝴蝶的现场学习支持系统、西班牙的U-语言学习系统、新加坡的Science Alive系统这六个虚实融合环境下泛在学习案例的对比分析，总结出虚实融合环境下的泛在学习有以下关键特征：是正式学习和非正式学习的完美结合；以增强现实、RFID、传感器、无线网等技术的使用以及PDA等移动终端的使用为显著特征；是现实的物理环境与虚拟的网络环境的完美融合；以协作学习、自主探究和基于资源的学习为主，强调学生与资源以及学生与学生之间的互动；以解决现实世界中的真实问题为宗旨等，以期为泛在学习的相关研究提供一些启示。

关键词：虚实融合学习环境　泛在学习　案例　启示

一、引言

随着人类社会的发展和信息技术的普及，人类的学习经历了一次又一次的革命。从最初的口耳相传，到纸笔的出现、印刷术的发明，再到计算机、互联网、物联网等新兴技术的出现，学习的内涵和形式已经发生了翻天覆地的变化。互联网时代的学习，正在从数字化学习向移动学习、泛在学习转变。学习的环境也从最初真实的物理环境转变为虚拟的网络环境，再到虚实融合的新型学习环境。

二、虚实融合环境下的泛在学习的界定

“泛在学习”这一概念衍生于“泛在计算”。“泛在计算”这一概念是美国的马克·威士（Mark Weiser）在重新思考计算机和网络应用的基础上提出来的。他发现，日常生活中对人们影响最大的是那些在使用过程中不可见的东西，由此他设想把计算机做成各种大小不同的样子嵌入每种事物中，然后让计算机通过无线通信在人们毫无察觉的情况下为人们服务。他认为泛在计算的最高目标是使计算机的应用广泛存在且不可见。[1]他曾在《The Computer for the 21st Century》一文中写道：“最深刻的技术是看似消失的，它们消融在我们每天的生活当中，以至于我们根本看不到它们的存在。”[2]对于泛在学习的定义，目前还是众说纷纭。

美国教育发展中心2003年的一份报告认为，泛在学习是在泛在计算技术条件下设计的一种学习环境。[3]Hiroaki Ogata认为计算机支持的泛在学习（Computer Supported Ubiquitous Learning，简称CSUL）是一种泛在学习环境，在该环境中计算机提供的支持已经嵌入学习者的日常生活中，学习者毫无察觉。[4] Guozhen Zhang与Timothy K. Shih. 认为，泛在学习是一种学习方式，学习者可以将注意力全部集中到学习过程中而不受自己所处的位置和时间的限制。[5] Zhao Haila与Youngseok Lee等认为，泛在学习是人们在任何时间、任何地点使用任何终端的智能化学习环境。[6]

白娟与鬲淑芳指出，泛在学习是一种学习方式，学习者可以在近乎无限的数据库中摄取知

识，也可以与学伴和教师交流。[7]汪琼认为，泛在学习是泛在计算技术应用于教育领域后所产生的新的教与学模式，强调的是随时随地学习，通过在生活中依靠自己解决问题，或通过别人的帮助来解决问题，从而达到学习目的。[8]付道明与徐福荫认为，普适计算环境下的泛在学习是指在信息空间与物理空间相融合的空间里，学习的发生、学习的需求以及学习资源无处不在，学习者可以得到普适计算环境随时、随地的支持。[9]梁瑞仪与李康把泛在学习看成是让学生在基于无缝连接的信息环境中随时随地地进行自由化学习，强调的是一种社会发展到一定程度的个人学习状态。[10]

通过对相关文献资料的梳理可以发现，目前国内外关于泛在学习的定义可以归纳为两大类。一类是认为泛在学习是一种学习环境，另一类是认为泛在学习是一种学习方式。本文中，笔者认为将泛在学习作为一种学习方式比较合适。这种学习方式是在人类社会发展到一定阶段，随着技术的普及、经济的发展以及人类生活方式的变化而出现的一种新的学习方式。广义上讲，当前所说的数字化学习、移动学习、虚实融合环境下的学习等都只是泛在学习的某种具体的表现形式。

对于数字化学习、移动学习，目前学术界都已经有明确的界定，这里就不再赘述了，本研究主要讨论虚实融合环境下的泛在学习。所谓“虚实融合环境”，是一种通过各类传感器设备识别、获取真实环境中与学习活动相关的客观信息，并通过互联网将课堂、社会中的真实学习环境与基于网络、多媒体的虚拟学习空间融为一体的一类新型学习环境。[11]虚实融合环境下的泛在学习以物联网与互联网技术的使用为特征，通过虚拟环境向学习者提供真实环境中难以获取的数据和难以拥有的体验，形成来自真实世界的、丰富的学习资源，学习者通过协作、互动、自主探究等方式解决现实世界中的真实问题。

三、移动学习架构模式

随着技术的发展，虚实融合环境下的泛在学习已经逐渐成为可能，并开始出现在多种教育场景中，如教室内的问题解决、游戏中的协作学习、户外环境中的探测、生活中的语言学习、博物馆里的互动等。具有代表性的虚实融合环境下的泛在学习案例主要有以下几种。

（一）MIT 手持式增强现实模拟项目

MIT 手持式增强现实模拟项目由 MIT 教师教育项目（MIT Teacher Education Program）和教育游戏机构（The Education Arcade）合作开发。该项目从 2003 年开始一直持续到现在，开发了一系列让用户能够直接体验现实世界，并通过安装有 GPS 导航的 PDA 等终端设备，为用户提供数字化附加信息的增强现实模拟学习系统。其中，最早的一个系统是环境监测系统。在该系统中，用户通过使用安装有 GPS 导航的手持电脑进行虚拟任务访谈来找到有毒物质泄漏源，并进行大规模的模拟环境监测和数据分析。这个系统在 MIT 及其附近的一个自然中心和当地的一所高中试用过。最初的研究表明，这种学习模式能够成功地促进大学和中学生参与大型环境工程研究，并提供一种可靠的科学调查模式。[12]

（二）MIT Vanished 项目

MIT Vanished 项目是由 MIT 和 Smithsonian 协会联合开展的一项侵入式虚拟现实互动游戏（Alternate Reality Games，简称 ARG）项目。ARG 是指由隐藏在网络游戏和现实世界人造物品中的线索、谜题编织在一起的，为玩家带来一种参与式、合作式、探究式体验的游戏。ARG 中的线索可以在任何地方被发现，比如网站、图书馆、博物馆等，玩家通过计算机、手机和具有 GPS 功能的手持设备等获得线索，通过电子邮件、网络视频会议和即时信息等方式进行互动，协同努力完成游戏。该项目旨在通过让儿童参与 ARG，培养儿童的科学探究能力。Smithsonian 对参与游戏的儿童开放了 17 个附属的博物馆，帮助他们到就近的博物馆里寻找游戏线索。同时，邀请了若干名内部的科学家参与游戏在线的视频会议，倾听儿童在游戏中的发现和提出的假设，并且针对这些提问和假设给予反馈，推动该游戏的进展。该项目从 2011 年 4 月 4 日开始，截至 2011 年 4 月底，已有将近5000名年龄在11—14岁的美国中学生注册并参与了该项目。[13]

（三）中国台湾的观察蝴蝶的现场学习支持系统

中国台湾的观察蝴蝶的现场学习支持系统也是泛在学习的一个典型案例。该系统用来支持小学五年级学生的科学学习，以了解生态系统作为主要的学习内容，学习者通过使用移动终端设备，使自然现场学习、观察学习和教室学习融合为一体，即将蝴蝶栖息场所的现场体验与观察行为跟自动图像识别系统联系起来。该系统中学习者的学习活动分四个阶段展开。阶段一，学习者来到现场进行观察，确定自己感兴趣的蝴蝶，然后根据在学校学到的知识，自行判断所观察到的蝴蝶的有关特性；阶段二，学习者把观察到的蝴蝶用PDA照相机拍下来，利用红外线无线通信设备传送至图像识别系统，该系统将与传送过来的图像最类似的蝴蝶的种名、外形特征等有关信息反馈给学习者；阶段三，学习者把这些信息和自己的判断进行比较与修正；阶段四，学习者进行学习后的反思，教师对学习者的判断与逻辑及其结论的正确性进行评价和纠正。[14]

（四）英国的环境森林项目

英国的环境森林项目从2002年启动，一直持续到现在。该项目的宗旨是给学习者提供“陌生但快乐”的学习体验。该项目把移动终端设备安置到森林中，给学习者提供通过肉眼看不到的事物，同时创设体验环境，在大自然中设计发现学习的环境。学习内容则为生态系统的生物分布与生物之间相互依存的知识。该项目中的学习主要包含探险、反省、假设、模拟实验、一般化等几个阶段。首先，将学生分成两人一组的学习小组，探险秃林和密林，考察动植物的栖息环境与它们之间的相互依存性。让学生进入到布满了增强现实设备的森林，观察用肉眼看不到的各种各样的生物。如在森林中隐藏扩音器，使之与PDA相互联动，通过PDA学生可以体验草枯萎的声音、百合生长的声音、蝴蝶吸花蜜的声音等。除了通过肉眼观察之外，学生还可以通过电子计测仪器测量温度、湿度、日照量等信息，并把这些跟位置信息连通起来制作生态地图，所有的这些增强信息在学习者的PDA中以数据来显示。其次，探险结束后，在反省和建立假设的阶段，师生回到学习教室（包括电脑、会议桌、交互式电子白板等设备），学生各自叙述调查的内容，互相讨论，并以探险阶段在森林中探险的信息为依据对生态的相互依存性内容建立假设。建立假设之后，通过模拟实验进行测试，并利用互动型白板和生物样品及带磁石的样本模拟生态的相互依存性。[15]

（五）西班牙的U-语言学习系统

西班牙的U-语言学习系统是西班牙巴塞罗那大学开发的语言学习系统。该系统的目的是应用泛在计算技术的协同学习来提高学生的英语写作及沟通能力。在英语写作课堂中通过协同学习的方式，用移动计算机来控制和支持整个学习过程。在课堂上，教师首先以口头或PowerPoint演示文稿来展示学习的主题，接着学生以学习小组为单位进行讨论和交流，通过移动计算机或PowerPoint演示文稿来相互交换意见，并通过投票来决定作文内容。由于利用数字化设备容易进行复制，所以整个讨论过程都会被保存在每个人的移动计算机中，并以树状结构显示。这样，整个讨论活动会进行得非常顺利。学生在校外或在校内的课堂之外也可以上网进行写作，这充分体现了泛在学习的特点。写作完成之后，小组成员之间通过最终讨论把它存到共享Case Library中，学习者随时可以在网上浏览自己和其他学习者写的文章。[16]

（六）新加坡的Science Alive系统

新加坡的Science Alive系统是新加坡科学中心开发的一个系统项目。该项目旨在通过丰富的想象和愉快的体验来提升人们在科学技术方面的兴趣、学习和创造。该系统为参观科学中心的用户提供基于无线网络的、可定位的多媒体PDA导游。该系统通过询问“你对什么感兴趣？你有多少时间？你想要一个参观推荐吗？”等一系列问题来关注用户。[17]例如，如果你只有一个小时的时间，并对物理感兴趣，那么它就会给你推荐一个参观方案并提供时间表。该系统能够帮助参观者知道他们所处的位置而不至于迷路，并能够以较低的费用及时更新展览内容，且将其推送给参观者，这样参观者就不需要不断地咨询工作人员，并且还能帮助科学中心的工作人员从参观者那里收集到更多的反馈信息。该系统由无线掌上电脑、定位引擎服务器和内容引擎组成。该系统目前的设置是 802.11b（802.11b 是一种 11 Mb/s 无线标准，可为笔记本电脑或桌面电脑用户提供完全的网络服务），未来将扩展到 802.11g（802.11g 在 802.11b 的基础上将数据的传输速率提高到 20 Mb/s 及其以上）。通过使用一个定位引擎（Ekahau），Science Alive 向参观者展示他们在科学中心所处的位置。内容引擎具有数据收集、多媒体参观、展物视频、信息、反馈等功能。

Science Alive 系统所使用的掌上电脑如图 1 所示，系统的主页面如图 2 所示。

图 1　掌上电脑

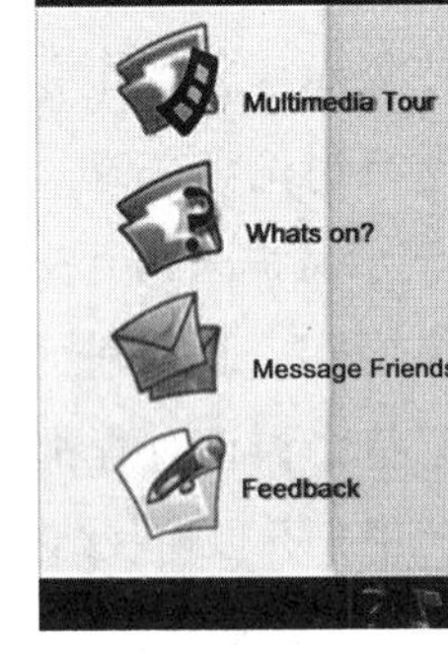

图 2　系统主页

1. 数据收集

这一功能主要用来收集游客的基本信息，比如电子邮件、兴趣、年龄段等，如图 3 所示。

2. 多媒体导游

这是该系统的主要特点，在系统中参观者的位置由一个绿色的点来标明，绿色点的移动标明参观者在科学中心位置的移动，如图 4 所示。

3. 展品视频

当参观者单击代表主要展品的红色的点时，就会看到一段 20—30 秒的视频，讲述这个展品背后蕴含的科学故事，如图 5 所示。

4. 正在进行的活动

这一功能展示了一系列正在进行的活动，并允许参观者设置某一项活动的提醒。在要提醒的活动开始前 5 分钟，该功能就会启动。它通过在地图上绘制一条路线来告诉参观者如何到达那个地方，就像在个人电脑上安装 GPS 定位一样，如图 6 所示。

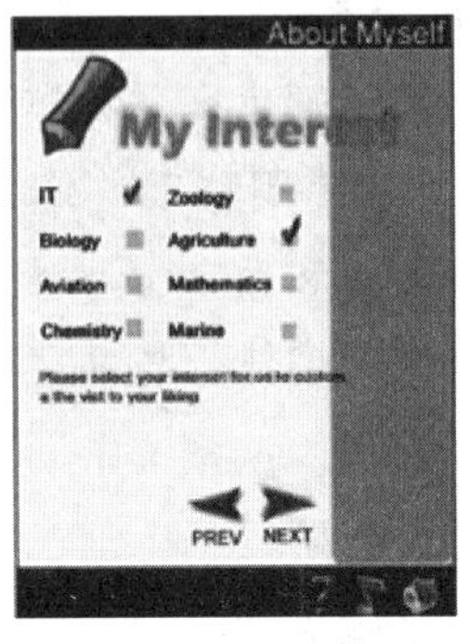

图 3　数据收集

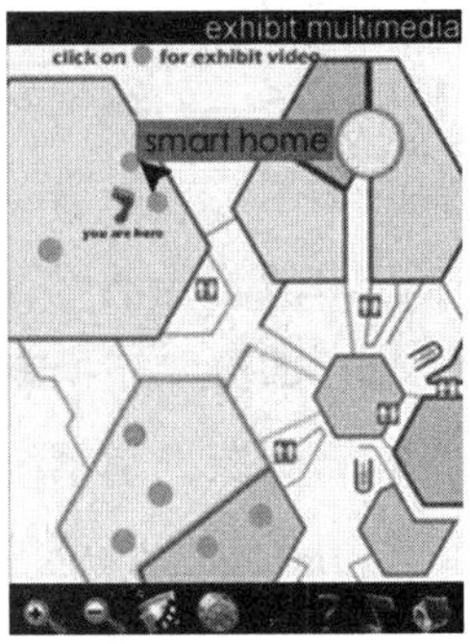

图 4　多媒体导游

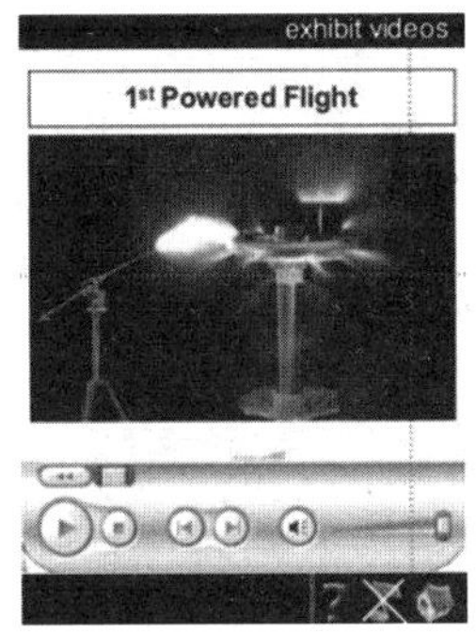

图 5　展品视频

图 6　正在进行的活动

5. 消息功能

这一功能允许参观者之间通过即时消息功能进行交流，如图 7 所示。

6. 反馈功能

在每次参观结束后，Science Alive 会从参观者那里收集一些反馈信息，如图 8 所示。

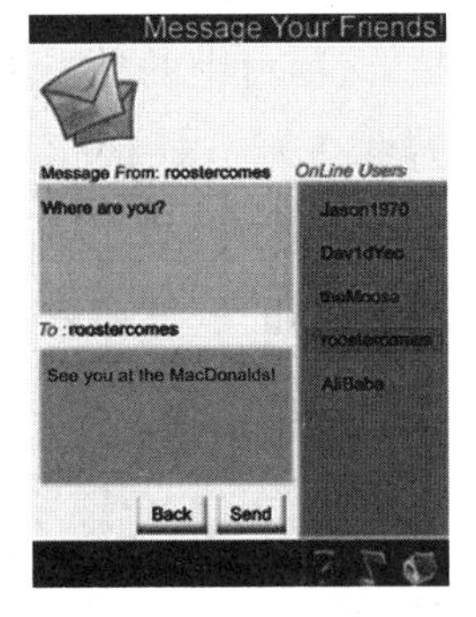

图 7　消息功能

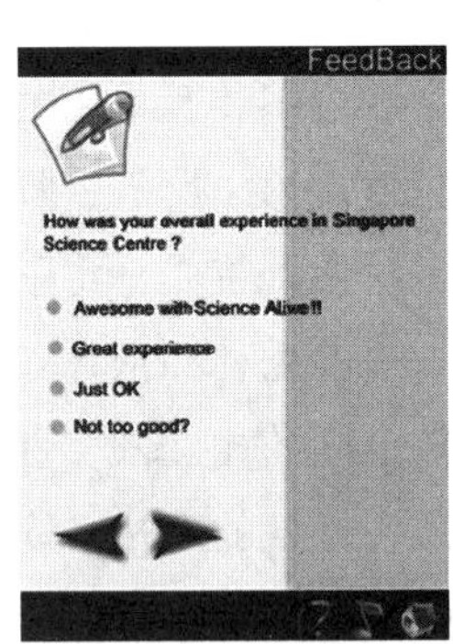

图 8　反馈功能

四、结论及启示

通过对上述案例的分析发现，虚实融合环境

下的泛在学习具有以下特点。

第一，是正式学习和非正式学习的完美结合；第二，以增强现实、RFID、传感器、无线网等技术的使用以及PDA等移动终端的使用为显著特征；第三，是现实的物理环境与虚拟的网络环境的完美融合；第四，以协作学习、自主探究和基于资源的学习为主，强调学生与资源以及学生与学生之间的互动；第五，以解决现实世界中的真实问题为宗旨。

虚实融合环境下的泛在学习强调学校正规教育的重要性，同时也对学校教育提出了挑战。泛在学习时代，学校需要重新定位自身的角色，从过去的信息提供者及教育的独占者转变为学生进行体验、反思和共享学习资源的共同体。同时，国家层面上也应该进行宏观的、跨学科的泛在学习的指导性研究工作，并根据目前我国的信息通信技术发展水平和教育实际，开发适合我国国情的虚实融合环境下的泛在学习设计理论模型与实践模型。

参考文献

[1] Weiser M., Gold R., Brown J. S.. The Origins of Ubiquitous Computing Research at PAPC in the Late 1980s [J]. IBM Systems Journal, 1999, 38 (4).

[2] Weiser M.. The Computer for the 21st Century [J]. Scientific American, 1991 (3): 94-100.

[3] Education Development Center. The Maine Learning Technology Initiative: Technology-enhanced Middle School Mathematics[EB/OL].(2003-08-31). http://www. edc. org/newsroom/articles/maine_learning_technology_initiative.

[4] Hiroaki Ogata, Yoneo Yano. Context-Aware Support for Computer-supported Ubiquitous Learning [C]. Proceedings of the 2nd IEEE International Workshop on Wireless and Mobile Technologies in Education (WMTE'04), 2004.

[5] Guozhen Zhang, Qun Jin, Timothy K. Shih. Peer-to-Peer Based Social Interaction Tools in Ubiquitous Learning Environment [C]. Proceedings of the 11th International Conference on Parallel and Distributed Systems (ICPADS'05), 2005.

[6] 章伟民，徐梅林．全球视域中的教育技术：应用与创新 [M]. 上海：华东师范大学出版社，2006：8.

[7] 白娟，鬲淑芳．M-learning 21 世纪教育技术的新发展 [J]. 现代远程教育研究，2003 (4)：45-48.

[8] 汪琼．“网络教育技术发展趋势及战略规划研究”专题结题报告 [D]. 北京：北京大学教育学院，2005.

[9] 付道明，徐福荫．普适计算环境中的泛在学习 [J]. 中国电化教育，2007 (7)：94-98.

[10] 梁瑞仪，李康．若干学习相关概念的解读与思考 [J]. 中国远程教育，2009 (1)：31-35.

[11] 李红美，许玮，张剑平．虚实融合环境下的学习活动及其设计 [J]. 中国电化教育，2013 (1)：23-29.

[12] MIT. Scheller Teacher Education Program [EB/OL]. http://education. mit. edu/.

[13] MIT. Scheller Teacher Education Program [EB/OL]. http://education. mit. edu/.

[14] 台湾清华大学．无线随意及感测网路技术 [DB/OL]. http://mnet. cs. nthu. edu. tw/~ex-project.

[15] University of Sussex [DB/OL]. http://www. cogs. susx. ac. uk/.

[16] AWLA [DB/OL]. http://chico. inf-cr. uclm. es/ppsv/aula. html.

[17] Exploratorium Electronic Guidebook Forum [DB/OL]. http://www. exploratorium. edu/guidebook.

智慧教室里的知识建构学习：基于设计的研究*

孙俊梅　张义兵

（南京师范大学　教育技术系，江苏　南京　210097）

摘　要：智慧教室是一种综合运用信息技术开展知识创新学习的智能化环境，在一定意义上代表着信息技术环境下教室空间发展的方向。本研究通过考察南京市白云园小学4个班级、多个学科持续一个学期的应用，探讨运用智慧教室进行知识建构学习的教学模式、智慧教室的应用效果以及智慧教室为知识建构学习带来的改变。通过对课堂的跟踪观察和对问卷及访谈数据的统计分析发现，智慧教室为知识建构学习提供了更安全的学习环境，学生更敢于表达自己的观点；智慧教室更有利于开展交流研讨活动，学生更主动，积极性更高；同时，智慧教室也有助于提高学生的协同认知责任。

关键词：知识建构　智慧教室　基于设计的研究

一、引言

1998年，时任美国副总统戈尔发表了题为"数字地球：21世纪认识地球的方式"的演讲，提出了"数字地球"的概念，此后全世界普遍接受了数字化概念，并引出了数字城市、数字校园等概念，学习环境的研究与实践也步入数字化时代。但是，目前在众多数字化教学环境中开展的教学活动，对于追求知识传递的传统并没有改变，只是简单地把教学内容数字化，仍然要求学习者尽可能被动地接受和积累，这只能达到培养学习者的"回忆、理解和应用"能力等低阶认知目标。教学改革只停留在教学的"表演"形式上，课堂教学也出现了由"人灌"变成"电灌"的现象。现有数字化学习环境很难实现对学习者"分析、评价和创造"能力等高阶认知目标的培养。[1]

"数字地球"概念提出十年后，2008年，美国IBM公司总裁兼首席执行官彭明盛在题为"智慧地球：下一代领导议程"的演讲中提出了"智慧地球"（Smart Planet）的理念。随着"智慧地球"概念的提出，智能技术的应用，如智慧的医疗、智慧的交通、智慧的电力、智慧的基础设施，甚至智慧城市、智慧校园、智慧教育、智慧教室等应运而生。[2]智慧教育的真谛是通过利用智能化技术构建智能化环境，让师生施展灵巧的教与学的方法，为学习者提供最适宜的个性化服务，使其由不能变为可能，由小能变为大能，从而培养具有良好价值取向、较高思维品质和较强施为能力的人才。智慧教室是智慧学习环境的一种校园内体现方式，是一种促进教与学的技术加强型课堂。这种课堂整合了一系列的学习技术，包括传感技术、网络技术、富媒体技术及人工智能技术[3]，是一种能优化教学内容呈现、便利学习资源获取、促进课堂交互开展，具有情境感知和环境管理功能的新型教室。[4]

智慧教室的出现和逐渐广泛应用如果仅仅是一种新技术的简单套用的话，可能会和以往的数字化学习环境的使用趋于一致，不能给教育者和受教育者的教与学带来深层次的改变。任何先进的技术要想发挥其对教育真正的促进作用，必须有与之对应的教学设计、教学方法予以支持。与一般的个体学习、竞争性学习不同，信息时代的

* 基金项目：本文受2013年度江苏省社科基金项目"信息化时代学习方式变革研究"（课题批准号：13JYB004）资助。

学习更加强调对学生创新能力、协作能力、自主学习等综合学习能力的培养，知识建构理论就是这种创新教育的一个有力尝试。它的基本思想是，培养学生知识创造能力的最直接途径不是通过设计学习任务或活动让学生掌握领域知识或获得特定技能，而是把传统的以知识掌握和技能培养为目的的学习转变为以发展学生社区内的知识为目标的知识建构。在这种情况下，学生是知识的创造者，而学习会成为知识创造的副产品。[5]

南京市白云园小学于 2011 年接触了知识建构思想，有几位教师开始在其学科教学中运用这一思想进行教学尝试。知识建构思想的融入为教学注入了很多新鲜血液，但传统的秧苗式教室、科学教室在开展知识建构教学时显示出了一些不足（没有空间供学生围坐成知识建构圈、生生交流讨论无法形象化、讨论过程无法记录等）。因此，2013 年年初，白云园小学开始建智慧教室，定位于满足师生、生生之间多层次的互动交流需求，为知识建构课堂提供一个更适宜的空间。

本研究试图把智慧教室与知识建构理论结合起来进行一种新的教学尝试，尝试利用智慧教室支持不同学科和不同年级的课程教学，以此来发现知识建构理论支持下的智慧教室应用能为当前的教学带来什么样的变化。

二、基于设计的研究

本研究以基于设计的研究（Design-Based Research，简称 DBR）作为研究范式，基于设计的研究主要研究特定环境中的学习过程，其目的是对一个简单的学习环境进行细致而深入的研究，在真实的情境中，经过多次迭代实践，以发展新理论、产品和可以在其他学校或者班级中推广的实践。[6]

（一）技术设计

白云园小学的智慧教室建设之初是意欲将多媒体教室、全自动录播教室、网络教室等多种功能教室合并，以实现高清录播、远程互动、多屏显示、无线投影、人机交互、移动学习、依靠智慧平台组织教学等功能。图 1 为白云园小学智慧教室的平面图，表 1 和表 2 分别为该教室的硬件、软件配置情况。

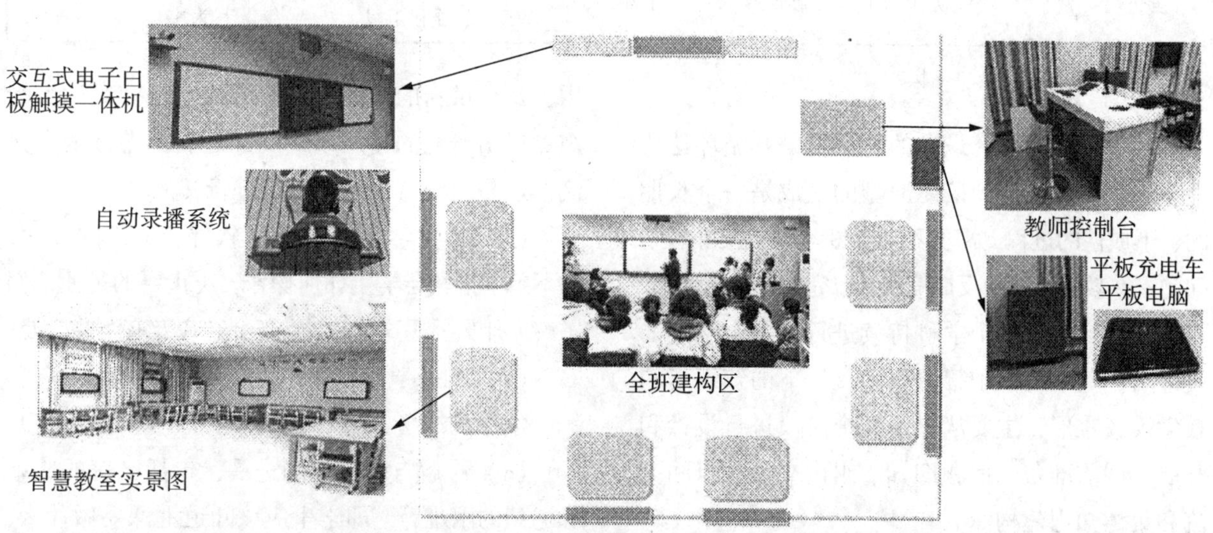

图 1　白云园小学智慧教室图示

学者黄荣怀指出，如果分别从“内容呈现”“资源获取”和“即时交互”三个维度来增强教室的设计，可把教室建成“高清晰”型、“深体验”型和“强交互”型三种典型的智慧教室，如表 3 所示。[7]

根据学者黄荣怀对智慧教室类型的界定，结合白云园小学的配置情况可以得出，白云园小学的智慧教室属于强交互型智慧教室的范畴。

表 1　智慧教室的硬件配置情况

序号	设备名称	数量
1	触摸一体机	1+6
2	个人计算机	1
3	交互式电子白板	2
4	自动录播系统	6
5	无线投影	1
6	实物投影机	6
7	无线手持话筒	2
8	平板电脑	30
9	微软学习本	30

表 2　智慧教室的软件配置情况

软件名称	软件简介
XMind	思维导图软件，有助于学习者快速厘清思路
Knowledge Forum（知识论坛）	在知识论坛中，学习者形成一个知识共同体，共同体成员通过书写短文的形式贡献自己的想法、理论和资料
ActivInspire	全新交互式电子白板教学软件
极域电子教室	多媒体教学网络平台
IRS 教学互动系统	交互反馈软件
QQ	即时通信交流软件
Microsoft Office	微软公司开发的办公软件

表 3　三种类型的智慧教室比较

类型＼维度	教学模式	教室布局	内容呈现	资源获取	即时交互
“高清晰”型	传递—接受	以“秧苗式”为主	双屏显示，无线投影	支持讲授的资源和工具	以师生互动为主
“深体验”型	探究性	多种布局均可	学生终端	丰富的资源和教学工具，全面支持各种终端接入	以生机交互为主
“强交互”型	小组协作	以“圆形”为主	小组终端	支持小组协作的资源和工具	以终端支持的生生交互为主

（二）教学设计

基于设计的研究最大的特点就是其循环迭代性，从假设性原型到最终原型的完成是一个长期的、形成性的过程，需要不断诊断教学方案和教学问题，在教学活动中反馈信息，以完善教学干预。

本研究针对多个学科持续进行了一个学期的设计后，基本得出了智慧教室支持下的知识建构教学模式雏形，主要从以下几个阶段进行设计和开展：课前准备、回顾旧知、组内交流、组间交流和集体知识建构。

1. 课前准备

教师的准备如下 。

（1）充分了解学生的研究进展，包括他们正在研究的问题、提出的观点、存在的问题或困难。

（2）在此基础上，考虑如何发挥教师的作用，是提供新的信息或实验方法，是针对学生的观点提出研究的建议或质疑，是安排进行全班交流，还是组织有联系的小组进行交流。

（3）指导学生掌握学习软件、工具的使用，这不单单指教会学生如何操作，更重要的是使他们了解为什么要用这些软件、工具，以及有哪些好处。

（4）准备学习软件、硬件设备。

学生的准备如下。

（1）了解自己研究的进展，包括已有的成果和遇到的困难等，即学生应该知道上课要做什么，是想汇报现在的观点，还是需要继续收集新资料，或者想和教师、同学就遇到的问题进行交流。

（2）在课前收集相关的资料，准备实验用的材料。

2. 回顾旧知

回顾阶段一般是教师在上课之初对上一节课

或是上一个阶段的学习活动情况做总结，回顾形式可以多种多样，可以是教师简单进行总结，也可以是学生轮流进行课前总结，还可以是对学生作品的阶段性回顾。

3. 组内交流

对于自己的研究成果，学生需要先在小组内进行展示和交流，对于有疑惑的问题，学生也需要在组内提出来进行讨论。学生的组内交流有很多种形式，可以是对组内成员的成果进行讨论、提出修改意见，也可以是小组成员一起完成一个游戏或者是画思维导图，还可以是学生共同讨论设计小实验或小模型。

4. 组间交流

（对等的知识发展）（Symmetric Knowledge Advancement）是知识建构的原则之一。一个知识建构群体内的各成员或各个不同的群体都拥有各自的专门知识，当他们将自己的知识分享和交换时，就能促进其集体智慧的增长。学习不是孤立的过程，学习主体间的沟通和合作有助于学生思维的发展，不同小组的学生要将自己的研究成果与他人分享，也要主动去学习其他小组同学的研究成果，通过不同小组的不同研究内容的交流，促进自己小组的主题研究，从而使研究深度更进一层。

5. 集体知识建构

知识建构强调社区知识的形成，注重学生对社区的集体责任。因此，学生在经过一段时间的讨论和研究后，需要有机会来对自己的成果进行展示，需要全班同学的知识共享，知识需要在全班同学的智慧下得到升华。

三、研究方法

（一）研究对象

以白云园小学 3 年级至 6 年级中的 4 个班为研究对象，各班具体情况如表 4 所示。

表 4　开设课程一览表

班级	学科	课题	学生人数
3 年级 2 班	综合实践	我看洋快餐	26
4 年级 2 班	科学	动物与环境	30
5 年级 3 班	英语	The English Club	24
6 年级 1 班	综合实践	交通	30

（二）研究方法

1. 问卷调查法

学者黄荣怀提出了智慧教室的“SMART”概念模型，认为智慧教室的功能体现在内容呈现、环境管理、资源获取、即时交互和情境感知五个方面，同时他又指出环境管理和情境感知这两个维度是智慧教室装备的共性要求。[8] 由此，笔者从内容呈现、资源获取和即时互动三个维度设计问卷来调查学生使用智慧教室进行学习的反馈情况，问卷共 8 个项目，采用利克特五级量表（Likert 5）法记分，得分越高表明学生对智慧教室的使用反馈越好。

以白云园小学 3—6 年级 4 个班使用过智慧教室的学生为调查对象，每个年级抽取 10 人，共发出问卷 40 份，回收 39 份，有效问卷 39 份。

2. 访谈法

从每个实验班学生中抽选 3 名同学进行面对面访谈，之后将访谈内容转录为文字进行分析，主要访谈以下 3 个问题。

（1）你更喜欢在智慧教室还是其他教室（科学教室、信息教室、传统教室等）上课？

（2）为什么喜欢在××教室上课？

（3）你心目中的智慧教室是怎样的？你觉得智慧教室还可以在哪些方面改进？

四、研究结果与分析

对实验班学生的问卷数据进行分析整理，整体统计结果如表 5 和图 2 所示。

从表 5 可以看出，学生各个项目的平均分都在4分以上，这说明学生普遍对智慧教室的使用给予了很高的评价。其中“资源选择”和“流畅互动”这两项分值最高，说明智慧教室为学生提供了一个信息获取更多样化、更丰富的环境，学生所学不再局限于某个范围内；小组、组间以及班级内的网络和面对面互动在智慧教室都可以流畅顺利地进行，学生很享受这种互动交流。

由图2可以看出，各个项目的得分随年级的增长而增加。随着年龄的增长，学生的认知越来越成熟，对各种技术、多媒体的使用也更加得心应手，所以年级越高，与智慧教室的融入度也越高，在数据上就呈现出各个项目的得分随年级的增长而增加这个现象。

表5　整体统计数据

内容呈现		资源获取			即时互动		
视觉	听觉	资源选择	内容分发	访问速度	便利操作	流畅互动	互动跟踪
4.375	4.35	4.5	4.4	4.225	4.3	4.425	4.3

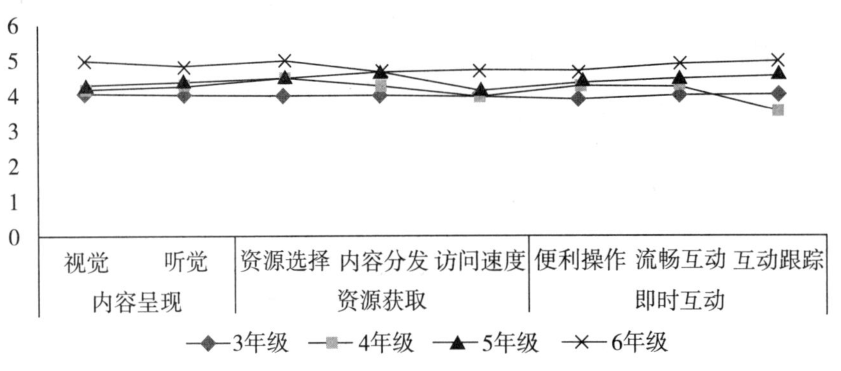

图2　整体统计数据

（一）内容呈现

如表6所示，在内容呈现层面的数据表明，学生认为智慧教室的各种媒介提供的信息清晰可见、亮度适中、视角也方便观看。这正像访谈时他们所说的一样：

“我喜欢智慧教室，因为让人觉得清爽，更安静，而且智慧教室有很大的触摸屏电脑，比传统的电脑显示更清晰，小组讨论的时候再也不用担心看不清了。”

“智慧教室的天花板上有6个悬挂的话筒，不管是前面的同学发言还是后面的同学发言，我都听得清清楚楚。”

表6　内容呈现维度数据

内容呈现	3年级	4年级	5年级	6年级
视觉	4.0	4.2	4.3	5
听觉	4.0	4.2	4.4	4.8

（二）资源获取

如表7所示，在资源获取层面的数据表明，学生认为他们可以顺畅地获取丰富的网络资源并对其进行处理、分享，同时，各种多媒体之间资料的传送也比较方便快捷。这正像访谈时他们所说的一样：

“我很喜欢在智慧教室上课，因为在这里上课是无拘无束的，我对什么感兴趣就学什么，而且我可以利用网络做一些与所学内容相关的游戏，学习与课本相关，却又比课本上更多的内容。”

“我更喜欢智慧教室，就是觉得网络速度更快，可以方便地互相传送资料。”

表7　资源获取维度数据

资源获取	3年级	4年级	5年级	6年级
资源选择	4.0	4.5	4.5	5
内容分发	4.0	4.3	4.6	4.7
访问速度	4.0	4.0	4.2	4.7

（三）即时互动

如表8所示，在即时互动层面的数据表明，学生认为智慧教室的多数设备及其界面操作简单、导航清晰、功能全面，能够满足个人及小组的互动学习需求，并能记录自己与他人的互动过程。这正像访谈时他们所说的一样：

“这个智慧教室比普通教室要好很多，尤其在小组交流的时候很方便，每个小组都有大的触摸屏电脑，在普通教室里只能在纸上写或画，然后借助实物投影才能展示给大家看，而这个可以通过无线投影直接传到各个小组的电脑上，非常方便快捷；在这个课上也很自由，我们按照自己的兴趣选择小组来进行讨论。”

“我很喜欢在这里上课，让我觉得很方便，比如在小组活动的时候，我们在其他教室只能把答案写到纸上，但是在这里我们利用一些学习平台来进行互动回答，老师就可以马上知道我们的想法，比起其他教室，在这里我有一种特殊的感觉，就是很自由，不像其他教室，把我们约束得紧紧的。”

表8　即时互动维度数据

即时互动	3年级	4年级	5年级	6年级
便利操作	3.9	4.2	4.4	4.7
流畅互动	4.0	4.3	4.5	4.9
互动跟踪	4.0	3.6	4.6	5.0

五、研究结论与讨论

经过持续一个学期的跟踪观察以及对问卷和访谈数据的统计分析可以看出，智慧教室为学生提供了一个获取更多样化、更丰富信息的环境，一个更加开放、更加自由的互动交流学习空间。更重要的是，在本次研究中，智慧教室为知识建构学习带来了以下改变。

（一）智慧教室提供了更安全的学习环境，学生更敢于表达自己的观点

传统的教学画面是教师站在教室前面，学生被动地坐在教室的指定位置，整个教学氛围比较严肃，教师是一种权威性的形象。学生想表达自己的观点时，常常会考虑到万一我要是说错了，同学会不会笑话我，老师会不会批评我等，所以一些学生，特别是对自己答案不确定的学生不太愿意甚至不太敢举手表达自己的想法和观点。

白云园小学智慧教室的布局以“圆形”为主，4—5个孩子组成一个小组，每个小组围绕触摸一体机进行交流讨论，教师以讨论对手的身份参与学生的讨论。在这种情况下，学生之间是平等的，教师与学生之间也是平等的，学生更敢于表达自己的观点，又由于空间比较小、比较集中，也促使每个人都能表达自己的观点。

（二）智慧教室更利于开展交流研讨活动，学生更主动，积极性更高

智慧教室里先进的硬件和软件有助于学生的学习，在这里基本可以满足学生学习的一切需求。学生可以通过网络获取更丰富的学习资源（文字、音频、视频等），可以与专家视频通话，学生的人工制品可以形象化地展示、分享，小组、社区讨论的过程可以被实时记录，学生可随意走动，与组内及其他小组的成员进行交流，利用交互式触摸电视分享、讨论观点。总之，学生更乐于及敢于与同伴交流讨论，更主动积极地参与小组学习、全班学习。

（三）智慧教室更有助于提高学生的协同认知责任

协同认知责任是指学生对群体共同学习目标的实现都承担一定的责任，个体对群体知识的贡献会如同个人学习成就一样得到同等程度的重视和表扬。作为知识建构群体的成员，学生提供对群体学习有价值的意见，并共同承担令群体知识提升的责任。在本研究中，学生通过触摸一体机展示自己的设计，同时向组员介绍自己的设计，把自己的成果和大家进行分享，小组成员给他提意见并一起修改，保证他们小组最终形成统一的观点。这样的智慧教室可以使学生的学习更加有效，在这里学生乐于跟小组成员分享他们的学习成果，这对提高学生的集体认知责任，加深其对知识建构社区的理解都有帮助。

毫无疑问，持续一个学期的使用也暴露了智慧教室的一些不足，比如网络环境不够稳定、学

生的平板电脑（学习本）还不能流畅地推送到教师端触摸一体机上、远程视频与通信功能不够完善、极个别学生对智慧教室的使用不太适应等。因此，本研究也许还不能从广度与深度上反映在智慧教室支持下，基于知识建构理论开展知识创新学习的更深层次的价值，但它是一种有益的尝试，希望在后续研究中能够进一步推进相关研究的进程。

参考文献

［1］黄荣怀，杨俊锋，胡永斌．从数字学习环境到智慧学习环境——学习环境的变革与趋势［J］．开放教育研究，2012（2）：75-84.

［2］张亚珍，张宝辉，韩云霞．国内外智慧教室研究评论及展望［J］．开放教育研究，2014（2）：81-91.

［3］Northwestern University Information Technology. Smart Classrooms ［EB/OL］.（2012－09－12）. http：//www. it. northwestern. edu/education/classrooms.

［4］黄荣怀，等．智慧教室的概念及特征［J］．开放教育研究，2012（4）：22-27.

［5］张义兵．从浅层建构走向深层建构——知识建构理论的发展及其在中国的应用分析［J］．电化教育研究，2012（9）：5-12.

［6］R. 基思·索耶．剑桥学习科学手册［M］．徐晓东，等，译．北京：教育科学出版社，2010.

［7］黄荣怀，等．智慧教室的概念及特征［J］．开放教育研究，2012（4）：22-27.

［8］黄荣怀，等．智慧教室的概念及特征［J］．开放教育研究，2012（4）：22-27.

多媒体信息展示与交互新技术及其系统设计*

夏文菁[1]　田文雅[2]　陈　涵[3]　张剑平[1]

(1 浙江大学　教育技术研究所，浙江　杭州　310058；

2 浙江经贸职业技术学院，浙江　杭州　310018；

3 杭州青帆信息技术有限公司，浙江　杭州　310015)

摘　要：本文在阐述当前多媒体信息展示与交互平台使用现状的基础上，讨论了信息展示与交互的典型技术，其中包括手势识别、体姿动作识别、人脸识别、语音识别与合成、全景环绕显示等技术。设计了一个多媒体信息展示与交互系统（MIDIS）的体系结构和功能模块，并以政府办事大厅的服务信息查询应用为例，介绍了MIDIS实施的技术路线与系统运行过程。

关键词：多媒体技术　展示与交互　系统设计　场景式服务

一、引言

随着我国经济市场化和政治民主化的发展，构建以服务行政为核心理念的、新的政府治理模式——服务型政府，是我国在新的历史条件下从建设中国特色社会主义全局出发提出的一项重要任务。我国各类行政服务机构的产生，顺应了建设服务型政府的现实要求，是政府公共服务方式和服务程序的一种新探索。行政服务机构（办事大厅）是集信息与咨询、审批与收费、管理与协调、投诉与监督于一体的综合性行政服务机构，是政府主要的对外服务窗口，是服务型政府建设的重要组成部分。在我国，各类行政服务机构大都产生于21世纪初。据有关统计资料，自浙江省金华市于1999年建立了国内第一家行政服务机构，办事大厅的建设已走过了十多年的历程，该种行政服务机构正呈现出蓬勃的发展趋势。目前，国内除了设立省级行政服务中心外，全国各地普遍在地（市）、县两级建立了行政服务中心。有些地方甚至在乡（镇）建立了行政服务中心。全国已有不同层级的行政服务机构3300多家（包括行政服务中心、工商、税务、公安、电力等专业服务中心），几乎覆盖了全国所有县市。政府办事大厅以其“一站式”服务主导思想，有效地促进了政府服务部门行政效率的大幅上升，成为政府与民众的一个有效的互动平台和沟通桥梁。

二、信息展示与交互平台及其现状

人机交互是当前信息展示与交互平台设计的发展方向，它采用多通道用户界面、计算机协同工作、三维人机交互等高科技的交互手段，为观众提供全方位、多角度的观展互动体验。赖赫·纳卡苏曾说研究交互技术，以及通过整合通信技术与交互技术，来发展并实现高度拟人化的沟通方式是十分必要的。[1] 在信息展示与交互过程中采用人机交互技术，不仅可以促进展示手段的创新、给观众提供新的审美体验，同时创新性的展示手段将更加适应数字时代，提高观众与平台之间的交互效率。

将多媒体技术引用于信息展示与交互设计，意味着在设计过程中将整合大容量信息，包括将

* 基金项目：本文受浙江省科技计划项目“智能化办事大厅信息展示与交互平台的研制”（项目编号：2013C33050）、浙江省哲学社会科学规划项目“基于虚实融合环境的适应性学习研究”（项目编号：13NDJC065YB）资助。

把文字、音频、视频、图形、图像、动画等多种媒体信息通过计算机进行数字化采集、获取、压缩与解压缩、编辑、存储等加工处理，再以单独或合成形式表现出来的过程。人机互动通过调动现场观众的听觉、视觉、触觉甚至嗅觉，将极大地提高观众的参与度，使整个信息展示环节收到良好的效果。

在当前已有信息展示与交互平台的案例中，使用人机交互技术的案例比比皆是。以触摸技术为例，隔空翻书技术是利用红外感应技术以及计算机多媒体技术实现的一种虚拟翻书的视觉效果。中华人民共和国成立60周年成就展、第二届全国地理测绘展以及上海世博会的加拿大馆、城市生命馆、重庆馆等都出现了该技术的身影。以声控为代表的人机交互技术在生活中同样被广泛应用，如语音识别技术、语音拨号以及数据录入等服务。除此之外，动作采集技术、全息技术等也是当下广泛被使用于各类信息展示和交互平台的人机交互技术。

在政府办事大厅信息化建设方面，行政审批系统、网上审批系统也已广泛应用，有效地提高了政府的办事效率。然而，综观当下行政服务机构的信息展示与用户交互手段，大多信息交互已经从运用鼠标、键盘等进行操作过渡为采用更为简便的触摸屏系统。尽管这种信息展示与交互方式简化了计算机输入模式，通过手指触屏即可完成查询或数据分析等操作，大大改善了传统的人机交互环境，然而，随着触摸屏不断普及，其交互性差、界面观赏性差、使用不方便等问题逐渐凸显。以点触式手势输入为例，其输入方式主要是对鼠标功能的模拟，在模拟操作时加入了手指是否接触的判断，但是点触输入不够精确，手指的遮挡也会给目标选择和判断带来麻烦。[2]因此，在当前信息系统越来越重视用户体验的现实背景下，它已不能全面满足办事大厅的需求。由此，基于场景式的服务与虚拟现实技术的智能化办事大厅信息展示和交互平台应运而生，为解决以上困境提供了思路。

经过网络及电子刊物查询可知，国内外政府信息交互平台场景式服务模式的发展研究还处于初级阶段，从我国政府门户网站场景式服务系统建设的实践来看，仍存在以下不足：①场景式服务用户需求分析不够透彻，潜在信息需求有待进一步挖掘；②简单使用 Flash 制作或 HTML 页面形成场景式服务，信息不能实现同步更新；③场景式服务系统和网站内容管理系统没有实现无缝对接，后期维护工作量大，信息无法实现共享。[3]国内外目前还没有将 Web3D、场景式服务等技术运用在办事大厅的信息展示与交互平台上，但在一些门户网站上，该技术已有所应用。例如，攀枝花市的电子政务大厅系统围绕全市608个行政审批和办事服务项目，依托政务服务中心实体，采用先进的三维虚拟漫游技术，将实体场景搬到互联网上进行展示。据资料显示，该电子政务大厅是全国首个在互联网上通过三维虚拟漫游技术展示的电子政务大厅。这类电子政务大厅的特点是实体大厅是什么样的，在网上看到的办事大厅也是什么样的。市民可以足不出户，在网上身临其境地了解政务服务中心的办事信息和服务窗口。这既有利于加强行政效能建设，提高行政服务效率，又节约了市民的办事时间，便民利民。

结合现有政府信息交互平台存在的问题及未来发展趋势，在设计智能化政府信息展示与交互平台时，应本着“以人为本”的指导思想，建设用户体验性强，有利于促进人机交互的平台。所谓用户体验，可以理解为用户在操作或使用一件产品或一项服务时的所做、所想、所感，涉及通过产品和服务提供给用户的理性价值和感性体验。[4]结合智能化政府信息展示与交互平台的特点，该特征将表现为以下几点：①用户参与性；②体验的动态性；③用户的差异性；④技术集成性。[5]

三、信息展示与交互的关键技术

（一）手势识别技术

人机交互技术的快速发展，使得基于鼠标、键盘等工具的传统人机交互方式逐渐显示出其自身的局限性。手势识别可通过数学算法来识别人类手势，利用计算机理解人类的手势，从而完成一系列的交互。自古以来手势就是人类用语言中枢建立起来的一套用手掌和手指的位置、形状来表达意义的特定语言系统[6]，在人类的交流中发挥着重要的作用。手势识别避免了操作鼠标、触摸屏等需要直接肢体接触的动作，使得公共场所的人机交互更加直观简洁。

Kinect 的数字视频摄像头能从事从捕捉图片到识别颜色等多项工作，麦克风则可以在短时间内采集多次声音数据。它在识别人体动作的时候，精度已经可以达到 4 厘米。因此，使用 Kinect 作为手势识别控制模块的核心元件，可以针对办事大厅事务的特点，设计相应的手势反馈。

（二）体姿动作识别技术

身体姿势识别是手势识别的增强应用，使用红外体感摄像头可以获得人体的骨骼数据，骨骼追踪技术通过处理景深数据来建立人体各个关节的坐标，骨骼追踪能够确定人体的各个部分，如哪部分是手、头部及身体。骨骼追踪产生 X，Y，Z 数据来确定这些骨骼点。[7]通过分析骨骼点数据，可以把身体动作转换为鼠标或键盘信号，用于驱动多媒体显示系统。主要控制包括以下三个方面。

①原地走动：控制系统向前，即发出↑键盘指令。

②向右转身：发出→键盘指令。

③向左转身：发出←键盘指令。

（三）人脸识别技术

人脸识别特指利用分析比较人脸视觉特征信息进行身份鉴别的计算机技术，通过使用人脸识别技术将实现针对不同平台用户的个性化界面定制。

（四）语音识别与合成技术

语音识别技术是让机器通过识别和理解过程把语音信号转变为相应命令的技术。语音识别一般分为两类：对特定命令的识别（Recognition of Command）和对自由形式的语音的识别（Recognition of Free-Form Dictation）。自由形式的语音识别需要训练软件来识别特定的声音以提高识别精度。一般做法是让讲话人大声地朗读一系列的语料来使得软件能够识别讲话人声音的特征模式，然后根据这一特征模式来进行识别。命令识别则应用了不同的策略来提高识别精度。和必须识别说话人声音不同，命令识别限制了说话人所讲的词汇的范围。基于这一有限的范围，命令识别不需要熟悉讲话人的语音模式就可以推断出说话人想要说的内容。

语音合成技术又称文语转换（Text to Speech）技术[8]，能将任意文字信息实时转化为标准流畅的语音朗读出来，相当于给机器装上了人工的“嘴巴”。在政府智能化信息展示与交互平台中，语言合成要求比较简单，只需要实现特定的一些语句的播报：①欢迎词，如“先生，您好，欢迎光临×××服务中心……谢谢”等；②某些查询结果，如“您申报的××事项已经办理完毕，请到××窗口领取”“您申报的××事项已经被退件，请与××窗口联系”“您申报的××事项需要补交资料，请与××窗口联系”等；③其他。

（五）全景环绕展示技术

以万维网为依托的虚拟现实技术，可划分为两类：一是基于几何模型的实时建模与动态显示，即真三维，其主要优点是观察点和观察方向可以随意改变而不受限制；二是基于图像的实时建模与动态显示，也称为全景（Panorama）技术，适用于需要真实展示场景环境的应用。

360 度全景技术是目前全球范围内迅速发展并逐步流行起来的基于静态图像的虚拟现实新技术。它实际上是一种对周围景象以某种几何关系进行映射生成的平面图片，通过全景播放器的矫正处理生成三维全景的技术。该技术使用数码相机对现有场景进行多角度环视拍摄，然后进行后期缝合，并加载播放程序来完成展示，可以给人们带来全新的真实现场感和交互式的感受。它可广泛应用于三维电子商务，如在线的房地产楼盘展示、虚拟旅游、虚拟教育等领域，所显示场景即为真实场景，与传统的虚拟现实相比更具真实感，更为经济，通过鼠标拖动，可使普通用户操作更为简便。由于三维全景图像源自对真实场景的摄影捕捉，真实感强烈，所以制作出的全景展更加生动和真实。实用全景环绕技术进行展示时，所有电脑均可作为播放终端，无须专门的工作站即可流畅地浏览观看，为公共场所信息展示提供了便利。

四、多媒体展示与交互系统 MIDIS 及其设计

（一）MIDIS 的体系结构

多媒体信息展示与交互系统（Multimedia Information Display and Interaction System，MIDIS）是一款集自然用户界面（手势、躯体动作、自然语音）的交互、虚拟信息展示与导航等功能为一体的智能化系统，适用于政府办事大厅、医院服务大厅等公共服务行业。平台基于手势、躯体动作、自然语音等人机交互手段，以用户体验为中心，以简明、形象、三维的导航方式，为使用者创建一个虚拟的办事环境，按照业务逻辑引导客户找到解决问题的相关信息及服务。

系统的硬件基本配置包括 Windows 8 主机、大幅面液晶触摸屏、体感摄像头、麦克风等。其中，体感摄像头采用微软公司的 Kinect 作为核心元件。通过 Kinect 的即时动态捕捉、影像辨识、麦克风输入、语音辨识、社群互动等功能，用户以肢体动作、手势或自然语言与系统进行互动。

智能化信息展示与交互平台包括智能化控制系统软件与 3D 多媒体展示软件两个子模块，其具体功能模块图如图 1 所示。

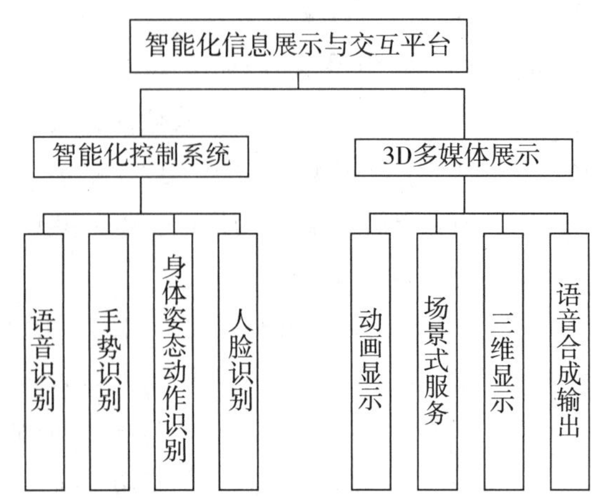

图 1　智能化信息展示与交互平台的功能模块

平台中智能化控制系统基于 .NET Framework 4.0 框架，利用微软公司 Kinect for Windows SDK 底层接口开发；多媒体展示系统使用 Unity3D 虚拟现实引擎软件、3D Studio Max + Flash 制作场景。后台数据库使用 My SQL。智能化控制系统和多媒体展示系统为两个独立系统，系统通信使用 Windows 消息机制运行。系统支持 Windows 8 操作系统，在 Internet Explorer 浏览器下运行。

（二）MIDIS 的技术路线与运行流程

根据前文的介绍，智能化政府信息展示与交互平台分为智能化控制系统软件、3D 多媒体展示两个模块，图 2 是该平台的业务流程图。

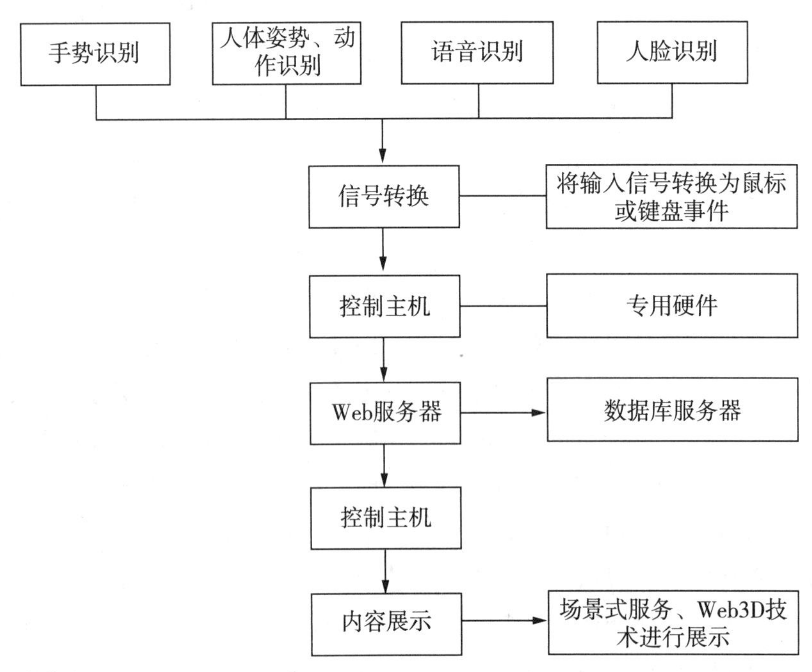

图 2　MIDIS 业务流程图

MIDIS 系统的运行过程主要包括以下阶段。

（1）智能化控制系统检测到有人脸在摄像头前，启动系统，出现欢迎页面。

（2）控制系统识别使用者手势、人体姿势、动作、语音，把这些输入信号转换为鼠标或键盘信号

（3）控制系统发出鼠标或键盘信号。

（4）展示系统接收系统信号。

（5）展示系统调用 Web 服务器和数据库服务器。

（6）查询结果。

（7）展示系统使用 Web3D 效果场景显示。

（8）展示系统播报语音、显示动画。

（9）重复 1—8 步。

（三）MIDIS 的场景式展示与交互

场景式服务为使用者创建一个虚拟的办事环境，按照业务逻辑引导客户找到解决问题的相关信息与服务。它就像一个耐心和智能的机器解答者，用户只需要做几步简单的选择，便可引导用户获取有针对性的信息与服务。

场景式服务模块通过三维的导航方式，还原业务办理场景，帮助公众了解政府业务办理流程。首先，针对公众的不同身份和需求，规划场景式服务。通过可选的交互演示不同公众办理业务的具体流程和相关要求；其次，为公众提供表格下载和业务提醒等拓展功能。

在交互功能模块中，对于语音识别使用的是命令识别，仅设定识别固定词语。诸如：①“下一步”“上一步”“翻页”“打开”等常见鼠标操作命令；②服务指南、申报资料、办事程序、收费等内容命令，识别后，直接打开内容。人脸识别的主要功能包括：①识别使用者的男女老少特征，控制展示系统给予不同的欢迎页面、欢迎词和场景显示，如识别到男士使用者，播报“先生，您好”，并对欢迎页面场景做相关变化；②对一些重要的、特殊的客人，如投资客户、特定的用户等，建立人脸库，系统经过识别后直接显示对方姓名和欢迎词。

智能化政府办事大厅信息展示与交互平台以用户为中心，在分析对象和用户需求的基础上，根据业务流程和信息资源提取场景与服务，具有一定的实用性；场景式服务面向用户手势、肢体动作以及自然语言，交互便捷，同时也兼顾了不同用户的使用习惯与交互接口。

（四）MIDIS 的后台管理

除了以上涉及的几个模块，MISP 系统中还需要后台管理系统作为处理各项事务的支撑。后台管理系统为一个数据库管理系统，使用 C#、SQL Server 2008 数据库实现。该后台管理系统的主要功能如下。

（1）部门管理：部门的增加、修改、删除。

（2）服务事项管理：包括申报资料、申报流程、收费明细的修改维护。

（3）公告公示管理。

（4）办事大厅简介等宣传文字的管理。

五、小结

智能化政府信息展示与交互平台使用语音控制、手势控制、体感控制等多种自然交互手段进行交互，具有新颖性、可观赏性，可以吸引更多办事群众使用，其具有的自然交互方式使用起来更加方便。传统触摸屏在公共场合使用时，经过多人触摸，可能会不可避免地在屏幕上留下各类细菌、病菌。而使用本系统，可以使用手势控制、体感控制、语音控制操作，手指不需要接触屏幕，避免了公共场合的疾病传播。在该平台投入实施阶段时，除了采用屏幕实现外，还可以根据需要采用投影仪作为输出屏幕，展示平台可以达到 10—100 平方米，并且显示信息可以来自互联网，具有很好的扩展性。

通过整合现有资源、合理运用现有人机交互技术，以有多种控制手段的、基于场景式的服务和 Web 3D 三维显示技术为核心，设计智能化政府信息展示与交互平台，其简明、形象、三维的导航方式，使其可以为使用者创建一个虚拟的办事环境，提升办事大厅的“政务服务”水平，方便办事群众，提高群众办事满意度，所以说这是打造“服务型政府”的有力手段。相对现有的信息交互平台，该平台将以往枯燥、单调的政务公

开公共服务变得人性化，更具亲和力，给人身临其境的感受，避免了传统触摸屏简单、乏味、枯燥的缺点，可以更好地吸引用户使用本系统。将该平台投入应用，会有效降低大厅工作人员的工作强度，提高办事效率，同时为前来办事的群众提供更加友好和高效的人机交互体验，切实体现“为人们服务”的政府办事理念。

参考文献

［1］奥立佛·格劳．虚拟艺术［M］．北京：清华大学出版社，2007.

［2］魏长增．多媒体交互技术在展示设计中的运用［J］．包装工程，2010（9）：97-100.

［3］周波，杨京玲．人机交互技术在现代展示设计中的应用［J］．包装工程，2011，32（20）：46-49.

［4］Wexelblat，D．．A Feature-Based Approach to Continuous-Gesture Analysis［D］．Massachusetts Institute of Technology，1994.

［5］周其信．政府门户网站场景式服务内容管理系统的应用研究［D］．合肥：合肥工业大学，2010.

［6］胡昌平，邓胜利．基于用户体验的网站信息构建要素与模型分析［J］．情报科学，2006，24（3）：322-325.

［7］邓胜利，张敏．用户体验—信息服务研究的新视角［J］．图书与情报，2008（4）：18-22.

［8］李月．基于自然用户界面的手势交互方式思考［J］．科技信息，2013（1）：180-156.

［9］张诗潮，钱冬明．体感技术现状和发展研究［J］．华东师范大学学报（自然科学版），2014（2）：40-49，126.

［10］张红英．嵌入式语音合成技术的发展及在智能家居行业的应用［J］．家电科技，2013（11）：22-23.

数字化学习资源设计与应用

农村小学语文低年级数字化识字教学资源包的设计与开发

陈春映　黄威荣

（贵州师范大学　教育科学学院，贵州　贵阳　550001）

摘　要： 教学资源是教育教学的重要支撑材料，数字化教学资源包的建设不仅要遵循课堂教学的一般过程和规律，还要注重地方人文特征和教学特色。小学语文低年级识字教学是语文教学的起步阶段，农村小学语文低年级识字教学资源包的设计与开发旨在改变农村传统的识字教学方法和模式，改善农村小学的识字教学水平。

关键词： 教学资源　课堂教学　资源包

农村基础教育是我国教育的重要组成部分，也是我国教育整体布局中十分薄弱的环节。如何提高和改善农村基础教育现状是值得我们深思的问题。随着数字时代的发展，信息技术不断被应用于中小学各学科教学中。数字化教学资源是教育信息化建设的重要内容，是构建数字化学习新环境、探索数字化学习新模式的重要保障[1]，日益成为中小学教师课堂教学内容的主要载体和重要支撑材料。数字化教学资源的普及和推广，为广大农村教育教学质量的提高带来了新的生机。

一、农村地区识字教学现状

小学低年级识字教学是小学语文教学内容的核心部分，识字写字是阅读和写作的基础，是1—2年级的教学重点。低年级识字教学内容是语文知识的起点和奠基石，这一知识模块内容的学习效果直接影响着学生今后中、高年级语文知识的学习。语文课程标准指出，“第一学段（低年级）认识常用汉字1600—1800个，其中800—1000个会写”。这对于广大教师和学生来说无疑是一个艰巨的任务，特别是对于各类教学资源（人力、物力）等方面都十分欠缺的农村地区来说，要想让学生能够很好地掌握识字教学内容就显得更加困难。

经济、环境及教学条件的限制和职业倦怠等因素导致农村教师在对低年级语文识字知识模块的教学过程中，教学方法过于单一，往往只是简单向学生介绍字体的偏旁结构、字意、读音和书写笔画顺序。教师一般采取让学生机械地、反复抄练的方式达到让学生学会“写字”的要求。这样的教学方法大大降低了学生对识字教学内容的学习兴趣，而且导致在许多学生的学习中生字“回生”的现象十分严重。

二、数字化识字教学资源包的内涵和意义

（一）数字化识字教学资源包的内涵

教学资源可译为Teaching Resources或Instructio-nal resources，前者是以教师的立场为出发点的，注重的是教师在教学过程中所使用的资源；后者注重的是资源的指导性和教育性特征。[2]数字化教学资源是指经过数字化处理，通过计算机或网络环境实现共享的各类教学材料。这里的数字化识字教学资源包是基于课堂的，指一切有助于或促进教师和学生进行识字教学活动的各类教学材料，包括声音、图片、文本（电子教材、教师教学用书、讲义）、视频、动画和课件、练习题等。识字教学分为“会识”和“会写”两个部分，其中“会识”部分只要求学生正

确拼读生字并知道其意思，而“会写”部分的生字要求学生全面掌握生字的“读、写、意、用”四个方面。“读”就是正确拼读，能区分出平舌与翘舌、前鼻音和后鼻音。“写”就是能正确书写，不能书写错别字和进行倒笔画书写。“意”就是知道生字的具体含义。“用”就是会用生字进行组词、造句，将其与其他形近字或近义词加以区分、辨别，并将其运用于具体的现实生活环境之中。识字教学资源包的建立也紧紧围绕这四个方面来进行各种教学材料的收集、制作和组织、整理，帮助学生在头脑中建立起对生字较为全面、系统的知识结构体系。

（二）数字化识字教学资源包的意义

1. 提高学生学习的兴趣，拓展学生的思维

小学一二年级的学生具有“好动”、注意力容易分散、有意注意时间短暂等特点。数字化教学资源的最大特点是可以同时将图片、文字、声音、影像展现在学生面前，将抽象、难以理解的问题变得具体、易懂，将枯燥的学习变得生动有趣，帮助学生理解学习内容、突破学习难点。[3]数字化识字教学资源包集图片、音频、视频、动画等多种形象直观的教学素材和教学手段于一体，具有很强的真实感和表现力，能创设出符合低年级学生身心发展特点的、丰富多彩的教学情境，把学生的注意力紧紧凝聚在课堂之中。此外，数字化识字教学资源包能够营造活跃的课堂教学氛围，给学生展现出无限的知识空间。

2. 丰富教材内容，满足学生多方面需求

语文课程标准强调语文课程必须根据学生身心发展和语文学习的特点，关注学生的个体差异和不同的学习需求，爱护学生的好奇心、求知欲，充分激发学生的主动意识和进取精神，倡导自主、合作、探究的学习方式。从内容上来看，虽然根据新课程标准开发的教材较之以前的教材在内容和形式上有了一定改善，但是教材的容量始终有限，许多与课文相关的、补充的内容，无法在教材中加以表现，而学生也往往不能满足教材中所传达的信息，他们希望能了解到更多、更丰富的知识。

3. 帮助师生建立良好的信息素养和教学资源意识，增进师生友好关系

对教师而言，要使识字化教学资源包具备内容要素全、使用功能多等特点，教师除了要具备对识字教学内容十分熟悉并能对其做出比较全面、系统的分析，对教学的重点和难点具有清晰的认识，对学生的学习状况具有很好的把握等方面的能力外，还要求广大的语文教师具有对教学相关资料进行收集、制作、整理的能力，以满足学生旺盛的求知欲望。通过长时间反复的实践，教师对各类教学资料的甄别、搜索、处理的能力会逐步得到提升。对学生而言，教师利用各种直观教学媒体素材进行教学，这种各种直观媒体素材的长期熏陶，对学生信息素养能力的培养也具有很大的促进作用。

4. 缩小城乡差距，促进教育公平

低年级识字教学是小学语文教学的起步阶段，是中、高年级语文教学的基础。农村小学数字化识字教学资源包的建设有利于提升农村教育教学水平，从而缩小城乡间的教育差距。此外，由于经济条件、教学环境等各方面的差异，导致城乡之间教育资源分配严重失衡，数字化资源包的建设能在一定程度上改善教育资源分配均衡化，从而促进教育公平。

三、数字化识字教学资源包的设计与开发

（一）设计思路

现代许多教育领域研究存在这样的问题，一些高层次人才和学者在教学方法和理论方面具有十分深厚的造诣，而对农村广大一线教育教学或教材的实施情况并不了解。反之，一线教师熟知教学实际情况，而教学方法和理论方面的知识却十分薄弱。此外，要打造出适合农村教师、学生使用的数字化识字教学资源包，还必须有软件技术相关人员的技术支持。因此，要想设计与开发出的数字化识字教学资源包能够在未来的应用过程中发挥出其应有的作用和魅力，必须具备一支由专家学者、信息技术教师或相关技术人员、一线教师、学生构成的专业化团队。在实际应用中，可以使用搭设自建网站、利用魔灯平台、建

立 FTP 服务等方法，为数字化学习资源提供良好的使用平台。[4]

数字化识字教学资源包并不是把与生字学习有关的图片、动画、视频等简单地进行拼凑和组合，而是要紧紧围绕着教学目标进行有目的的、合理的组织与安排。此外，识字教学必须遵循教育教学规律，内容设置上要按照由易到难、由简到繁的原则进行编排。数字化识字教学资源包应分为课前、课中及课后三个阶段来进行内容设计，结构框架如图 1 所示。

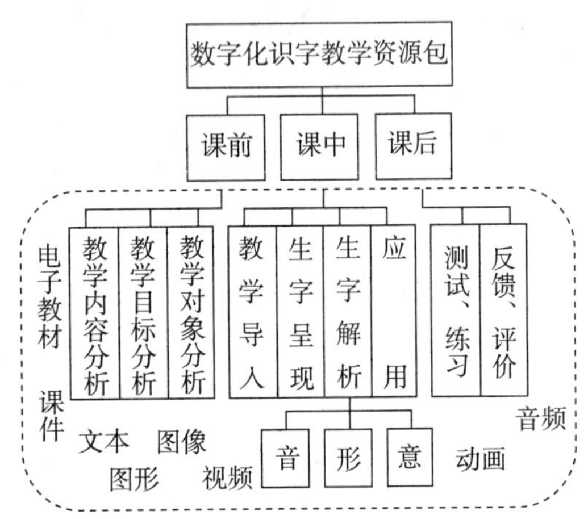

图 1 数字化识字教学资源包的设计

数字化识字教学资源包按照课堂教学的流程和环节来进行设计，每一个环节都可以选用一种或多种适当的媒体素材的组合形式来进行教学。例如，当进行教学导入这一课堂环节时，教师可以采用视频进行教学，也可以采用“文本+音频+动画”等多种媒体组合形式进行教学。

（二）数字化识字教学资源包的开发

1. 开发原则

数字化识字教学资源包的建设要以建构主义理论为指导，打破传统的死记硬背的学习方式，促进学生对生字知识的意义建构，从而牢固掌握知识。数字化识字教学资源包的建设必须以培养学生的综合能力为目的，在多种媒体教学资源一体化设计原则下，使资源包具备内容要素全、使用功能多的特点，诸多要素及功能共同服务于学生的有效学习。[5]

具体地说，数字化识字教学资源包的建设要遵循以下原则。

（1）多样性、整体性原则。

多样性指媒体素材的多样性，一方面由于不同区域或同一区域不同学校有其各自的人文特征、环境特点和教学特色，在资源包的建设过程中不同地区使用的教学媒体应适当与当地各种实际教学条件相结合；另一方面，不同学习者对媒体呈现方式有自己的习惯和偏好。此外，识字教学的各个环节需要不同教学媒体作为支撑材料，这些因素都直接或间接导致了识字教学资源媒体素材的多样性。整体性是指各种教学资源并不是零散、杂乱、孤立的，而是围绕教学目标进行精心选择、组合和设计，每种资源都是整个教学资源包中不可或缺的一部分，在教学过程中都发挥着一定的功能和作用。

（2）统筹兼顾、优化组合原则。

数字化资源的开发不仅要着眼于识字教学的课程总目标，而且也要对单元目标进行仔细研究和设计；不仅要考虑大多数学习者的需求，也要考虑小部分特殊人群（学困生、残疾生等）的需求。教学资源的组合形式多种多样，教师在教学过程中可以根据需要采用最佳资源组合形式来进行教学。

（3）结合实际、实时更新原则。

数字化资源的开发应重视知识与生活的联系，发挥数字化教学资源的功能，以极大地丰富学生实际生活中的各类信息，使学生有较真实的体验，并开阔他们的思路和视野。[6] 从生活中的点滴体会生字的美，尽量从学习者身边所熟知的事物进行资源的选择和利用。讲求实际，各种资源确实是能促进学习者对生字的理解和学习，而不只是过分追求媒体素材的新颖和华丽以博取眼球。随着技术的发展，各种教学媒体资源及课程要求也在发生着日新月异的变化，这就要求我们对现有的数字化教学资源包及时进行调整和补充。

2. 开发流程

数字化识字教学资源包的开发流程如图 2 所示。

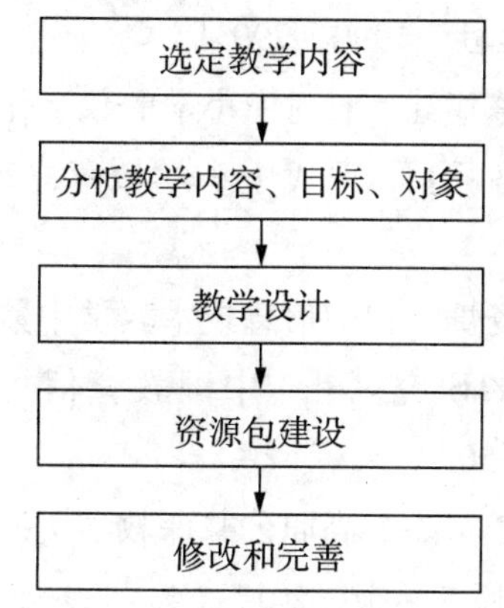

图 2　数字化识字教学资源包的开发流程

（1）第一步，选定教学内容。

教学内容的选定即对某版本教材某个单元的知识进行选定，不同地区小学低年级语文教材使用的版本不尽相同，不同版本对生字学习顺序的编排、要求等方面也不一致。

（2）第二步，分析教学内容、教学目标及教学对象。

教学内容分析是指对生字的难易、复杂程度等方面进行分析，不同的生字因其难易、复杂程度和要求不同而应采用不同的教学方法。教学目标指教学完成后学生要掌握的某种技能，不仅包括课程总教学目标还包括单元目标。在语文低年级教材中有些生字要求学生能够“会识”“会写”，有些生字只要求学生“会识”。教学目标分析是否得当关系着教学质量的好坏。教学对象分析，即对学习者特征的分析，这里的对象指小学低年级学生。

数字化识字教学资源包内容的选择、设计和制作都要紧紧围绕教学内容、教学目标和教学对象三个方面来进行。

（3）第三步，教学设计。

教学设计是基于课堂来进行设计，即根据教学目标及具体教学环节设定所采用的教学方法、教学形式及各种教学资源。

（4）第四步，资源包建设。

教学资源的制作水平和利用率是紧密相关的，提高教学资源的制作水平与利用率将是我们长期探索和实践的课题。[7] 教学资源包包括了一门课程中的所有资源，资源包建设包括各种素材的收集、分类、描述、整理、编排、存档。

① 收集素材。

数字化识字教学资源包的素材种类繁多，有文本、图形、图像、视频、音频、动画等。我们可以通过不同的途径来收集素材，首先要在网站上搜索想要的资源，再通过购买、下载或共享等方式获得。有些收集好的素材可以直接使用，有些素材无法获得或是没有达到教学的效果和需求，这就需要我们利用多媒体集成软件自行创作或对现有素材进行集成、调整和修改。

② 分类、描述。

对收集好的素材进行分类，例如确定某素材是属于课中的导入部分还是课后练习部分。描述是要对素材的格式、大小、使用方式、相关属性等进行详细描述。

③ 整理、编排。

分类、描述后，需要对所有资源进行整理和编排。即对各个媒体素材的使用顺序、组合方式进行调整和调节，使它们发挥的功能和作用最大化。

④ 存档。

数字化识字教学资源包制作完成后，需要将全部资源按照一定的分类方式对其进行存档入库，以便于以后查看和使用。

（5）第五步，修改和完善。

数字化识字教学资源包的数据会因其自身或外界因素而损坏，为了防止数字化识字教学资源包的损毁和破坏，保证其数据资源的完整性，需要定期对其进行查看和修改。此外，将资源包投入具体的课堂教学实践后可能会发现其建设过程中的不足和欠缺，应及时对其进行修改和完善。

四、总结

数字化识字教学资源包因其能为不同类型的学习者提供个性化学习手段而被广泛应用。数字化识字教学资源包在教育教学中的应用打破了传统的教育教学模式和学习方式，不仅使得课堂变得生动活泼、师生关系更加和谐，而且大大提高了教育教学水平及推动了教育事业的发展。农村教育一直是广大教育研究者密切关注的领域，现代信息技术为农村数字化识字教学资源包的建设和使用提供了良好的发展平台。然而，数字化识字教学资源包的建设是一项系统工程，需要每一位相关人员在发挥各自作用的同时密切配合、积极协调，这样才能使资源包的建设取得良好的成效。本文只是对语文低年级识字教学的研究进行了初步探索，识字教学的研究任重而道远，需要更多教育学者的参与。

参考文献

［1］陈鑫源．区域数字化教育资源建设与应用的调查研究［J］．中国教育技术装备，2013（14）：45-48.

［2］顾明远．教育大辞典［M］．上海：上海教育出版社，1990：799.

［3］陈建红．农村中小学的数字化教学资源的开发策略［J］．现代中小学教育，2013（5）：75-78.

［4］杨烁．初中信息技术教学中数字化学习资源应用的研究［J］．中国教育信息化，2012（22）：47-50.

［5］李寅杰．高职公共课教学资源包的建设［J］．辽宁师专学报，2011（4）：39-40.

［6］高明辉．适应个性化学习需要建设数字化学习包［J］．河北广播电视大学学报，2012（3）：37-39.

［7］张晓东．数字化教学资源开发的基本原则［J］．现代中小学教育，2013（5）：71-75.

从师生视角看"翻转课堂"教学微视频制作

刘清杰　熊才平　吴海彦　汪学均

（华中师范大学　教育信息技术学院　信息化与教育发展研究中心，湖北　武汉　430079）

摘　要："可汗学院""翻转课堂"成为备受教育界关注的词汇，用视频重新创造教育正逐步实现。教学微视频成为知识传授的"代理人"、学习者知识接收的"引路人"、"翻转课堂"得以实施的基本条件之一。教学微视频的制作质量直接影响学习者的学习效果。为了提高教学微视频的教学质量，分别从教师和学习者不同角度分析"翻转课堂"教学微视频制作中应注意的问题。研究发现，教学微视频制作是一个复杂的系统工作，需要教师和教学设计、视频制作技术等人员密切配合，按照符合学习者认知风格的要求，从认知负荷微小化、多媒化、多样化等原则出发，制作教学微视频，帮助学习者实现有效学习。

关键词：翻转课堂　教学微视频

自 2011 年，萨尔曼·可汗（Salman Khan）在 TED（Technology Entertainment Design，是技术、娱乐、设计的简称）大会上的演讲《用视频重新创造教育》吸引了教育界各专家的广泛关注。他创办的可汗学院（Khan Academy）轰动全球，微课程以及被称为"翻转课堂"的教学模式，很快成为教育工作者关注的焦点，世界各国的教育部门掀起尝试使用微课程、翻转课堂模式的教学改革热潮。翻转课堂成为各个学校课堂教学改革的一大焦点。[1]目前，国内对翻转课堂的研究与实践也才刚刚开始，研究主要集中于翻转课堂在各学科的应用推广及课前阶段的微课制作方面，很少有人从教师工作量的视角，以及学生学习的视角来探讨这些教学微视频的制作。基于此，笔者分别从教师和学习者视角对翻转课堂教学微视频制作进行研究，以期为翻转课堂教学微视频的制作提供一定的帮助。

一、教学微视频是"翻转课堂"得以实施的基本条件之一

近两年国内外研究者对"翻转课堂"进行了一系列的研究。所谓"翻转课堂"，就是在信息化环境中，课程教师提供以教学微视频为主要形式的学习资源，学生在上课前完成对教学微视频等学习资源的观看和学习，师生在课堂上一起完成作业答疑、协作探究和互动交流等活动的一种新型教学模式。[2]相关专家学者认为，"翻转课堂"的学习本质过程分为知识传授和知识内化两个阶段。与传统课堂授课模式相反，在"翻转课堂"这一教学模式下知识传授和知识内化两个阶段进行了颠倒，课前学生通过观看教学视频完成知识的接受，课堂上学生通过各种教学活动完成知识的内化。[3]在"翻转课堂"这一教学模式下，教学微视频是教师知识传授的"代理人"、是学习者知识接收的"引路人"、是"翻转课堂"得以实施的基本条件之一。教学微视频承担起了知识传授的责任，那么教学视频的质量对知识传授的效果有着极其重要的影响。笔者试图从教师和学生两个视角来解答如何提高教学微视频的质量问题，以期为教学微视频的制作提供参考。

二、教学微视频制作的理论基础

（一）教学微视频应遵循认知负荷理论

澳大利亚新南威尔士大学的认知心理学家约

翰·斯威勒（John Swdler）提出的认知负荷理论是建立在容量有限的工作记忆和容量无限的长时记忆的认知结构这一基础之上的。认知负荷可划分为三种类别，即外部认知负荷、内部认知负荷和相关认知负荷。当认知负荷理论涉及教学时，他认为内部认知负荷是固定的，不能人为改变，而外部认知负荷与相关认知负荷则可以通过优化教学设计而发生改变。恰当的教学设计应该尽可能减少外部认知负荷，将学习者的注意力引向与图式建构直接相关的认知加工过程，从而增加相关认知负荷。此外，三类认知负荷相互叠加与交互，还有一个潜在的逻辑前提，即要使学习发生，三种认知负荷的总和不能超过工作记忆资源的总体容量。[4]从心理学的角度看，“翻转课堂”教学模式旨在降低学习者的认知负荷，通过课前学习观看教学微视频完成知识传授、课中完成知识内化，使学习者的认知资源得到更合理的分配，从而获得更好的学习效果。[5]

（二）教学微视频应符合多媒化理论

美国当代著名教育心理学家梅耶（Mayer）认为，多媒体学习研究是由基本假设、学习科学、教学科学和应用领域构成的严谨的科学体系，是一门扎根于理论的循证科学，其最终落脚点在于指导教学实践。他指出当多媒体的教学设计符合人类大脑的工作特点时，多媒体设计才会促进学习者的学习。著名心理学家佩维奥提出的双重编码理论侧重于通过丰富编码方式来促进学习的发生。约翰·斯威勒提出的认知负荷理论侧重于通过减少不必要的信息编码、减轻认知负担来促进学习的发生。梅耶吸收了双重编码理论和认知负荷理论的精华，提出了多媒体学习理论。多媒体理论是实现学习者对学习材料进行深层次加工的一种重要的教学手段。该理论认为，文本和画面组合呈现的教学效果要优于单一的文本呈现，对知识水平较低的学习者来说更是如此。所以，“翻转课堂”的教学微视频更应遵循这种多媒化呈现原则。

三、从教师角度看“翻转课堂”教学微视频制作

教学微视频是“翻转课堂”得以实施的前提条件之一。教学微视频质量的好坏直接影响学习者在知识传授阶段的学习效果，顺势也会影响学习者知识内化的程度，鉴于此，教师必须十分重视教学微视频的制作。从教学微视频制作的前期策划、学习内容的分析整理、学习资源的开发、脚本的编写、过程的拍摄到后期的制作，这一系列环节都需要教师的精心策划和积极参与。而教师的主要工作职责是严格遵循教学计划和教学大纲，合理组织课程教学内容，制订课程进度计划，完成该课程的主讲、辅导、答疑、批改作业等相关工作。从教师的主要工作职责来看，教学微视频的制作并不能说是每一位教师必须完成的任务之一，而开展“翻转课堂”必须有相关课程的教学微视频，这无疑给任课教师增加了额外的工作量。因此，我们从以下三个方面着手，预防制作教学微视频额外增加教师教学工作量，从而影响教学微视频质量情况的发生。

（一）配备教学设计人员协助教师开展“翻转课堂”教学微视频的教学设计工作

教学设计以解决实际的教学问题为宗旨，是联结教学理论与教学实践的桥梁。教师虽在教育教学一线工作，但并非所有的教师都是教学设计方面的专业人员。“翻转课堂”的教学微视频对学习者的学习起着至关重要的作用，所以必须对教学微视频的教学设计予以高度重视。制作教学微视频时，在“翻转课堂”实施的前期准备阶段，需要学校为任课教师调配一名教学设计人员协助教师进行教学活动的设计。笔者认为“翻转课堂”要想取得卓有成效的教学效果，在教学微视频的制作过程中就要提供具有实践指导性的教学设计，整合学习过程中的各种教学资源，为学习者课前的自主学习和课上的协作学习提供服务。一方面，教学设计人员对教师根据相关教学内容所做的教学设计予以指导，保证教学微视频能够达到传授知识的目标。另一方面，教学设计人员可以分担一部分任课教师的工作，减轻任课教师的工作负担，更好地保证任课教师专心准备教学微视频的拍摄工作。

（二）配备视频制作技术人员辅助教师完成教学微视频的前期准备、过程拍摄、后期编辑工作

“翻转课堂”教学微视频经过前期的策划已经有了初步的设想，接下来需要任课教师做的还有脚本的编写、学习资源的准备等一系列工作。目前，虽然大多数教师都具备了一定的信息技术教学应用能力，但专业教学微视频的拍摄、编辑对于大部分的一线教师来说还是比较困难的或者说有挑战性的事情，很多教师会为此而头疼、恐惧。毕竟任课教师的主业是从事教育教学，而不是从事视频制作工作。因此，为开展“翻转课堂”的任课教师配备教学微视频制作的技术人员显得非常必要。在拍摄教学微视频前，配备视频制作技术人员辅助教师完成教学微视频的前期准备工作，包括学习资源的整理、脚本的编写等。在教学实施的过程中，视频制作技术人员帮助教师拍摄教学微视频，包括摄像机的架设、灯光效果的调整、镜头的捕捉等工作。在视频拍摄完成后，视频制作技术人员帮助教师完成后期编辑工作。一方面，视频制作技术人员可以为教师提供教学微视频制作方面的技术指导，使得制作出来的教学微视频更符合学习者的观看要求。另一方面，对于教师而言，有了视频制作技术人员的指导和帮助，可以减轻自己的部分工作量，同时也解决了拍摄工作中的疑虑。

（三）教师与网络平台管理人员合作，适时上传教学微视频资源

将“翻转课堂”教学微视频上传到指定的教育教学平台，为学生提供在线观看和下载学习服务，这也是“翻转课堂”得以实施的重要环节。经过前期的准备、过程的拍摄以及后期的制作，教学微视频制作工作终于告一段落，但这只是完成了“翻转课堂”前期准备工作的60%，教学微视频需要上传到指定的教学平台才能被学习者访问，教师依然要承担起视频上传、答疑解惑的工作。尽管当今的教学平台都已经比较成熟，提供的功能、服务也比较齐全，资源的上传、下载的操作步骤也相当简单，但在上传教学资源的时候依然需要进入后台，进行相关的设置、发布等。如果不是从事信息技术教育教学的教师，则这种上传资源的能力可能还有待提高，上传中可能会遇到各种各样难以解决的问题，同时上传教学资源的效率也可能会大大降低，甚至因此影响教师教学模式创新的积极性，不利于“翻转课堂”的开展和实施。鉴于此，分配网络平台管理人员辅助教师上传相关教学微视频资源也是非常必要的。这不仅可以减轻教师的工作负担，也有利于使上传的教学微视频更加规范，便于后期的管理。

四、从学习者学习角度看“翻转课堂”教学微视频制作

“翻转课堂”把知识的学习过程放在课外，由学习者自主学习、自主探究。一方面，这对学习者的自主学习能力、自我管理能力有较高的要求。另一方面，这也使“翻转课堂”教学微视频的制作提高了门槛。制作的教学微视频应符合学习者学习的特点，适合学习者在课外自主学习、自主探究。笔者认为，以认知负荷理论和多媒化理论为切入点，制作的教学微视频应该严格遵守认知负荷微小化、资源多媒化、形式多样化的原则。

（一）制作的教学微视频时长不宜过长，应遵循认知负荷微小化原则

约翰·斯威勒的认知负荷理论指出，要使学习得以发生，认知负荷不能超过工作记忆资源的总体容量。由此看来，制作的教学微视频时长不宜过长。根据学者张金磊对可汗学院和林地公园高中的微视频特点进行的分析可知，可汗学院提供的教学微视频时长都低于 14 分钟，大多数教学微视频的时长都在 10 分钟左右；林地公园高中提供的教学微视频时长都低于 15 分钟，全部教学微视频的平均时长在 10 分钟左右。可汗学院和林地公园高中的成功也为研究者制作微视频提供了一定的参考。所以，在制作教学微视频时一定要严格把控视频的时长，尽可能控制在 15 分钟以内。此外，在制作教学微视频时应注意厘清教学内容，做到知识点划分清晰。若在一个教

学微视频中包含两个及两个以上的知识点，应尽可能在教学微视频中提供明确的提示文本。如在一个知识点与另一个知识点的衔接处加一个过场效果和关于知识点名称的字幕，用以提示学习者当前所讲的内容。

（二）制作的教学微视频应遵循多媒化原则

梅耶的多媒化学习理论指出，文本、画面、声音组合后呈现的教学效果要优于单一媒体呈现的效果。因此，从学习者学习的角度看，“翻转课堂”教学微视频的制作应遵循多媒化原则。教学微视频应图、文、声并茂，以提高“翻转课堂”教学微视频的知识传授效果。教学微视频中的图片应具备清楚、美观、大方、较好呈现学习内容的特点，其中，只有承载相关学习内容的图片才适合在教学微视频中展现。反之，“花瓶式”的图片则不应在教学微视频中过多呈现。教学微视频应添加主讲教师教授内容的字幕，学习者不仅可以听到教师的讲解，还可以看到教师教授的文字内容。添加的字幕要求文字清晰，大小适宜，符合学习者的观看要求。对于学习者而言，教学微视频的声音效果也是一个重要方面。教学微视频的声音是学习者学习的一个通道，声音优美动听无疑会给学习者的学习效果加分。所以，“翻转课堂”教学微视频的制作应遵循多媒化原则，优化学习者的学习效果。

（三）制作的教学微视频形式应遵循多样化原则

传统的教学视频课，通常在录制的时候采用近景和特写的景别形式拍摄教学过程，视频的制作形式单一，选择的景别也非常单调，且单一镜头持续时间较长，容易引起学习者学习的疲劳感，降低学习者的学习效率。“翻转课堂”教学微视频承担着知识传授的重任，教学微视频的质量直接影响着学习者知识掌握的情况，影响着学习者知识内化的程度。传统教学视频中的这些弊端，在“翻转课堂”教学微视频的制作中应予以避免。首先，在制作教学微视频时可以吸收优秀的电视节目形式，以促使学习者集中注意力，最大限度地激发学习者的学习兴趣，大大提高学习者学习的积极性。中央电视台的讲座式栏目“百家讲坛”、山西卫视的脱口秀栏目“老梁故事汇”等就是深受广大人民群众喜爱的节目形式，尤其是“老梁故事汇”，内容丰富多彩、形式短小精悍，此类节目更应引起教学微视频制作者的注意。其次，在制作教学微视频时应注意吸收优秀电视节目“引人注意”的精髓，如采用变换多样的镜头形式，穿插不同类型的景别，以制作高质量的教学微视频资源。

五、结论

“翻转课堂”成为教学改革的热点，教学微视频在“翻转课堂”中起着重要的作用，是“翻转课堂”实施的基本条件之一，如何制作好的微视频是“翻转课堂”成功的关键。本文从教师和学生的角度分析了“翻转课堂”教学微视频的制作。研究发现以下两个结论：一是教学微视频制作是一个复杂的系统工程，应充分考虑任课教师的工作量。在视频制作这一模块，尽可能多地配备相关教学设计、视频拍摄及制作技术人员辅助。除了教师的参与外，还需要教学设计人员协助微视频的教学设计工作，需要技术人员协助完成微视频的拍摄、编辑工作，需要网络管理人员辅助教师上传资源。总之，需要通过教师和教学设计人员、视频制作技术人员以及网络学习平台管理人员的密切配合，制作出高质量、有吸引力、传播效果良好的教学微视频，为“翻转课堂”的有效实施打好前期基础。二是“翻转课堂”模式下学生的学习过程主要是自主学习和独立学习，应充分考虑学生的认知风格、认知特点，制作出符合学习者学习特点、满足学习者学习需要、录制形式多样的教学微视频。为了满足学生的需要，教学微视频的时长不宜过长，应结合多种形式制作教学微视频，采用多种样式表现教学微视频。

参考文献

［1］宋艳玲，孟昭鹏，闫雅娟．从认知负荷视角探究翻转课堂——兼及翻转课堂的典型模式分析［J］．远程教育杂志，2014（1）：105-112.

[2] 钟晓流，宋述强，焦丽珍．信息化环境中基于翻转课堂理念的教学设计研究［J］．开放教育研究，2013（1）：58-64.

[3] 张金磊．"翻转课堂"教学模式的关键因素探析［J］．中国远程教育，2013（10）：59-64.

[4] 严莉，苗浩，王玉琴．梅耶多媒体教学设计原理的生成与架构［J］．现代远程教育研究，2013（4）：38-47.

[5] 余青兰，王美倩．多媒体教学设计原则在数字化学习中的实践［J］．现代远程教育研究，2013（5）：19-27.

基于教师专业技能资源库的微课制作功能设计与实现*

潘唯一　章苏静

（杭州师范大学　教育学院，浙江　杭州　311121）

摘　要：目前，国内微课大赛层出不穷，微课制作方法也呈现出多种模式。在探究微课现状、分析微课制作方法后，发现目前微课制作或微课平台存在一定问题。围绕教师专业技能资源库而设计的“微课”制作模式，在一定程度上可缓解此类问题，该模式根据教学者需求进行设计，关键在于在线一体化的资源获取，微视频、微课件、微教案制作及线上交流和评价。基于教师专业技能资源库的微课制作功能对于微课发展有一定的引导作用，其功能有待深入探讨和挖掘。

关键词：教师专业技能　资源库　微课制作　一体化

一、引言

当今社会，信息化高速发展，人们对信息的索取也逐渐偏向快节奏与碎片化。微博、微信、微小说、微广告、微电影等[1]各种“微”资源名词的诞生，也预示着“微时代”[2]已经对人们的生活、学习、工作等各方面都带来了很大的影响。在教育领域，随之而来的是微课的出现。微课，是以短小的视频为载体的一种教育信息资源形式[3]，它承载着相关的某个知识点。自2010年微课传入我国，其发展非常迅速，各地陆续开展了相关的微课制作大赛、微课培训等。人们对微课的认识也从最初的“微资源构成”逐渐发展到一个微课程的整体概念，不仅是一段视频，更包括了教学设计、教学课件、教学反思、教学互动和练习。[4]

二、当前微课制作的困难与不足

微课的关键还是在于其最初的设计与制作，而这对许多教师来说是十分头痛的事情。现阶段的微课制作有多种方法，有使用摄像机或是一些移动设备进行拍摄录制的微课，有采用录屏录音软件进行制作的微课，有运用相关动画制作软件合成的微课，当然也有混合采用这几种方式制作的微课。[5]所以，完成一段微课不仅要找到合适的设计资源，也要利用合适的方法进行开发制作，还要分享出去以便教师、学生使用并获得教学反馈。

与此同时，网络资源平台的兴起也给微课提供了一个很好的展示媒介。目前，有多种微课视频网站，主要是面向教师的微课竞赛网站，如中国微课网、高校微课大赛网或是面向学生的在线学习网等。[6]然而，这一系列的网站，大部分只能提供基本的微课展播、互动交流等，少数功能较完善的网站会提供针对学习者学习之余的测验和反馈。

笔者通过调查发现，微课的制作趋于复杂，微课平台的实现较为单一、缺乏整体性。基于此，本文针对如何利用教师专业技能资源库里的相关资源制作微课乃至微资源，并实现微资源的再生进行设计和探讨。

---

* 本文为浙江省2013年高等教育教学改革项目“基于‘一体三层’的师范生教学技能实训资源建设与共建共享机制研究”（项目编号：jg2013147）的阶段性研究成果。

三、围绕微课制作功能的需求分析

在教师专业技能资源平台里进行微课的制作，一方面是为了方便制作者寻找资源，另一方面是有助于缓解微课的制作过程复杂这一状况。同时，也可以使得线上制作好的资源成为一个新的资源，实现资源的再生，并且还能为微课的发布、分享及反馈提供一个线上平台。因此，该平台的需求可以罗列为以下几个方面。

（一）可行性分析

本系统是面向全校师生开发的。开发环境为Apache2.2+MySQL5.5+PHP5.0，Window Server 2008操作系统；而软件运行环境支持Windows 98/NT/ME/2000/XP/2003/2008等操作系统环境。因此，本系统在技术上是可行的。

同时，本系统是以省级项目为前提的，有充足的经费来执行设计和开发，且系统内微课制作相关功能的设计开发，能够为职前教师的微课制作提供一体化、优质的、突破时空限制的数字资源，从而实现优质微资源的利用和再生，其效益是不可估量的。因此，在经济上也是可行的。

此外，本系统的用户对象是大学生和大学教师，其界面要求设计得友好、简单、明了，并附有详细的使用说明可供下载，用户只需懂得简单的计算机操作知识，就能自由应用本系统。所以，在操作上也是可行的。

（二）面向用户（包括学生和教师）的需求分析（如图1所示）

1. 微课制作相关配套资源的获取

微课设计要从关注资源本身转向关注资源与学习过程的有机结合[7]，因此，微课追求的不是视频资源的艺术表现形式，而是相关配套资源的下载和共享。这里所说的配套资源是微课制作过程中需要利用或者是需要参考的资源，如微课制作前期要对课程内容进行分析，这便需要有合适的教学设计，以明确教学目标。那么，此时在资源平台能获取相关的教学设计或诸如此类的配套资源进行参考，是将资源与学习过程有机结合起来的重要环节。

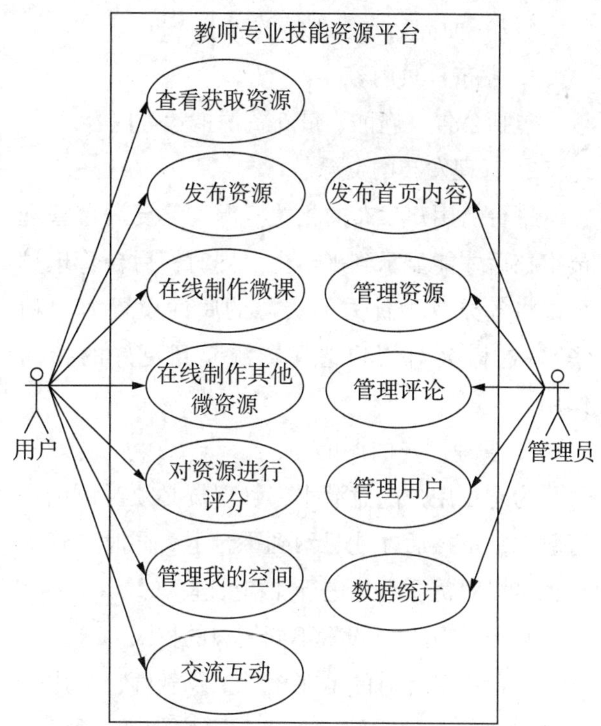

图1 系统需求用例图

2. 明确的资源分类及相关推送机制

平台需要把相关的资源进行分类，例如以年级、学科分类，甚至是以内容分类。同时，也针对不同类别的资源建立相关的推送机制，以使用户更加明确微课制作所需资源的来源，以及微课发布的去向，并为整个平台实现资源共享提供便利。

3. 在线制作微课或微资源，形成资源再生

微课的制作不仅需要技术上的融会贯通，更需要在线下花很多功夫。对许多教师来说，制作微课是一项费时、费力、费脑的工作。因此，平台需要一个可以在线制作微课的功能，甚至是把获得的其他资源进行再构造，形成新的资源，从而实现微资源的再生。

4. 构建个人资源平台

平台上需要有属于用户自己的个人空间，用户不仅可以设计制作自己的微课，发布相关的资源；同时，也可以对别人好的成果进行收藏，或者对其进行点评、打分、讨论；还可以管理、编辑自己发布的内容，包括资源、微课以及自己做出的点评。

（三）面向后台管理员的需求分析

1. 发布首页内容

包括公告、新闻、最新资源推荐等内容。

2. 管理发布的资源

平台上用户发布的相关资源均需要后台管理员审核后才能显示到平台上。同时，后台管理员可以将各类较为优秀的资源的属性设置为“精华”，这样会对用户选择资源起到更好的指向作用。

3. 管理用户的评论

为防止用户随意灌水，管理员必须对评论进行删选、审核后才能显示到平台上。同时，管理员也可以对优质评论进行加精处理。

4. 增减用户，设置不同用户的权限

平台主要针对的是在校学生及教师，其用户不是注册的，而是统一加入数据库中的。所以，管理员需要根据实际情况对人员进行调整。此外，用户的类型不同，所需的权限也不同，如优秀教师团队可以有直接发布资源或者评论等的权限，无须审核。

四、围绕微课制作主要功能的设计与实现

（一）功能结构

微课作为一个整体的概念，并非资源的简单聚合，而是注重资源的整合性，同时对学习者和教学者的交互性也有很高的要求。[8]

本文提到的平台首先将微课制作所需要的原始资源进行有效分类，帮助用户获取多种类的原始学习资源，随后在此基础上进行后续的微资源制作及再生，其结构模型如图2所示。资源的获取、制作和再生的环节，均是基于教师专业技能实训资源平台而实现的一体化过程。此外，为实现资源库整个平台的交互性和严谨性，在用户层面设立了讨论交流模块及星级打分机制。一方面，可以使用户（包括教师和学生）能够在线进行评论和互动交流，增强交互性；另一方面，给管理员以权限，可以对用户所发表的资源信息及评论内容等进行审核，防止灌水等情况出现，增强其严谨性。

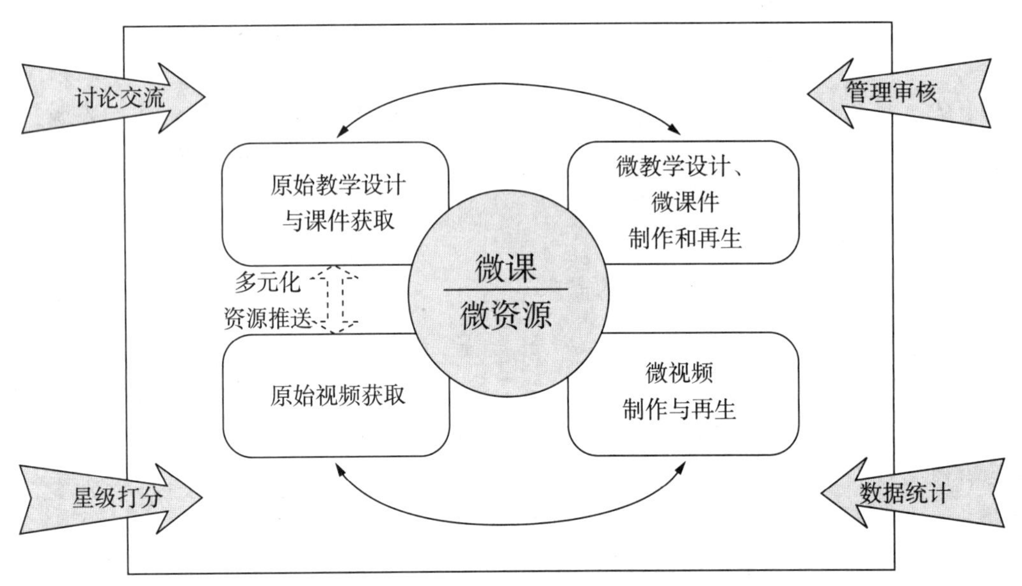

图2　围绕微课制作的主要功能框架模型

此外，为了确保平台使用更为有效，且能获得及时的反馈并进行相应的改进，利用系统后台的日志信息来对用户的使用数据进行统计，以期能了解用户的使用情况，包括使用时间、哪些内容访问的次数多等。

（二）关键功能实现

本系统的开发环境为 Apache2. 2+MySQL5. 5+PHP5. 0。以下介绍围绕微课制作的关键功能的实现。

1. 原始资源的获取，如图 3 所示

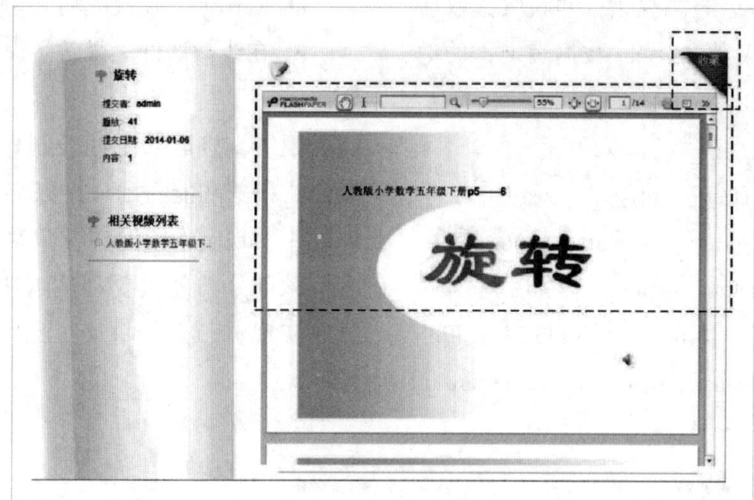

图 3　教学课件的在线观看

除了原始的视频可以在线观看外，原始的教学设计和课件设计均可以在线观看。这部分功能的实现，主要是利用函数 exec（）来调用一个名为 FlashPaper 的转换工具把 .doc（.docx）或 .ppt（.pptx）格式的文件转换成 .swf 文件，关键语句为：

```
$command = " \ " FlashPaper 所在目录
" $oldfile-o $newfile";
exec ( $command);
```

同时，对于原始资源，也可以将其收藏到相应的个人空间，以便随时查阅。收藏功能的实现首先要建立相应的数据表 qy_ collection，然后检查所要收藏的内容是否已被收藏，若没有被收藏，则获取其项目编号并增加到数据表 qy_ collection 中，关键语句为：

```
$fid= $_ GET [ "fid" ];
$aid= $_ GET [ "aid" ];
$posttime= date ( "Y-m-d" );
$db->query ( " INSERT INTO
{ $pre } collection ( aid, uid, belong, fid,
cid, posttime)
values ( ' $aid',' $lfjuid',' $belong',' $fid','
$id',' $posttime') " );
showerr ( "收藏成功", 1);
```

2. 在线微视频制作功能，如图 4 所示

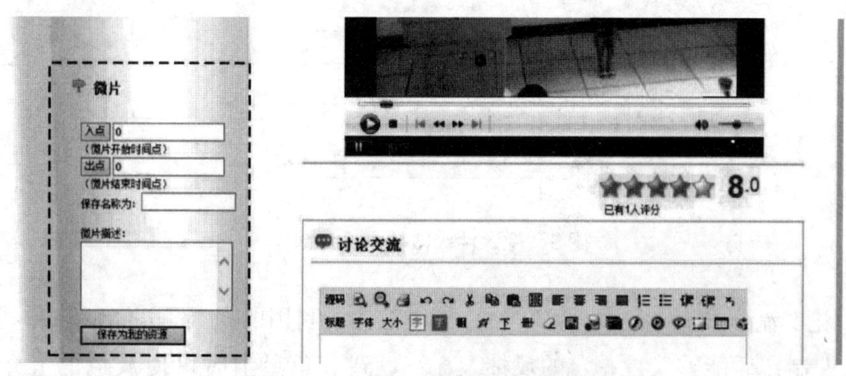

图 4　微片制作

首先设计一个名为 qy_cut 的数据表，用于存放制作好的微视频。然后根据项目号 aid 获取原始视频数据表（qy_article_content_102）中的视频，利用微片开始时间点（出点 cuttime1）和微

片结束时间点（入点 cuttime2）把视频中所需内容截取成属于用户自己的微视频，并获取截取后视频的 url，最后存入到 qy_ cut 数据表中，关键语句为：

$db->query

（“INSERT INTO qy_ cut

（aid，fid，uid，username，newname，posttime，url，description，belong）

values（′ $ aid′,′ $ fid′,′ $ lfjuid′,′ $ lfjdb [username]′,′ $ newname′,′ $ posttime′,′ $ nowmvurl′,′ $description′,′ $belong′）”）；

showerr（" 收藏成功"，1）；

3. 在线微课件、微教学设计制作功能，如图5所示

系统直接嵌入了在线制作文档和 PowerPoint 演示文稿的功能，用户可以突破空间的限制，在系统中实现制作微课件、微教学设计的一体化过程。该部分功能主要利用 NTKO OFFICE 文档控件来实现。

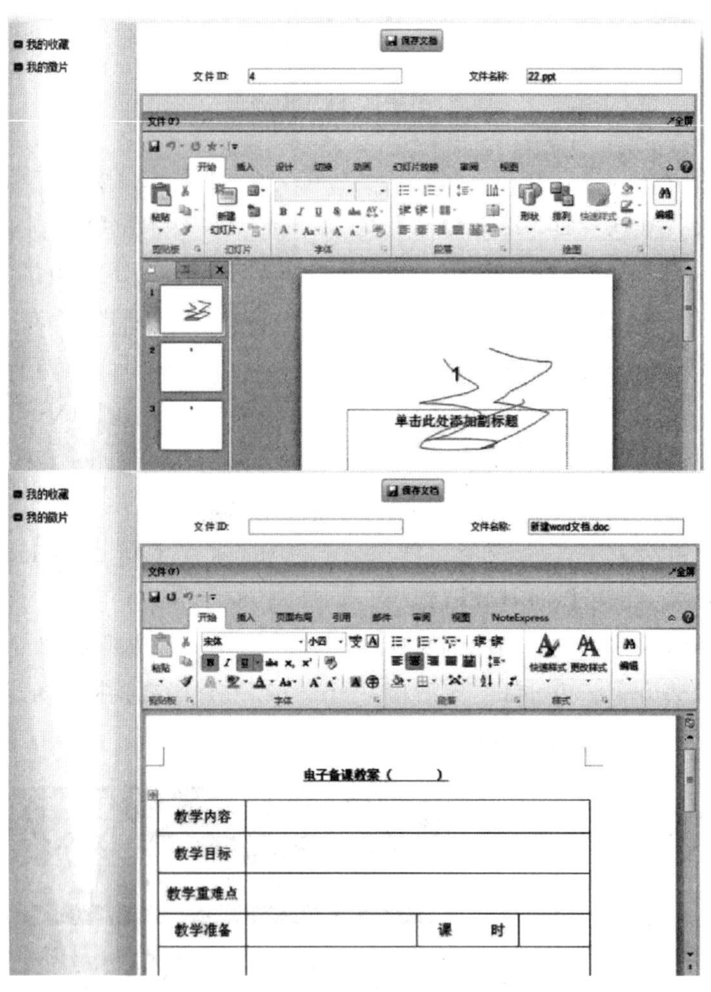

图5 微课件、微教学设计制作

4. 打分和讨论交流，如图6所示

为了实现微课制作后能够获得一定的反馈及增强互动性，系统设立了星级打分机制以及讨论交流模块。星级打分主要通过建立一个星级打分的方法(get_rate())并调用它来实现。get_rate()方法主要利用的是.mouseover 事件可以使得鼠标移动到五角星上时可使灰色的五角星变亮，再利用.click事件使得单击后的评分成功。评分后先判断用户是否已评分，当判断为未评分后再把分数录入数据库中。

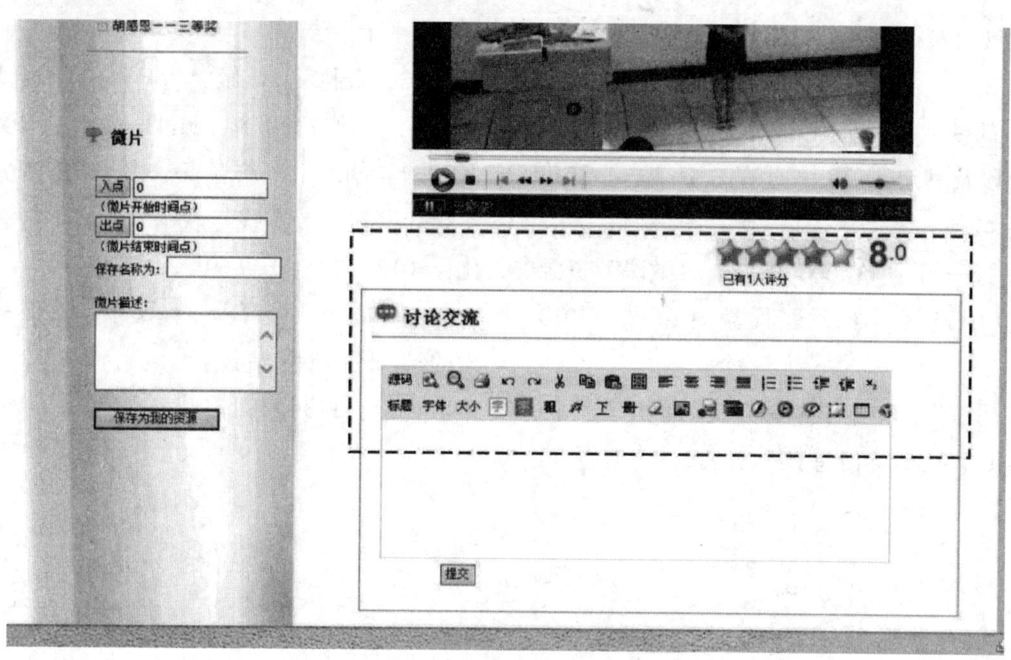

图 6　星级打分与评论

（三）功能展望

基于教师专业技能资源平台的微课制作功能目前在不少设置上未能取得较满意的效果。因此，该平台的微课制作功能在很大程度上还需要深入探究。

1. 视频资源的标注

上传的视频资源目前没有相应节点的标注，若对于一个视频的某个模块或某个时间点有相应内容的标注，那么，在制作微课的过程中，制作者对内容节点的选择会更加便捷。

2. 视频资源的深层次操作

视频的简单切片当然不能称为真正意义上的微课，目前所获得的微片很大程度上只能作为一段可用的微课资源。如果能在线上真正地嵌入各种技术方法来对视频进行操作，制作成真正意义上的微课，这将会是一个很好的研究方向。

3. 微资源病例库的创建

网络资源平台中资源的来源各种各样，优秀的资源值得借鉴，然而还有不少是滥竽充数的资源，后者对师范生教学技能的培养反而会产生反作用。因此，为给师生提供借鉴，微资源病例库的创建显得尤为重要。如何创建合理的微资源病例库，以何种准则来挑选入库病例是一个难度不小的研究领域。

五、总结

在网络社区不断发展并进入我们的教育领域时，网络资源平台的利用成为一种非常有效的教与学的手段。微课作为一种新型的教学或学习形式，由于其目标明确、内容短小精悍，能集中说明并解决一个个问题，更加适合网络平台的共享与传播。[9] 同时，如何制作成功的微课，是研究者不断探索的课题。本文提到的教师专业技能资源平台，为了帮助教学者更好地制作微课设计出了较为完整化和人性化的手段，当然，该资源平台还有许多不足之处，有些是在技术上尚无法实现，有些是没有考虑周全造成的，这也是我们将来的努力方向，最终的目标便是更好地实现在网络上对微课乃至微资源进行制作与教学的深度融合。

参考文献

［1］张静然．微课程之综述［J］．中国信息技术教育，2012（11）：19-21.

［2］余胜泉，陈敏．基于学习元平台的微课设计［J］．开放教育研究，2014，20（1）：100-110.

［3］胡铁生，周晓清．高校微课建设的现状

分析与发展对策研究［J］. 现代教育技术，2014（2）：5-13.

［4］胡铁生，黄明燕，李民 . 我国微课发展的三个阶段及其启示［J］. 远程教育杂志，2013（4）：36-42.

［5］张一川，钱扬义 . 国内外“微课”资源建设与应用进展［J］. 远程教育杂志，2013（6）：26-33.

［6］胡铁生，中小学微课建设与应用难点问题透析［J］. 中小学信息技术教育，2013（4）：15-18.

［7］余胜泉，陈敏 . 基于学习元平台的微课设计［J］. 开放教育研究，2014，20（1）：100-110.

［8］胡铁生，詹春青 . 中小学优质“微课”资源开发的区域实践与启示［J］. 中国教育信息化，2012（22）：65-69.

［9］周艳，李育泽，徐义东 . 基于 MOOC 理念的微课资源网站设计［J］. 现代教育技术，2014（1）：113-118.

开放内容在博物馆教育中的应用探析

林奕瑾　李　艳

（浙江大学　教育技术研究所，浙江　杭州　310028）

摘　要：开放内容在博物馆教育中具有巨大的应用前景。“谷歌艺术计划”利用新媒体技术，将全球艺术珍品以数字化的形式开放给公众，是数字化技术支持下的开放内容在博物馆环境下应用的典型案例。本文从“谷歌艺术计划”中网站内容的呈现、新技术的后台支持以及作品的版权保护这三个方面出发，探析其依托数字化建设的开放内容在博物馆教育中起到的积极作用及有待改进之处，并提出若干建议。

关键词：开放内容　数字化　谷歌艺术计划　博物馆教育

一、前言

开放内容是指知识产权人将其作品授权，允许任何人在不经特别许可或付费的情况下去复制使用，甚至允许再创造并形成演绎作品。[1] 开放内容源于麻省理工学院发起的开放课件运动。2001 年，美国麻省理工学院等国外大学借助互联网平台制作开放式的课程网页，将优秀的教育资源向全世界免费开放后，全球掀起了开放内容的热潮。随着互联网的发展，开放内容的形式以及应用范围得到了进一步的扩大。

博物馆是公众教育的特殊资源和阵地，在博物馆事业发达的国家，博物馆纳入公众教育体系已成为普遍行为。[2] 其作为承载社会记忆的文化载体，一个主要的社会责任就是为人们创造学习文化、历史、艺术、科技等方面的机会。但根据英国《艺术新闻》2013 年发布的关于 2012 年世界博物馆参观人数数据统计，2012 年十大最受欢迎博物馆累计参观 52906060 人次，这个数字仅占全球总人口数的 0. 76%。全球有非常多的公众不能实地到场欣赏这些伟大的艺术作品，博物馆的教育功能因此不能得到充分的发挥。

在 2012 年发布的《新媒体联盟地平线报告（博物馆版）》中提到，未来的 2—3 年，开放内容将会更多地被应用到博物馆领域，推动博物馆教育功能的发挥。在数字化的今天，基于互联网与数字化技术的开放内容在博物馆教育中具有巨大的应用前景。博物馆展品数字化后成为网络资源，供全世界范围内的大众传播、利用和重组，提供给公众欣赏艺术作品的另一个形式，其打破了时间、空间上的障碍，人们只需要通过互联网就能接触到全世界众多伟大的艺术瑰宝。

目前，全球范围内已有多个项目成功地将开放内容应用于博物馆教育的实践中。例如，“Europeana”作为一个搜索平台，允许用户阅览数百万的来自欧洲文化和科学机构的电子书、画作、电影、博物馆参展品和档案资料；而“谷歌艺术计划”则联合世界百家著名博物馆提供数字化艺术展品，允许用户虚拟地访问各地的博物馆。其在网站内容的呈现、新技术的后台支持以及数字化艺术作品的版权保护问题方面也为未来开放内容在博物馆教育中的应用提供了一定的借鉴。

二、“谷歌艺术计划”现状

2011 年 2 月 1 日，美国谷歌公司推出“谷歌艺术计划”。该计划旨在与世界各地的博物馆合作，利用街景技术拍摄博物馆内部实景，并以超高解析技术拍摄馆内历史名画，供全球网民欣赏。当时有9个国家的17个博物馆共1000幅作品参与其中。随着项目的不断推进，如今已经有来自全球44个国家264家艺术机构的40000件艺术作品可以在线浏览。[3]纽约大都会美术馆、纽约现代艺术博物馆、伦敦泰特美术馆、伦敦国家美术馆、法国凡尔赛宫、佛罗伦萨乌菲齐美术馆、俄罗斯圣彼得堡冬宫博物馆等在内的国际顶级艺术机构均参与其中。

（一）网站的内容呈现

1. 网站组成

“谷歌艺术计划”的网站界面清晰，网站首页没有过多的文字性介绍，减少了参观者的认知负担。网站由“宏观”的虚拟博物馆之旅与“微观”的艺术作品介绍两个部分组成，如图1所示。

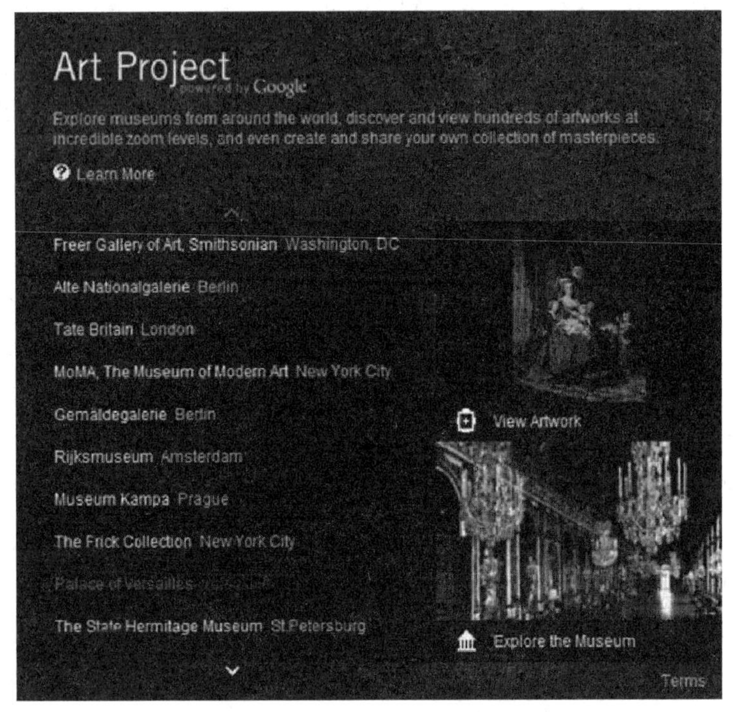

图1 “谷歌艺术计划”网站界面

参观者可以在网站界面通过使用一个经过特别设计的街景“小推车”，对精选的美术馆内部环境进行360度全方位图像浏览参观，当这些图像完美结合时，便可让参观者顺畅浏览博物馆内超过385个展览厅的内部景象。参观者能够像利用谷歌地图中的街景一样来虚拟游历博物馆的展览厅，且每一个博物馆中，有特色的艺术品都被标注了特有的经度和纬度。

与此同时，在“微观”视角，当选定一幅作品时，参观者可以将图像放大，极细致地观察艺术作品的细节，也可通过谷歌学术搜索（Google Scholar）、谷歌文档（Google Docs）和You Tube视频网站了解更多艺术品资讯。高精度图像表现出的细腻入微的艺术作品细节给予观众身临其境的真实感。[4]

2. 内容类型

“谷歌艺术计划”提供的来自世界各地博物馆所收藏的艺术作品类型丰富，包括素描、油画、雕刻、历史与宗教艺术品、摄影和重要手稿等。与此同时，网站也为参观者提供实用性较强的衍生资源，如专业解说视频、音频导览、观看备注、详细信息、地图等。这些丰富的网站材料保障了“谷歌艺术计划”创造的新体验——虚拟参观博物馆的实现。

3. 用户体验功能

考虑到网站展示的艺术作品已超过40000件，“谷歌艺术计划”在新版本中推出了部分基于用户体验的功能，如表1所示。

表1 “谷歌艺术计划”用户体验功能

功能	简介
搜索	提供多种功能的搜索方式，能帮助参观者在最短时间内为自己找到艺术欣赏的目标
比较	在每幅图像的工具栏中，参观者可以找到“比较”按钮。利用这个按钮，参观者能同时并列审视两幅艺术作品的异同
收藏与分享	“我的艺术馆”社交化功能板块，参观者可选择自己感兴趣的艺术作品放入自己的艺术馆，通过社交网络与朋友分享心得

（二）新技术的后台支持

新技术背景下的多元跨媒体传播使博物馆能够更好地将自身的资源呈现在公众面前，实现其开放性的教育功能。“谷歌艺术计划”之所以能带给公众极致的用户体验，与其独有的数字技术支持是密切相关的。

1. 谷歌街景技术

街景技术的特点是它的绘制和场景的复杂度无关，且能够达到照片级的真实感。使用这种技术，使用者首先通过照相器材拍摄到某一场景的一组样本图像，然后对样本图像进行拼合得到最终的全景图像。通过交互式全景图像播放器，使用者可以对该场景进行360度视角的任意虚拟漫游。全景图像是一种交互式的虚拟场景表示方式，它基于图像绘制的方式再现了三维场景，可用全景播放器实现虚拟场景的漫游，给用户带来真实的场景体验。[5]

“谷歌艺术计划”网站中360度全方位虚拟参观博物馆的3D式浏览依托了谷歌的街景技术，这项技术同时被应用于谷歌的另一项产品“谷歌地球”中。“谷歌艺术计划”在专业街景车上装载9个360度全景定向相机进行拍摄[6]，如图2所示。参观者只需要单击博物馆的平面图，就能进入对应的房间参观，最大限度地还原实地参观的体验感。

图2 街景“小推车”

2. GigaPixel与Picasa成像技术

极限高清是借助了谷歌的GigaPixel技术，它使用专业摄像头、电脑系统以及多项同步移动单元对馆藏精品进行拍摄，同时利用高清图像Picasa技术整合上千张零散的图像。图像的分辨率极高，像素在70亿左右，是一般数码相机的1000倍。拍摄一张这样的数字化艺术图片，需要整整6个小时不移动的曝光。

（三）作品的版权保护

基于新媒体技术应用于博物馆教育的背景下，世界各地的艺术珍品都能以数字化的形式开放给公众，这就不得不考虑艺术作品创作者与拥有者的知识产权维护问题。美国作为艺术市场较为成熟的国家之一，其艺术品著作权法已经深入影视制作、媒体应用等诸多方面，并拥有较为完善的机构，如艺术家版权协会等。目前美国现行的著作权相关法律规定，当一件艺术作品卖给私人收藏家或博物馆后，创作该作品的艺术家本人仍然拥有该作品的一切版权，并将持续到艺术家去世后70年为止。[7]在“谷歌艺术计划”网站上展示的艺术品高分辨图所有权归博物馆所有，它们被全世界的版权法律所保护，而通过谷歌室内全景技术拍摄的图片所有权则归谷歌所有。

“谷歌艺术计划”在开放内容应用于各个领域的今天，做出了将艺术品公开化的尝试，从公共文化传播普及的角度来讲，“谷歌艺术计划”是一个值得肯定的项目，它充分利用新媒体技术让世界公众实现了足不出户也能尽情欣赏世界各地艺术瑰宝的愿望。但从版权保护的角度来看，“谷歌艺术计划”当前还存在对知识产权、版权以及图片许可收益等方面的潜在隐患。不少20世纪的知名艺术家作品并未出现在“谷歌艺术计划”中，原因就是其版权拥有者并未给予谷歌相应的授权。2012年，托莱多美术馆要求“谷歌艺术计划”撤下亨利·马蒂斯的作品《休息的舞者》及其他20幅艺术品，也是由于这些作品的版权并不属于托莱多美术馆，托莱多美术馆无权使用。[8]这其实在一定程度上体现了艺术品公共化与版权私有化之间的矛盾。

目前，世界各地许多博物馆也在积极策划将其展品以数字化的形式开放给公众，但其核心问题一直围绕共享、重用、再利用学术作品时所面临的挑战以及所有权、知识产权和复制权问题。全球博物馆都希望在共享艺术图片、相关材料的渴望与尊重创造者和拥有者权利之间找到一个平衡点。[9]因此，针对数字化艺术藏品的相关版权保护办法与政策规定也在积极的制定中。奥地利克莱姆斯多瑙大学等一些知名院校和组织已经开始对新媒体艺术保存和规范方面的事宜进行研究，[10]如知识共享协议（Creative Commons Licenses）等新的法律许可的出现，在一定程度上缓和了上述矛盾。

三、总结与展望

目前，全世界的博物馆、美术馆都在致力于将藏品转化为数字化储存。“谷歌艺术计划”的成功之处就在于其在新媒体技术的支持下，将全球艺术珍品以数字化的形式开放给公众，很好地利用开放内容促进了博物馆教育，是数字化技术支持下的开放内容在博物馆环境下应用的典型案例。本文通过对“谷歌艺术计划”的内容、技术及知识产权方面的分析与梳理，提出以下开放内容在博物馆应用中的改进建议与措施。

首先，增加数字化博物馆网站用户体验的板块与形式。“谷歌艺术计划”相对于其他数字博物馆的优势，除了在展品数量以及展示方式上利用自身独有的技术之外，网站良好的基于用户体验的功能模块也是其特点之一。在开放内容的大环境下，资源的应用模式也实现了由“静态共享式”到“社交互动式”的转变。[11]所以，增加数字博物馆网站艺术作品的评论功能，开设交互式用户社交平台，让对同一幅或同一类作品感兴趣的全球参观者在一个平台上相互交流、讨论，会在一定程度上促进博物馆教育功能的进一步深化和完善。

其次，创新及加强新兴技术在数字化博物馆展品中的应用支持。“谷歌艺术计划”具有强大的数字化展示技术和后台技术支持，但是目前上线的大多数作品为平面展示，随着“谷歌艺术计划”以及其他基于数字化技术的博物馆的不断壮大，艺术作品的内容及形式会不断丰富，部分作品可能需要更先进的技术支持，如对文物进行三维制作和展示，但这些操作在目前看来还存在一定的技术困难。未来，在新兴技术的支持下，可考虑给雕塑、陶瓷等作品加入3D元素。

最后，尝试及完善利用“知识共享协议”等新法律解决数字化艺术作品的知识产权问题。开放内容在博物馆环境下的使用体现了社会文化的进步，知识本就是平等的，优秀的文化艺术作品也应当让更多的人共享，只是在共享资源的同时，应当以尊重、保护知识产权为前提。所以，利用“知识共享”的法律保护数字化艺术品的版权就是一个非常好的契机。“知识共享协议”允许使用者根据一定条件免费使用作品，它基于著作权法为人们提供一个既能保护原创者利益又能让使用者合法分享、使用、传播作品的法律机制。[12]目前，全球已有许多开放性资源签署了“知识共享协议”，使其在“保留所有权利”和“不保留任何权利”之间的灰色地带保持一定的弹性。在基于数字化的艺术品知识产权方面，博物馆可以尝试并完善开放内容模式——以“知识共享”等新法律为依托，阐明如何最有效地共享内容、建立标准。

参考文献

[1] 陈传夫．开放类型及其知识产权管理［J］．中国图书馆学报，2003（6）：9-13.

[2] 郑奕．博物馆教育活动研究［D］．上海：复旦大学，2012.

[3] 景晓萌．美国如何保护艺术品版权［N］．中国文化报，2012-05-05（4）.

[4] 张啸．博物“无”馆［J］．中国美术馆，2012（10）：98-103.

[5] 谈星东，严俊全．全景技术在文化遗产传播领域的应用前景展望［J］．文物保护与考古科学，2011，21（3）：28-37.

[6] 陈婧．蒙娜丽莎需要谷歌吗［J］．IT 经理世界，2012（9）：96-99.

[7] 李早．论美国著作权合理使用制度［D］．济南：山东大学，2012.

[8] 景晓萌．美国如何保护艺术品版权［N］．中国文化报，2012-05-05（4）.

[9] Johnson，L.，Adams Becker，S.，Witchey，H.，Cummins，M.，Estrada V.，Freeman，A.，and Ludgate，H.. The NMC Horizon Report：2012 Museum Edition［R］．Austin，Texas：The New Media Consortium，2012.

[10] 许珈慧．新媒体艺术的市场化研究［D］．沈阳：鲁迅美术学院，2013.

[11] 徐苑苑，张际平．开放教育资源的应用模式研究［J］．现代教育技术学，2013，23（5）：78-92.

[12] 傅蓉．知识共享许可协议的兼容性研究［J］．图书情报工作，2013，57（21）：52-58.

基于 CSCL 的维吾尔语移动学习的构建
——以新疆师范大学实习支教维吾尔语微信学习为例*

刘韵华[1,3]　王　炜[2]　李慧慧[1]　尼扎米丁·尼亚孜[1,3]　崔　冉[1]　姜　萍[1]

(1 新疆师范大学　语言学院，新疆　乌鲁木齐　830054；
2 新疆师范大学　教育科学学院，新疆　乌鲁木齐　830054；
3 新疆维吾尔自治区普通高校人文社会科学重点研究基地
新疆少数民族双语教育研究中心，新疆　乌鲁木齐　830054)

摘　要：移动学习已成为一种流行的学习形式，国内外非专业的第二语言学习已经较为成功地采用了移动学习这一形式，并开发了丰富多样的第二语言移动学习软件及服务，而针对小语种的移动学习服务的开发还有待加强。本文以 CSCL 为主导，充分利用学习者的碎片时间，使用微信平台搭建移动学习平台，针对零起点、初段学习、中段学习等不同层次维吾尔语学习者，开发诸如双语有声微博、每日谚语、语法微讲堂、有声讨论区等的维吾尔语移动学习资源和微课程，为新疆师范大学学生在实习支教期间提供维吾尔语移动学习支持与服务，使其能够进行非实时、异地的 CSCL，以期对其在实习支教地区的工作、学习及语言适应产生良好的效果。

关键词：CSCL　维吾尔语　移动学习　构建

一、引言

师范生实习支教已成为当前高师院校教育实习改革的重要举措。新疆师范大学近年来受新疆维吾尔自治区党委、教育厅的委托，一直承担持续且较为稳定的实习支教任务。实习支教地点主要设在新疆维吾尔自治区阿克苏地区沙雅县及和田地区和田市、和田县、策勒县。这些地区均属于维吾尔族聚居区，居民主要从事农牧业生产活动，生产和生活语言基本以维吾尔语为主，县、乡镇、村各级干部在向人民群众宣传党的政策和国家的法律法规时基本都使用维吾尔语。新疆师范大学的母语非维吾尔语的实习支教学生（汉族、回族、哈萨克族等实习支教学生）在上述地区必然会因语言交流原因使实习支教工作和学习活动的难度增加。在支教初期，怎样使实习支教学生进行语言适应？在支教期间，怎样使实习支教学生的支教工作与当地语言学习合理地安排和协调？对此，各专业都进行了一定的思考并采取了一定的措施：学校各专业在派出实习支教学生之前，组织学生进行维吾尔语言的学习；各专业派出的带队教师能完成一定的维吾尔语言学习的指导工作；各专业向实习支教学生发放一定的语言学习材料；等等。这些做法从一定程度上解决了实习支教学生遇到的维吾尔语言方面的问题。

做出上述努力之余，我们希望借助信息化学习的形式，使实习支教学生在实习支教期间全天候地拥有维吾尔语学习的辅助，给予他们一个语言学习支撑平台，使得他们在工作和学习之余通过移动学习的方式、以微课程的形式适应当地语言环境。

---

* 基金项目：本文为 2014 年度国家社会科学基金青年项目“维吾尔语移动学习平台与资源库构建研究”（项目编号：14CYY041）及 2014 年度新疆师范大学双语教师培养培训专项研究课题“网络协作学习支持下的师范生支教期间第二语言微学习实践研究”［项目编号：XSJY（S）2014003］的阶段性研究成果。

二、总体思路及框架构建

南国农先生在《教育传播学（第二版）》（2005 年 8 月出版）中指出，教育传播系统是由传播者（教师）、受传者（学生）、教育信息和教育媒体四个要素构成的，这四个要素缺一不可。要使传播有效进行，还必须对传播的效果进行考察，即需要一个反馈环节。[1] 基于 CSCL 的第二语言微学习在应用于新疆师范大学实习支教维吾尔语微信学习过程中，将以目的语为维吾尔语的学习者为对象，以 CSCL 作为主导思想，以微学习作为学习模式，开发和借助现今普遍使用的跨平台学习网站，以学习、信息交流客户端及云储存服务为学习平台，开发维吾尔语微学习资源，设计适合利用碎片时间学习的维吾尔语微课程，并通过学习平台形成学习者与教师之间顺畅有效的学习反馈机制，使实习支教中的维吾尔语学习者获得传统学习以外的另一种学习方式。图 1 所示为维吾尔语移动学习平台与教育传播示意图。

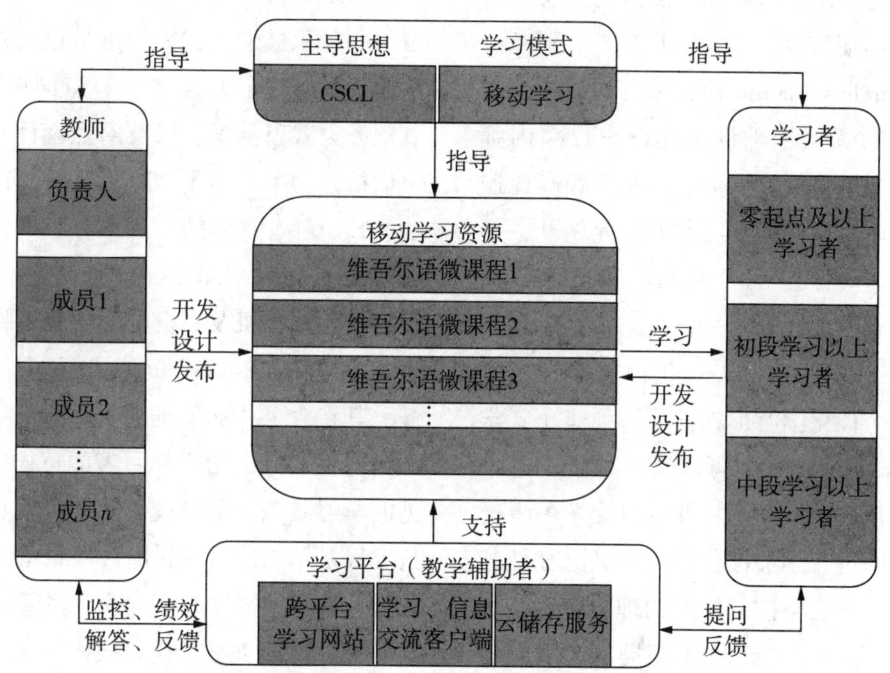

图 1　维吾尔语移动学习平台与教育传播示意图

三、相关理论与实践综述

（一）CSCL

计算机支持的协作学习（Computer Supported Collaborative Learning，简称 CSCL），是指利用计算机技术（尤其是多媒体技术和网络技术）建立协作学习的环境，使教师与学生、学生与学生在讨论、协作与交流的基础上进行协作学习的一种学习方式，是传统合作学习的延伸和发展。[2]

国内众多学者对 CSCL 理论进行了卓有成效的研究：黄荣怀提出了 CSCL 的本土化理论和方法；在 Web 环境下协作学习的研究方面，赵建华提出了 CSCL 的基础理论框架；任剑锋述评了 CSCL 研究的若干基本问题，并讨论了 CSCL 的性质、基本概念、与相关概念的关系、CSCL 的主要特点和 CSCL 的功效等基本问题；国内近年来的理论研究，大多以 Koschmann 的 CSCL 定义作为理论依据，把 Stahl 提出的 CSCL 研究新范式作为发展研究框架，更加关注应用性理论方面的探讨，尤其是基于 Web 的 CSCL 应用，已成为将来理论与实践研究的重点。

（二）碎片时间

碎片时间是指“日常工作、学习之余的闲散、零碎的时间。这些时间不是很长，如等车、排队、等人等情况所用的时间，这些较短的时间不适宜做需要较为深度思维的、需要深度交流的事情，一般用来进行手机阅读、浏览和编写微博、玩游戏等"[3]。相比传统工作和学习时间的固定性和时段性，"碎片时间不足以完成一项具体的事情或者进行一次具体的活动，我们只能拿出手机或其他移动电子信息终端进行一些碎片化的、没有开始也没有结束的事件"。[4]因此，碎片时间具有随机性、零散性、随意性、个体性和差异性等特征。

（三）第二语言移动学习与微型学习

移动学习（M-Learning）是一种在移动计算设备帮助下的能够在任何时间、任何地点发生的学习。移动学习研究始于1994年美国卡耐基—梅隆大学的Wireless Andrew研究项目，该项目历时3年最终通过无线基础设施建设为校园内师生、管理者等提供了覆盖整个校园的无线高速连接。随后，全球性的移动学习研究就此展开，如2001年欧洲"下一代学习"项目、2002年非洲农村移动学习研究项目等。[5]

微型学习（Microlearning）是"网络学习时代的移动化、个性化学习形式，是一种非正式学习的形式"[6]，其移动特征可以满足处于动态中的学习者的需求，它的微型特征可以为学习者充分利用碎片时间进行学习提供便利，其泛在性与交互性真实体现了人类按需学习的理想。奥地利学者林德纳（Lindner）于2004年提出了微型学习的概念，并将其表述为"一种存在于新媒介生态系统中，基于微型内容和微型媒体的新型学习"[7]。因此，微学习有两个必要的要素："一是微型内容，其具有短小化、相对独立化、碎片化等特征；二是微型媒体，如手机、iPod touch、iPad、PSP等移动电子信息终端。"祝智庭、张浩、顾小清等人于2008年将微型学习定义为"一种非正式学习"[8]，并讨论了"微型学习设计的一些原则：界面简洁原则、非连续注意原则、激发随机参与原则等"[9]。

长期以来，第二语言学习一直是国内外高校教育与社会教育的一大关注热点，国内外学者与教育工作者对此进行了卓有成效的研究和实践。这些研究从第二语言学习的几大因素，即学生（态度与学习策略等）、教师（教学策略与教学技术辅助等）、条件（多语言地区的语言使用情况与学习环境建设等）等方面均促进了第二语言学习理论与实践的发展。我们将关注第二语言学习的另一个因素——时间，重点关注非正式的学习时间——"碎片时间"，以及因"碎片时间"而产生的非正式的学习方式——"移动学习"，进行维吾尔语移动学习，明确维吾尔语移动学习的细节，进一步丰富维吾尔语移动学习的内容与形式。[10]

四、第二语言移动学习平台的选择

第二语言移动学习已经成为当今社会大众学习的一种积极形式，如下载量已超过6000万次、注册会员400余万人的"有道词典"学习服务，其服务方式以英汉、汉英对照翻译及英汉、汉英单词检索为主，并于2007年全面升级为英、德、法、日、韩、汉语的互翻服务，平台包括面向个人桌面电脑的Windows PC平台及Macintosh OS X平台、面向手机及平板电脑的iOS平台及Android平台等；又如Microsoft公司开发的Bing词典服务，其包含了"必应词典""必应电台""记单词"等面向第二语言学习者的英语听、说、读能力的学习服务。可以说，因为计算机技术、网络技术以及第二语言语料库（英语语料库）建设的完善，基于大数据的面向个人的第二语言学习已经进入了移动学习时代。国内针对小语种，尤其是维吾尔语的第二语言学习网络服务，受市场规模（学习者数量）、前期积累（语料库建设）等因素的影响并未与时俱进。

正是因为市场规模和前期积累等因素，我们选择微信公众平台这一大众信息交流平台构建适用于实习支教学生的维吾尔语移动学习平台。微信公众平台是腾讯公司在微信的基础上新增的功能模块，通过这一平台，个人和企业都可以打造一个微信的订阅号，可以群发文字、图片、语音、视频、图文消息五个类别的内容。目前，微信公众平台支持PC端网页、移动互联网客户端登录，并可以绑定私人账号进行群发信息。[11]微信公众平台的各项功能能够较好地用于将维吾尔语作为第二语言的学习者的听、说、读、写四种语言技能的学习。另外，微信本身的文本、图像和音视频传输能力能够较好地实现学习者之间、学习者和教学者之间的非实时、异地的计算机支持的协用学习。

五、学习者分类

根据第二语言学习理论及前期调查，我们初步将新疆师范大学实习支教维吾尔语微信学习的学习者分为三个层次：零起点、初段学习、中段学习。针对各层次学习的特点，我们将开发三个不同的微学习课程，以供学习者进行学习，具体如下。

1. 维吾尔语零起点学习者

零起点学习者为新疆师范大学非维吾尔语言专业的实习支教学生，这部分学习者基本没有任何维吾尔语基础。在实习支教派出之前3个月左右，开始使用本学习服务进行维吾尔语基本生活用语和词汇的听力、会话、阅读方面的学习，如基本问候语、食品名称（如抓饭、馕、茶等）、如何利用生产生活设施（如学校、邮局、市场、厕所等）。

2. 维吾尔语初段学习者

初段学习者为新疆师范大学非维吾尔语言专业的实习支教学生，这部分学习者通过零起点阶段的学习建立了一定的维吾尔语语言模型，具有能够使用简单词汇表达意愿的能力。在实习支教初期，使用本学习服务进行工作语言、生活语言方面的单句听力和会话方面的学习，如课堂问候语、询问商品价格、指路及问路等方面的单句和简单复句等。

3. 维吾尔语中段学习者

中段学习者为进行了3个月左右实习支教的非维吾尔语言专业的学生，及参加实习支教的维吾尔语专业的学生。这部分学习者主要以篇章阅读及成段表达训练为主。

此外，微学习是微型的、碎片化的学习形式，而维吾尔语的高段学习必然有诸如维吾尔语文学作品赏析、诗歌品鉴等，这些需要学习者进行深度思考。笔者认为高段学习并不适合采用微学习模式，也不适合使用微课程（3—5分钟）授课形式，故未将高段学习者列入新疆师范大学实习支教维吾尔语微信学习的学习者当中。

六、学习资源模块及内容设计思路

根据第二语言学习理论，针对不同层次学习者（零起点、初段学习、中段学习）、不同目的的学习者（实习支教前学习者、实习支教中学习者）的学习特点，围绕培养学习者的第二语言（维吾尔语）的听、说、读、写、译等五种能力，发挥跨平台学习网站与学习、信息交流客户端及云储存服务的信息传播特点，开发以下维吾尔语微学习资源与微课程。图2所示为维吾尔语移动学习资源与微课程概况及分类示意图。

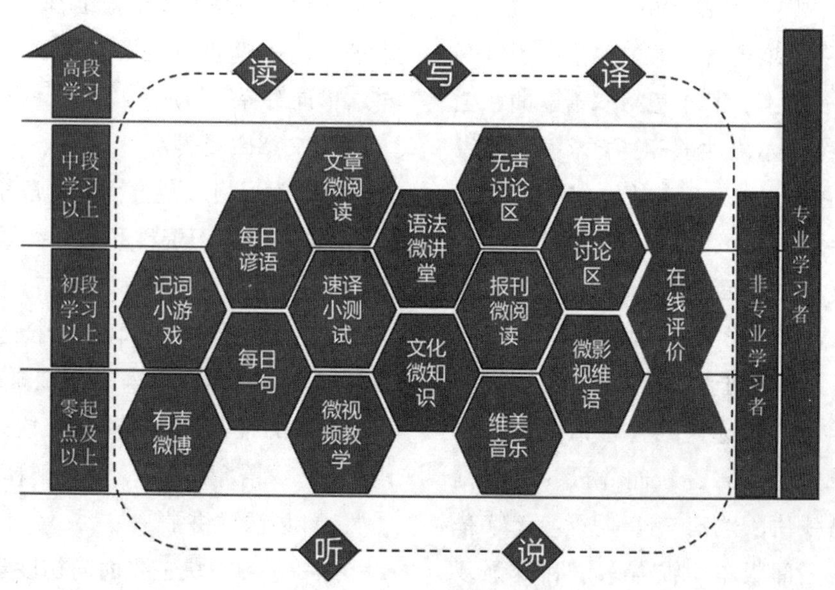

图2　维吾尔语移动学习资源与微课程概况及分类示意图

我们将维吾尔语微学习资源分为以下几个学习功能模块。

1. 有声微博

这一学习模块主要面向零起点及以上的维吾尔语学习者，此学习功能模块类似于音频博客，每周由服务器向客户端推送一期8—10分钟的音频学习节目资料。节目内容由2位双语（维吾尔语、汉语）主播（一位母语为汉语、另一位母语为维吾尔语）针对当下日常和流行的话题进行维吾尔语、汉语双语交流播音。交流内容的20%—30%为维吾尔语的简单单词和单句，70%—80%为汉语的串词、解释和语境提示内容等。学习者通过有声微博学习资料的学习能够较快地进行维吾尔语语言思维建模，为其他模块的学习打好基础。

2. 微视频教学

这一学习模块主要面向零起点及以上的维吾尔语学习者，信息载体为3—5分钟的视频，并存放于服务器端，供学习者自由选择下载学习。现阶段，我们主要将微视频教学的内容集中于维吾尔语的32个字母上，每个微视频教学文件对应一个维吾尔语字母的讲解，包括该字母的发音、写法、单词中的组合示例等。

3. 维美音乐

这一学习模块主要面向零起点及以上的维吾尔语学习者，信息载体为3—5分钟的音频，并存放于服务器端，供学习者自由选择下载学习。现阶段，我们主要将维美音乐的内容集中于维吾尔语经典及流行音乐上，其中包括双语歌曲、全维吾尔语歌曲和维吾尔语儿歌等，力求使学习者通过该模块的学习，形成一定的维吾尔语语感。

4. 微影视维语

这一学习模块主要面向零起点及以上、初段学习以上的维吾尔语学习者，信息载体为3—5分钟的视频，并存放于服务器端，供学习者自由选择下载学习。节选自维吾尔语电影、电视中的视频片段包括广告、新闻片段、电视剧片段等。每个视频片段均有三个版本：无字幕版本、维吾尔语字幕版本、维吾尔语和汉语双语字幕版本。

5. 文化微知识

这一学习模块主要面向零起点及以上、初段学习以上的维吾尔语学习者，信息载体为300—500字的超文本，并存放于服务器端，供学习者自由选择下载学习。主要介绍维吾尔族的传统文化习俗、风俗等，使学习者在语言学习之余了解维吾尔族的特色文化。

6. 每日一句

这一学习模块主要面向零起点及以上、初段学习以上的维吾尔语学习者，信息载体为双语文本及音频，每天由服务器向客户端推送一句维吾尔语，这一模块由维吾尔语整句文本、汉语释义、标准发音示范及慢速发音示范组成。

7. 每日谚语

这一学习模块主要面向初段学习以上、中段学习以上的维吾尔语学习者，学习资料形式与“每日一句”相似。信息载体为双语文本及音频，每天由服务器向客户端推送一句维吾尔语，这一模块由维吾尔语整句文本、汉语释义、标准发音示范及慢速发音示范组成。

8. 报刊微阅读

这一学习模块主要面向初段学习以上的维吾尔语学习者，信息载体为双语文本，定期由服务器向客户端推送100—300字的维吾尔语报刊文摘，资料来源于维吾尔语的报刊，如新疆日报维吾尔语版、乌鲁木齐晚报维吾尔语版、塔里木杂志等。这一模块由维吾尔语文本、汉语释义文本、单词解释等组成。

9. 文章微阅读

这一学习模块主要面向中段学习以上的维吾尔语学习者，学习资料形式与“每日一句”相似，但文章难度高于“报刊微阅读”。信息载体为双语文本，定期由服务器向客户端推送200—400字的维吾尔语文章，资料来源于维吾尔语经典著作、汉语著作的维吾尔语译本等。这一模块由维吾尔语文本、汉语释义文本、单词解释等组成。

10. 语法微讲堂

这一学习模块主要面向初段学习以上、中段学习以上的维吾尔语学习者，信息载体为3—5

分钟的视频，并存放于服务器端，供学习者自由选择下载学习。内容包括维吾尔语基本句法、格的使用，与英语相区别的复数使用方法等。语法微讲堂不力求完整地讲解维吾尔语的语法，而是针对维吾尔语学习者因汉语学习或英语学习的思维定式而较常出现的一些语法错误，落脚在一些细节的语法点上，并进行纠正和点拨。

11. 讨论区

搭建有声讨论区、无声讨论区等学习讨论平台，讨论平台以 CSCL 为指导思想，充分利用微信客户端的信息交流功能，实现非实时、异地的 CSCL，以支持教学者与学习者之间、学习者之间的学习问答和交流。

12. 小测试、小游戏

使用 JAVA 语言编制速译小测试、记词小游戏，供学习者进行自我学习评价。

13. 在线评价

设置“在线评价”模块，通过数据库统计及教师分析，为不同层次学习者提供官方的过程和结果学习评价。

七、小结与展望

新疆存在着较为广泛的双语现象，维吾尔语与汉语双语工作在宣传和执行党的方针政策、促进新疆社会和经济的发展、各民族之间的相互理解和民族团结等方面起着重要的作用。党和政府历来十分重视维吾尔语人才的培养与配备。但由于种种原因，目前全国以维吾尔语作为第二语言的人才十分匮乏。据 2011 年新疆维吾尔自治区民族语言工作委员会调查数据显示，新疆维吾尔自治区维吾尔语言专业人才数量仅有 900 余人。

2010 年召开的中央新疆工作座谈会将双语教育提升为国家战略，将双语教育定位为新疆发展稳定的基础性工程。在当前新疆实现跨越式发展和长治久安两大历史任务的关键时期，为了促进各民族间的沟通和交流，确保社会的稳定与和谐，社会各界对能够使用维吾尔语作为第二语言交流的人才的需求尤为迫切，全社会对教育部门培养相关行业人群的维吾尔语交际能力有很大的期望。

除利用专业教育、专门培训等方式培养学习者的维吾尔语交际能力外，依托远程教育的形式，采用移动学习的理念，进行维吾尔语非正式学习，能够较低成本，覆盖较多学习人群，切合社会现实的需要。

进行基于 CSCL 的维吾尔语移动学习的构建，并将其应用于新疆师范大学的实习支教中进行试点，将有助于在更大的范围内开展和探索维吾尔语移动学习平台及资源库的构建。

参考文献

［1］南国农，李运林．教育传播学［M］．第二版．北京：高等教育出版社，2005.

［2］百度百科．CSCL［EB/OL］．http：//baike. baidu. com/subview/68036/8068637. htm？ fr = aladdin.

［3］百度百科．碎片时间［EB/OL］．(2013-06-13).http://baike. baidu. com/view/5912837. htm.

［4］百度百科．碎片时间［EB/OL］．(2013-06-13).http://baike. baidu. com/view/5912837. htm.

［5］李玉顺，马丁．移动学习的现状与趋势［J］．中国信息技术教育，2008（3）.

［6］祝智庭，张浩，顾小清．微型学习——非正式学习的使用模式［J］．中国电化教育，2008（2）：10 -13.

［7］Martin Lindner，Peter A. Bruck. Micromedia and Corporate Learning：Proceedings of the 3rd International Microlearning 2007 Conference［M］. Innsbruck：Innsbruck University Press，2007.

［8］祝智庭，张浩，顾小清．微型学习——非正式学习的使用模式［J］．中国电化教育，2008（2）：10 -13.

［9］祝智庭，张浩，顾小清．微型学习——非正式学习的使用模式［J］．中国电化教育，2008（2）：10 -13.

［10］刘韵华．基于碎片时间的第二语言微学习特征分析［J］．现代语文（语言研究版），2013（30）：81-83.

［11］百度百科．微信公众平台［EB/OL］．http：//baike. baidu. com/view/9212662. htm.

基于 Sakai 的浙江大学开放课程移动学习平台的设计与应用

沈丽燕　张宇燕　袁　冰

（浙江大学　现代教育技术中心，浙江　杭州　310007）

摘　要：移动学习日益影响高校师生的日常学习生活，如何让师生以最便捷的方式获得移动学习资源成为教育领域的热门话题。笔者通过对浙江大学开放课程移动学习平台的设计背景、系统框架、平台内容与特色等方面的阐述，系统介绍了浙江大学移动学习的研究工作及未来方向。同时，力求抛砖引玉，成为各高校移动学习建设与发展的基石。

关键词：Sakai　移动学习平台　设计　应用

一、引言

移动学习起源于美国，作为一种新型的教育学习模式已有十多年的历史。我国教育部高教司也于 2001 年 12 月发出了关于“移动教育”的理论与实践研究项目立项的通知。近年来，移动学习的终端硬件平台日趋完善，并积累了一定的基于手机等的学习平台和课程资源，这使得移动学习迎来了一个新的转折点，浙江大学力求通过探索高校精品课程在移动终端上的崭新构架及在教学中的应用，来研究移动学习模式对目前高校学生学习方式的影响，为进一步研究和推广高校现有精品课程等优质教育资源的移动学习模式提供理论基础和设计模型。

二、国内外移动学习研究综述

（一）国外研究与应用现状

1994 年，美国卡耐基—梅隆大学的 Wireless Andrew 研究项目拉开了人类研究移动学习的帷幕，该项目提供了覆盖整个卡耐基—梅隆大学校园的无线连接，是已知的全球第一个移动学习研究项目。其后，国际上知名的有美国加州大学伯克利分校（University of California-Berkeley）人机交互研究室启动的“Mobile Education”项目、欧洲“下一代学习”项目、非洲农村移动学习研究项目、德国 Campus-mobile 项目、欧盟的“从数字化学习到移动学习”（From E-Learning to M-Learning）和“MOBIlearn 行动”的移动学习研究项目。英国的伯明翰大学、美国的斯坦福大学以及爱立信、诺基亚等商业公司从微观细节的层次上开展的“移动学习”研究，也取得了突破性的进展。

近几年，移动学习更加重视实际应用，为生活带来了一些便利。挪威的奥斯陆大学进行了以支持医学专业的学生进行 PBL 学习为目的的 KNOWMOBILE 研究项目、芬兰的 Tampere 大学针对协作学习开发出了名为 XTask 的移动学习系统等。英国的金斯顿大学和谢菲尔德海兰姆大学分别进行评价短信息服务应用于教育教学有效性的实验，开发了一套短信息服务系统，向学习者发送课程安排、考试安排和考试成绩等信息。芬兰的赫尔辛基大学进行的 UniWAP 移动学习项目中，研究者试图将 WAP 技术应用于高等教育，把短信息服务应用于教师培训中，从而使学习者和教师能够通过 WAP 手机或 Smart Phone 随时随地访问教学和学习资源，并计划应用 MMS 服务进行教学，通过移动设备实现数字图像的生成和传送。许多大学和企业陆续建立了自己的 WAP

教育站点，开展移动学习服务项目，如美国的格里菲斯大学和米尼苏达州立大学、Oracle 公司等。

（二）国内研究和应用现状

2000 年，爱尔兰远程教育学家戴斯蒙德·基更在上海电视大学建校 40 周年学术会议上做了题为"From E-Learning to M-Learning"的报告，首次将移动学习的概念引入我国，随后我国学者掀起了研究并应用移动学习的热潮。2002 年 1 月，北京大学现代教育中心承接第一个移动学习项目"移动教育理论与实践"；2002 年 5 月，北京大学现代教育中心成立了第一个移动教育实验室；2006 年 7 月，有了第一个主题网站 http：//www. mlearning. org. cn；2007 年 5 月，诺基亚推出了第一个互动在线平台"行学一族"；2008 年 6 月，科学出版社出版了第一本专著，即由黄荣怀编写的《移动学习——理论·现状·趋势》；2008 年 7 月，我国有了第一个 3G 校园网，由中国移动厦门分公司和厦门软件学院共同建成。

三、移动学习架构模式

在国外移动学习的研究与应用发展过程中，移动学习的典型模式有以下几种。

1. 基于知识传递与反馈的移动学习

主要有基于内容推送的移动学习服务和播客等形式。课堂即时信息反馈系统是移动设备在教室中成功应用的系统，它是一个基于无线网络支持交互性的课堂提问与回答系统。

2. 基于内容推送的移动学习

主要使用短消息、WAP 或其他方式，可以将学习内容推送到学生的移动设备上，以促进学生自主学习，并在必要时提供适当的反馈。

3. 基于播客（Podcasting）的移动学习

Podcasting 源自 iPod 与 broadcast 的合成词，是 RSS 技术与 MP3 播放器技术结合的产物。例如，美国普度大学推出 BoilerCast，已有 37 门课程开始通过向学生提供教师授课的 Podcast。这种方式使得课堂得以延伸，学生可以随时重温课程和补充笔记。

4. 基于情境的移动学习

随着学习理论的不断发展，人们对学习理论的认识也逐渐从单纯的信息加工、知识传递向情境化学习转变，移动学习的模式也从基于行为主义和认知主义的知识传递向基于建构主义的情境学习转变。在移动通信技术支持的情境学习中，移动设备不再是传统的内容传递和信息反馈的工具，而更多的是学习者知识建构的工具。目前，移动技术支持的情境学习模式包括基于问题解决的移动学习、基于移动探究的学习、情境感知（context-aware learning）的移动学习和参与式模拟的体验式学习。

5. 移动技术支持的协作学习

欧洲的 M-Learning 项目开发了面向移动设备的 mediaBoard 系统和移动终端上的 mediaBoard 客户端，用户可以随时向 mediaBoard 发布文字、图片与他人共享。

6. 移动技术支持的非正式学习

非正式学习是相对正规学校教育或继续教育而言的，指在工作、生活、社交等非正式学习时间和地点接受新知识的学习形式，主要指做中学、玩中学、游中学，如沙龙、读书、聚会、打球等。

目前，国内外移动学习大部分采用 PDA、Pocket PC 等移动设备，进行一些小范围的实验性、验证性探索，大规模的移动学习平台不多，这说明移动学习的应用目前还处在起步阶段。尤其是专门针对高校开放课程的移动学习平台的设计和开发目前尚没有明确的立项研究。

四、基于 Sakai 技术的浙江大学开放课程移动学习平台

（一）Sakai 技术发展应用概况及其主要优势

Sakai 是由美国密歇根大学、印第安纳大学、麻省理工学院、斯坦福大学、伯克利大学于 2004 年发起的一项开放源代码的课程管理系统（CMS）开发计划，其目标是"构建出一套通用的课程管理系统来替代当前各高校正在使用的商业课程管理系统"。目前，在全世界有超过 160 个教育单位正式采用 Sakai 作为自己的教学系统，支持的用户数从 200 发展到 200000。在国内，北京邮电大学网络教育学院远程教育平台的设计就是一个基于

Sakai 技术的平台，并且运行得比较成熟。

Sakai 技术最大的优点在于其 Sakai 源代码的开放、持续更新与免费；同时，Sakai 具有很高的可定制的特性，其标准组件化的系统框架，非常有利于系统的扩展，除了可以使用 Sakai 提供的教学工具外，还可以按照 Sakai 的标准很方便地开发自己需要的教学工具，并将其集成到 Sakai 上，以满足教师们的需要。

（二）浙江大学移动学习平台的系统框架

浙江大学移动学习平台的系统框架由四部分组成，以 Sakai 为系统底层，融入浙江大学其他学校信息化系统，便于学校资源平台的信息互通。在表现层上，移动学习平台分四大模块，具体为移动 Web 表现层、传统 Web 表现层、Web Service 接口、RSS 与 Podcast。对应于移动 Web 学习、传统网络学习、移动 Native APP、开放课程功能，图 1 和图 2 分别是浙江大学移动学习平台的总体结构示意图及系统框架图。

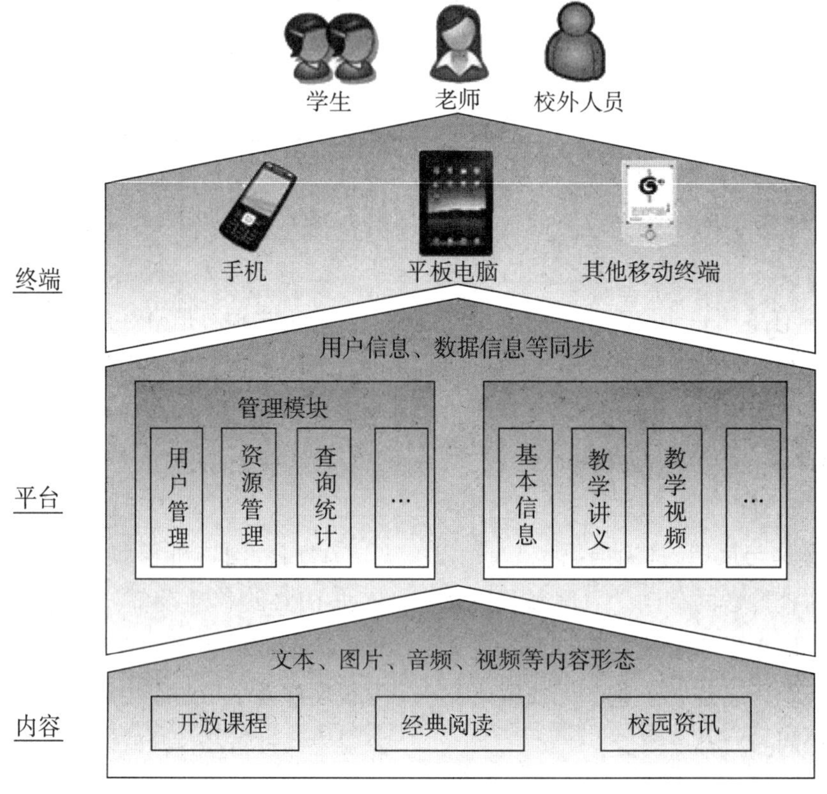

图 1　移动学习平台的总体结构示意图

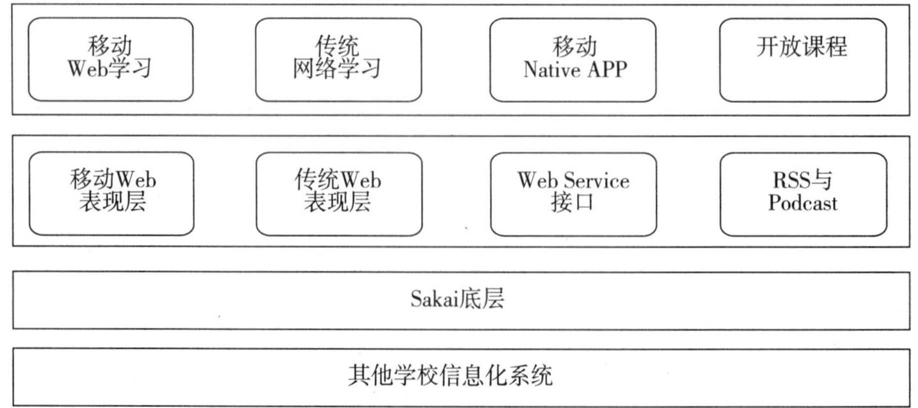

图 2　移动学习平台的系统框架图

（三）浙江大学移动学习平台结构特色

1. 移动教学平台以网络教学平台为基础，架构于同一系统底层之上

浙江大学移动学习平台是浙江大学网络教学平台的另一个教育服务形式。与传统的基于 PC 的教学平台相比，移动学习平台为资源展示、内容学习、教学活动的开展等提供了一种新的途径，其知识内容的呈现具有更强的针对性，有助于学习者更好地完成学习目标，提高学习效率。

基于移动学习平台和传统教学平台历年来积累的教学关系、课程资源和教学活动相通的状况，为了更好地把浙江大学的优势资源呈现给社会学习者，在设计移动学习平台时，在技术上采用了与网络教学平台一致的系统底层。同时，移动学习对底层数据和功能接口有较高的个性化要求，所以要求系统底层不仅需要具备良好的安全性和稳定性，还需有非常强的可扩展能力。一般的传统商业教学平台开放的接口和二次开发能力有限，往往难以满足移动教学平台的发展需求，开源网络教学平台 Sakai 作为系统底层成为浙江大学开放课程移动学习平台的首选。

2. 同一底层架构下，不同载体可以无缝衔接，并保持知识在不同载体上的个性

浙江大学移动学习平台以传统网络平台（如图 3 所示）为基础，对 Sakai 表现层源代码进行二次开发，实现了两类不同的 Web 表现层，并使其能根据用户访问终端类型进行自动切换和跳转，满足传统学习和基于 Web（Web APP）的移动学习要求，移动学习平台的首页如图 4 所示。需要判断用户类型时，可通过以下代码完成：

```
# set ( $ userAgent = $ browser. userAgent-String. toLowerCase( ) )
#if( $userAgent. indexOf( " iphone" ) >-1 | | $userAgent. indexOf( " android" ) >-1
| | $userAgent. indexOf( " symbian" ) >-1 | | $userAgent. indexOf( " ucweb" ) >-1
| | $userAgent. indexOf( " wap" ) >-1)
#set( $isMobile = " true" )
#else
#set( $isMobile = " false" )
#end
```

通过以上代码，程序获得用户的 userAgent，如果包含几个移动的关键字就是手机用户，否则就是普通 PC 用户，从而完成两者的无缝对接。

图 3　浙江大学网络学习平台界面

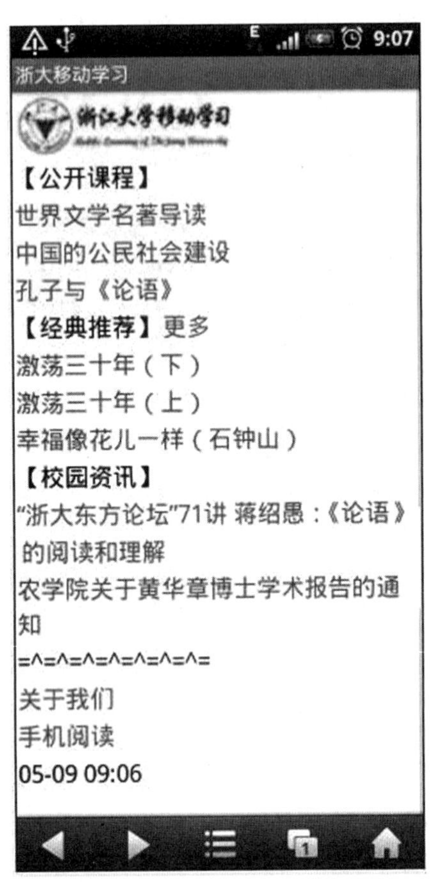

图 4　浙江大学移动学习平台首页

移动学习的内容设计研究是一个崭新的研究领域。移动学习中的"碎片"实验研究结论表明：人在"移动"中，是和注意力的高度"分散"相关联的，学习者在一定的"零碎"时间中进行学习的方式与固定、大容量等学习方式也有所不同。移动学习是一种"碎片"式学习经验，学习材料的设计必须要零散化，注重开发适宜于零碎时间的学习材料。根据移动学习的这一特性，浙江大学移动学习平台将所呈现的内容，在保证总体统一的前提下化整为零，这一点在课程教学视频资源的设计中表现最为突出。浙江大学移动学习平台的课程学习视频遴选主讲教师精要讲评制作成视频片段，该视频片段的时长控制在1分钟左右，容量控制在2.5M左右，采用MP4流媒体格式，以保证其在移动终端上观看及下载的流畅性。精要的教师讲评为课程知识的学习和领会起到提纲挈领的作用，同时，也紧紧抓住了"碎片"学习的特点，可提高课程学习的效率。

在技术上，针对个性化较强的移动学习需求，浙江大学移动学习系统在不同的移动终端设备开发对应的Native APP。同时，为了让这些Native APP能够充分与整个网络教学平台整合，在开发过程中，浙江大学移动学习系统对Sakai的API进行了封装，通过Web Service对外提供服务，并对特定的资源实现RSS和Podcast发布，这样Native APP就可以通过这些Web Service接口和资源发布节点完成与平台底层的数据交换，实现移动学习。

（四）浙江大学移动学习平台建设过程概述

1. 将Sakai与学校各类信息化系统融合和对接，构建基础的网络教学平台

Sakai的开源与可定制性使得以其作为基础网络教学平台成为可能，通过简单改造后就完成了与学校各教学类相关信息化系统的对接工作，满足了传统的基于Web的网络学习。浙江大学移动学习平台系统完成了与学校统一身份认证系统、学生与教师数据中心、视频会议系统、学校数字资源中心、流媒体服务系统等的对接工作，初步形成浙江大学移动学习平台系统的基础支持。

2. 完成Sakai表现层的二次开发，构建基于移动终端的Web教学平台

为使Sakai应用于移动Web学习，需要对Sakai表现层进行二次开发，实现多个适应不同移动终端类型的Web表现层，并使Sakai根据用户访问终端设备类型自动切换到对应的表现层，为用户提供移动学习服务，实现较好的学习效果。

3. 完成Web Service数据交换接口的开发

Sakai采用Portal设计模式，每个功能模块分层清晰，很容易完成对所需功能API接口的封装，对外提供基于Web Service的数据服务接口。这样不仅能为以后开发的Native APP提供数据服务，还为将来接入其他信息化系统平台提供了重要保障。

4. 针对不同的移动互联网终端设备的特点，开发出个性化Native APP应用

借助 Web Service 对外服务接口，针对不同终端设备、不同教学应用场景开发个性化的 Native APP，满足特殊类型的教学和学习要求，如虚拟实验、视频会议、数字地图等。

5. 与移动互联网运营商合作，对外提供开放课程资源服务

利用 Web Service 对外服务接口，可以便捷地对外发布资源，并与校外的教育机构或移动运营商合作，实现开放课程资源的对外服务。浙江大学对外移动学习平台与移动手机阅读基地合作建设完成，为校外用户免费提供浙江大学开放的课程资源服务。

（五）浙江大学移动学习平台的内容

浙江大学移动学习平台包括课程基本信息、课程教学资源、教学交互信息等几类内容。

课程基本信息包括：课程介绍，包括课程性质、应用领域、教学内容、教学特点以及相关学习指导信息；教学大纲，以知识点为单位的学习要求和学习重点与难点；教学进度，以周为单位的学习进度安排（按学校对教学计划的统一要求发布）；教师信息，本课程任课教师的基本信息，包括课程负责人、主讲教师、实验实习指导教师等人员的姓名、照片、性别、职称、研究方向、教学情况、科研情况、获奖情况、办公地点、联系方式等；考核办法，课程的考核方式、计分方式、课程学分等。

课程教学资源包括：讲义，以章节或教学单元为单位，提供教师用于课堂讲授的完整内容、教学视频、电视教学片或教师课堂授课的实况录像，图像比例 4：3 或 16：9，图像尺寸 340 像素×288 像素至 640 像素×352 像素，格式为 MP4、3gp 等格式；习题，根据教学要求，每一个教学单元均应有配套的习题，习题可分为作业题、讨论题以及思考题；参考资料，每门课程应该配不少于 10 篇（本）参考资料，并提供与本课程有关的、有利于培养学生能力与素质，以及拓展知识的网络素材，具体包括相关论文链接、相关网站链接、相关新闻链接、相关背景知识链接、相关前沿问题和热点问题讨论的链接等，有条件的以章节为单位分别提供参考资料；特色资源，对某些开放课程，可根据课程特点和学习需要设计一些特殊功能，如案例分析、作品欣赏等。

网络教学活动交互信息包括课程信息发布、作业提交和管理、辅导答疑、学习讨论和在线测试等。开展互动式教学活动是开放课程的重要特点。关于课程信息及其反馈，通过网站公告、站内信息或短信方式发布课程信息及相关通知，实现信息交流与反馈；关于课程讨论与评价，提供基于 Web 的讨论组内容浏览、提交、管理等功能。即通过设计网上教学活动，提供个别化的学习的协商交流机会，学习者之间可针对问题进行探讨与协商，教师也可以将网络作为与学生对话、了解学生、指导学生的工具，营造学习氛围，促进对知识的理解和运用。由此发生的教师与学生、学生与学生之间各种形式的同步、异步交互，是整个开放课程中必不可少的环节。关于课程统计，系统具有课程统计功能，教师可以生成有关课程使用情况和活动情况的报告，查看特定学生的使用情况，以确定该学生是否正在使用课程。这些报告可以图表的形式出现。

目前，浙江大学移动学习平台有 10 门精品公开课程，包括孔子与论语，世界文学名著导读，当代中国社会建设，肝脏移植的过去、现在和未来，西方视角的中国传统艺术，食品营养与安全，茶文化与茶健康，新材料与社会进步，王阳明心学等，页面如图 5 和图 6 所示。

（六）浙江大学移动学习平台特色

1. 融合多种移动终端设备、实现个性化学习

针对不同的移动互联网终端设备的特点，为课程的各类多媒体资源和教学活动进行优化显示，并配合个性化的 Native APP 应用，充分满足移动学习的需求。

2. 统一管理、简化操作过程

所有传统和移动的教学活动、教学资源等，都能统一进行管理，可有效避免多应用平台间切换带来的麻烦，降低技术难度，使得用户操作更加简单方便。

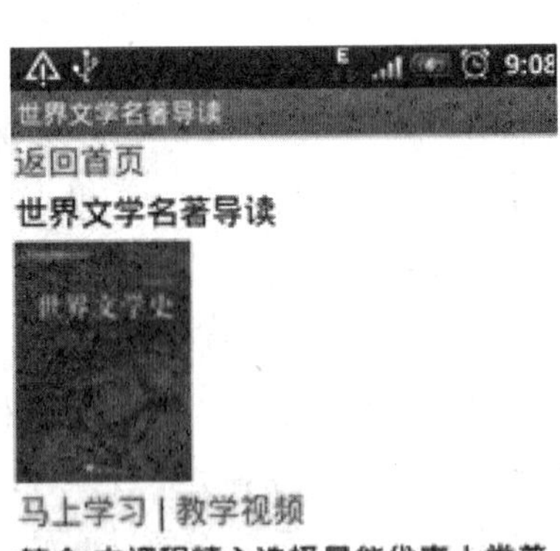

图 5　移动学习平台二级页面

图 6　移动学习平台三级页面

3. 平台发布、部署方便灵活

由于 Sakai 底层框架的灵活性，平台可以根据不同应用场景灵活构建所需的学习门户，实现传统在线学习和移动学习，满足不同用户群体的学习需求。

4. 采用开源底层框架、系统扩展性强

底层 Sakai 源代码完成开放，可以方便地进行二次开发，实现个性化教学与学习需求；同时，具有丰富的对外服务接口，很容易实现与其他信息化系统的对接，具有很强的可扩展能力，从而满足平台未来不断发展变化的需求。

五、浙江大学开放课程移动学习平台的现实意义

相比于目前高校现有的基于 PC 机的精品课程平台模式，浙江大学开放课程移动学习平台的实际意义有以下几点。①增加目前教学资源应用的灵活性。新构架后的精品课程移动学习平台可随时随地进行无线连接，从而增强了精品课程访问的灵活性。②提高学生学习使用现有精品课程资源的便捷性。首先，移动学习使用的设备是便

携设备，可随时随地实现有效的网络连接；其次，它的有关功能仍然具有传统的基于 PC 机的网络平台所具有的方便性。③提升学生学习个性化需求。随着数字化终身学习型社会的到来，个别化学习需求已经成为大学生普遍的学习需求。新的精品课程移动学习平台可以利用 Internet 应用服务、无线视像应用服务、多媒体应用服务等实现个性化学习。

六、浙江大学未来移动学习研究走向

浙江大学开放课程移动学习平台的建设为浙江大学移动富媒体教学平台的设计与研究打下了坚实的基础。所谓"富媒体"，是为中、高端手机用户提供的一种以文字和图片为主、音视频为辅的移动通信业务，比传统的彩信业务更具表现力。未来的"移动富媒体教学平台"将有效结合移动网络、互联网和多媒体技术，大大丰富学习者的课程体验，使其享受无边界学习的乐趣，将成为未来学习不可缺少的一种模式，也是高校共享教学资源、回馈社会有益而大胆的尝试。

未来移动富媒体教学最终由各种具体的移动富媒体教学应用来实现，这些应用为用户提供个性化的教学服务和学习环境，完成具体的教学目标，包括智慧教室、移动阅读、手机 APP、移动学习门户等。网络教学综合服务系统为各类移动富媒体教学应用提供数据与信息服务的支持，使得移动富媒体教学的各类具体应用最终能够形成统一的有机整体，应用之间可以充分地共享数据和信息资源，共同协作来完成特定的教学任务。

七、小结

随着智能手机的出现和面向高速、宽带数据传输的 3G 技术的发展，以往移动学习存在的信息内容表现单一、不能得到有效的指导和验证、人机交互效率低、人与人交互困难等问题将会得到有效的解决，基于 Sakai 的浙江大学开放课程移动学习平台也在这些方面进行了有益的探索，教学内容表现形式、浏览下载速度、教师反馈、学生反馈等方面都取得了长足的进步，使移动学习从以"在线更新、离线学习"为主的方式向网络化、智能化迈出了坚实的一步，也为浙江大学未来移动学习的设计与研究奠定了坚实的基础。

参考文献

[1] 黄荣怀，Jyri Salomaa. 移动学习：理论 · 现状 · 趋势［M］. 北京：科学出版社，2008.

[2] 王建华，李晶，张珑 . 移动学习理论与实践［M］. 北京：科学出版社，2009.

[3] 熊志刚 . 移动学习及其资源设计研究［D］. 上海：华东师范大学，2005.

[4] 高敏，吴介军，姚红静 . 基于手机的 M-Learning 系统研究与设计［J］. 现代教育技术，2008（8）：93-96.

[5] 傅健，杨雪 . 国内移动学习理论研究与实践十年瞰览［J］. 中国电化教育，2009（7）：36-41.

[6] 孙耀庭 . 移动学习和移动服务的实践与研究［J］. 中国远程教育，2008（8）：68-70.

[7] 德斯蒙德 · 基更 . 移动学习：下一代的学习［J］. 开放教育研究，2004（6）：28-33.

[8] 黄德群 . 移动学习研究对远程教育的影响［J］. 中国远程教育，2005（12）：48-51.

[9] 李建伟，王栩楠，李青，刘洪沛，张志青 . Sakai 开源教学系统在网络教育中的应用——以北京邮电大学网络教育学院为例［J］. 现代教育技术，2009（5）：98-102.

[10] 齐立森. 开放教育资源（OERs）背景下的 Sakai 应用研究［J］. 现代教育技术，2009（5）：95-97，72.

[11] 岑俊杰 . 基于 Sakai 的混合教学模式研究［J］. 电化教育研究，2009（9）：52-55，73.

[12] 胡延芳，刘建设，勾学荣 . 基于 Sakai 的现代远程教育协作式研究性学习模式研究［J］. 北京邮电大学学报（社会科学版），2009（6）：80-85.

[13] 时春阳 . 我国关于 Sakai 项目的研究综述［J］. 科技信息，2009（31）：204，232.

[14] 梁明，赵蔚，刘红霞 . Sakai 平台上基于知识管理的网络课程创建探析［J］. 现代教育技术，2010，20（4）：95-98.

［15］王秀荣，刘敏斯，孙良林．四款开源学习管理系统的对比与探究［J］．现代教育技术，2010，20（7）：102-106.

［16］香华冠，冯刚．移动富媒体客户端的研究与设计［J］．计算机技术与发展，2010. 20（7）：168-171

［17］Mobile Learning［DB/OL］．http：//el-earning. OSU. edu/mobilelearning.

［18］Theo Hug. Microlearning and Narration：Exploring Possibilities of Utilization of Narrations and Storytelling for the Designing of "Micro Units" and Didactical Microlearning Arrangements［C］．The Fourth Media in Transition Conference，2005.

［19］Gabriele Frankl. Mobile and Motivating：How Something Very Small Can Become Big［C］//Microlearning Conference 2006. Australia，Innsbruck University Press，2006.

基于知识元的知识表示框架构建

刘　嫚　刘清堂　吴林静　黄景修　叶阳梅
（华中师范大学　教育信息技术学院，湖北　武汉　430079）

摘　要：随着计算机网络、信息技术的高速发展，数字资源数量呈指数级增长。由于资源种类繁多，知识组织的单位粒度过大，造成了用户的检索和使用体验不佳。本文在此背景下对知识元进行概述，探讨了基于知识元的知识组织意义。在分析现有知识元技术相关应用和教育技术学科资源特征的基础上，构建了基于知识元的知识表示框架，并提出了知识元库的内容层次结构，以期为教育技术学科资源库的构建提供参考。

关键词：知识元　教育技术学　知识表示框架　知识元库　内容层次结构

一、引言

随着知识经济作为一种新的知识形态成为我国的龙头产业，知识成为一种重要的战略资源，知识管理和知识服务的优劣越来越受到人们的关注。知识组织的单位从“文献”发展到“信息单元”再到“知识元”，是知识组织粒度由粗到细、组织方式由简单到复杂，服务水平由低到高的过程。本研究关注如何深入更细小的知识单元即“知识元”进行知识组织和服务，对知识元技术进行概述，并探讨基于知识元进行知识组织的意义。在分析现有知识元技术相关应用和分析教育技术学科资源特征的基础上，构建基于知识元的知识表示框架，并进一步提出知识元库的内容层次结构，以期为教育技术学科资源库的构建提供参考。

二、知识元技术及其意义

（一）知识元概述

传统的知识组织方式是以“文献”为单位的，粒度大，存在知识查询效率低、知识冗余等弊端。20 世纪 70 年代末，美国情报学家弗拉基米尔·斯拉麦卡首次提出了“数据元”的概念，认为文献中的一个公式、数据、结论或事实都可以称为“数据元”，即知识元[1]。这一观点的提出为知识管理与知识服务研究注入了新的血液，知识组织方式开始朝着以“知识元”即数据元为单位的方面发展。国内有关知识元的研究起步较晚，20 世纪 90 年代初期伊始，以温有奎为代表的一批学者对知识元进行了大量的理论研究与技术实现。

温有奎等将知识元定义为知识结构中的最小元素，是具有完备知识表达的最小知识单元。徐荣生将知识元从“广义”和“狭义”两个角度加以区分，认为只要具有相对独立性的单元内容和形式就是广义知识单元，而狭义的知识元则是指不可再分的、概念思维中最基本的思维形式。[2] 文庭孝认为知识元是独立的，是不可再分的，可以自由表达、存取、组织、检索和利用的最小知识单元，适合于对知识内容进行操作和管理。[3] 从以上学者对知识元的定义可以看出，知识元是具有单位性的知识内容。它具有独立性，可以相对独立存在；它具有不可再分性，是一个相对完整的知识表达；它还具有表达性，可以自由表达一定的知识内容。

2012 年 5 月发布的数字图书馆知识标引规范将知识元分为七种类型：概念类知识元、原理类知识元、方法类知识元、事实类知识元、陈述类知识元、数值类知识元和模型类知识元。概念类知识元是表达某一概念的知识元，是对事物认识的抽象表述；原理类知识元是对事物基本规律的归纳、概括；方法类知识元是对为达到某种目的而采用的手段或方式的表述；事实类知识元用来反映一个事实；陈述类知识元是用来陈述某个观点或某种关系；数值类知识元是用来表示数量上的特性；模型类知识元是用来描述事物或对象的模型。在知识元的抽取过程中，根据知识元的不同类型在抽取过程中可以采用不同的抽取策略。

（二）基于知识元的知识组织意义

知识组织是信息组织和利用的手段，是在传统文献信息环境下发展起来的。在网络技术、信息技术快速发展的情况下，信息组织的方式也要适应不断增长的信息资源和满足人们日益增加的知识需求。知识组织单位由“文献”发展到“知识元”是人们对知识形态认识的进一步深化，是人类思维方式的趋向性变化使然。知识元的概念一经提出就引起了知识服务等领域学者的高度重视，知识服务就是从大量的信息中，经过获取、集成、创新等提炼出知识的过程，其本质就是有针对性地解决用户问题的信息服务。以知识元为知识组织的单位，细化了知识组织的粒度，可以为用户提供精加工的知识资源，减轻用户信息查询的负担，有效提高知识查询的效率和知识服务水平；传统知识库的知识组织粒度大，在面临知识融合时非常棘手，不能有效地判断知识重复等问题，而基于知识元组织资源则有利于各资源库的知识融合，易于判断新增知识在知识库中是否已经存在；以文献为单位的知识往往存在知识的重复和混杂，无法进行有效计量，以知识元为单位可以实现对知识的准确计量；[4] 利用知识元与知识元之间的近/反义关系、上/下位关系、整体/部分关系、属性/宿主关系[5]，可以形成知识链，实现知识的增值效应，从而大大促进新知识的产生，如图 1 所示。

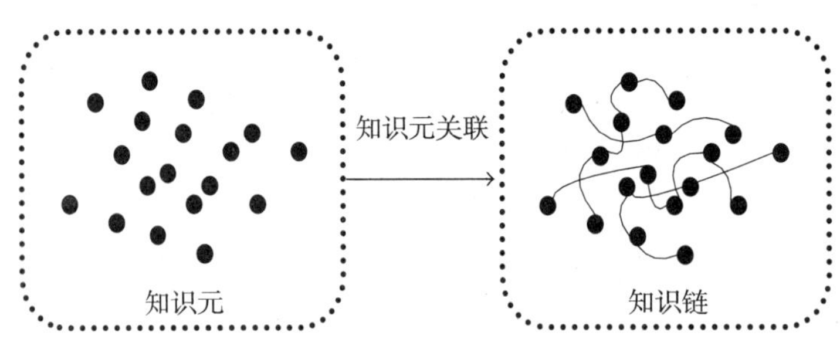

图 1　知识元关联形成知识链

基于知识元的知识组织意义远远不止以上这几点，我们有理由相信，随着对知识元认识的不断深入，以及知识元技术应用的增加，对知识的管理将更加有效，知识服务的水平也会进一步提高。

三、知识表示模型构建——以教育技术学学科为例

（一）学科资源特征分析

不同学科的资源具有不同的特征，查阅相关文献可以发现，现有知识元技术的相关应用主要集中在构建历史事件、森林企业应急管理、图书、音乐等资源库方面，它们具有一个共同特性——明显的结构特征，如表 1 所示。

教育技术学是一门交叉学科，综合了教育学、心理学、计算机科学、信息论等学科，因而教育技术学学科资源内容丰富斑斓，种类繁多，多为非结构化或半结构化的资源，无明显的结构特征。加之网络资源信息源不规范、质量良莠不齐等特性，如何选择合适的知识表示方法成为本研究的重点。

（二）知识表示方法选择

知识表示是知识服务的核心，是对知识的模型化、形式化或符号化。[6] 知识表示是知识组织的基础和前提，有助于人们识别和理解知识。常用的知识表示方法有逻辑表示法、产生式表示法、框架表示法、面向对象表示法、语义网表示法、基于 XML 的表示法、本体表示法等。[7]

表1　知识元的结构特征

学科/领域	历史	森林企业应急管理	图书	音乐	医药
知识结构	时间、人物、地点、事件	总则、组织体系、应急流程、保障措施	书名、作者、出版社、出版时间、ISBN、所属分类	人、物、时、空、评价、数量、事件、关系	药性（四气、药味、归经）、功效（动词、名词）

逻辑表示法是知识表示方法中比较典型的方法，主要用于数学定理的证明，与自然语言较为接近；产生式表示法一般用于描述规则性的知识，且格式固定，形式较为单一，适用于较为简单的知识表示；框架表示法可以将各种复杂的知识存储在一起，具有明显的层次结构，可以将关联知识汇聚在一起，形成较大的知识单元；面向对象表示法源自于程序设计中面向对象的概念，适于表示具有属性、关系、方法的对象，是对知识的抽象表示；语义网表示法是以网络图的形式表示概念以及概念之间的语义关系，它是一个有向图，图中每个顶点代表概念，边表示概念间的语义关联；基于XML的表示方法以"标签"+"内容"的格式表示知识，利用XML解析程序可以很方便地解析出标签对应的知识内容；本体表示法是以形式化的方法来表示语义，是一个概念框架。由于教育技术学科资源复杂性的特性，以及无明显结构化特征，笔者经综合分析得出框架表示法更为适用。

（三）基于知识元的知识表示框架构建

基于知识元的知识表示框架的构建有很多可以参考和借鉴的经验。赵捷等参考国外术语服务项目的描述款目，从词汇属性描述、词间关系组织和相关知识链接三个方面构建基于知识元的术语集成描述框架。[8] 龙语语文利用知识元技术，从读音、组词、词性、形体演变、简化字源、版本、课文、书写、部首、释义、读音等十一个维度构建了汉字模型，应用在语文教学上取得了显著成效。CNKI利用知识元技术构建了概念知识元库、图片知识库、学术图片知识库等，为概念和图片的搜索提供了个性化的服务。

在以上学者和机构组织的启发下，本文利用知识元技术及知识的框架表示法，设计了针对教育技术学学科的基于知识元的知识表示模型。在教育技术学学科的教育技术研究方法课程中，以"调查研究法"为例，其基于知识元的知识表示模型如图2所示。该模型从英文对照、解释、相

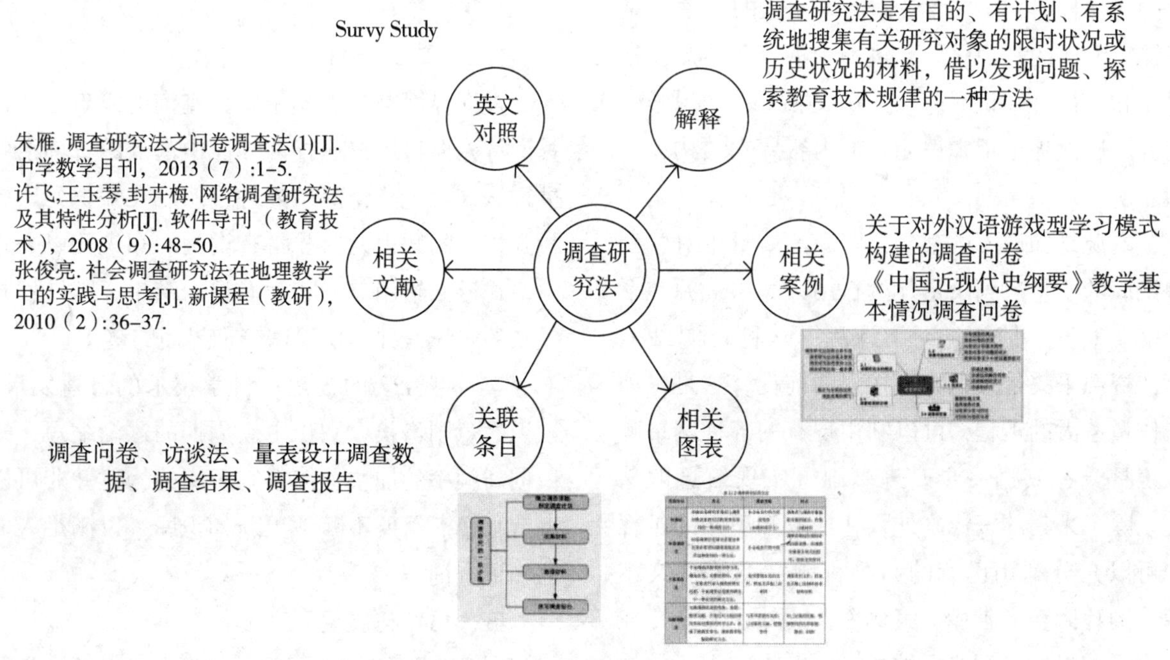

图2　基于知识元的知识表示模型——以"调查研究法"为例

关案例、相关图表、关联条目、相关文献等六个维度对“调查研究法”进行知识表示，每一个维度即一个相对独立的小知识单元，这些小知识单元共同构成了大知识单元。

由图 2 可以看出，基于知识元构建的知识表示框架具有很好的结构性，对知识的展现一目了然，符合人在观察事物时的思维活动特征，但也仍然存在以下不足。

（1）在构建知识表示模型时，由于没有考虑音视频的数据量庞大、复杂性等特征，因而资源不够全面。

（2）在知识抽取的过程中，知识表示框架中的六个维度不是所有情况下都具有的，需要根据实际情况进行取舍。

四、知识库构建

（一）知识元库的内容层次结构

知识库是针对某个领域，采用合理的知识表示方式构建的、有组织的、结构化的知识集群。知识库的构建是为人们提供知识服务的核心。在学科资源持续快速增长的网络时代，用户的知识查询需求越来越大，对查询结果的要求也越来越高，基于知识元的知识库即知识元库的构建可以满足人们日益增长的高标准知识查询需求。在基于知识元的知识表示模型的基础上，为了知识元库的成功构建，本文参考熊海涛博士的文章《基于知识元库的知识服务》进一步从资源、知识素材库和支持、知识元库、知识关联库、知识索引库五个层次提出了知识元库的内容层次结构，如图 3 所示。

资源是知识库的基础，资源的质量将对整个知识库的质量起到决定性的作用，其中资源包括图书、期刊、博客、网络课程、学科资源站点等。资源采集是知识元库构建的前提，这是一项工作量浩大的工程，可以利用现有的各种网络爬虫工具或在其进一步改进基础上实现信息的采集。除了采集的资源之外，在抽取知识元的过程中可以充分利用已有的与学科领域相关的文本库、图片库、文献库、案例库，此外还需要专业词库、英汉翻译词典提供的接口等为知识元的抽取工作提供支持。

知识元与知识元之前的关联性可以形成知识链，利用这种关联性可以构建知识索引库。知识索引库的构建可以为用户的知识查询提供便利，而基于知识元的知识索引库，由于知识元的小粒度，可以为用户提供更精细的知识查询，减轻用户知识搜索的负担，给用户提供最需要的查询结果。

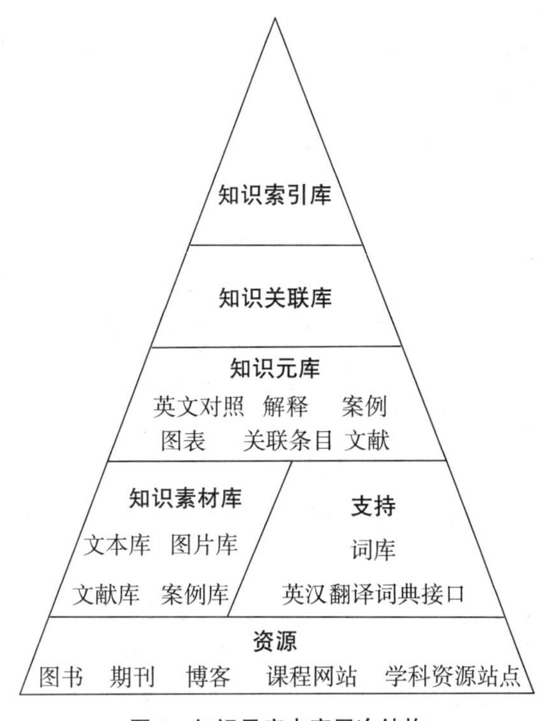

图 3 知识元库内容层次结构

（二）知识查询

查询界面是知识库中知识查询的入口，知识查询首先要将用户在查询界面中输入的查询语句进行分词、规范化等预处理，然后在知识元库中找到相应的知识元，并将查询到的知识元以一定的格式返回给用户。若没有返回结果，则推荐相关联的知识，并提供返回查询界面的链接。

学习型社会的提出，科学技术的飞速发展，知识的急剧增长，知识更新周期的逐渐缩短，知识创新频率的加快，使得知识库的构建并非可以一劳永逸。需要不断地更新知识库，以满足人们的知识查询需求。

五、总结与展望

“终身学习”“学习型社会”“知识经济”等

概念的提出使得知识管理与知识服务显得尤为重要。传统的知识组织以“文献”为单位，而文献是知识的载体，并不是知识本身。用户对知识检索，只能检索出包含知识的文献，不能直接显示知识本身，不能揭示知识之间的联系，不能为新知识的产生提供联系。“知识元”的提出和应用使得这些不能成为可能。知识元是一个相对完整的知识单元，知识元间的关联性可以催生新的知识，因而以知识元为单位进行教育技术学学科资源库的构建，对学科资源的管理和利用具有深远的意义。本文基于知识元技术，利用框架表示法提出的知识表示框架，以及知识元库的内容层次结构还处于实践探索的初级阶段，还有不够完善的地方，需要进一步研究改进，希望能够给学科资源库的构建提供一些参考。

参考文献

［1］丁侃，柳长华．国内知识元相关研究现状［J］. 数字图书馆论坛，2011，91（12）：72-78.

［2］徐荣生．知识单元初论［J］. 图书馆杂志，2001（7）：2-5.

［3］文庭孝，侯经川，龚蛟腾，等．中文文本知识元的构建及其现实意义［J］. 中国图书馆学报，2007（6）：91-95.

［4］文庭孝，侯经川，龚蛟腾，等．中文文本知识元的构建及其现实意义［J］. 中国图书馆学报，2007（6）：91-95.

［5］陶善菊，刘清堂，王凡，等．基于知识元的教育技术学科资源库构建［J］. 现代教育技术，2011，21（5）：115-120.

［6］刘建炜，燕路峰．知识表示方法比较［J］. 计算机系统应用，2011（3）：242-246.

［7］刘建炜，燕路峰．知识表示方法比较［J］. 计算机系统应用，2011（3）：242-246.

［8］赵捷，苏静．基于知识元和 MARTIF 的术语集成方法研究［J］. 图书情报工作，2012（22）：16-20，11.

消解同一性混乱的教育游戏动机激发策略设计

于 杨 颜士刚

（沈阳师范大学 教育技术学院，辽宁 沈阳 110034）

摘 要：同一性混乱是商业游戏的消极影响之一，也是其饱受诟病的主要原因，该问题也成为影响教育游戏社会认可度的关键。为促进教育游戏的发展，在设计之初即关注消解同一性混乱的策略不失为一条可行的途径。本文提出了教育游戏设计动机激发策略时需注意的问题，并分析了在教育游戏设计中消解同一性混乱应该秉承的策略，以期为教育游戏的设计提供借鉴和参考，力求在游戏源头上消解同一性混乱问题。

关键词：商业游戏 教育游戏 同一性混乱 动机激发 策略

一、引言

商业游戏的设计为教育游戏的发展提供了成功范例，尤其是在动机激发策略方面。只是教育游戏与商业游戏毕竟不同，虽然可供借鉴的内容很多，仍需要依据教育游戏的内在规定性以及青少年成长的规律，尽可能避免因游戏成瘾所带来的同一性混乱、人格偏差、人性异化等问题。其中同一性混乱已经成为游戏成瘾者的主要问题之一，它继而成为影响教育游戏社会认可度的关键因素。因此，在设计教育游戏时关注同一性混乱的消解，将问题解决在设计之初，成为教育游戏设计首先要考虑的问题，如此方能设计出绿色、健康、实用的教育游戏。

二、商业游戏动机激发策略分析

马斯洛将人类的需要划分为生理需要、安全需要、爱和归属感的需要、自我实现需要，后期又在此基础上补充了“认识和理解需要”和“审美的需要”。商业游戏恰当地运用该理论激发玩家的参与动机，具体表现在以下几个方面。第一，为了满足玩家的生理需求，在情境设置、角色分配、奖励机制等方面或明或暗地融入美食、服装，甚至色情的元素，以刺激和维持玩家的参与动机。第二，为了满足玩家的安全需求，很少验证玩家的身份信息，可以一直以匿名的方式参与游戏，而且虚拟的环境本身就能够使他们具有一定的心理安全感。第三，为了给予玩家爱和归属感，在作战形式上往往采用团队合作的模式。玩家在团队中肩负一定责任，获得团队的归属感；且在并肩作战的过程中与队友建立友谊。第四，为了迎合玩家获取尊重的需求，游戏中会设置需要多个玩家相互帮助、通力合作才能完成的任务，或在某角色的带领下，大家通力合作才能完成的任务。比如，玩家可以带领自己的手下或部落“打怪降魔”，取得奖励后，由他负责分配，在这个过程中他们体会到领导者的荣光，感受到成功的喜悦，享受被崇拜的快乐，获得自尊与他尊的满足。第五，为了满足玩家自我实现的需求，游戏中设置的任务具有梯度层级，先易后难，每完成一个任务，均会获得各种类型的奖励，诸如加分、晋级等，游戏的过程实际就是不断地向高难度任务发起挑战的过程。玩家通过游戏实现某些梦想，甚至发掘潜能，在虚拟游戏中满足自我实现的需求。此外，商业游戏美轮美奂的主题界面、震撼人心的背景音乐，具有强烈的感官刺激，从艺术性的角度给予玩家审美的需求。关卡设置也迎合了人类对未知事物好奇的特性，满足玩家认知和理解的需求。契合人类各种可能的需求是首要因素，商业游戏设计者紧紧抓住了这一点，使玩家“欲罢不能”。

三、商业游戏造成同一性混乱的原因剖析

为了吸引玩家，设计者在虚拟环境中尽可能创设各种虚拟的情境、人际关系、游戏规则，甚至行动逻辑，使游戏本身的运作有其“合理性”，也创造了各种可能的需求。但商业游戏过多地关注玩家的参与度，以动机激发为第一准则，往往忽视了玩家的身体和心理健康问题。其中同一性混乱问题就是由游戏的某些设计因素诱发的，它打破了人的社会性与自然性的平衡。概括起来，可能诱发同一性混乱的原因有以下几个方面。

（一）用虚拟思维解决现实问题

据《新安晚报》报道，某青少年在现实生活中扮演虚拟世界中的“匪徒”实施抢劫；另有人扮演游戏中的“屠夫”在现实生活中挥刀杀人。深入分析我们发现，玩家由于长期沉溺于虚拟的环境中，虚拟与现实的界限逐步模糊起来，他们用虚拟游戏中的思维去解决现实生活中的问题，最终导致了此类事件的发生。游戏成瘾的玩家已经完全对现实社会的道德伦理、法律法规，甚至基本常识失去意识，将游戏中的行为逻辑误以为是现实社会的逻辑。商业游戏通过虚拟情境激发玩家的参与动机，设计了许多在现实中不可能实现或很难实现的情节和属性以激发玩家的积极性。例如，玩家在游戏中可以驾驶飞机、草原狩猎、建立城池；也可以变成精灵、法师、超越生死；还可以成为武士、英雄、精神领袖。这些现实中的“不可能”恰好满足了玩家爱幻想、寻求即时满足的心理特点，所以他们废寝忘食，沉迷其中。这种虚拟与现实的差别，对于自我整合能力较差的青少年玩家来说，危害很大。他们无法控制沉浸程度，虚拟自我与现实自我极易发生混乱，有人甚至深信自己虚拟角色的属性、技能、特异功能，用虚拟世界的思维解决现实问题，造成同一性混乱。

（二）用虚拟自我掩饰现实自我

有一位外貌与行为举止十分男性化的女孩在接受采访时说，她在一款舞蹈游戏中有紫色的头发，雅致的名字，还充值买了一套抹胸长裙，很多男舞者都愿意和她做朋友或情侣。游戏中，玩家重塑的自我往往与现实中的自我判若两人，有些玩家在现实中可能会因为外貌、性格或不善交际等原因而被群体忽视冷落，不能像在游戏中那样感受“众星捧月”。现实社会中的人际交往常常存在功利性，网络中的交流是广泛的、间接的、隐匿的，在某种程度上是安全的，不必担心威胁自己的利益，不自信的外貌或缺陷得到掩饰，游戏中的友谊短短几分钟就可以建立，容易让人情感迷陷。虚拟游戏平台具有与现实脱节的身份匿名性，虽然获得了爱和归属感，但也助长了玩家进行虚假自我暴露的倾向。他们会将原来不被认可或自身不满意的自我隐藏，将虚拟自我的形象无限放大。“起初可能只是暴露于虚拟的游戏环境里，但如果长期连续地对自我进行虚假塑造，会形成一种虚拟的道德身份感，会不自觉地把虚假的自我与真实的自我混淆，从而产生人格的异化。”[1]

（三）用虚拟角色演绎现实生活

据《半岛都市报》报道，某女因无法接受游戏中“丈夫”向其提出“离婚”而服毒自杀。另有农家女自诩“仙女”，男生自封“黑帮老大”等典型案例频现报端。玩家因沉浸于一个虚拟的角色之中，原有的个性特征不被认可，而这个虚拟的自我被热议推崇，越发迷恋这个臆想的自我而无法自拔，用虚拟的角色演绎现实生活，假戏真做。尤其是角色扮演类游戏，玩家有一个虚拟角色，依照游戏中所设定的角色特性，努力扮演着这个角色，在游戏过程中不断地塑造自我，使游戏中“我”的后天属性不断增强，自我主观表现出来或被诱导表现出来的虚拟人格被其他玩家或队友推崇，造成一些现实中没有的个性被虚构出来，而已有的个性被否定。如果玩家对于“自我”的意识还不明确，仍处于主观臆想阶段，加之周围环境充斥着诸多此类信息，会使得他们开始讨厌这个客观的自我，出现不满，不能接受。主观臆想的自我与客观的自我产生矛盾，出现分离，不能确定自己究竟是谁，加剧了主观自我与客观自我的矛盾，造成同一性混乱。

四、教育游戏动机激发策略设计需要注意的问题

作为游戏，教育游戏也需要激发学习者的参与动机。商业游戏的成功经验，自然是可以借鉴的，但是两者的目标定位有显著差别，并非所有的“成功经验”都可以直接迁移其中，需要从教育游戏的内在规定性出发，有针对性地剖析商业游戏的动机激发，批判继承其中的合理因素，摒弃其糟粕。

（一）设置合理的基本属性替代色情内容满足生理需求

“生理需要处于需要层次的最基础端，任何时候都需要生理条件，因此生理需要贯串于游戏过程的始终。”[2]但是绝不能利用色情环节暗中迎合玩家，否则就违背了教育游戏的根本目的。生理需求包括衣、食、住、行等多个方面，情欲只是其中之一，可以通过丰富“衣食住行”这些基本属性的款式、等级、种类等方式，达到弱化乃至代替色情内容的目的。比如，学习者可以对初始角色的穿着、住所等进行设计，随着等级的提升或学习任务的完成，开启更丰富多样的服装库、住宅样式；也可以根据需求和喜爱选择食物用来补充能量或作为完成任务的道具；健康值也可进行设计，如要靠完成任务获得“金钱”寻医问药等，不达到设定的健康值无法继续进行游戏。学习者在学习过程中对初始属性自行定制，使游戏更生动活泼。这些初始属性都是基于现实社会生活中的生存需要的，而不仅仅是凌驾于虚拟网络之上的玄幻特技，既可以满足玩家的生理需求，又可以尽量避免商业游戏里色情内容带来的负面影响。

（二）用人品指数的提升来替代暴力内容满足获得尊重的需求

游戏中尊重的获得是靠权力来体现的，玩家通过不停地“战斗”获得更大的权力，以及自尊和队友的尊重。在设计教育游戏时，我们可以用人品指数提升来替代简单粗暴的打杀所带来的尊重需求的满足，从而避免商业游戏中血腥、暴力等不健康的内容，提倡用“正能量”的奖励机制来吸引学习者。在游戏中设置人品指数、权力等级，使其有不断提升的空间，通过提高综合能力来获得他人的认可与尊重，使其有不断学习以提高自己的欲望。例如，设置助人为乐的奖励机制，帮助同伴完成学习任务可以获得奖励，奖励达到一定数额可以组建自己的学习团队，担任“小领导”组织学习活动，或开启其他附加功能，诸如求助、提示等。

（三）用综合能力的提升替代购买装备而达到自我实现

自我实现，即“一个人自我进步的愿望，一种想要变得越来越像人本来的样子，实现人的全部潜力的欲望”[3]。在商业游戏中，追求更大的潜能需有更多的技能，而这些技能往往要依靠金钱的投入方可获得，这也正是商业游戏的利益目的。对于以育人为根本目的的教育游戏来说，这显然不可取。教育游戏中自我实现的获得应该是学习者通过学习后，真正发觉自身潜能，在掌握一定技能的基础上获得成长进步。在自我学习任务出色完成的条件下，表现突出的学习者可以组建自己的学习团队，供相同爱好的游戏者选择加入；可以设计有奖励的学习内容供其他游戏者学习等。游戏者的创造力随其组建团队人数的增加和设计的学习内容、学习人数的增加而得到提升。

（四）用结合现实的游戏场景替代完全虚幻的沉浸体验而满足审美的需求

“当游戏者进入了一种场景，在这段时间内他会相信营造的虚拟游戏环境是真实的，并终止怀疑。游戏的幻觉性越强就越能使游戏玩家全神贯注，即游戏越令人沉浸。”[4]商业游戏能让如此多的玩家废寝忘食，沉迷其中而无法自拔，除了引人入胜的故事情节，优美或充满刺激的游戏环境也是一个重要的因素。所以在设计教育游戏时，为了避免此类问题，就要在游戏情节和场景的设计上有所权衡。既要有引人入胜的故事情节，优美的场景以及震撼的背景音乐；同时又要控制学习者的沉浸度，避免在完全虚幻的内容场景中迷失自我。应当尽量用虚拟与现实结合的方式，既使学习者能在虚拟环境中通过游戏完成学习，又要保证学习的内容具有现实意义。如航海、飞行等模拟类游戏，玩家对于这种在现实生活中少有机会触及的领域有很强的好奇心，能够产生强烈的参与动机；同时这类游戏锻炼的又是现实中真实存在的技能，而不同于网络游戏中穿越生死、腾云驾雾、扮演精灵法师等玄幻虚无的游戏内容。这在一定程度可以避免学习者因无法控制沉浸程度而导致的虚拟与现实的界线混淆。

五、教育游戏避免同一性混乱策略设计

分析商业游戏造成同一性混乱的原因，结合教育游戏动机激发的策略设计原则，可以为教育游戏避免同一性混乱提供有效的规避策略指导。

（一）结合现实实践活动，架构于虚拟环境，能够有效避免虚拟自我与现实自我的混乱

商业游戏所造成的虚拟自我与现实自我的矛盾，主要源于其所创设的情境与现实世界的情境严重脱节。教育游戏要解决此问题只能将虚拟与现实有机结合。首先，教育游戏是需要创设虚拟情境及其游戏规则的，但是这种虚拟不能完全脱离现实，应该是在现实基础之上的适当虚拟化。从整体效果看，这种虚拟环境是偏向于现实实践的，不能过多地虚拟化，以免脱离现实。其次，虚拟情境中所涉及的“游戏规则”应该有现实依据，或是对现实中“游戏规则”的适当改造，而不能重新创设“一个可能的世界”，从而再造其“规范和法则”。通过虚拟的情境培养玩家“亲社会”行为，在教育游戏中结合现实实践活动，使他们积极参与丰富的社会实践活动，获得社会责任感，避免因过度沉溺于虚拟环境而与现实社会脱节。在教育游戏的虚拟环境中发觉潜能的同时，学习者也能得到实践的机会。虽然这个“实践”是虚拟的，但是学习者也能体会到现实社会中的自我实现，使理想自我与现实自我得到统一，从而有效地避免学习者用虚拟思维解决现实问题，在源头上杜绝同一性混乱的发生。

（二）建立组内异质的互助团队，在游戏中展现真实自我，避免自我开放与自我保护之间的矛盾

商业游戏所造成的自我开放与自我保护需求之间的矛盾，根源在于商业游戏中交友的匿名性以及后天属性重新塑造可以为虚拟自我的无限扩张提供温床。教育游戏要避免这一矛盾的产生就要让学习者在游戏中展现真实的自我。首先，根据学习者相同的兴趣爱好、不同的基础起点与性格特点等建立组内异质的学习团队。教育游戏中的队友具有共同的学习目的，有积极向上的出发点，每个人都有优缺点，彼此可以成为值得信任的朋友。因为是异质的组队，同组的队友可以优势互补。例如，接受能力强的可以在学习过程中帮助接受能力较差的；心思缜密、思维灵活的可以负责团队的整体协调；等等。其次，教育游戏应设置相应的奖励机制，帮助他人便可得到奖励。例如，可以设计一个“爱心值”，帮助他人即可升级，挑战更高一级的学习任务，使用新的道具，增加“人气”等。同时，受助者在他人协助下完成学习任务以后也可以得到相应的鼓励。比如，用获得的知识经验继续帮助其他人，形成良性循环。学习者不必担心自己的弱点遭受讥讽，在学习中互帮互助，共同进步。在满足自我开放需求的同时也实现了自我保护，将真实的一面展现出来，并利用自己的优势在游戏中发挥作用，不必刻意用虚拟的自我去掩饰真实的自我，这样可以在一定程度上削弱同一性混乱。

（三）提升综合人品获得尊重，符合社会正向价值观，避免自我认可与社会认同的冲突

商业游戏中自我认可与社会认同的冲突源于单纯依靠暴力赢得权力，使玩家长期在游戏中形成的自我认可与现实社会认同不一致。在教育游戏中要通过全面健康的发展，才能获得尊重；同时在游戏中形成的个人认可与他人认可都必须符合现实社会的道德标准。“在教育游戏中个人要获得自尊与他人的尊重，必须有一个较高的人品指数，学习者可以在游戏的过程中通过提升健康指数、增加财富值和信任度来提升自己的人品指数。当职位、财富和人品指数达到一定值即可拥

有对应的权力，从而得到他人的尊重。”[5]学习者沉浸在正确的价值观环境中，满足自尊需求的同时，也可以获得他人的尊重。培养积极向上的自我认同感，这种认同感是与社会认同相一致的，是被广泛接受的，如此才能避免学习者因长期参与虚拟游戏而导致的自我认同与社会认同之间的冲突，不再用虚拟的角色演绎现实生活，避免同一性混乱。

六、结束语

目前，关于如何消解同一性混乱的问题并没有特定的方法，主要是提供心理社会的合法延缓期，允许并鼓励玩家进行角色尝试和探索，引导其认识自我，寻求内在连续感和一致感。教育游戏若想取得类似商业游戏的成功，还需要深入剖析其设计和运作的机制，再结合教育游戏的内在规定性进行整体规划。设计一款成功的教育游戏并非一蹴而就的事情，是值得广泛关注和持续研究的课题。

参考文献

［1］韩一凡．浅析商业游戏对青少年道德同一性的影响［J］．法治与社会，2009（11）：241-242.

［2］安福杰．基于需要层次理论的教育游戏激励机制研究［J］．中国电化教育，2013（3）：96-100.

［3］郑雪．人格心理学［M］．广州：广东高等教育出版社，2007：238.

［4］毛刚，赵强．教育游戏的设计方法［J］．咸宁学院学报，2008，28（4）：123-125.

［5］高岚岚．教育游戏与教学研究——教育游戏引导中小学生爱读书［M］．厦门：厦门大学出版社，2010：71.

典型数字化天文科普资源评析

瞿　斌　李　艳

（浙江大学　教育技术研究所，浙江　杭州　310028）

摘　要： 信息网络时代，数字化网络科普不仅是现代科普的重要特征，也是促进科普资源共建共享的重要途径。在我国天文科普教育领域，由于天文学科的特殊性，天文科普活动的开展情况不容乐观。为了充分利用现有的数字化天文科普资源发展我国的天文科普事业，本文对国内外典型的数字化天文科普资源做了详细的介绍与评析。在此基础上，本文就如何建设并完善我国数字化天文科普教育资源提出了一些建议。

关键词： 科学传播与普及　数字化天文教育资源　天文科普教育

一、前言

当代天文学的迅猛发展引起了世界各国的关注，发达国家更是积极投入与推广天文科普教育。尤其是进入 21 世纪后，互联网在全世界获得了巨大的发展，数字化天文科普因其方便快捷、形式多样等特点已经成为现代天文科普教育的重要方式之一。现阶段数字化天文科普资源数不胜数，本文将介绍国内外典型的天文科普网站、热门天文学软件和 APP 应用、网络天文科普教育资源等，让大家了解数字化天文科普资源的发展状况，并希望通过学习借鉴国外典型的、特色的做法，进一步完善和发展我国的数字化天文科普资源建设事业。

二、国内外典型天文科普网站介绍

（一）美国航空航天局（NASA）网站

NASA 的门户网站是集高科技研究、教育、制造以及商业业务于一身的规模巨大的天文、地理和宇航信息库。

如图 1 所示，美国航空航天局门户网站设计非常简洁，功能覆盖范围十分广泛，主要包括三个部分。

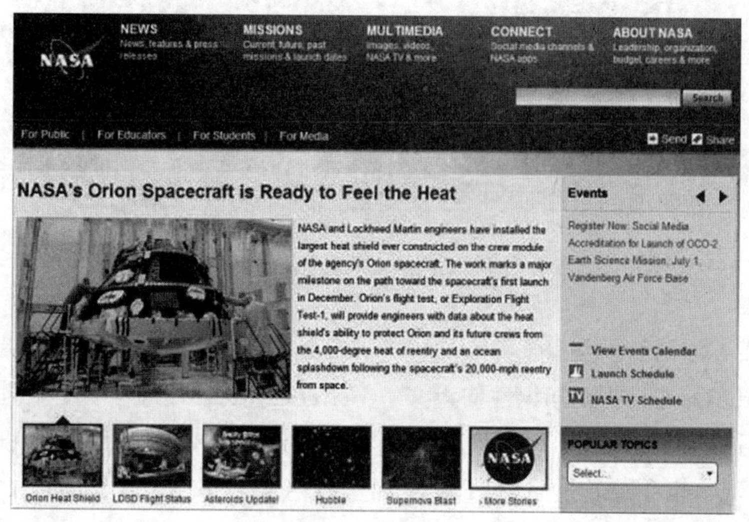

图 1　美国航空航天局门户网站

一是新闻（News）。具体包括最新发布的天文科普新闻，已经存入档案的旧闻，还有一些跟天文科普相关的演讲和报告。这些新闻的主题也被详细地分为地球、空间站、太阳系、宇宙、商业空间等。还包括一些跟我们生活相关的天文科普参考消息，其中也提到了与风靡全球的手机游戏《愤怒的小鸟太空版》的合作，在 Beak Impact 的游戏情节中加入了天文、外太空、科学技术等知识。这不仅利用游戏的知名度传播了天文学的知识，也利用天文的神秘和探索性丰富了游戏的趣味性，可谓一举两得。

二是任务（Missions）。本栏目包含各种 NASA 的知名太空探索任务："好奇号"火星科学实验室、国际空间站、哈勃天文望远镜、卡西尼号太空船、小行星和彗星观察任务等。每个浏览者可以根据自己的兴趣了解任务的具体实施步骤，以及取得的最新进展。

三是多媒体（Multimedia）。该栏目实时播放 NASA 的电视节目，包括介绍天文基础知识的节目、最新的太空探索项目追踪，有的节目会邀请国际上知名的天文学专家介绍和解答最新的天文学成果。观众可以根据自己的喜好和时间安排，依据节目单来选择所需要的节目进行观看。

除了上述三项基本内容，NASA 的门户网站在细节上还非常有特色。

一是多层次。在网站上，NASA 将信息针对不同受众进行分类。NASA 根据不同群体的需要，分别针对"公众""教师""学生"和"媒体"推送最适合的消息。这样的一种设置可以兼顾各个层次的需求，节约参与者初次浏览网站所需要的时间，并充分利用 NASA 现有的所有资源，不能不说是一种明智之举。

二是教育性。教育公众一直是 NASA 的一项重要工作，NASA 有负责教育和公众参与的专门部门。在 NASA 官网上的显著位置也可以清楚地看到其对教育工作的重视。在"教师"和"学生"类别下，NASA 还分别针对学龄前儿童和小学低年级（Grades K－4）、小学高年级和初中（Grades 5－8）、高中（Grades 9－12）甚至大学生及研究生（Higher Education）提供适合阅读的材料或教材。在"学生"类别下还专门设计了一个"NASA Kids' Club"栏目，专门针对儿童进行天文科普教育，如图 2 所示。

图 2　NASA 孩子天文俱乐部

值得一提的是，考虑到孩子爱探索的心理特点，网站里设计了很多有趣且富含知识性的天文科普游戏，如图 3 所示。

三是互动性。参与者可以通过主流社交媒体，如 Facebook、Twitter、Google+等与 NASA 的编辑和天文学家进行互动，也可以通过博客与专家进行交流。此外，为了更进一步地让天文爱好者参与到 NASA 的活动中来，NASA 还建立了 NASA Chat 和 NASA Social 两个颇具特色的栏目。在 NASA Chat 中，参与者可以近距离地跟天文领域的专家进行交谈，并发表自己的观点。NASA经常为自己的社交媒体爱好者举办丰富多彩的活动。这些活动旨在让NASA社交媒体的忠实粉丝更便捷地接触NASA的设施和项目发言人，更近距离地参与到NASA的天文科普活动中。简而言之，作为世界上最成熟最完整的天文科普门户网站，NASA的许多做法非常值得学习和借鉴。

图3　NASA孩子俱乐部游戏板块

（二）欧洲航天局（ESA）

欧洲航天局门户网站的内容也是丰富多彩的，本文主要针对其特点进行简要分析。

如图4所示，欧洲航天局网页设计简洁、布局清晰有序。主页上方为导航栏，左半部分主要包括欧洲航天局的新闻图片、重大事件、活动、版权等，右半部分针对不同人群设置“媒体”“教育者”“孩子”三个项目。布局上符合用户的浏览习惯，重点突出首页上航天局拍摄的高清图片，能够迅速抓牢观众的眼球。

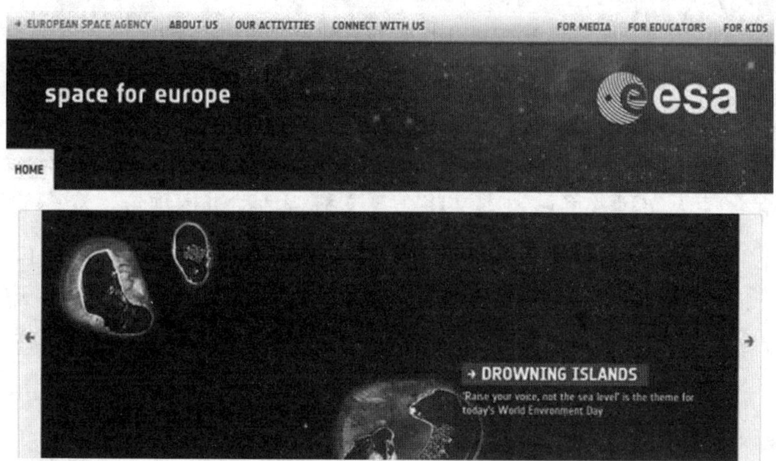

图4　欧洲航天局门户网站

资源丰富，完全免费共享。网站内拥有海量的天文资源，欧洲航天局的前身欧洲航天组织于1964年成立，至今已50来年，在“伽利略定位系统”、“火星快车号”火星探测任务、“织女星”火箭项目、自动转移航天器和国际空间站等诸多太空项目中积累了大量影像以及视频、音频、文字等资料。这些资料，全球的教育者和传播者都可以通过其网站免费下载使用。值得强调的是，这些免费资料都是符合印刷标准的，可为媒体和公众进行传播提供便利。有了这些免费供应，我们今天才能在全球各大媒体上看到精美的太空图片。

层次分明，科普教育功能显著。在提供专业天文资料的同时，欧洲航天局还专门针对“教育者”“孩子”分别设立了站点。在“教育者”栏目里提供了大量的教育资源，为了更好地启发青少年，欧洲航天局为教育工作者提供了丰富多彩的培训项目，也创造了很多师生共同参与的天文探索实践活动，很好地实现了天文科普教育的功能。在针对“孩子”的栏目中，结合这个年龄段孩子的认知和心理特点，设计了丰富的、有趣的教育游戏。整体布局富有童趣，孩子可以自己一步步地探索，通过拼图、猜字谜、画廊赏析等游戏，不仅愉悦身心，也在不知不觉中丰富自己的天文科普知识。与此同时，该站点还提供了天文实验室和天文新闻，可以供理解接受能力较强的孩子使用，从而充分地利用欧洲航天局的天文科普资源。

（三）中国天文科普网

为了推进天文科普事业，充分发挥中科院各大天文台站的科普优势，中科院科普办公室于2000年组织成立了统一的科普领导小组，并于2004年更名为中科院天文科普网络委员会，最终在2010年开通“天之文”中国天文科普网，如图5所示。

图5 “天之文”中国天文科普网

中国天文科普网是一个起点高、规模大、具有较多亮点栏目的综合性天文科普网站。本文将对中国网上天文台“天之文”做简要的介绍。

网站上部为导航栏，分别包括星闻天天报、星空大学堂、追星发烧友、天文画中游、科普委员会、走进天文台、追星兵器库、天之文论坛等栏目。

站内天文学知识内容十分丰富，在首页用幻灯片放映的方式呈现天文学最新的科研成果。在左侧，十分人性化地用向上滚动的方式展示每个月的天象预报，对于天文爱好者来说非常实用。在星空大学堂这个栏目里可以看到，众多有价值的天文科普作品可谓是琳琅满目，我们可以浏览推介的天文书籍，并且可以查看有趣好玩的天文奥秘杂谈。

“天之文”的一大特色是对全国范围内的天文科普活动进行预告，众多的天文爱好者可以根据这一平台很方便地追踪自己喜欢的天文科普活动。此外，网站还定期更新天文科学家主持的天文科普讲座，错过了现场讲座的观众可以很便捷地在网上进行观看。

本站的一大亮点是开设了天之文论坛，该论坛为广大天文初学者、天文爱好者、天文学传播者、天文教育人士提供优秀的网上科学传播和交流平台。大家可以在论坛中互相交流，共享信息，解决自己在学习、生活中遇到的各种关于天文学的问题，同时也可以通过天之文论坛解答他人的问题。此外，天之文论坛还结合时下比较热门的微信传播平台，定期传播天文学方面的知识，集聚了一大片受众。

三、移动设备 APP 应用程序

（一）虚拟天文馆 Stellarium

Stellarium 是一款虚拟星象仪的计算机开源软件，使用者可以设定自己所处的时间和地点，计算出太阳、月球、行星和恒星的位置，并将它们显示出来。利用虚拟天文馆可以用 3D 的方式模拟真实的天空，这跟用肉眼、双筒望远镜或天文望远镜看到的效果是一样的，并且还可以绘制星座、虚拟天文现象如流星雨、日食、月食等。很多天文爱好者将 Stellarium 作为观测星空的辅助工具，通过自己的探究，可以实现很多天文观测，天象馆也可以利用其画质高的特点在天象馆进行投影。

关于选项设置，在软件的左侧栏，使用者可以按照个人需求设定观察地点和时间；在星空显示选项中，可以对天体的绝对和相对大小进行设定，也可以设置每小时天顶流星数，显示大气层等；在下面的栏目里，有星座连线和星座表示等选项，也可按需设定赤道坐标网络。

对于青少年而言，虚拟天文馆是一款很好的进行天文探究的软件。在版本 0.9.0 中，可以显示 60 万颗恒星，如果使用扩展星表，显示行星的数量可以增加到 2.1 亿颗。除了常规简单的天空观察外，虚拟天文馆可以真实再现日食的场景。在软件界面菜单中设定日食发生的时间，就可以模拟日食的全过程：已经变成黑影的月球慢慢靠近太阳，逐渐和太阳边缘重合，通过快进时间选项，好几个小时的日食天文现象可以在短短的几分钟内完成演示。此外，也可以设定太阳为观察地点，搜索月球，利用放大功能加速时间，由此可以观察月球的地形地貌，此类探究活动可以很好地激发青少年探索太空的兴趣。

（二）微软公司的 World Wide Telescope

World Wide Telescope 即万维天文望远镜，简称 WWT，是微软公司开发的一款虚拟望远镜的开创性计算机软件，天文学家称微软的 3D 软件树立了新的标准。它结合了哈勃太空望远镜、钱德拉 X 射线天文台、斯隆数字巡天（Sloan Digital Sky Survey，简称 SDSS）计划拍摄的天文照片，具有极佳的视觉体验和易于使用的导航功能。我们在不需要借助天文望远镜和空间探测手段的情况下，就可以让那些只有天文学家才能问津的、专业的天文观测资料走进每个人的视野，除了能观测肉眼看到的天空，还可以领略在红外、紫外、射电、X 射线、γ 射线等电磁波段上肉眼无法看到的景象。

与众多的天文软件相比，WWT 界面的华丽和易操作性，更容易使学生接受，完全可以放手让学生自己去揭开宇宙的神秘面纱。WWT 软件提供的 5 种探索太空的模式如下。

①虚拟太阳系模式。在该模式中可以通过鼠标移动和放大缩小夜空，将视野从地月系转移到由太阳、行星及其卫星、小行星带等构成的天体系统——太阳系。

②虚拟星球模式。此模式提供了太阳系火星、金星、月亮、木星及四颗伽利略卫星的数字模型，可以详细地观察每颗星的表面结构。

③虚拟星空模式。使用者可以清楚地观察各个星座，并可以进行日食、月食模拟。

④全景模式。可借助其探测器提供的 360 度环形视野观察星体表面。

⑤虚拟地球模式。在此模式下，可以近距离观察我们的地球、地表形态、大气层等。

（三）星际漫步 Star Walk

星际漫步，英文是 Star Walk，是一个让你接近星空和天文学的移动设备 APP 应用程序。该应用程序包括恒星列表、星座列表、行星列表和梅西耶天体列表，提供了大量高清品质的图片，如图 6 所示。打开软件进入宇宙搜索页面，用户可以对宇宙中的星座、太阳系、深空、恒星、卫星等进行搜索观察。

该应用使用了增强现实技术，当我们仰望天空的时候，只需要举起我们手中的移动设备，对准所望着的那部分星空，那么此时，屏幕上就会展现出我们所要观测的那部分天空，并通过此功能更加真实地观察位于宇宙中的各个星球、星系。Star Walk 的基本功能就是在宇宙之中，不论你选择了哪个星球，都会出现绿色圆形选定界面。单击左上角的“i”钮，即可查看该天体信息。这些信息基于维基百科的资料库而生成，内容非常丰富。对于喜欢探索星空的天文爱好者来说，星际漫步绝对是一款不可多得的宇宙探索软件。

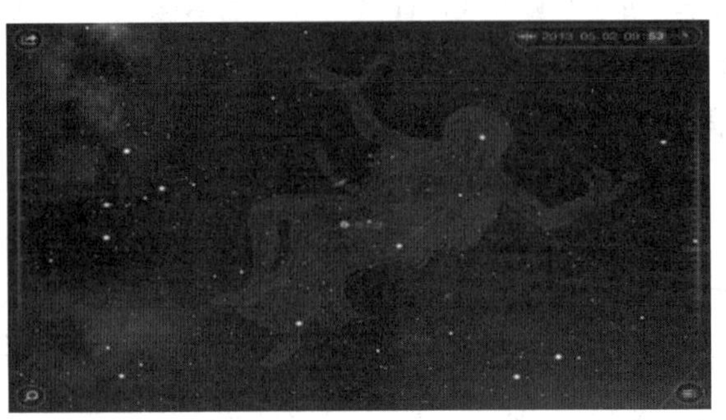

图 6　Star Walk 高清图片

四、天文公开课教育资源

天文科普教育资源作为数字化天文科普资源的一部分，也非常值得我们关注。基于 Coursera、网易公开课等网络教育平台，可以通过关键词“天文”“科普”搜索查找出中外天文科普教育资源，如表 1 所示。这些资源内容包罗万象，与历史、地理、物理、数学等学科有着千丝万缕的联系。不管是从浏览量还是从后续学习者的反馈都可以得知，哈佛大学开设的天文台之夜是其中的翘楚。作为天文学科普教育资源的典型，本文将以天文台之夜为例，对其做简要的介绍。

表 1　网易公开课中的国外天文科普资源

学校/机构	名称	课时
哈佛大学	天文台之夜	20
亚利桑那大学	量子理论和辐射	31
	宇宙起源	6
耶鲁大学	天体物理学探索和争议	24
仙后座计划	从宇宙大爆炸到人类	3
斯坦福大学	天体生物学与太空探索	14
麻省理工学院	探索黑洞	6
杜克大学	天文学入门	8
罗斯切特大学	现代天文学集萃	4
BBC	古老的大海啸	1
	地球创世纪	5
Caltech	太阳系科学	4
爱丁堡大学	天文学发现背后的科技	6
曼彻斯特大学	我们的地球	6
东京大学	从大爆炸到暗能量	4
北京师范大学	宇宙中的新发现	12
	从爱因斯坦到霍金的宇宙	12
中国科学技术大学	认识宇宙	6
大连理工大学	初识宇宙	3

坐落于剑桥市的哈佛—史密森天体物理中心向公众开放了一个免费项目，该项目在每月的第三个周四进行（六月、七月及十二月除外）。天文台之夜的两个特色组成部分为：非技术性讲座和在天气允许时从天文台屋顶利用望远镜进行观测。内容包括宇宙哲学、天文学发展、天体物理学等，演讲者都是天文学研究者，有着丰富的天文科研经验，能够通过通俗易懂的语言就天文学方面的知识与大家互动交流。

浩瀚的宇宙，神秘的太空，仰望星空时，人们不免会问：星星到底是什么？它是什么时候开始形成的，又将会在何时消失？什么是行星？什么是恒星？什么又是星系？恒星是怎样形成的？怎样计算一颗恒星的年龄？对于这些天文物理学问题，在第二个讲座中，索伦迈博姆用幽默的语句，深入浅出地向我们解释这些问题的答案。

在第八课中，哈佛—史密森天体物理中心公

共事务部的部长戴维阿拉吉尔拥有十分丰富的背景，他拥有天文学和海洋学学位，还是著名的作家和插图家、有经验的科学教育者，他结合自己的喜好介绍了他特别喜欢秋天的夜空的原因，还用一系列的动画来形象生动地解释地球为什么会有四季，以及有关仙女座的故事和对天文学的影响，最后还介绍了秋季的夜空中值得观察的星座和星星。该讲座内容生动有趣，非常实用，可操作性也很强。

最后一个讲座，梅瑞迪斯修斯创新性地介绍了如何建造一个行星的话题。他介绍了太阳系的特点以及形成，太阳系中各大行星的联系与区别，和其他恒星系统的对比。她所提出来的观点非常新颖，虽然对观众来讲操作性不是很强，但是对天文学这门学科来讲，非常具有启发性，能够很好地培养探索创新精神。

五、国外天文科普资源建设的启示

在上文的介绍中我们发现，在数字化天文科普资源建设方面，国外的很多做法非常值得我们借鉴。在网站建设方面，我们需要突出对青少年、儿童这两类特殊群体的关注，针对青少年的好奇心理突出天文知识的趣味性，可以通过天文游戏等环节的设置吸引更多青少年参与。此外，需要充分发挥市场的作用，作为中国科技传播与普及事业发展的“车之双轮、鸟之双翼”，我们要充分发挥市场的潜力，通过市场途径为社会和公众提供科普产品和科普服务。国家应鼓励更多科技公司研制、发布有趣、有意义的天文软件和应用等。当然，最重要的还是科普人才队伍的建设，需要有更多奋斗在天文科研一线的科学家投身到我国的天文科普事业中去，没有人比天文科学家更了解天文学的新进展，也没有人比他们更了解如何用浅显的、公众易于理解、接受和参与的方式向普通大众介绍天文学方面的科学知识与应用。这就需要国家加大对高校培养科普人才的投入，源源不断地培养有真才实学的、具备创新意识和能力的科普人才。

参考文献

[1] 张春续 . NASA，让空间探索属于普通人. 网易新闻探索频道.

[2] 中国互联网络信息中心 . 第 33 次中国互联网络发展状况统计报告 . 2014.

[3] 刘菁. 浅论青少年天文科普活动的现状与发展对策 [J]. 大众科技，2012 (5)：143-146.

[4] 赵明胜. 天文望远镜软件 WorldWide Telescope 在《行星地球》一章中的应用 [J]. 中学地理教学参考，2013 (9)：41-43.

[5] 美国航空航天局网站. http：//www.nasa.gov.

[6] 池敏 . 从网易公开课看中国在线教育的发展 [J]. 青年记者，2014 (2)：21-22.

[7] 高鹏 . 科普产品数字化技术的相关探讨 [J]. 科技传播，2010 (20)：225，217.

MOOC与信息技术教育

MOOC 微视频创作中的教学模式设计*

汪学均[1,2]　熊才平[1]　刘清杰[1]　吴海彦[1]　王会燕[1]　姜雨晴[1]

（1 华中师范大学　教育信息技术学院　信息化与教育发展研究中心，湖北　武汉　430079；
2 湖北大学　教育学院　信息化与基础教育均衡发展协同创新中心，湖北　武汉　430062）

摘　要： MOOC 的“大规模”性决定了 MOOC 开发者必须特别重视 MOOC 教学微视频对学习支持的有效性。目前，MOOC 微视频遵循了“认知负荷微小”原则，但忽略了“教学模式多样”原则。借鉴“百家讲坛”“媒体广场”“老梁故事汇”“杨澜访谈录”等知名电视节目和“圆桌会议”中的教学性元素，制作教学模式多样的 MOOC 教学微视频，有助于减轻单一画面和单一教学模式给学习者带来的审美疲劳，增强 MOOC 微视频支持学习的有效程度。

关键词： MOOC 微视频　创作原型　教学模式

一、引言

全球范围内掀起的 MOOC 狂潮，把教学微视频在在线学习中的应用推向了浪尖。MOOC 微视频数量正在持续快速增长。目前，教师特写画面和课件录屏画面占 MOOC 微视频画面中的绝大部分，而 MOOC 微视频中画面的单调反映出的是视频中教学模式的单一。单调的画面与单一的教学模式都不利于保持学习者的兴趣和注意。在 MOOC 视频制作中，充分借鉴“百家讲坛”“媒体广场”“老梁故事汇”“杨澜访谈录”等知名电视节目和“圆桌会议”中隐含的教学模式，使其教学模式多样化，有利于提高 MOOC 视频对在线学习支持的有效性。

二、MOOC 微视频创作原则

MOOC 微视频的创作，应遵循认知负荷微小原则和教学模式多样化原则。

（一）认知负荷微小原则

MOOC 微视频之“微”，其核心含义是认知负荷微小。MOOC 微视频主要用于“一生一机”构成的微型课堂，没有老师和同学在场，缺乏及时的答疑解惑；学习者甚至是用移动设备在旅途中利用乘车、等人、排队等碎片时间观看，没有课桌，没有书本，不能及时记录整理，单次学习往往只能持续 10 分钟左右。从学习者的认知心理角度来说，内容单一、所需时间较短的“碎片化”学习材料是最适宜此学习情境的。利用 Mind Manager 作为分析教学内容的工具，可以厘清教学内容的详细构成与逻辑关系。然后，对教学内容进行分割，确保每一个教学材料内容单一且相对完整。认知心理学已经证实，视频作为教学材料时，因其综合运用视觉、听觉通道，相比纯粹的图文或声音，最有潜力成为最有效支持学习的媒体形式。符合教学进程规律、各自内容单一、每段 10 分钟以内，是 MOOC 视频确保其认知负荷微小的基本策略。

（二）教学模式多样化原则

MOOC 采用的核心学习方式是学习者自定时间、地点、节奏观看 MOOC 网站上的教学视频。学习者各自观看视频学习，缺少了班级授课情境下的师—生和生—生面对面互动，即使 MOOC 视

* 基金项目：本论文是国家自然科学基金面上项目“基于网络的教育资源配置方法、路径与绩效评价研究”（项目编号：71273108）与国家自然科学基金重点项目“基础教育公平实现机制与服务均等化研究”（项目编号：71433004）的阶段性成果。

频中采用了插入提问—应答的方式来帮助学习者保持注意，但“半途而废”的学习者仍旧相当多，这与MOOC教学视频画面的单一和视频节目中教学模式的单一不无关系。做视频最专业的是电视台，很多教学性电视节目能长期吸引大量的观众，如果MOOC视频能向优秀的、具有教学性的电视节目学习，使MOOC教学视频中具有讲授、讨论、访谈等各种教学模式和各种景别与角度的教学现场画面，则能在一定程度上缓解学生对教师特写镜头的审美疲劳。例如：“百家讲坛”引领观众解读经典，“媒体广场”帮助观众快读报纸，“老梁故事汇”带领观众倾听故事，“杨澜访谈录”帮助观众了解成功人士。还有“圆桌会议”，虽然不是一个电视节目，但它的组织方式也很适宜在MOOC微视频中应用。

三、MOOC微视频创作中的教学模式设计

把“百家讲坛”“媒体广场”“老梁故事汇”“杨澜访谈录”等电视节目和“圆桌会议”作为MOOC微视频创作的原型，借鉴他们暗含的教学模式，并以“认知负荷微小”为原则对它们进行改造，可以实现MOOC微视频创作中教学模式设计的多样化。

（一）百家讲坛式

“百家讲坛”是中央电视台科教频道的一个讲座式栏目，让专家、学者为百姓服务，普及中国优秀传统文化。节目邀请知名的学者主讲，选择大众喜闻乐见的主题，追求学术创新、鼓励思想个性、强调雅俗共赏、重视文化传播，每天播出一集，每集45分钟左右。[1]一个专题分若干集在一段时间内陆续播出。“百家讲坛”是一个电视节目，也是一个全民共享的大课堂。

“百家讲坛”节目值得MOOC微视频创作借鉴的特点主要有以下几点。第一，名师授课。“百家讲坛”邀请著名的学者主讲，他们学富五车，讲起课来旁征博引，说起理来入木三分，观众觉得他们讲的课确实值得一听。第二，选题具有文化性与故事性。“百家讲坛”中的“易中天品三国”“王立群读宋史”“向诸葛亮借智慧”“跟司马懿学管理”等，无一不是在人们熟知的历史故事中深度挖掘中华传统文化与大众生活智慧，易于与观众产生共鸣。第三，镜头多样。百家讲坛拍摄现场有听众。节目画面有时是舞台全景，有时是主讲人近景，有时是主讲人特写，有时是现场听众近景，有时是人物的正面镜头，有时是人物的侧面镜头，有时插播相关资料，画面变化多样。一集节目中还反复几次播放带有悬疑性的收视导语，吊足观众的胃口，能保持观众的注意。第四，全程字幕。“百家讲坛”现场录音十分清晰，主讲人的普通话也基本标准，但节目仍旧全程添加了字幕，使观众能通过视听双通道无遗漏地抓住所有细节。创作“百家讲坛式”MOOC微视频时，应注意模仿以上四点。有一点值得注意，“百家讲坛”一集45分钟，但“百家讲坛式”MOOC微视频每集只能5—10分钟。“百家讲坛”中午播出，主要针对能在家里或餐厅里从容享受午餐的人群，一顿饭工夫和一堂课工夫差不多，所以“百家讲坛”每集45分钟是合适的。但“百家讲坛式”MOOC微视频没有那么准确的时间定位，应遵循认知负荷微小原则，以每集5—10分钟为宜。

“百家讲坛式教学”属于大班讲授教学模式。看“百家讲坛式”MOOC微视频，听知名学者娓娓道来，学习者能连贯、完整、系统、深入地了解学习某个内容，信息密度大、主题集中、资讯权威、启发性强，其高效传播知识的特性居于各种教学模式的MOOC微视频之首。常识性、故事性、人文性等教学内容都适合录制成“百家讲坛式”MOOC微视频，深奥难懂的教学内容则不适合。这种教学模式以教师口头语言为主来传递知识，适宜具有相当语言理解能力、有足够先决技能的学习者。

（二）媒体广场式

“媒体广场”是中央电视台综合频道与新闻频道并机直播的新闻读报脱口秀节目。其内容来自于国内上百家主流报刊，引进新华社、路透社、法新社的新闻图片，每天清晨30分钟，满足观众了解国际政治、时事新闻、社会环境、人文地理等各种资讯的需求。[2]

“媒体广场”节目值得MOOC微视频创作借

鉴的特点主要有以下几点。第一，权威丰富的资讯。“媒体广场”播报的内容来自中央大报、财经大报、产业大报、国际时报、都市报刊等主流媒体，内容精彩纷呈，可信度高。第二，简洁明快的播报。“媒体广场”的播报风格不像“新闻联播”那样严肃、详细，简洁明快的脱口秀风格，引领观众快速浏览今日要闻，轻松观看最新图片，瞬间了解世界风云。第三，色彩醒目的字幕。“媒体广场”字幕分三行，从上到下分别是新闻发生的地点、新闻标题和滚动新闻。字幕在颜色上主要采用蓝底黄字，同时在三条滚动字幕中采用红、黑、蓝、黄四种颜色，这样的配色方案使新闻标题更加醒目，可以从视觉上进一步引导观众瞬间抓住新闻要旨。第四，或圈或点的动作。“媒体广场”播讲方式独一无二——主持人右手边有一块安装了图文点评播报软件的大尺寸触摸显示器。[3]新闻剪报图片缩小了放在屏幕左下角，主持人用手指把一张剪报图片拖到屏幕中央，双手把图片放大到适合的尺寸，然后对新闻剪报内容加以简要解说，在关键词上或圈或点，引导观众快速锁定新闻要点。创作“媒体广场式”MOOC微视频时，应注重模仿以上四点。“媒体广场”节目大约30分钟，契合了上班族从起床到出发的时间，侧重于多新闻主题的迅速播报和切换，制作“媒体广场式”MOOC微视频时，其节奏应该以有效支持学习为准，不应重形式而轻实效，“媒体广场式”MOOC微视频每集只能5—10分钟，学习者也不会早上一起床就专门看这种模式的MOOC微视频，所以其语音节奏、详略程度，都应根据教学实际需要调整。

“媒体广场式教学”接近白板讲授教学模式，以图文点评播报为主要特征，具有十分广泛的教学内容适应性，只要是适合用图文加讲解的方式传递的教学内容都可以采用“媒体广场式”的手法来录制，深奥难懂、复杂原理类的教学内容也不例外。此外，以“媒体广场”的手法拍摄MOOC微视频时，对教师而言，除了需要适应讲台上较强的灯光照射和面对摄像机的压力外，跟平时使用白板教学所需要的教学技能基本相同，教师的适应性比较好。

（三）老梁故事汇式

“老梁故事汇”是山西卫视的一档互动式娱乐脱口秀节目。主持人梁宏达用说书人的口吻，通俗幽默地谈古论今，探究扑朔迷离的悬案，揭开匪夷所思的真相，慨叹曲折离奇的命运，讲述妙趣横生的传奇，观众往往被故事背后鲜为人知的内幕以及天南海北的八卦所吸引。在主持人讲述和评说的过程中，节目使用各种影像资料，把观众带回或精彩或神秘的过往岁月。老梁没有架子，没有说教，如拉家常般的侃侃而谈，夹叙夹议，既娱乐于人，又教化于人。[4]

“老梁故事汇”节目值得MOOC微视频创作借鉴的特征主要有以下几点。第一，师生同桌，但教师独占一方。“老梁故事汇”节目录制现场，有U形大桌，讲故事的人坐在U形底部外侧，听故事的人坐在U形两边外侧以及U形开口处。师生空间格局与一般教室里的格局迥然不同，教师与学生不分台上台下，空间距离显著拉近，亲近之感油然而生，学生敢于随时答问、发问，课堂气氛紧凑、活跃。教师独坐一方，又显示出教师主讲人的地位，有利于发挥教师的主导作用。显然，这是一种讲授、讨论两相宜的师生布局方式。第二，家居式的背景。“老梁故事汇”节目主讲人精致的唐装，节目录制现场红木的家具、紫砂的茶杯、竹骨的折扇、结实的醒木、江西的瓷壶、盆栽的植物、中式的落地灯、木雕的门窗、窗外的灯火等，无一不充满东方神韵和家的温馨。看“老梁故事汇式”MOOC微视频，可使学生觉得好像是一群孩子在听爷爷讲故事，完全没有课堂上正襟危坐的束缚感。

“老梁故事汇式教学”属于小班讲授教学模式，以教师讲授为主，兼顾师生问答互动。凡是有故事性、情节性、可谈可侃的教学内容都可以采用“老梁故事汇”式的手法来创作MOOC微视频，深奥难懂、需要较多图文或动画配合才能解释清楚的内容则不适宜。

（四）圆桌会议式

中国的传统饮食文化讲究上席、下席、侧

席，不同的席位表达了赴宴者在本次宴会中不同的重要程度。在教室型会议中，会议室分主席台和听众席，相向而设，主席台比听众席高，会议期间一般只有主席台上的人讲话，台下的人只听不讲，这种会议形式适用于上级对下级传达指令，与会者的不平等地位显而易见。在国际会议实践中，为避免席次争执，参会各方围圆桌而坐，会议主席和各国代表的席位不分上下尊卑，表示参加各方地位平等，更好地体现了各国平等原则和协商精神，这就是圆桌会议——一种平等、对话的协商会议形式。

“圆桌会议”值得 MOOC 教学微视频创作借鉴的特点主要有以下几点。第一，师生围圆桌而坐的空间分布方式。老师和 6—12 名学生围环形圆桌就座，和“老梁故事汇式”师生空间分布不同，教师不再独占一方，教师和学生一样只占普通一席，更彰显了师生平等。第二，主题单一。圆桌会议往往讲究一事一议。圆桌会议虽不分席次上下，但还是有主持人。主持人要依据会议主题，主导讨论方向，引导各位与会者发言，确保会议成效。

“圆桌会议式教学”属于小组研讨教学模式。拍摄“圆桌会议式”MOOC 教学微视频时，应指定讨论活动的主持人，最好是教师。确保所有的学生具有基本相同的参与度，发问、答问、质疑、评论、补充等镜头较均匀地分布在参与研讨的学生中。教师需要抛出话题、引导讨论，使发问、答问的内容涵盖预期的所有教学内容，确保讨论不跑题。“圆桌会议式”MOOC 教学微视频适合所有需要口头讨论的教学内容，对学生的年龄、文化程度等都没有限制。

（五）杨澜访谈录式

“杨澜访谈录”是阳光传媒集团旗下的一档名牌访谈节目，由著名节目主持人杨澜创办并亲自主持。节目就政治、经济、社会、文化等不同方面的热门话题，与世界各地的知名人士进行深入探讨，以历史的深度和全球的广度，表现生活的智慧与人生的感悟，折射出特有的历史瞬间和社会背景。[5] 在节目进行过程中，访谈者与被访谈者侧面相向，访谈者以访谈的主题为线索时而对被访谈者提出问题，并时而侧耳倾听，时而简短评价。访谈者牵引着节目的内容方向与进展节奏，被访谈者充实着节目的内容，相得益彰。

“杨澜访谈录”节目值得 MOOC 教学微视频创作借鉴的特征有以下几点。第一，以对话的方式展开节目内容。以访谈者提问引导被访谈者讲述，确保了被访谈者所谈的主题是节目预期的内容。第二，节目内容段落层次清晰。每一次访谈者提出新的问题，就意味着节目内容进入了一个新的段落。

在 MOOC 微视频创作中，适合以对话方式展开的教学内容都可以采用“杨澜访谈录”的方式拍摄，特别是请知名人士“现身说法”的教学尤其适合，而深奥难懂、需要配合图文或动画讲解的教学内容则不适合。学生扮演访谈者主动提问，教师扮演被访谈者一一回答，在师生对话的过程中展开教学内容。

四、结论

以上五种教学模式各有不同，如表 1 所示，在 MOOC 微视频创作中应合理选用。

表 1　MOOC 微视频中的教学模式设计

创作原型	视频实例画面截图	教学形式	适应的教学内容	对教师的要求
百家讲坛		教师在台上讲授，学生在台下静听	常识性、概要性、人文性教学内容	良好的学科知识功底和演讲能力

续表

创作原型	视频实例画面截图	教学形式	适应的教学内容	对教师的要求
媒体广场		教师借助图文播报系统简要讲授	需要图文、动画配合解释或多条目的教学内容	脱稿讲解知识，熟练操作图文点评播报系统
老梁故事汇		学生围坐在教师附近听教师讲述	具有情节性或个人经验性的教学内容	丰富的学科知识与实践经验，高超的演说技巧
圆桌会议		学生和教师围坐在一起面对面交流	学生已有一些知识和经验但有疑虑的学习内容	有效引导学生思考、发言，及时评析正误
杨澜访谈录		由一名学生代表提问，教师逐一回答	集中答疑，或适宜以对话方式展开的教学内容	抓住问题实质，给出可靠回答，指导学习方法

“百家讲坛式”MOOC 微视频中的教学模式是大班讲授，主要的师生互动形式是师讲生听，录制现场有学生 30—50 人，需要教师有良好的学科知识功底，适合于常识类、故事类、人文类教学内容。“媒体广场式”MOOC 微视频中的教学模式主要是小班白板讲授，主要的师生互动形式是师讲生听和师指生看，录制现场有学生 20—30 人，需要教师能熟练地使用图文点评播报软件或电子白板功能，适合于需要用图文配合讲解的教学内容。“老梁故事汇式”MOOC 微视频中的教学模式是小班讲授，主要的师生互动形式是师讲生听，可穿插一些师问生答、生问师答或生问生答，录制现场有学生 10—20 人，需要教师熟记教学内容，而且有脱口秀水准的语言表达能力，适合于具有故事性、评论性、可谈可侃的教学内容。“圆桌会议式”MOOC 微视频中的教学模式是小组研讨，录制现场有学生 6—12 人，主要的师生互动形式是师问生答、生问师答和生问生答，适合于有多种解决方案的问题、需要口头讨论的教学内容。“杨澜访谈录式”MOOC 微视频中的教学模式是对话式教学，1 名学生扮演访谈者，1 名教师扮演被访谈者，现场可以有一些学生，适合于需要请人“现身说法”或以对话方式展开的教学内容。在 MOOC 微视频创作中，应根据表达教学内容的需要灵活选用以上各种教学模式，确保 MOOC 微视频中教学模式的多样性。

参考文献

［1］百家讲坛［EB/OL］. http：//cctv. cntv. cn/ lm/baijiajiangtan.

［2］朝闻天下之媒体广场栏目介绍［EB/OL］. http：//www. doc88. com/p－944521288668. html.

［3］电视台主持人用的触摸显示器设备及图文点评播报软件［EB/OL］. http://www. xingming. net/classinfo/infodetail. asp？ id＝4086956.

［4］老梁·故事汇［EB/OL］. http://baike. baidu. com /link？ url＝9Ot1yiVCpPmFGZv2J-B2jw8Phgj0iei6JtAHsZqvJ8sBe-PFfWxTae2fhPUNha-o8YDpKLnd5I4Uu2V9HbFlED8K.

［5］杨澜访谈录［EB/OL］. http：//v. baidu. com/show/ 470. htm.

MOOC 模式下中学地理教学设计初探

陈丽丹　郑志平　李高祥

（贵州师范大学　教育科学学院，贵州　贵阳　550001）

摘　要：MOOC 作为一种全新学习模式的出现给教育界带来了不可小视的震动，它既秉承了以往网络课程的特色，又有着自身灵活、多样、开放的个性特点。将 MOOC 与基础教育相结合，是一个全新的大胆的尝试，笔者在对现阶段专家学者对 MOOC 模式主要特点的论述进行总结梳理的基础上，对 MOOC 模式与中学地理课程相结合做了探索。运用教学设计的基本方法，结合 MOOC 的特点及其在基础学科实施中的优势，探索中学地理教学与 MOOC 结合的新途径。对 MOOC 模式下中学地理教学设计中的课前、课中、课后分别进行设计讨论，最后总结了 MOOC 带来的改进和有可能遇到的问题。

关键词：MOOC 模式　基础教育　中学地理教学设计

一、引言

MOOC（Massive Online Open Courses），也有学者称为 MOOCs，是大规模网络开放课程的简称[1]，是面向公众的免费开放式网络课程。

大规模的学习者参与，免费开放的学习资源，不限定学习者的年龄、身份、知识背景和国籍，交互式的讨论交流模式，即时的问题反馈，嵌入式的测试问题，等等，是 MOOC 有别于传统课堂教学和网络课程的主要特征。

统观已有关于 MOOC 的研究资料与文献，主要是研究 MOOC 对高等教育所带来的冲击与影响。焦建利曾撰文称 MOOC 对高等教育的信息化、国际化、民主化都将产生重要而深远的影响，他给中国大学提出了五个建议：把开放教育资源和 MOOC 纳入大学发展战略中；帮助教师和学生掌握在线参与式学习方法；积极探索和深化大学课程与教学模式的创新；引导教师将开放教育资源引入自己的课堂教学之中；加强研究，有计划分步骤地尝试和探索 MOOC。[2] 从这五点建议中不难看出对于 MOOC 的学习，对教师和学习者都提出了较高的要求。学习者一般需要具备以下几个方面的能力：信息技术能力、良好的英语能力、自我调节适应学习能力与自主学习能力等。[3] 对教师也提出了更多更新的要求，如积极探索和深化课程与教学模式的创新，将开放教育资源引入课堂教学中。然而，教师与学习者的各种能力并不是一朝一夕便可养成的，尤其是对学习者来说。因此，MOOC 模式的学习不应单单指向高等教育，更应该从基础教育入手，能力要从小培养，尤其是对于我国这样一个发展中国家来说，更应该从基础教育开始，对学习者的各种能力进行培养。例如，将 MOOC 设计进初中地理教学的课堂，从基础教育入手，从方方面面来培养学习者的各种能力。

二、MOOC 模式的教学特点

斯蒂芬·唐斯（Stephen Downes）总结出了 MOOC 的四个基本原则：汇聚、混合、转用、推动分享。[4] 结合他提出的 MOOC 的四个基本原则，我国一些教育学者结合教学实践，总结出了 MOOC 模式的以下几个具体教学特点：教学资源的开放化、教学方式的混合化、学生学习的个性化、教与学的互动性强。[5]

（一）教学资源的开放化

在美国，Udacity、Coursera、edX 三大 MOOC

平台相继建立。在中国，新浪微博、豆瓣等网站都有众多学习者自发创建了学习小组或学习群，进行在线讨论、资源分享；果壳网、过来人等网站也推出了MOOC模式的公开课；Coursera目前也推出了5门中文课程。[6]

现有的许多MOOC平台，仅需通过邮箱注册便可与世界上任意角落的学子共同参与国际一流大学的在线课程。课程没有人数、时间和地点的限制，教学资源是开放的。

（二）教学方式的混合化

以往的课堂教学和网络公开课，较多的是提供面授讲解和视频授课，学习内容通常是预先编辑好的课件，或是录制好的讲座，学生在学习的过程中缺乏沉浸感，更多的只是在教室后面观摩听课，“师—生”与“生—生”之间缺少进一步的交流与反馈，很难检验知识的掌握程度。而MOOC体现的便是一种教学课堂的全程参与模式，时刻兼顾学习者的需求，弥补了以往网络教育功能泛化、交互性功能不足等缺点。[7]

今后的教学应当是线上线下相结合的。课前学习知识，课中针对自主学习过程中存在的问题进行讨论交流，课下进行测评检验，真正实现“翻转课堂”。这就要求教师对教学进行深度反思，对教学模式进行探索、研究，教师角色也将发生转变，从一个传道者真正转变为一个激励者、启发者。

（三）学生学习的个性化

MOOC模式的学习中，学习者可以按照自己的兴趣爱好，或个人学习发展需求进行选课，获取各类学习资料，参加讨论组和学习讲座等各种活动，分享个人观点，充分利用社会化网络工具，如微博、博客、微信、社交网络等开展学习活动，进行讨论，建立学习网络。

（四）教与学的互动性强

以现有的大多数学习者的学习能力与自控能力来看，单纯依靠学习者在网络上进行自学，学习效率是很低的。因此，需要教师的引导授课。授课以MOOC模式的教学视频录像为主，配以教师的讲解，模块化的短视频方式方便学习者按主题学习，或是利用零碎时间拆分观看，并在资源中嵌入超链接与相关背景资料，方便学生延展知识。[8]学习者在课前、课中、课下三个阶段来自主地通过资源共享、交流与协作进行自学、答疑、讨论、交流、作业、小测等互动式学习。

三、MOOC模式下中学地理教学设计的原则

在中国，虽然有语言、网络的障碍，但MOOC依旧有不少忠实的支持者，在新浪微博、豆瓣等社会性网络中都有学习者自发建立的学习小组，其中的学习者既有教师、IT从业者等，也有很多在读大学生。而根据果壳网的近期随机统计，利用MOOC学习的20%是中学生。[9]由该数据可以看出在MOOC使用人群中中学生所占比重之大。

地理是中学的一门重要基础课程，由于它兼有自然学科和社会学科的性质，所以，其学习既不同于物理、化学、生物等理科课程，又与政治、历史等文科课程有很大的区别。在传统的地理教学中，对于那些具有较强特殊性的知识点的讲授总有知识死角难以攻破，MOOC这种近年来新引入国内的学习方式，填补了中学教学中基础学科知识死角难以攻破的空白，运用MOOC的开放化、混合化、个性化、互动性强的特点，对于中学地理学科的学习，应当积极设计一系列基于MOOC的中学地理教学模式与教学方法。在设计的过程中，应当遵循以下原则。

（一）教学设计要坚持学习过程的开放性原则[10]

MOOC现有很多的平台，只需要邮箱注册，就可以实现在线学习全球著名学府的高水平教师的在线课程，课程没有人数、时间和地点的限制，教学资源是开放的。MOOC资源开放化，要求一线教师在进行教学设计的过程中，要充分考虑学习内容与学习者自身特征之间的关系。由于学习对象的年龄段比较特殊，初中阶段是小学、高中的过渡阶段，学生的身心发展也向青春期过渡，可塑性强，是掌握新知识、新技术的最佳时期。介于学习者自身易于接受新鲜事物的特点，在进行教学设计时要把握好学习内容的特征，充

分运用 MOOC 来补充学习。如在人教版初中地理七年级上册第二章第一节“地形和地势”的学习中，以往的授课方式大多是知识挂图与教师讲授结合的方式，这种方式在构建学习者的整体思维能力方面有所欠缺，但如在教学中加入 MOOC 视频，呈现出我国地形和地势不同角度的特征，再加以教师的知识引导与疑难讨论，便能更好地引导学习者建立空间知识结构。

（二）教学设计要坚持资源整合的原则

当今多种学习方式的出现，对教师的教学提出了更高的要求，要求课上课下多种资源的整合。MOOC 的出现，使教师可以将教学视频作为学生学习的课下环节，学生在课堂外先行自主课下“听课学习”，而课上则是侧重对知识点进行深入的讨论、交流、探究与分享，进而实现对问题的解决，实现真正意义上的“翻转课堂”。这就要求教师反思教学，对教学设计模式进行仔细研究，深入探索。教师将从一个知识的讲授者变成一个知识的提供者、组织者，对学生的学习进行激励、启发。

（三）教学设计要坚持以学生为中心的原则

MOOC 学习的一个突出特点就是学生学习的个性化。这就要求教师在教学过程中要坚持以学生为中心，在学习过程中鼓励、支持和引导学生提出问题、分析问题和解决问题。教师在整个教学过程中，不仅要为学生的学习提供学习指导和帮助，而且要引导学生进行主动学习，支持学生主动探究问题，启发学生形成解决问题的思路。此外，应打破传统课堂的以教师为中心，教师在课堂中为“主宰”的局面，真正意义上把课堂交还给学生，使学生在课堂教学中成为中心，在整个教学过程中成为主体，教师在学生的学习中起到支持、引导和帮助的作用，让学生在自主探究学习的过程中，不断将问题引向深入。

（四）教学设计要坚持协作共赢的原则

MOOC 的教与学互动性强，这便更加强调了资源的共享性，以及在学习过程中学习者与教师之间、学习者之间的相互交流、相互合作、相互尊重、相互学习和相互信任。学习者在讨论、思考、探究的过程中，相互分享智慧，交流经验与心得，对共同的问题进行更深入的探讨与研究，教师不仅是资料的提供者、学习的组织者，更是整个过程的参与者、学习者。教师与学生在整个过程中相互学习、共同收获，进而实现协作共赢。

四、MOOC 模式下的中学地理教学设计

在 MOOC 模式下进行初中地理的教学设计，本身就是一种全新的尝试。教师对所教授内容进行精心的教学设计会让学生主动、灵活、有效地去学习。以下是笔者在 MOOC 模式下，对人教版初中地理七年级上册第二章第一节“地形和地势”一课进行的教学设计。

本教学设计以现代认知学习理论为基础，在教学中充分体现“以教师为主导，以学生为主体”的思想。教师为学生的学习创设情境，提供知识链接，对课程的知识结构重组，培养学生利用网络自主查找、筛选、分析、协作、讨论和学习的能力，以及依据学习需要，整合运用资料的能力。通过观看视频、读图、讨论等多种学习形式，让学生体会学习地理的乐趣、地理与现实生活的联系，树立因地制宜和人与环境协调发展的观念。

下面将从课前、课中、课后三大块进行本节课的设计。

（一）课前准备

课前需要每个学生以自己的姓名或相应的学号（依情况而定）在“慕课网”上注册一个学习账号，以学生姓名或学号注册便于教师查看学生的学习情况。“地形和地势”一课的学习分为 2 课时，主要分两大块，一是复杂地形的学习，二是我国地势的特点。依据学习内容，教师查找优质的资源链接，将本课的知识点分成若干知识模块，每个知识模块分成 5—10 分钟的视频。学生在课前观看教学视频，并在观看中和观看后回答问题，在讨论区“师—生”与“生—生”之间进行讨论，针对有分歧的问题进行交流。教师在此部分整体把握学习者典型疑难问题的集中情况，摸清学生的知识结构，搞清课中要集中解决

的知识难点。

（二）课中

课中主要是用来解决学习者在课前自主学习的过程中遇到的尚未解决的知识难点问题。教师给出难点问题的知识点链接视频，组织学生观看，以视频中嵌入的问题引导学生研讨，找出解决问题的思路，得出正确的结论，引导学生进行知识梳理，总结本节的知识点。面对面授课交流，避免了网络上答疑时间延迟的缺点。

（三）课后

课后主要是对知识的巩固练习。MOOC 模式存在一种同伴互评的交流形式，这就大大缩短了测验评判的时间，而且有助于同伴间互相监督学习、互相促进。教师可以在规定的时间查看学习者间的问题评判情况，并随机、不定时地查看学习者的小测情况，以防止部分“偷懒”的学习者不认真对待。

将课后的学习评价与考试结合起来，算出学习者的最后成绩。具体的分配比例如下：学习者在课前观看视频，参与讨论的情况，占最后总成绩的 10%，平时练习占 20%，期中成绩占 30%，期末成绩 40%。将最后的总成绩分成几个板块，不但避免了学习者由于一次考试失利而影响整学期学习成绩的情况，而且有利于保持学习者学习的积极性。

五、结语

初中阶段的学生处在一个由小学向高中过渡的阶段，他们想象力丰富，体力充沛，记忆力好，学习能力强，但他们的空间思维能力及对整理事物的把控，还处在尚待学习与丰富的阶段。MOOC 作为一种新兴的教学模式，有其独特的个性特点，将 MOOC 模式引入初中地理的学习中，不仅可以在基础教育阶段培养学习者的信息技术能力、良好的英语能力、自我调节适应学习能力与自主学习能力等，而且可以增强学习者学习的积极性和主动性、增强地理学科的学习趣味。

将 MOOC 模式与初中地理相结合，主要的突出优势体现在：面授与视频学习相结合，既避免了传统课堂教师讲学生听的灌入式学习，也避免了单一的网络学习忽视“师—生”“生—生”之间的交流与协作；考核成绩分模块进行避免了一次考试成绩定好坏的片面性；MOOC 的运用在不同程度上提高了学生的各种学习能力。

然而将 MOOC 模式运用到初中地理的教学中也存在着一定的弊端，比如：学习者较多，教师对学习者网上嵌入式问题的回答与讨论情况不易掌握；对课前学习者自主学习过程中知识难点的搜集困难；对不同基础学习者的分层教学体现得不够明显；对网络要求严格；等等。许多问题还需深入思考和仔细研究。

参考文献

[1] 维基百科（Wikipedia）.MOOC 词条［EB/OL］.（2013-08-03）. http：//en.wikipedia.org/wiki/MOOC.

［2］焦建利 .MOOC：大学的机遇与挑战［J］. 中国教育网络，2013（4）：21-23.

［3］姜蔺，韩锡斌，程建钢 .MOOCs 学习者特征及学习效果分析研究［J］. 中国电化教育，2013（11）：54-59，65.

［4］Downes S.. Places to Go：Connectivism & Connective Knowledge［J］. Innovate Online，2008，5（1）.

［5］陈明人，朱卫丰，叶耀辉，肖笑飞，熊思思 . 基于 MOOCs 理念下的教学设计原则［C］//第三届世界中医药教育大会论文集 . 北京：世界中医药学会联合会，2013：3.

［6］李华，龚艺，纪娟，谭明杰，方佳明 . 面向 MOOC 的学习管理系统框架设计［J］. 现代远程教育研究，2013（3）28-33.

［7］顾小清，胡艺龄，蔡慧英 .MOOCs 的本土化诉求及其应对［J］. 远程教育杂志，2013，31（5）：3-11.

［8］顾小清，胡艺龄，蔡慧英 .MOOCs 的本土化诉求及其应对［J］. 远程教育杂志，2013，31（5）：3-11.

［9］胡洁婷 .MOOC 环境下微课程设计研

究——以“计算思维”微课程为例［D］. 上海：上海师范大学，2013.

［10］陈明人，朱卫丰，叶耀辉，肖笑飞，熊思思．基于 MOOCs 理念下的教学设计原则［C］//第三届世界中医药教育大会论文集．北京：世界中医药学会联合会，2013：3.

基于MOOC的高校教学模式探究

赵呈领　申苗苗

（华中师范大学　教育信息技术学院，湖北　武汉　430079）

摘　要：在信息时代，高等教育单纯采用面授模式已经不能满足学习者的需求，在线学习模式或混合教学模式将成为不可逆转的趋势。MOOC应运而生，对高等教育的教学内容和教学方式带来了巨大挑战。本文将MOOC与高校教学相结合，根据一定准则筛选课程，建立本校MOOC库，在此基础上构建基于MOOC的课堂教学应用模式和基于MOOC的校园网络选课应用模式，并分析了基于MOOC的高校教学模式的价值。

关键词：MOOC　高等教育　教学模式变革　课程资源

一、引言

随着人类社会进入信息时代，知识呈现指数级增长，高等教育单纯采用面授模式已经不能满足学习者的需求，在线学习模式或混合教学模式将成为不可逆转的趋势。在以大数据、云计算等为代表的新一代信息技术的推动下，结合微视频、翻转课堂在教育中的广泛应用，MOOC应运而生并快速兴起，它的迅猛发展正影响着高等教育的发展方向。清华大学“学堂在线”和上海交通大学“好大学在线”MOOC平台的发布，为国内高校搭建起共享优质课程资源的平台，给广大学习者提供自主选择课程、互相交流的空间，推动了教育格局的变革。

MOOC（Massive Open Online Courses），是“大规模开放在线课程”的英文简称，奉行公开、参与、支持以网络为媒介的终身学习，主要学习对象是高校学生。MOOC中课程被切割成两三分钟的小视频，许多小测试穿插其中连贯而成，观看视频时，中途会跳出一个小问题，学生答对了，课程才能继续。MOOC是一种生成式课程，课程所包含的知识随着学生的参与、课程的进展而不断增加，要求学习者积极创造知识，鼓励参与者自主安排学习。

事实上，单纯的MOOC学习不利于学生完成课程学习，不利于学生情感态度与价值观的培养，课程质量无法保证，难以实现社会的认可；传统的课堂教学又缺乏优质课程资源，难以满足学生的课程需求，忽视学生在学习中的主体地位，降低学生学习的积极性和参与度。针对MOOC带来的挑战、传统教育存在的问题，进行基于MOOC的高校教学模式改革是一大研究热点。本文试图将MOOC与高校教学相联结，尝试探索大规模MOOC在线教学与小型现实课堂教学相结合的教学模式，以及基于MOOC的校园网络选课应用模式，将MOOC与课堂教学有机结合，相互补充，共同发展，在学习者自主学习的基础上，加上教师的引导、督促作用，满足学习者的课程需求，提升学习者的学习能力，提高高等教育的质量。

二、基于MOOC的高校教学模式构建

目前，我国优质教育资源缺乏，一流水平的高等学校很少，大部分学校的学生缺少享有、学习优质课程的途径。MOOC中课程的多样性，为我们提供了开放、共享的优质教育资源，学生能够自主选择优质课程；也给学生提供多种知识理解的角度。因此，要把开放的、大规模的MOOC

引入学校的教学中，让学生真正享有大规模优质课程资源。

MOOC 热潮的持续升温，迫使世界各地的高等院校积极建设 MOOC，而课程种类繁多、质量参差不齐是必然存在的问题。此外，MOOC 的一些课程资源也带有明显的时效性，要求学习者筛选恰当的学习内容，与时俱进。因此，为保证本校师生享有优质课程资源，学校要制定相关政策，组织相关课程教师，从大规模、来自各地的 MOOC 中筛选出符合本校需求的课程，并让学生参与课程反馈评价，构建本校 MOOC 库，如图 1 所示。

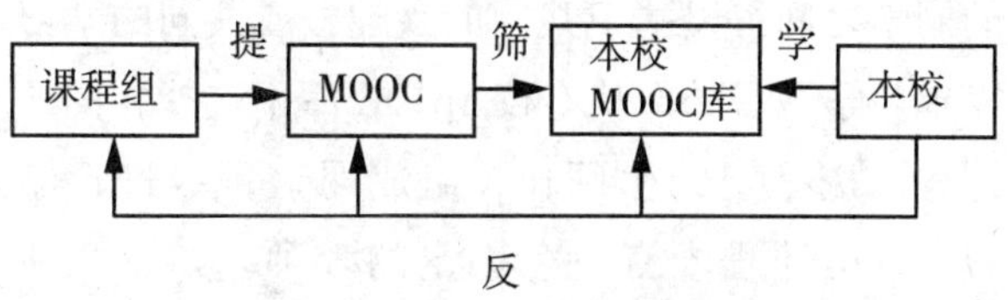

图 1　本校 MOOC 库构建

来自各个高校的课程组织者提供开放的 MOOC 课程，为广大师生享有优质课程资源提供了便捷途径。高校在构建本校 MOOC 库时，首先要打破学校自给自足的现状，积极与其他高校展开合作，引入优质课程。[1] 其次，学校 MOOC 领导组要制定基本的 MOOC 筛选准则，监督课程质量，保证所选课程的完整性、先进性、高效性等。可以通过与课程组织者进行交流等途径，了解该课程的制作时间、难度、持续时间、学习基础要求、课程评价、MOOC 平台等情况。[2] 再次，本校课程组教师要结合自己的教学经验、课程情况和学生需求，判断课程内容是否符合本校实际需求，并将筛选的课程存入本校 MOOC 库，供本校教师、学生自主选择学习。教师也可以通过问卷调查的形式，了解学生的学习需求、学习动机、个人对学习的期望、对 MOOC 学习的态度等，由此分析学生需求的课程种类。最后，要进一步引导学生变革学习模式，号召学习者参与本校 MOOC 库的构建，深入动员学习者支持、参与 MOOC 学习，创造各种机会让学习者体验 MOOC。一方面，学习者可以向本校课程组教师推荐优质课程，经筛选后添加到 MOOC 课程库中。另一方面，MOOC 学习是生成性的，学习者在学习的过程中也动态生成课程内容，可以将生成的内容和本校师生学习后的课程评价反馈给本校 MOOC 库，学校根据学习者的评价增添或减少课程，以保证课程质量，并根据反馈内容及时在课程中增添有意义的学习内容，删除无用的内容，动态建设 MOOC 库。本校课程组还可以进一步向 MOOC 平台机构、课程组织者进行反馈，促进课程质量的提高和平台服务的改善。

（一）基于 MOOC 的课堂教学应用模式

MOOC 中不乏名校名师的课程，不同的名师对同一门课程有不同的见解与体会，甚至会有关于课程内容的最新动态和研究热点等优质内容。但同时课程可能存在课时过长，某些内容与本校课程目标相偏离等问题。因此，本校授课教师应在分析课程内容、学生需求的基础上，对本校 MOOC 库提供的课程资源进行二次加工和再创造，保证课程内容满足学生的需要和兴趣，能够与时俱进，进而将 MOOC 作为教学资源尽可能地融入日常教学中，并作为其他教学活动以及课堂作业的补充，扩展学生的视野，从不同角度加深学生对所学内容的理解。教师可以借助 MOOC 进行翻转课堂，如图 2 所示，也可将 MOOC 作为课程的强化与补充，形成混合式课程。[3]

MOOC 为翻转课堂模式的应用提供了广泛、优质的资源支持，学生可以在课余时间先自主学习 MOOC，完成教师布置的教学任务。而在课堂上，教师进行辅导答疑、组织学生讨论、组织教学活动，并对学生的学习成果进行评价，促进师生间深度的知识交流、思辨、互动，分享学习成果，生成课程内容，使以教师为中心、以知识灌输为主的教学模式转变为以学生为中心的个性化教学模式，大大提高学生的学习效率和效果，扩大优质资源的应用范围，提升优质资源的利用率。

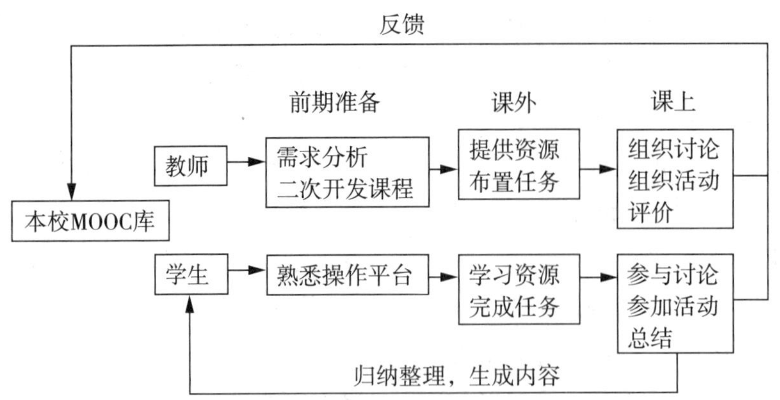

图 2　基于 MOOC 的课堂教学应用模式

（二）基于 MOOC 的校园网络选课应用模式

MOOC 作为一门完整的课程，[4] 本校学生完全可以利用课余时间学完整门课程，并在本校教师的全程参与下完成测评，获得相应学分。本校 MOOC 库中提供多门高质量的课程，如同一个质优价廉的“课程超市”，学习者可以从中自主选择课程。而在高校，部分学习者的需求是趋同的，比如师范院校的教育学、心理学，理科专业的高等数学，以及同一院系、同一专业学生的课程需求等。在需求具有一定规模的前提下，本校的同学之间可以基于共同的兴趣，或共同的学习需求与学习目的，从本校 MOOC 库中选择相同的课程，按一定的生师比，组成网上班级进行学习，每门课程配有一名固定的教师，如图 3 所示，全程服务于每一个学习者的课程学习。

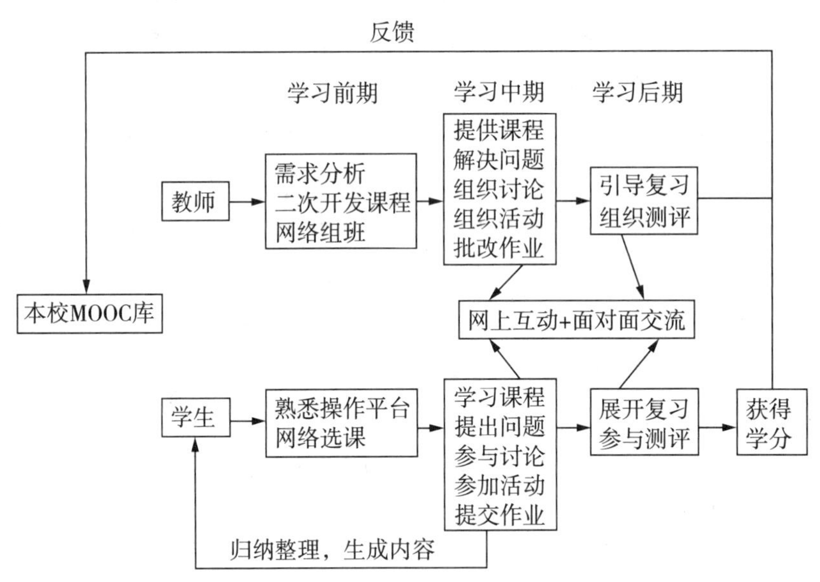

图 3　基于 MOOC 的校园网络选课应用模式

一方面，教师和学生都在同一所学校，这就为教师和学生以及学生与学生之间进行网上互动、面对面交流提供了优势。由于师生比固定，教师完全有时间和精力回答学生的问题，既可以通过网络提供课程资源，组织学生讨论，开展课程活动，批改主观题作业，进行个性化辅导，又可以进行面对面的深入交流和讨论，组织测评，并根据测评结果决定是否授予学生学分。同时，教师还可以充分掌握每一个学习者的学习心理动态，及时对学生进行情感上的引导、监督、鼓励，告知学习者在学习中要确定自己的学习目标，善于充分展示自己，形成参与交互的习惯，积极进行评论、分享，构建起自己的知识、社交网络等。[5]另一方面，学习者之间可以寻找、匹配志趣相投者，进行知识互补，组成学习共同体，促进生生交流，以生成性学习的方式不断获得知识。此外，学生和学生之间也可以起到相互支持、相互辅助的作用。通过教师和学生的自主探索和相互交流产生反馈，可以不断提升课程资源质量、完善课程种类，还可以建立基于学生满意度的课程淘汰机制，保证本校 MOOC 库的课程质量，促进课程内容及时更新。

三、基于 MOOC 的高校教学模式价值

（一）满足学生多样化需求

高校学生课程需求存在“长尾效应”（Long-tail Effect），即学习者的课程需求分布呈正态曲线状，其中有一大部分学习者的课程需求是趋同的，集中在曲线头部，这部分是主流需求，而分布在尾部的需求是个性化的、非主流的。这种多样的个性化需求会形成长长的尾巴，所谓的长尾效应就在于将所有非主流的需求累积起来形成一个不亚于主流需求的课程需求。

随着更多的高校提供 MOOC，课程种类将越来越丰富、完善；同时，大规模的学习者也会将自己学过的、有益的课程推荐到本校 MOOC 库，以满足学习者的非主流需求。此外，MOOC 可以打破春季、秋季学期的限制，本校学生不再需要年复一年地等待选课，或被迫选择自己不喜欢的课程，而是可以灵活地安排上课的时间，自主选择课程，按时完成学业。[6]

（二）提高优质教育资源利用率

MOOC 正受到空前的广泛关注，成为网络课程的竞技场和教育信息化的制高点。为扩大学校影响力，各个高校都在积极建设、发布自己的 MOOC 平台，抢占市场，将本校的优质资源推广到其他高校。但不同地区教育信息化程度不同，在这种情况下，难免会有质量不高的课程流入市场。

同时，不少教师认为 MOOC 就是单纯地将课堂讲解内容照搬至网络上，纯属换汤不换药行为，形式单调，内容陈旧，学习者自然不会感兴趣，这些耗费人力、财力制作的课程很快就会被淘汰掉，只能昙花一现。而在高校构建本校 MOOC 库时，已经对 MOOC 进行了有针对性的筛选，以保证本校 MOOC 库中资源的质量，将各个高校的优质课程引入本校，扩展、提高优质资源的利用率。

（三）促进师生、生生之间的交流，督促学生完成课程

在单纯的 MOOC 学习中，很多课程都有成千上万的学生注册，一个教师面向数以万计的学生讲课，难以照顾学生个体差异，缺少师生、生生间的人际交流、教学相长。[7]同时，学生不具备足够的自主学习和自我控制能力，MOOC 学习中也存在较高的退出率。[8]

无论是 MOOC 作为资源的课堂教学模式，还是基于 MOOC 的校园网络选课应用模式，都有一定的师生比限制，且教师和学生又处在同一学校，可保证教师有充足的时间与班上的每一名同学进行网上互动或面对面的交流。教师关注学生的思想动态，与学生进行面对面的沟通对话，会使学生耳濡目染，潜在地改变自己的行为、情感、态度与价值观，并对自己的一生产生影响。学习者之间也可以通过不同的途径交流思想，讨论问题，分享、建构自己的知识网络，共享学习资源和学习成果。这样也极大地增强了学生的归属感和安全感，让学生不再感到是一个人孤军奋战，学习动力由此得到提高。同时，教师的主导与督促作用也得到凸显，从组织者和指导者的角度鼓励、引导学习者认真对待课程，确保学生在学习过程中始终有动力坚持完成学业，并使得学生的学习目标更加明确，学习路径选择更为有效，学习效果更能符合预期，避免学习者中途退出课程学习。[9]

（四）注重学习评价，实现对课程的认可

MOOC 中动辄就有上千万的学生注册学习，如何对大规模学习者进行评价，是 MOOC 不可回避的一个基本问题。目前，MOOC 主要采用客观题机器评分、主观题同伴互评的方式，但是修读同一门课程的同学并没有共同的知识基础和教育背景，水平良莠不齐，未能达到问题的有效解

决，甚至会出现胡乱评分的情况，使评价出现随意性，缺乏可信度和权威性。[10]

在基于 MOOC 的高校教学模式中，由于存在固定的师生比，学生都具备一定的知识基础，在单纯的 MOOC 学习中难以进行学习评价的难题也就迎刃而解了。除了客观题进行机器测评外，在课程学习过程中，主观题既可以进行生生互评，又可以由教师进行评价。以评促学，学评结合，激励、引导学习者完成各项学习任务，达到学习目标。

证书或学分是学生学习成果的证明，可以在学习者学业深造和工作申请中起到积极的作用，同时也可以督促学习者以认真的态度坚持完成学业。但由于不同学校机制、管理、标准不一致等问题，要真正大范围实现学分互认还有很多因素需要考虑。[11]在基于 MOOC 的教学模式中，教师全程参与学生的学习过程，包括网上有针对性的辅导、批改作业和面对面的交流，以及最后组织的期末测评，使得教师在对学生进行学习评价和学分授予方面具有绝对的优势。一方面，教师了解学生的学习过程和学习结果，能够进行准确的评价，确定学生是否达到了学习目标；另一方面，本校教师可以跟学校相关人员进行协商，研制学分制定标准及学分授予流程，保证学生在课程学习达到标准的基础上，能够获得相应的学分。

四、结束语

我国《教育信息化十年发展规划（2011—2020 年）》中明确提出："开发应用优质数字教育资源，构建信息化学习和教学环境，建立政府引导、多方参与、共建共享的开放合作机制。" MOOC 与传统课堂之间的关系不是颠覆与被颠覆的关系，而是互相借鉴、取长补短、融合为一的关系。[12]通过校级领导制定相关政策，鼓励学生和教师积极参与到 MOOC 的学习中，MOOC 完全可以和高校教学相结合，充分发扬各自的优点并弥补不足，促进优质资源共享，提高学习者的学习能力，使学生树立非正式学习和终身学习的观念。同时，也可以提高学校的课程质量，实现教学水平在协作与竞争中有效提升的目的，间接促进学校信息化教学的发展。

参考文献

[1] 武丽志，张妙华．广州大学城高校课程互选、学分互认的研究与实践——基于校际网络课程教学的视角［J］. 远程教育杂志，2013（6）：81-87.

[2] 牟占生，董博杰．基于 MOOC 的混合式学习模式探究——以 Coursera 平台为例［J］. 现代教育技术，2014（5）：73-80.

[3] 张振虹，刘文，韩智．从 OCW 课堂到 MOOC 学堂：学习本源的回归［J］. 现代远程教育研究，2013（3）：20-27.

[4] 王颖，张金磊，张宝辉．大规模网络开放课程（MOOC）典型项目特征分析及启示［J］. 远程教育杂志，2013（4）：67-75.

[5] 樊文强．基于关联主义的大规模网络开放课程（MOOC）及其学习支持［J］. 远程教育杂志，2012（3）：31-36.

[6] 张振虹，刘文，韩智．从 OCW 课堂到 MOOC 学堂：学习本源的回归［J］. 现代远程教育研究，2013（3）：20-27.

[7] 张璇．MOOC 在线教学模式的启示与再思考——以江苏开放大学实践为视角［J］. 江苏广播电视大学学报，2013（5）：5-10.

[8] 宋德清．MOOC 在社区教育中的应用路径探索——基于开放大学建设的视角［J］. 远程教育杂志，2013（6）：68-74.

[9] 武丽志，张妙华．广州大学城高校课程互选、学分互认的研究与实践——基于校际网络课程教学的视角［J］. 远程教育杂志，2013（6）：81-87.

[10] 姜蔺，韩锡斌，程建钢．MOOCs 学习者特征及学习效果分析研究［J］. 中国电化教育，2013（11）：54-59，65.

[11] 武丽志，张妙华．广州大学城高校课程互选、学分互认的研究与实践——基于校际网络课程教学的视角［J］. 远程教育杂志，2013（6）：81-87.

[12] 郝丹．MOOC：颠覆与创新？——第 4 次"中国远程教育青年学者论坛"综述［J］. 中国远程教育，2013（11）：5-17.

教师教育技术能力提升研究

全国信息技术教师教学方法意识及使用情况调查报告

——基于2012年及2013年全国信息技术优质课展评教案的研究

张　悦　颜士刚

（沈阳师范大学　教育技术学院，辽宁　沈阳　110034）

摘　要：本文基于2012年和2013年全国信息技术优质课展评活动中全国一线教师提交的346份教学设计案例开展调查研究，重点关注案例中教学方法的书写、选择、应用等规范问题。在经过标准制定、评价实施和统计分析后，发现教学方法名称使用“鱼龙混杂”、选取依据不科学、选择存在很大的随意性，甚至存在明显误用的情况。在分析问题出现原因的基础上，结合教学设计相关理论以及信息技术课程的特殊性，对如何恰当地选择和设计案例汇总的教学方法提出了建议，期望能够促进信息技术课堂教学的有效开展。

关键词：教学设计　教学案例　教学方法　信息技术课程

教学方法是现代教育教学理念及思想的集成，是教学活动过程设计的引航标，是决定教学效果和教学效率成败的关键。笔者在查阅2012年和2013年全国信息技术优质课展评活动中由一线教师提交的教学设计案例时，发现一线教师在教学方法这一关键要素的书写和使用上存在很大问题。比如，有些案例中没有设计教学方法、教学方法名称混杂、教学活动过程设计中没有体现教学方法的应用，甚至存在教学方法误用的情况，等等。本文试图在分析这两年信息技术优质课展评教案的基础上，对全国信息技术教师教学方法的意识和使用过程存在的问题加以总结，并结合教学方法的基本理论进行讨论，希望能够在教学方法的选择和应用等方面，给一线教师提供可参考的意见，进而促进信息技术课堂教学效果和效率的提高。

一、样本的选择和评价标准的制定

（一）样本的选择

本调查研究选取样本为2012年和2013年全国信息技术优质课展评活动中一线教师提交的教学案例，涉及小学、初中和高中三个学段。案例的作者来自全国27个省（直辖市、自治区），基本能够代表全国的较高水平。样本共由346份教案组成。其中，2012年的包括小学和初中两个学段，小学教案121份，初中教案117份；2013年的只有高中学段的教案108份。该样本涵盖了基础教育的三个学段，每个省（直辖市、自治区）针对每个学段都会有5份（至少3份）信息技术优质课教案，覆盖面广，具有一定的代表性。样本中呈现的教师在教学方法书写和设计使用上出现的一系列问题，可以在很大程度上反映全国信息技术教师在实际教学工作中对教学方法的认识及使用的实际情况。这是本研究开展调查的基础和前提。

（二）评价标准的制定

根据信息技术教学论和教学设计相关理论，综合教学方法选择的标准和程序以及需要注意的问题，并结合教师编写教案的实际，我们制定了“教学方法的书写、设计和选择应用规范”，如表1所示。该规范体现了教学方法在案例设计和编写过程中应该遵循的一般步骤和要求，虽不能说尽善尽美，但由于制定的过程结合了信息技术学科的实际，因而在本研究中能够发挥其应有的作用。

表1　教学方法的书写设计和选择应用规范

<table>
<tr><th>项目</th><th colspan="2">主要参考信息</th></tr>
<tr><td rowspan="2">教学方法的书写</td><td colspan="2">1. 教案中有呈现“教学方法”的专门模块</td></tr>
<tr><td colspan="2">2. 使用规范的教学方法名称陈述教学方法</td></tr>
<tr><td rowspan="4">教学方法的选择依据</td><td>1. 教学内容分析</td><td>包含课程标准要求的分析、知识点的凝练、教学重点和难点的提出以及教学内容的合理组织方式</td></tr>
<tr><td>2. 学生情况分析</td><td>包含学生的年龄特点、信息素养、认知水平的分析，以及知识水平、目标能力和学习态度的分析</td></tr>
<tr><td>3. 教学环境资源分析</td><td>针对教学方法对资源要求的特定性进行分析，一定要能满足教学方法的实施</td></tr>
<tr><td>4. 课型</td><td>信息技术课程一般有四种课型，针对不同的课型，所选用的方法侧重点不同</td></tr>
<tr><td rowspan="3">教学方法的设计</td><td colspan="2">1. 所列举的教学方法体现系统完整的教学思想</td></tr>
<tr><td colspan="2">2. 教学方法之间可以优势互补</td></tr>
<tr><td colspan="2">3. 所选教学方法配合使用能更好地完成教学目标</td></tr>
<tr><td rowspan="2">教学方法的应用</td><td colspan="2">1. 教学方法应用体现方法的本质，不存在明显的误用情况</td></tr>
<tr><td colspan="2">2. 教学方法的应用在教学活动过程中体现，遵循“一法为主，多法为辅”的原则</td></tr>
</table>

这里需要说明的是，教学方法是联系教学内容、教学对象、教师和具体教学活动的桥梁，教案编写是一项系统的工作，参考规范上的项目是针对整个教案而言的，并不要求在教学方法部分全部详细地体现。

为了提高评价的可操作性，在表1“教学方法的书写设计和选择应用规范”的基础上，我们运用利克特量表，按照四个等级制定了“教学方法的书写设计和选择应用的评价标准”，如表2所示。在实际评价工作中，表1和表2结合使用，可使对教案中的教学方法进行定性评价有据可依。结合样本的实际情况，在表2的基础上，我们又给出了详细的评价细则。

表2　教学方法的书写设计和选择应用的评价标准

评价指标	等级
教学方法书写规范，选择依据陈述规范，方法设计合理，应用规范	优秀
教学方法书写比较规范，选择依据陈述比较规范，方法设计比较合理，应用规范	良好
教学方法书写比较规范，选择依据陈述不够规范，方法设计不够合理，应用比较规范	中等
教学方法书写不够规范，选择依据陈述不规范，方法设计不合理，应用不够规范	合格

1. 关于教案中教学方法书写评价细则的制定

教案编写没有统一格式，教学却要有法可依。教案中是否设计“教学方法”，是评价教师教学方法意识最直接的方式。

根据教案编写的实际情况，对教学方法书写的评价细则的制定分为两种情况，并制定相应的二级评价指标，如表3所示。

表 3　关于教学方法书写的评价细则

一级指标	二级指标	评价标准
教案中有专门呈现教学方法的模块	使用规范的教学方法名称	书写规范
	用意思相近的术语陈述教学方法	书写比较规范
教案中没有专门呈现教学方法的模块	“教学活动过程设计”中明显使用表述教学方法的术语	书写不够规范
	“教学活动过程设计”中未使用表述教学方法的术语	书写不规范

2. 关于教案中教学方法选择依据评价细则的制定

整合有关教学方法选择标准和程序及课堂有效教学方法的评判标准，结合教师教案书写的实际情况，将支持教学方法选择的依据从四个角度分别细化出关键点，如表 4 所示，并针对教案中陈述的详略程度制定评价的细则，如表 5 所示。

表 4　关于教学方法选择依据陈述的规范性评价细则

评价指标	评价标准
教学内容分析包含：A1，A2，A3，A4 学生情况分析包含：B1，B2，B3 教学环境资源分析包含：C1 课型：D1	规范
教学内容分析包含：A1，A2，A3，A4 学生情况分析包含：B1，B2，B3	比较规范
教学内容分析包含：A1，A2，A3 学生情况分析包含：B1，B2	不够规范
教学内容分析包含：A1，A3 学生情况分析包含：B1	不规范

注：表 4 中各序号代表的意义如表 5 所示。

3. 关于教案中教学方法选择与设计规范性的评价细则制定

依据教师在编写教案时有关教学方法的书写设计和选择应用规范及评价的标准，从教学方法选择与设计的角度将评价细则制定为合理、比较合理、不够合理和不合理四个等级。合理：所列举的教学方法体现系统完整的教学思想，教学方法之间可以优势互补，所选教学方法配合使用能更好地完成教学目标。比较合理：所列举的教学方法体现系统完整的教学思想，存在多种功能基本相似的教学方法，所选教学方法配合使用能更好地完成教学目标。不够合理：所列举的教学方法体现系统完整的教学思想，存在多种功能基本相似的教学方法，所选教学方法配合使用不能更好地完成教学目标。不合理：所选教学方法对教学目标的实现没有太大作用。

表 5　注释表

项目 （A，B，C，…）	项目二 （1，2，3，…）	序号
教学内容分析	课程标准要求的分析	A1
	知识点的凝练	A2
	教学重点的提出	A3
	教学内容的组织方式	A4
学生情况分析	学生的年龄特点、认知水平	B1
	知识水平、目标能力和学习态度	B2
	信息素养	B3
教学环境资源分析	教学资源与教学方法的适切性	C1
课型	课型的确定	D1

4. 关于教案中教学方法应用合理性的评价细则制定

从教案中教师教学方法应用是否合理规范的角度将评价细则制定为规范、比较规范、不够规范和不规范四个等级。规范：每一种教学方法应用体现方法的本质，不存在明显的误用情况；多种教学方法的综合应用，遵循“一法为主，多法为辅”的原则。比较规范：多种教学方法的综合应用，遵循“一法为主，多法为辅”的原则，个别教学方法应用有误，但不影响教学目标的实现。不够规范：教学活动过程设计流畅，个别教学方法应用有误，不影响教学目标的实现。不规范：教学活动过程设计不流畅，个别教学方法应用有误，影响教学目标的实现。

二、调查结果统计

参照已经设计好的评价标准，对样本总体中有关教学方法的书写设计和选择应用情况进行统计，如图1所示。

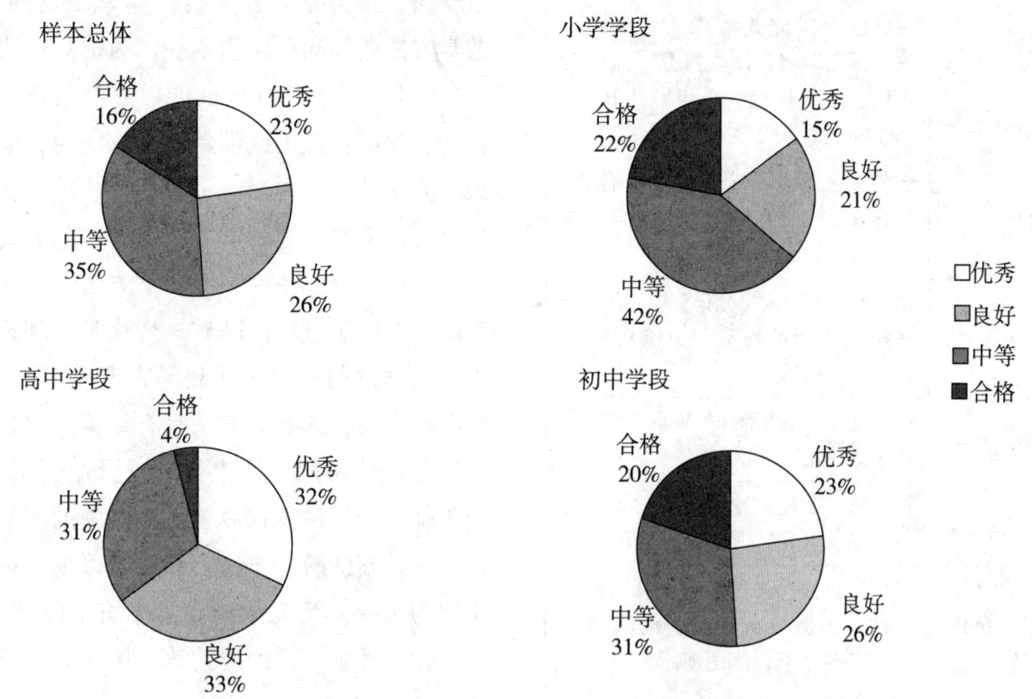

图1 样本总体各个学段教学方法书写设计和选择应用情况统计

从样本整体来看，346份教案，有80份可评为优秀，占总体的23%；91份可评为良好，占总体的26%；120份可评为中等，占总体的35%；55份可评为合格，占总体的16%。从以上统计数据来看，多达51%的教案中教学方法的书写设计和选择应用不够规范甚至是不规范。教案中教学方法的书写设计和选择应用问题确实值得大家关注。

从各个学段教案的评价结果来看，学段越高，教师教案有关教学方法的书写设计和选择应用越规范。高中教案优秀率达32%，中等及偏下水平占35%；初中教案优秀率达23%，中等及偏下水平占51%；小学学段教案优秀率只有15%，中等及偏下水平多达64%。

三、调查结果分析

下面对评价工作中发现的一些问题做简要说明，以期对教师教案中教学方法书写设计和选择应用的情况给出合理的解释。

（一）教学方法名称使用“鱼龙混杂”

346份教案，有241份教案中明确注明了课堂教学的方法。从呈现教学方法的名称来看，教学方法名称使用混杂，反映出信息技术教师缺乏对教学方法的基本认识。

同一种教学方法，在教师教案中呈现的名称各异，如表6所示，比如“合作交流”“小组合作”“合作学习”“合作探究”。也有一些根本不能称为“方法”的“教学方法”，比如“在线电子档案”。还有一些教师用了大量的语言来说明自己如何操作实施，却未给出方法的确切名称，如这样的描述“本课设计旨在让学生了解编制计算机程序解决问题的一般过程的基础上，通过修改、运行简单的计算机程序代码，解决实际问题。在这个过程中认识程序编制的环境，感受程序的魅力和强大作用，产生继续学习程序设计的兴趣”。

表6 13个关键词与教案中对应的教学方法名称

关键词	教案中对应的教学方法名称
任务驱动	任务驱动法、任务驱动教学法、任务驱动式
探究	问题探究、自主探究、活动探究、探究法、探究性学习法、合作探究、任务探究式教学、演示探究法、探究学习、体验探究、探究发现法、分组探究、小组合作探究、基于问题的探究学习、引导探究
合作	合作交流、分组合作、小组合作、合作探究、合作学习、小组合作探究、分角色小组合作
情境	情境教学法、创设情境法、情境导入法、结合情境启发、情境体验法、情境设置
演示	讲解演示、演示法、演示讲解法、演示讲授法、演示探究
讨论	讨论法、类比讨论、小组讨论、讨论交流、启发讨论、对比讨论
案例（或“范例”“实例”）	案例分析法、案例教学法、实例教学法、实例分析评价、范例教学法、实例评析、范例演示、范例引导、实例
归纳	归纳讲解、主题归纳、总结归纳、归纳汇总、分析归纳、演示归纳、归纳法、知识点的归纳、自我归纳法
引导	兴趣引导法、引导教学法、思维引导的方式、引导探索、引导操作、引导启发、引导探究、点拨引导、引导讲授、引导法
问题	问题教学、解决问题、问题探究、问题法、问题驱动、问题启发、问题导学法、基于问题的探究学习
观察	观察法、观察分析、观察对比、观察思考
游戏	游戏“激趣”、游戏教学法、游戏导入法、游戏学习法、参与游戏
类比	类比讲授、类比讨论、类比法、类比启发

我们知道，教学方法的分类及其命名规范繁多，但无论如何，都是有据可循的。有的按照“教”的技术命名，如五段法、问题法及讲演法等；有的是以学习者“学”的方法来命名，如观察法、实验法及练习法等；也有因系根据某种原理所创立而以此种原理命名的，如自动教学法、个别教学法及社会教学法等；还有以某种原理创立者的人名或施行的地名来命名的，如蒙台梭利教学法、德可乐利教学法；等等。[1]鉴于学者对教学方法名称问题说法不一，为提高一线教师对“教学方法”名称规范性的敏感度与意识，我们认为，教师在提出或创新教学方法时，应该注意教学方法的本质内涵：①教学方法是旨在实现教学目标的手段；②教学方法受客体的制约，并适用于客体的操作系列，即教学方法受教学内容的制约；③教学方法的基础是现代教学理论，教学方法受理论的指导；④教学方法是规则的体系，具有指令性；⑤教学方法具有结构，它是构成一个体系有计划的一连串行为或操作。[2]总之，无论教师采用何种方式命名将要实施的教学方法或提出一种新的教学方法，都必须以现代教育教学思想为指导，为完成新课程规定的教学目标服务，并设计出一系列的教学步骤。

（二）教学分析不充分

教案，即教学计划。教学分析，包括教学目标内容的分析、教学对象的分析和教学资源环境的分析，是教案制定的关键基础，也是设计课堂教学方法最主要、最基本的依据。

对照评价标准，部分教案中教师对教材内容的分析不够充分。一线教师做教学内容分析包括这样两个方面：一是简单摘抄新课程中关于本课时的授课要求；二是简单罗列课堂上将要教授的知识点。由此可以看出，信息技术教师缺乏对新课程标准的认识，缺乏对教学内容的梳理，没有认真研究如何展开教学内容。因此，教师在选择教学方法时就会存在随意性，在选择设计教学方法时只选择自己熟悉的方法。

信息技术课一般有理论课、技能课、实验课、作品课四种基本课型，每一种课型教学目标的侧重点不同，教学方法的选择设计也会有所不同。样本教案中，很少有教师指明了授课类型。教师对教学内容分析不充分，不能很好地把握教学目标，无法准确地提炼教学的重点和难点，也就无法确定课型。课型无法确定，教学方法的设计和选择就会存在很大的随意性，就会出现“眉毛胡子一把抓”，将知道的教学方法全部罗列出来的现象。

从对学生情况的分析来看，一线教师习惯从年龄段出发，根据心理学研究理论对学生的认知特点进行说明。虽然不能武断地认为教师的这种做法不好，但实际教学过程中，面对实际的对象，除了共性的特点之外，还有很多特性的方面需要考虑。在以学生为主体、充分发挥学生主动性的教学思想下，教师对学生的把握不应仅仅局限在共性方面，更要注重其特性方面，这样才能充分发挥学生个体的优势能量，促进整个学习群体的进步。信息技术课，其主要的教学任务就是培养和提升学生的信息素养。教师在对学生进行分析时，应适当注意学生的信息素养培养，这一点是教师实际工作中常被忽略的。

样本教案中，教师在编写教案时很少对教学环境资源进行介绍和分析。我们认为，这种情况的出现主要有两个方面的原因：一是信息技术课程主要培养学生的信息素养，一般都在多媒体教室进行授课，资源条件基本满足课程的开展；二是信息技术课堂经常采用的教学方法，如任务驱动法、问题探究法、演示讲解法等对环境资源没有特殊要求。因此，教师在教案中不需要对环境资源进行过多的分析。

（三）教学方法选择与设计的随意性

“教学有法，教无定法”，每一种教学方法都有其优势，也存在一定的局限性。没有哪一种或哪几种教学方法可以适应所有的教学目标。[3]

从教案中呈现的教学方法搭配使用情况来看，方法之间基本上可以达到优势互补。也有很大一部分教师在选择教学方法时明显存在随意性，这种情况小学出现得较多。现列举几种教学方法的组合形式：“问题探究、任务驱动”“自主学习、合作探究、对比讨论、引导探索”“任务驱动法、问题驱动教学法、小组合作教学法”。问题探究和任务驱动本身都是“大方法”，两者在目标实现上有异曲同工之妙，实施步骤也有相似之处，都是将学生置于一定的情境中。在问题探究中，这个情境是“问题”；在任务驱动法中，这个情境是“任务”。这两种方法操作所需的时间一般都会很长，同时使用这两种方法来完成一堂课，显然不是一种很好的组合。我们讲教学方法之间的优势互补，重在强调方法之间的配合使用可以弥补彼此的不足，而相似的方法进行组合不仅不能达到优势上的增强，反而会凸显彼此的不足之处。

（四）教学方法存在明显误用

教学方法应用是否存在不当之处，依据前述标准，可以从两个角度分析：一是单个教学方法应用的确切性，即教学方法的应用体现教学方法的本质内涵，关注教学方法的核心，如备受教师青睐的任务驱动法，就要关注“任务”的设置是否合理；二是多种教学方法的综合应用，要体现“一法为主，多法为辅”[4]的思想。应在所选定的教学方法中选择一种教学方法作为主要的教学方法，发挥穿针引线的作用，配合使用其他几种教学方法，使得教学过程安排合理、紧凑，有一定密度，又不会安排得太满，在时间上留有余地，在节奏上给人轻松、和谐的感觉。

通过对教案中教学活动过程设计进行分析可以发现，一般比较传统或常见的教学方法，如讲授法、演示法、练习法等，教师在使用时大多不会出现问题；对于一些比较新的教学方法，如任务驱动法、基于问题的学习等，教师在使用时普遍存在明显的误用情况。

从教案中教学方法选用的情况来看，任务驱动教学法备受信息技术教师的青睐。教师在真正应用任务驱动法教学时，不能很好地体现任务驱动法的优势。使用任务驱动法时，主要的问题出在对“任务”的理解和设定上，大部分教师都将简单的课堂习题或课程导入部分简单的引入式提问作为“任务”。在基于问题的学习方面，教师的问题往往出在对“问题”的理解和设置上。

关于教学方法的综合应用是否体现“一法为主，多法为辅”的思想，我们可以从教师教学活动过程设计是否流畅的角度来判断。教案中教学活动过程环节的命名五花八门，有用“教学方法名称”命名的，有用简单的“环节一、环节二……”命名的，还有用具体设计的教学活动来命名的。不管是什么样的命名方式，看似没有逻辑、没有章法，但教案中呈现的教师活动和学生活动基本是连贯统一的，我们认为教师是有一定的意识来综合运用教学方法的。还有一种情况是，教师设计的教学方法很多，但是并没有完全在教学活动过程中体现，这就说明教师在选择教学方法时存在很大的随意性，由此导致方法的指导与活动的实施相互脱节。

四、结论

教案编写是一项系统工作，其中教学方法的选择和应用是关键要素之一，本研究给出的“教学方法书写及应用规范”基本涵盖了教案编写可能涉及的所有方面，经过本研究的应用实践，我们认为该规范具有实践指导意义，能够帮助一线教师认识到教学方法的重要性，掌握教学方法应用的规范性。

从调查结果来说，总体上我国中小学信息技术教师的教学方法意识不是很强，能够被评为“良好”以上的教案仅有49%，一半以上的教案仅仅达到“合格”和“中等”的水平。由于本研究所选样本均来自全国优选的一线教师，这样的结果显然不能令人满意。基于以上调查，我们认为，信息技术教师教学方法的理论知识及应用水平仍然有很大的提升空间。课堂教学的有效性，教学方法的选择是关键因素之一。为了促进信息技术课程的发展，全国各级教研员以及广大一线教师仍然有很长的路要走。

参考文献

［1］龚启昌．中学普通教学法（上册）［M］．福州：福建教育出版社，2001：18.

［2］佐藤正夫．教学原理［M］．钟启泉，译．北京：人民教育出版社，2006：285.

［3］郭成．课堂教学设计［M］．北京：人民教育出版社，2006：226-229.

［4］刘舒生，东燕郊．教学方法大全［M］．北京：经济日报出版社，1991：226-229.

近十年我国中学信息技术教师队伍发展状况与趋势*

张　燕　梁　涛

（新疆师范大学　教育科学学院，新疆　乌鲁木齐　830054）

摘　要： 随着信息技术在日常生活中的运用越来越广泛，中学信息技术教育也越来越受到关注。目前，中学信息技术教师已发展成为中学教师队伍中一支重要的力量，其发展状况和趋势备受人们关注。本文根据教育部公布的信息技术教师数据，对我国十多年来中学信息技术教师队伍数量、性别比例、学历水平及城乡空间分布进行分析得出：十多年来，我国中学信息技术教师队伍迅速壮大、人数猛增，但教师数量还存在较大缺口；现有中学信息技术教师队伍中男性一直约占2/3，而高水平的男性信息技术教师具有流失趋势；中学信息技术教师的学历水平已基本达标，过度追求学历教育的现象应适可而止，而能力提升需进一步加强；中学信息技术教师城乡空间分布趋势呈现信息技术教师逐步向城市、县镇的中学迁移，农村信息技术教师数量在逐步减少状态，此时应适时改善中学信息技术硬件条件，加强信息技术教师队伍建设，以满足未来中学信息技术教育的需求。

关键词： 中学信息技术教师　人数总量　学历水平　地域分布　性别比例　趋势

一、引言

随着我国信息技术的发展与普及，在中小学开设信息技术课程的学校已越来越多。2000年10月，全国中小学信息技术教育工作会议召开，从此我国中小学信息技术教育进入一个快速发展的崭新阶段。2003年，《普通高中技术课程标准（实验）》（信息技术部分）的颁布，使高中信息技术教育进入一个规范的、新的发展阶段。信息技术教师作为信息技术课程的实施者和基础教育信息化的推动者，其队伍的发展状况直接影响着中小学信息技术教育的质量和基础教育信息化的推进。

目前，国内外学者对中小学信息技术教师做了很多研究，包括信息技术教师专业发展[1]、教师能力素质结构[2]、教师的专业技能、专业情意[3]等，并取得很多重要的研究成果。然而，我国中小学信息技术教师经过这么多年的发展，这支教师队伍总体发展状况如何？其发展趋势是怎样的？这是急需回答的问题。因为这直接影响着国家有关信息技术教育政策的制定与颁布，以及其实行效果的问题。本文以教育部公布的2000年至2012年我国中学信息技术教师数据为基础，对我国十年来中学信息技术教师队伍数量、性别比例、学历水平及城乡空间分布进行分析，研究我国中学信息技术教师的发展状况与发展趋势，希望其结果能为信息技术教师未来的发展提供有益的帮助，为国家有关信息技术教育政策的制定与颁布提供参考。

二、普通中学信息技术教师数量变化

全国中小学信息技术教育工作会议后，普通中学信息技术教师人数飞速增长。如图1所示，普通中学信息技术专任教师2000年仅44612人，

* 基金项目：本文系新疆普通高校人文社会科学重点研究基地新疆教师教育研究中心课题（项目编号：040512C03）的阶段性研究成果，并受新疆师范大学博士博士后科研启动基金资助（项目编号：XJNUBS1207）。

到2012年增长到126448人，增长了近2倍，平均每年增长12.95%。2000—2004年增长速度迅猛，平均为22.0%；2005—2008年增长速度趋于稳定，到了2008年信息技术教师人数达到最大值。2008年后基本维持在一个稳定的状态，约占教师总数的2.5%。

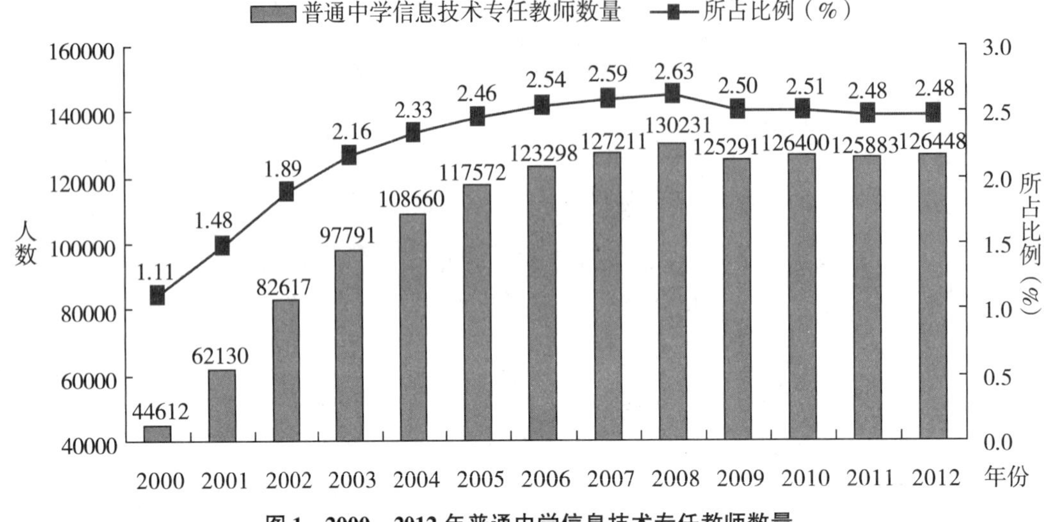

图1　2000—2012年普通中学信息技术专任教师数量

如图2和图3所示，普通初中和普通高中信息技术专任教师的发展情况基本相似。2000—2004年迅猛增长，2005—2008年增长速度趋于缓和，2009年小幅下降，之后保持一个相对稳定的状态。在人数上，初中信息技术专任教师人数要比高中多，几乎是高中的3倍。

普通中学信息技术专任教师占教师总数的比例也有较大的提升。2000年普通中学信息技术专任教师在教师总人数中所占的比例仅为1.11%，到2008年增长到2.63%，增长了1.52个百分点。2000—2008年，初中和高中信息技术专任教师在教师总数中所占的比例都是上升的，但上升的速度不一样，初中由0.98%增长到2008年的2.63%，高中由1.70%增长到2008年的2.65%。初中信息技术专任教师所占比例从2000年到2008年都呈现快速增长势头，而高中信息技术专任教师所占比例在2000年到2004年呈现快速增长，2005—2008年则处于一个缓慢平稳阶段。两者在2008年后有所降低，初中信息技术专任教师所占比例降至2.50%后维持在稳定状态，而高中信息技术专任教师所占比例则继续缓慢降低，到2012年已经降到2.43%。

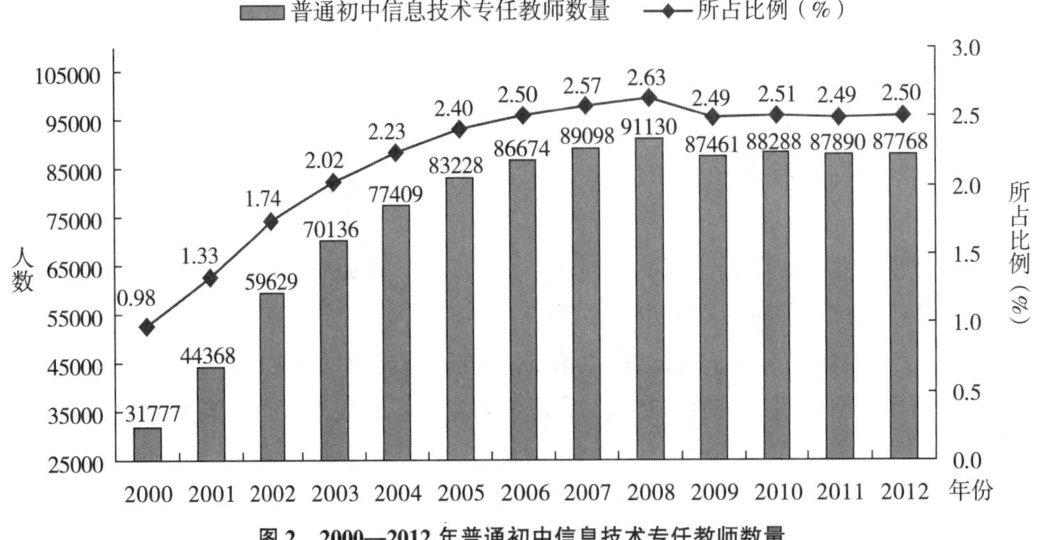

图2　2000—2012年普通初中信息技术专任教师数量

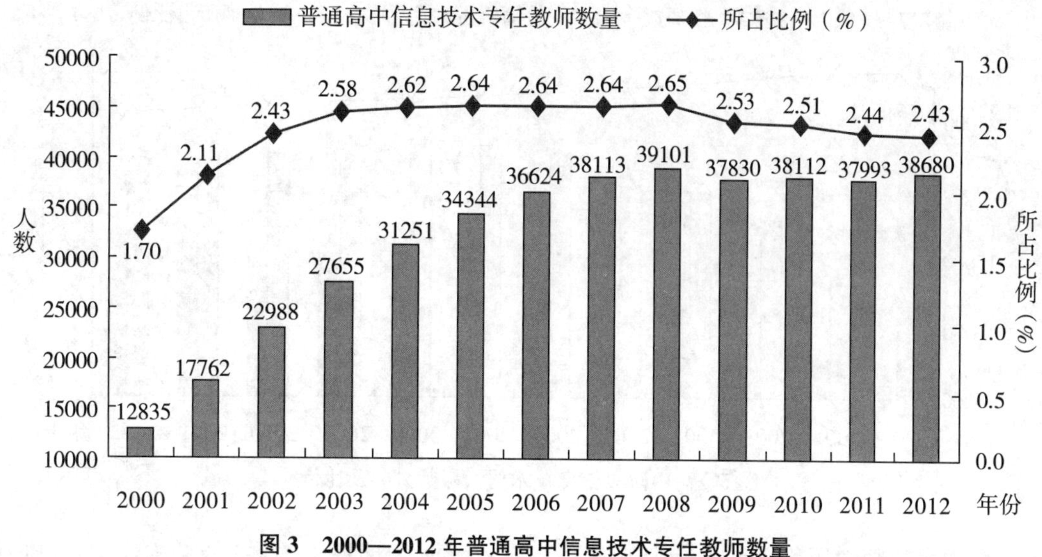

图 3　2000—2012 年普通高中信息技术专任教师数量

三、普通中学信息技术教师性别比例变化

普通中学信息技术教师主要以男教师为主，男教师的数量占 2/3 左右。在初中和高中，信息技术教师男女比例变化存在一定的差异。初中阶段，2001—2012 年，男性教师的比例在小幅上升，到 2012 年男性教师的比例达到 63. 25%，增长了 1. 63 个百分点，如图 4 所示。而高中阶段，男性教师的比例却在持续小幅下降，到 2012 年下降 8. 99 个百分点，如图 5 所示。

四、普通中学信息技术教师学历变化

普通中学信息技术教师的学历水平不断提高，教师学历合格率大幅增长。一是部分信息技术教师为了适应社会需求，积极进行在职学历教育。二是学校教师招聘越来越重视学历，很多地方教师入职需要达到本科以上水平。这两者的共同作用推高了中学信息技术教师的学历水平。在初中阶段，高学历的信息技术教师人数逐渐增多，专科毕业的比例从 2001 年的 68. 94%降到 2012 年的 29. 06%，而本科毕业的比例从 2001 年的 19. 19%增长到 2012 年 69. 05%，增长了近 40 个百分点。如图 6 所示，2001—2012 年，初中阶段信息技术教师的合格率增长了近 11 个百分点，合格率达到 99. 1%，高于 2012 年我国初中阶段教师平均学历合格率 98. 29%。

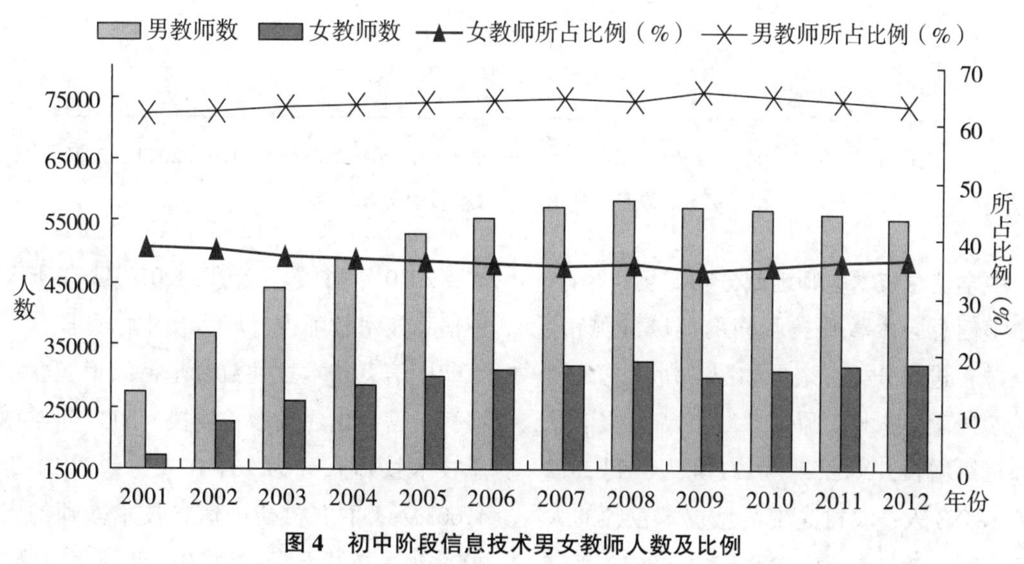

图 4　初中阶段信息技术男女教师人数及比例

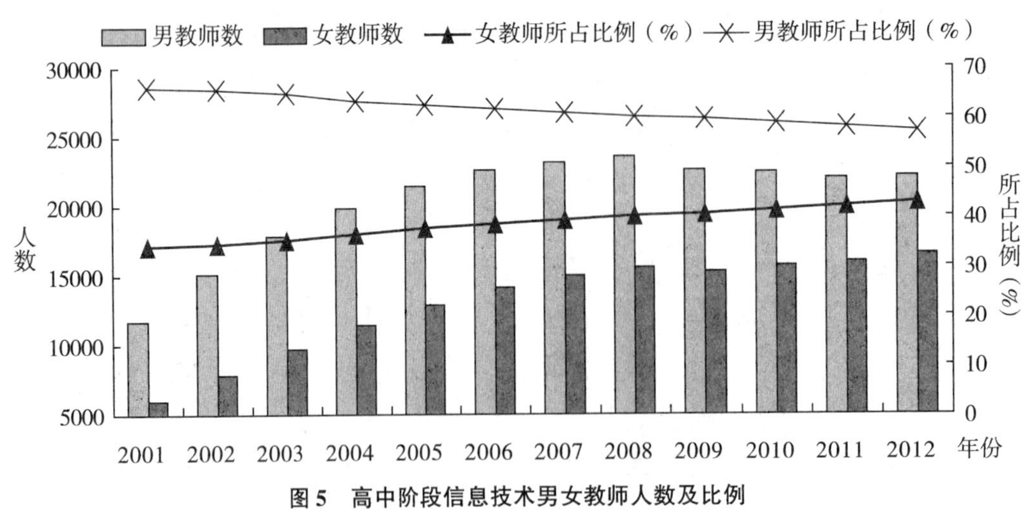

图 5　高中阶段信息技术男女教师人数及比例

高中信息技术教师学历水平增长状况和初中一样，但增长速度比初中快。高中信息技术教师学历合格率从 2001 年的 56.9% 到 2012 年的 95.6%，增长了近 40 个百分点，如图 6 所示。高中信息技术教师高学历人数逐年增高。本科学历从 2001 年的 56.44%，增长到 2012 年的 92.22%，增长 35.78 个百分点，本科学历所占的比例比初中信息技术教师的比例高很多。此外，高中信息技术教师的高学历人数也越来越多，从 2001 年的 73 人到 2012 年的 1290 人，10 年间增长了近 17 倍。

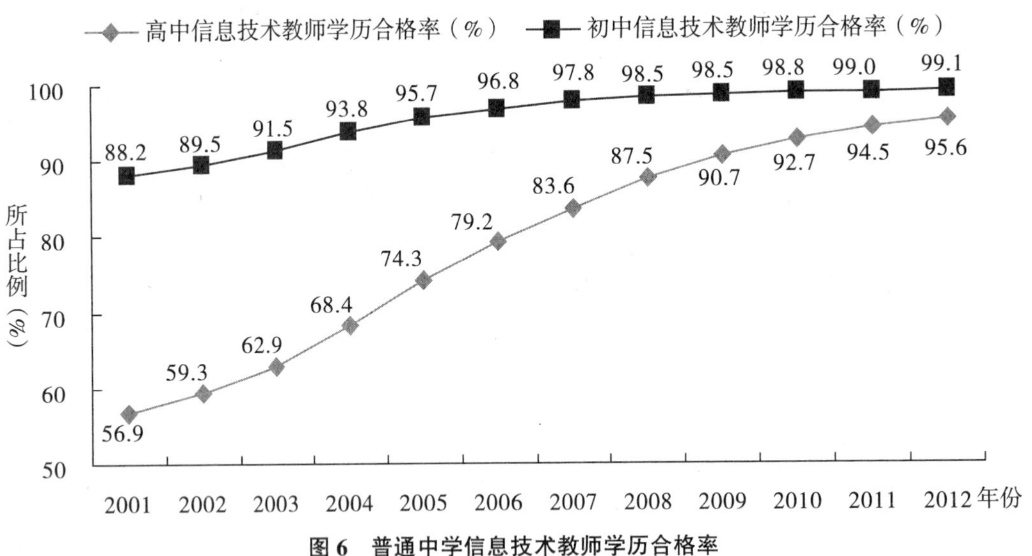

图 6　普通中学信息技术教师学历合格率

五、中学信息技术教师地域分布变化

对中学信息技术教师按不同的地域（城市、县镇、农村）进行分类，结果如图 7 所示。由图 7 可见，高中信息技术教师中，城市高中的信息技术教师持续增长，2004 年为 12174 人，到 2012 年增长到 18183 人；农村高中信息技术教师的人数则持续下降，2004 年为 3723 人，到 2012 年仅剩 1343 人；县镇高中的信息技术教师则先增后减，2010 年前缓慢上升，2010 后有所下降。初中信息技术教师中，城市初中信息技术教师和县镇初中信息技术教师数量呈持续增长状态，但县镇初中信息化建设增长较快，2004 年县镇初中信息技术教师人数为 26470 人，到 2012 年增长到 41603 人；而农村初中信息技术教师的人数则在 2008 年后持续下降，到 2012 年已经下降到 21434 人，相比 2008 年减少了 13844 人。

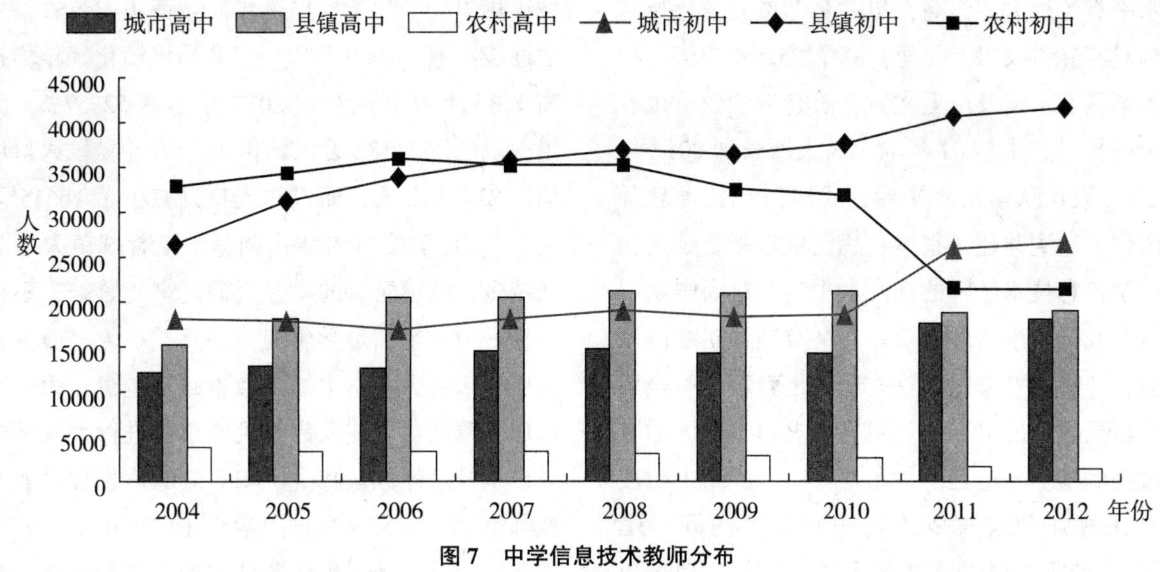

图7　中学信息技术教师分布

六、结论与讨论

对全国信息技术教师2000—2012年的数量、性别比例、学历、区域分布分析如下。

（一）普通中学信息技术教师数量飞速增长，队伍不断壮大，但缺口仍然很大

2000年到2012年，我国中学信息技术教师数量飞速增长，人数从44612人增长到126448人，增长了近2倍。这与国家对中学信息技术教育的重视程度息息相关。2000年10月，全国中小学信息技术教育工作会议开启了我国信息技术教育飞速发展的里程碑，从此很多中学开始开设信息技术课程，并将信息技术课程列为必修课程。信息技术教师需求量突然大增，导致信息技术专职教师队伍迅猛发展，人数飞速增加。目前，信息技术教师的数量已基本达到教师总量的2.5%，形成了一个庞大的群体，然而其需求量仍未满足。据统计，2012年，我国有初中5.32万所（其中职中49所），在校学生4763.06万人；高中13509所，在校学生2467.17万人。按此统计，我国中学需要接受信息技术教育的在校学生共有7230.23万人，按照每班50个学生，每班每周开设信息技术课2节，每个信息技术教师每周上课12节来算，[4]则共需信息技术教师24.1万人，而现在仅仅12.6万多人。其中，初中信息技术教师缺少7.1万人，高中缺少4.4万人。虽然我国小学学龄人口逐年减少，未来初中和高中招生数量也将逐渐减少，但信息技术教师数量自2008年后基本维持在一个稳定的状态，人数增长缓慢，要满足未来十年信息技术教师的需求，其缺口依然相当大。

（二）中学信息技术教师男性占的2/3，其中高水平人才有流失趋势

信息技术教师不仅需要进行信息技术课程教学，还需要完成机房管理、教学设备维修等任务，其技术含量相对较高，实践性相对较强，一般男性更适合此岗位。[5]这也是为什么男性教师数量一直高于女性教师数量的主要原因。虽然我国信息技术教师数量不断增长，但男性信息技术教师一直约占2/3。信息技术学科在中学所有学科中属于小学科，属于素质教育类学科，不参与升学考试或所占分值少。在当今追求升学率、追求名校录取率的应试环境下，信息技术课程一直处于弱势，信息技术教师地位也较低，且不受重视，这就造成部分能力较强的男性教师跳槽，选择技术含量较高和报酬较好的职业，如软件编程、电脑维修等。[6]这在高中信息技术教师队伍中比较明显。这也是高中信息技术男性教师数量下降的主要原因。

（三）中学信息技术教师学历水平已基本达标，但仍需进一步提高能力水平

从学历水平看，我国信息技术教师已基本达标。经过十多年的发展，我国信息技术教师的学

历水平有了很大的提高，初中99.1%的信息技术教师具有专科及以上文凭，高中95.6%的信息技术教师具有本科及以上文凭。研究生的数量也有很大的提升，由2001年的123人增长到2012年的2162人。从学历水平看，我国信息技术教师队伍似乎达到并超过很多发达国家水平。这是我国中学信息技术教师的真实水平吗？这尚需认真考量。我国对学历的追求一直情有独钟。在国家层面，《中共中央国务院关于深化教育改革全面推进素质教育的决定》就明确要求初中阶段的专任教师的学历要达到专科和本科层次，高中阶段的专任教师和校长要达到一定比例的硕士学历。[7]这使很多学校在招聘人才的时候，把学历作为考核人才的第一道门槛，只有在满足学历要求的条件下才考虑其能力与水平。近年来，新入职的信息技术教师都具有相对较高的学历，且地区条件越好的学校其学历水平越高。在极个别地方，招聘初中信息技术教师的学历竟然要求硕士以上学历。在个人层面，学历对个人的职称评定、待遇等级等都有关键的影响，很多时候职称评定、待遇制定等都有明确的学历要求，这使教师对学历的追求更加急迫。同时，教育管理部门也纷纷出台一些相关政策积极鼓励在职教师进一步提高学历水平。于是一批一批的信息技术教师涌向学历追逐，从成人的专科、本科学历教育到在职的硕士、博士学历教育，逐步演化成一种单纯的高学历追求。[8]这种畸形的学历追求对提高信息技术教师队伍整体素质所起的作用值得怀疑。对部分中学信息技术教师进行访谈发现，教师学历层次的高低，并不完全代表其教学水平的高低，而经验水平以及个人反思却是影响教学水平高低的重要因素。在学历达到基本要求后，教师的学历追求要适可而止，下一步需提高信息技术教师的能力水平。

（四）城市、县镇中学信息技术教师数量逐步上升，而农村信息技术教师数量逐步下降

从信息技术教师地域分布的总体趋势可以看出，信息技术教师逐步在向城镇靠近，其主要原因如下。一是我国城镇化进程加速，大量人口向城镇集中，中学学校也逐步向城镇集中，农村中学逐步萎缩。2000年以后，我国城镇化率年均提高1.36个百分点，到2012年已达52.57%，城镇人口已达71182万人，相比2000年城镇人口增加了25726万人，而农村人口则减少了16615万人。[9]二是学校布局结构调整，随着城镇人口越来越多，城镇已有的学校资源越来越紧缺，不得不新增中学来满足学生规模的日益扩大，而乡村人口越来越少，学生的人数也越来越少，为合理运用资源则对一些人数不足的学校进行大规模合并，学校总体数量减少，相对应的信息技术教育教师也减少。三是农村中学相比城市中学，其教学条件相对简陋，生活条件也相对艰苦，故一部分信息技术教师奋力地向城市涌进，造成部分信息技术教师流失。[10]在中学布局调整的同时，我们应该抓住机会，对待调整中学的信息技术硬件条件进行更新与改善，同时对信息技术教师进行淘汰优选，将一批不适合担任信息技术教学工作的教师调整下去，增补一些能力较强的新型信息技术教师。

参考文献

［1］董玉琦，包正委．义务教育阶段信息技术教师专业发展状况调查研究——基于变革空间的视角［J］．中国电化教育，2010（7）：1-4.

［2］马晓玲，王蓉，李璐，等．中小学信息技术教师能力素质结构研究［J］．中国电化教育，2011（3）：12-16.

［3］张静然．信息技术教师专业发展研究的特征及趋势分析［J］．中国电化教育，2013（10）：70-75.

［4］孟亚玲，魏继宗．我国中小学信息技术教育师资队伍建设策略研究［J］．电化教育研究，2008（4）：89-94.

［5］林万新．信息技术教师专业发展的现状、问题与对策［J］．电化教育研究，2010（3）：1-3.

［6］王炜，黄黎茵．教育生态学视野下中小学信息技术教师生存状态的审视［J］．中国电化

教育，2008（7）：23-29.

[7] 明航．从教育体制改革看我国教育发展的动力和未来［J］．教育科学研究，2009（1）：29-34.

[8] 张景安．晋北地区中小学信息技术教育现状调查与分析［J］．中国教育信息化，2009（6）：15-19.

[9] 国家发改委宏观经济研究院课题组．迈向全面建成小康社会的城镇化道路研究［J］．经济研究参考，2013（25）：3-7.

[10] 潘彩霞．农村中小学信息技术教师生存状态调查研究［D］．兰州：西北师范大学，2012：23-56.

面向师范生教育技术能力发展的技术资源开发与实施

——以“技术手册”的设计与使用为例

林丽征　杨　宁

（福建师范大学　教育学院，福建　福州　350108）

摘　要：当前培养师范生现代教育技术能力的大部分教材中存在技术内容陈旧、理论部分与技术部分分离等问题。为了解决这些问题，本文尝试以最新的教学中应用的技术作为技术内容，将现代教育技术“理论”与“知识”有效结合，设计出一套试行的培养师范生技术能力过程中使用的技术资源——“技术手册”，为我国师范生的教育技术能力培养提供科学参考。

关键词：现代教育技术　技术手册　技术资源

一、教育技术能力培养中存在的问题

具备良好的现代教育技术能力，是师范生步入教育行业的必备条件之一。2004 年 12 月 25 日，我国教育部正式颁布了《中小学教师教育技术能力标准（试行）》（以下统称《标准》），明确提出了中小学教学人员的教育技术能力标准。然而，事实上高等师范院校毕业生的教育技术能力在具体实践工作中的表现并不乐观，在师范生教育技术能力培养中仍然存在着“定位不准，目标不明确”“模式单一，实施失当”“脱离学科，远离实践”的问题。另一方面，由于技术的不断更新换代，在职教师需要进行“亡羊补牢”型的教育技术能力培训，以提高信息化教学能力。由此说明，传统的现代教育技术的培养已经落后于当前对师范生的教育技术能力需求。师范生除了理论基础之外，还需要一定的技术应用能力，并能将两者融会贯通，运用于教学中。

二、“技术手册”中内容筛选的理论依据

目前，大部分高校主要是通过“现代教育技术”公共课来实现对师范生教育技术能力的培养，其中教育技术包含所有教育活动中所使用的技术和手段。然而，现代教育技术教学中使用的教材大多是 2000 年前后的教材，教材内容体系大多是大而全，所呈现的技术内容也落后于当前的技术发展；而《标准》已经明确提出师范生必须具备利用新技术应用于教学的能力，因而很多在职教师仍需要通过教育技术能力培训来提高教学能力以适应新的教育技术能力标准。如何改善师范生培养课程，重新构建教育技术课程的目标、内容、实施等问题，还要在传统现代教育技术课程的基础上，考虑师范生应具备的技术素养。

（一）两个《标准》中对技术素养的要求

总结《标准》中对教学人员的教育技术能力标准要求，其中有关技术的目标要求教师需要“具有信息技术与课程整合能力”“掌握信息检索、加工与利用的方法”“掌握常见教学媒体选择与开发的方法”“掌握教学媒体、教学资源、教学过程与教学效果的评价方法”“能够收集、甄别、整合、应用与学科相关的教学资源以优化教学环境”“具有研究与发展能力”“能利用技术与学生就学习进行交流”等。

此外，最新颁布的《中小学教师信息技术应用能力标准（试行）》（以下简称《能力标准》）也分别从“应用信息技术优化课堂教学”“应用信息技术转变学习方式”两个维度对教师

所应该具备的技术素养做了解释。

（二）教师 TPACK 知识框架

美国学者科勒（Koehler）和米什拉（Mishra）于 2005 年提出的 TPACK（Technological Pedagogical Content Knowledge，整合技术的学科教学知识）也提到了教师必须具备的教学能力。它包含了三个核心要素，即学科内容知识（CK）、教学法知识（PK）和技术知识（TK）；四个复合要素，即学科教学知识（PCK）、整合技术的学科内容知识（TCK）、整合技术的教学法知识（TPK）、整合技术的学科教学知识（TPACK）。

技术知识是指任何可以用于帮助学生达成具体学习目标的工具、设备、电子、机械装置。不仅包括传统的技术，诸如黑板、教材等，还包括现代技术的使用，比如投影设备的使用、多媒体教室的使用等。随着信息的不断更新换代，技术知识还包括教师学习新技术的能力以及创新能力。

TCK 是表示技术与学科内容之间相互关系的知识。学科知识通常受技术性、代表性、功能性的约束。理解技术在学科实践与学科知识方面的影响对我们根据教育目的确定所需技术内容非常重要。

TPK 表示对技术融入教学，对教学实践的支持和局限的了解。不同教学实践中，应根据具体的技术特性和教学需要选择合适的技术工具，根据技术工具的优势，选择合适的教学策略。

TPACK 表示技术、教育、学科知识之间的复杂关系，用于教师开发合适的、特定情境下的教学策略。

（三）师范生教育技术能力发展目标

“现代教育技术”课程的总目标是培养师范生的教育技术能力，要求师范生在掌握教育技术理论知识的同时，很好地应用教育技术能力进行教学，优化教学过程，最终达到教育最优化。“技术手册”作为现代教育技术课程的子内容，挑起了培养师范生信息素养以及信息化教学的重担，即“技术手册”重在培养师范生的技术素养。

至此，在现代教育技术课程总目标的基础上，结合《能力标准》中对技术素养的要求，我们归纳师范生应具备的技术应用目标如下：

① 掌握操作各种与教学相关的媒体设备，能主动应用技术于实际的课堂教学中；

② 掌握数字资源的检索、存储、加工、利用和发布的方法；

③ 掌握教学媒体选择与开发的方法；

④ 掌握技术应用于教学评价的工具；

⑤ 具有利用技术学习新技术的能力；

⑥ 树立运用各种技术手段促进师生、生生间进行合作交流的方式。

三、“技术手册”中内容组织的理论基础

活动理论源于康德与黑格尔的德国古典哲学、马克思的辩证唯物主义和维果茨基、列昂节夫、鲁利亚等人的关于人的发展的社会文化历史学说，他们认为活动是主体运用工具和符号作用于客体的过程。活动系统包括的要素有主体、工具、客体、分工、共同体和规则，在这些要素进行互动的过程中，形成生产、交流、消耗和分配四个子系统，如图 1 所示。

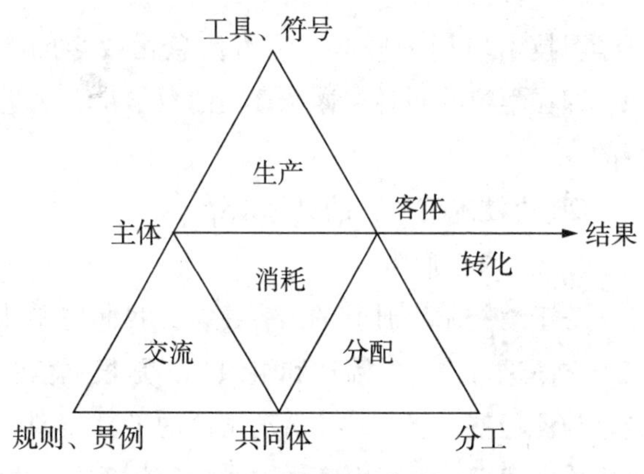

图 1　活动理论框架

活动教学是建立在“活动理论”基础之上的，如图 2 所示，是一个师生之间有组织的共同活动序列，为达到特定的学习目标而进行的师生行为的总和。学习活动中应具备丰富的信息资源和学习工具，能够支持学生顺利地完成学习任务。例如，提供教材、学习网站、视频等多种形式的资源供学生选择。工具具体包括信息检索、加工、发布工具，情境创设工具，评价工具，交流工具，而在“技术手册”教学活动系统中，学习者利用工具来学习客体，从而获得客体的使用，这个客体是“技术手册”所包含的技术内容，而学习者学习借助的工具在作用于学习者学习的同时，也同样为学习者未来的教学活动以同样的方式，提供参考，即工具本身的使用也是教学活动系统的客体。因而，活动教学需要在真实而富有意义的任务驱动下从“做中学”。

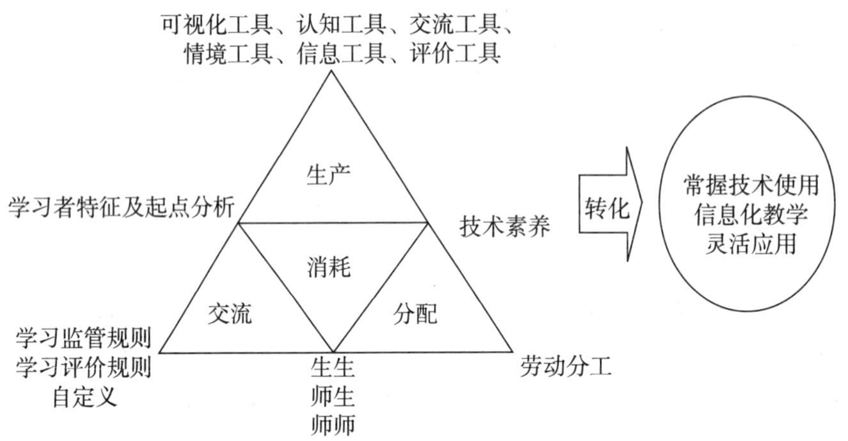

图 2　“技术手册”教学活动框架

我们根据上述课程设计的内容依据和教学活动原则来构建“技术手册”，其基本思路是以“现代教育技术”的课程目标为导向，围绕“真实”的教学情境来开展对师范生现代教育技术应用能力的教材设计。学生在“真实”的教学环境下学习技术应用的同时，领悟信息化教学的意识，即在学习的同时，感受真实的教学是怎么进行的。

四、“技术手册”的具体设计

（一）内容筛选

关于“技术手册”的内容建构，我们主要从三个方面进行内容的筛选和组织。一是根据信息技术与课程整合层次以及活动理论的工具类型与作用确定我们的课程内容中技术内容的部分。根据信息技术与课程整合层次的不同将技术的作用划分为技术作为交流工具、技术作为协作工具、技术作为演示工具、技术作为情境创设工具、技术作为评价工具和技术作为研发工具等。二是根据活动理论，使用工具的先决条件是以一定的资源作为活动客体，在学习技术工具之前掌握信息的获取、加工等能力。三是基于活动理论框架在教学活动中的应用，应将活动教学设置为在真实而富有意义的任务驱动下的“做中学”，即技术的学习是在真实的活动情境下进行的学习，设置真实的活动任务，激发学习动机。我们以教学设计案例作为真实活动情境的依托，对教师的信息技术教学能力进行指导。

至此，我们根据课程目标确定的课程内容包括教育技术“技术应用”概论、信息获取与加工、信息化教学——技术的使用、技术评价、未来发展趋势，如图 3 所示。

（二）组织方式

“技术手册”的设计有别于一般的工具书，不仅要求教师掌握一定的技术、技能，还要求教师能灵活地将技术运用到具体的教学情境中，能根据具体的教学内容、学科专业知识选择最优的教学技术，从而更好地实现教学目标，即对教师的信息化教学设计能力有较高的要求，而且对教师的技术要求不需要像专家那样能熟练运用技术的各个方面，只需要用于教学中的一般技术技能。也就是说，要求能根据学科教学需要获取所需要的学习资源，并根据学科知识内容进行恰当的信息整合、处理、择优选择教学方式，设计成自己需要的课堂辅助工具，用于辅助自己的教学，

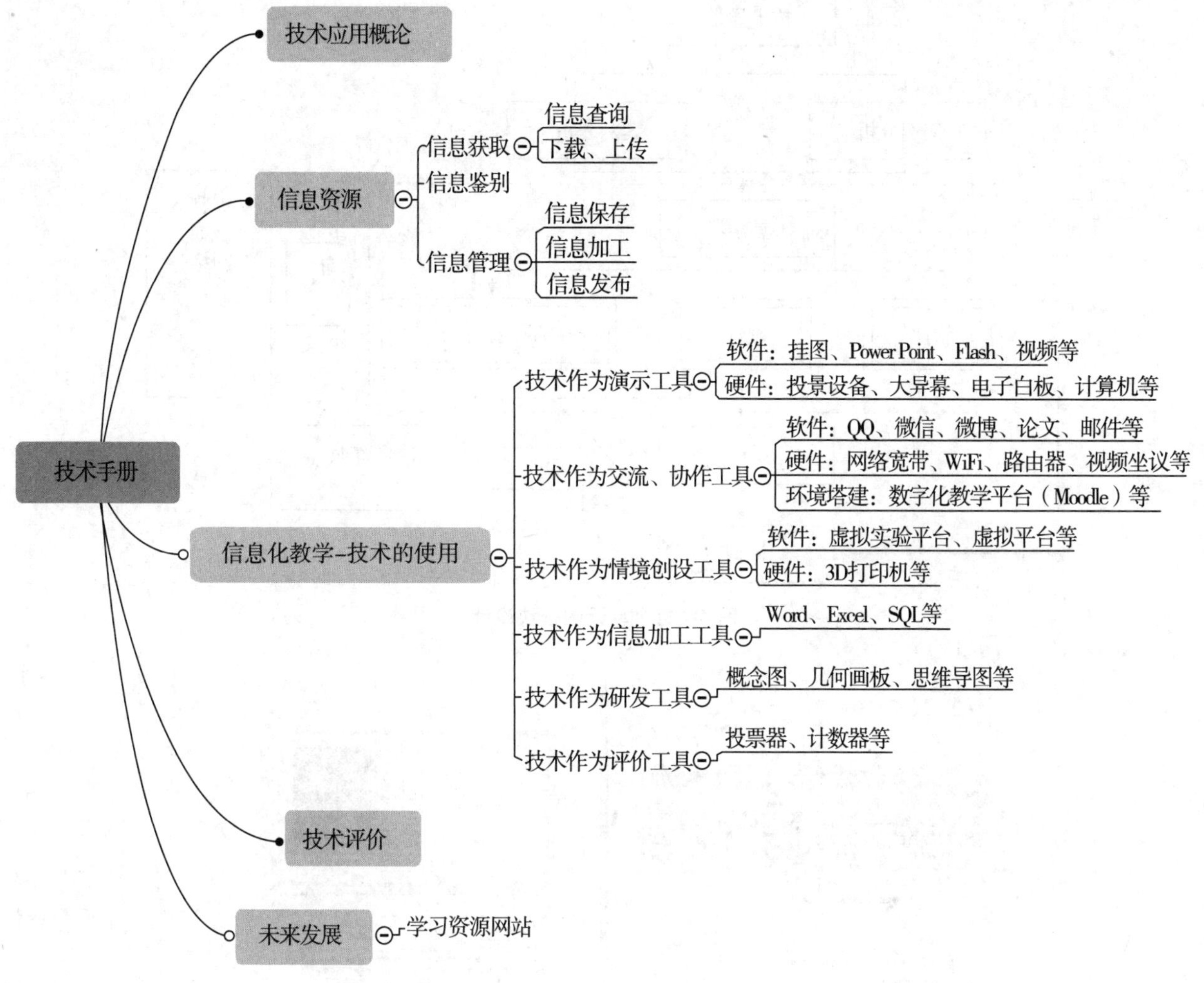

图 3　“技术手册”设计概念图

如利用 PowerPoint 制作课件所需要的技能。因而“技术手册”设计需要以具体的教学设计案例为向导，介绍什么样的教学情境以及学科知识下用什么样的技术才能最优化地实现教学目标。因而，整个“技术手册”的设计如图 4 所示。工具学习，主要是介绍具体的软件、硬件资源以及教学环境。案例分析主要是举一两个不同学科的具有代表性的、有相应技术融入的教学设计，培养学生的信息化教学能力。接下来便是具体的该工具下并且是该案例下提到的软件、硬件的操作说明，以及课堂所需要资源的建设方式。

以“技术作为演示工具”为例，第一部分是技术导学，介绍什么是演示工具、在什么样的教学情境中适合用演示工具以及技术作为演示工具所需要的软件和硬件支撑。接着第二部分给出常见的技术作为演示工具的、较经典的教学设计案例，并给出其中融入技术的部分介绍。接着在第二部分的基础上，对给出的教学案例中出现的技术包括涉及的软件、硬件、环境的搭建等进行操作说明。最后给出学习任务，学生根据本单元所学的内容结合学科知识设计自己的教学资源。图 5 所示就是“技术作为演示工具”的设计界面。

其中，工具的学习以书面的纸质教材、视频教材或是网络等形式作为学习工具。图 5 呈现的都是常见的用于教学中的技术所使用的纸质教材。当然，随着技术的更新换代，“技术手册”里提供的技术也许能满足当下的教学过程，但对未来的技术仍然有局限，因而“技术手册”最后一部分提供了常用的教育技术应用的学习网站、资源网站、论坛等作为师范生的后续学习资源。

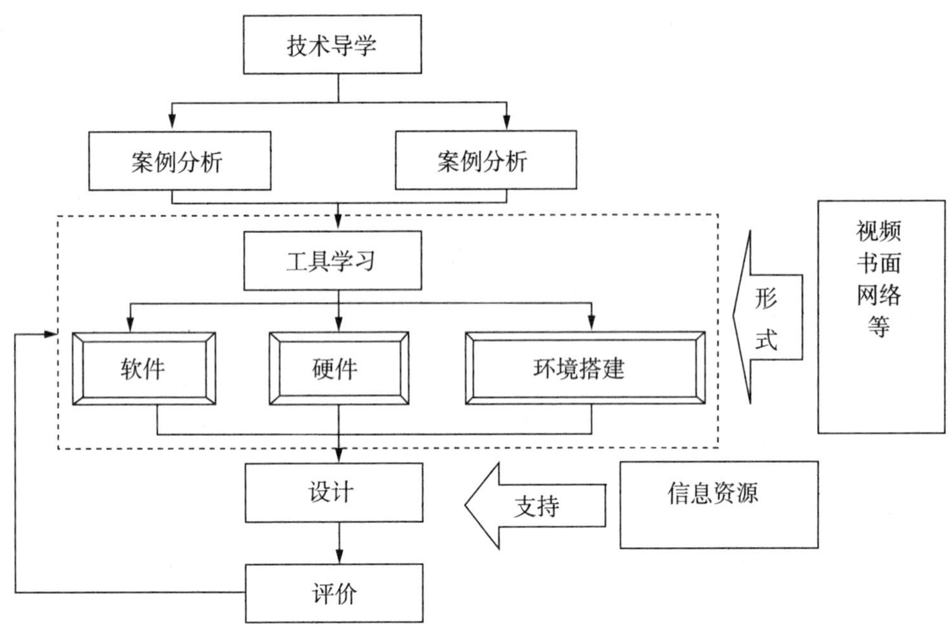

图 4　每个单元的模块设计

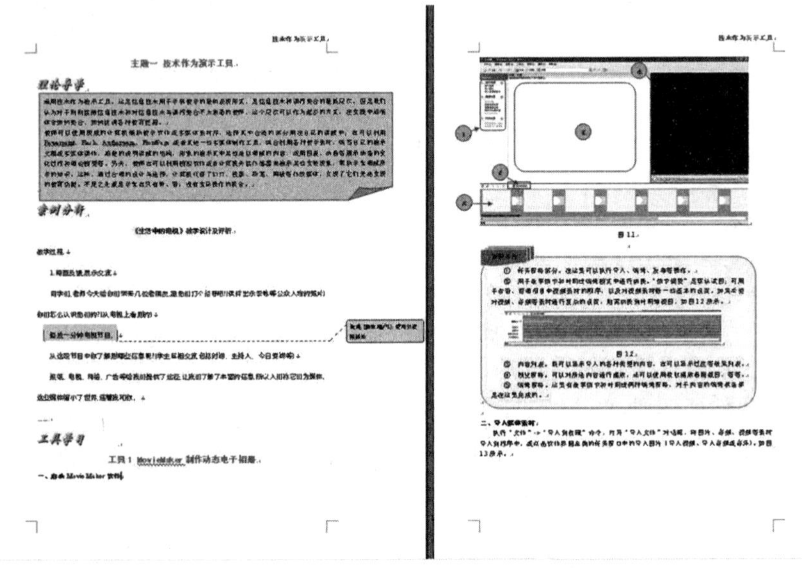

图 5　技术作为演示工具的设计界面

五、“技术手册”的使用方式

（一）“技术手册”的具体使用说明

翻转课堂作为一种新兴的教学模式，颠覆了传统的教学过程，它将“知识传递”过程放在课堂外，学生在课堂外学习教学视频和开放网络资源以自主完成知识的建构，然后带着问题在课堂上进行探讨并完成他们的作业。因此，在翻转课堂中，学生摆脱了被动接受知识的角色，成为整个教与学过程的主体，所有的知识都需要学生在自主学习和动手中掌握。

现代教育技术是把现代教育理论应用于教育、教学实践的现代教育手段和方法。学习教育技术有其自身的意义，基本目标就是全面提高教师的信息技术素养与教学应用能力。技术作为辅助工具被使用在教师的教学设计中。因而，整个现代教育技术的实现是以“理论”为主，“技术”为辅的过程。技术的学习用于辅助教学设计。反过来，教学设计告诉学习者应该掌握哪些技术。从活动理论的教学角度出发，教学过程是一种交往过程，作为外部经验的教学内容要转化为学生的内部经验并形成特定的心理结构，离不开学生积极主动的实践活动，即活动可以促使学习的思维过程外显化，同时帮助其进行内化，完成意义建构。因而，这就要求学生课外能够积极自主地进行技术的学习，这样课堂上才能充分调动思维。结合“技术手册”资源的特点、技术课堂教学所起的作用，“技术手册”的实施有别于传统理论课堂的学习，根据“技术手册”内容的不同，需将传统课堂和翻转课堂有机地结合起来。

“技术手册”包括理论知识和技术知识，技术的学习是在理论知识的基础上建构的，因而，在技术学习之前，需要为学生建立“真实”的教学情境，分析技术的使用。这部分内容的学习需要在课堂上进行。而作为教学设计辅助工具的技术的学习则以翻转课堂的形式让学生带着任务在课下自主进行学习，带着问题在课上进行讨论，应充分结合课下与课上的教学。

（二）使用“技术手册”的注意事项

“技术手册”的实施是以新型的教学形式——翻转课堂来进行的，教师在实施时，应以课下和课上两个教学环境的创设为主。在课下环境中，教师应该根据本单元的教学目标，为师范生提供学习资源和学习任务，并由学生根据任务内容结合学习资源自行学习，完成任务，此过程需要教师的跟踪引导。课上主要是教师集中解决学生课下遇到的问题，并根据学生的任务完成情况，以及知识的掌握情况进行综合评价。

“技术手册”的实施必须以现代教育技术理论知识为基础，将学科知识、教育知识、技术知识有效结合，不能脱离理论，纯粹地进行技术的学习，将《技术手册》单纯地认为是技术工具书。

六、结语

（一）不足之处

“技术手册”基本上能满足当下师范生现代教育技术中技术应用部分的学习，但仍然存在着不足之处，即“技术手册”所提供的技术只是当下比较流行的部分技术，无法涵盖所有的内容。正如文中提到的，随着技术的更新换代，用于教学过程中的技术也在随着变换，当下所学习到的技术很有可能在几年内淘汰，新的技术又具有不可预见性，因而“技术手册”对未来用于教学中的技术没有做详细的介绍，只是提供了一些学习网站和资源，对师范生的学习能力要求较高。

（二）未来展望

随着技术的不断更新，师范生需要对技术加强学习，提高媒介素养、信息化素养从而提高自身的信息化教学设计能力，设计“技术手册”以满足师范生的能力培养需求，是非常有必要的。笔者在 TPACK 知识框架、活动理论、两个《标准》的指导下设计的“技术手册”还只是初步探索研究的结果，只是在理论实施的过程中穿插少量的技术学习，还未进行真正意义上的整个技术手册的实施，因此未来需要真正落实“技术手册”的实施过程，在实施过程中发现问题，并对其进行进一步的修订。

参考文献

［1］杨宁，包正委，董玉琦．师范生的教育技术能力发展：理念、框架与目标层次要求［J］．中国电化教育，2013（3）：68-73.

［2］魏连江，王德明，陈开岩．《矿井通风与安全》课程设计教学模式研究与改革［J］．中国安全生产科学技术，2011（7）：163-167.

［3］阮士桂，李卢一．TPACK 框架下《现代教育技术》公共课课程改革探究［J］．现代教育技术，2012（8）：36-41.

［4］纪宏璠，雷体南．师范生教育技术能力培养研究的现状分析［J］．软件导刊（教育技术），2013（5）：56-58.

［5］高占国．现代教育技术技能与训练［M］．北京：科学出版社，2011.

［6］单从凯，赵通海．现代教育技术应用指南［M］．北京：北京理工大学出版社，2011：10-279.

［7］李文．现代教育技术技能实训［M］．长春：东北师范大学出版社，2009.

［8］李海龙，邓敏杰，梁存良．基于任务的

翻转课堂教学模式设计与应用［J］. 现代教育技术，2013（9）：46-51.

［9］刘素娟 . 活动理论框架下的网络课程设计［J］. 软件导刊（教育技术），2009（8）：10-12.

［10］Matthew J. Koehler，Punya Mishra，Kristen Kereluik，Tae Seob Shin，Charles R. Graham. The Technological Pedagogical Content Knowledge Framework［M］//J. Michael Spector，M. Dawid Merrill，Jan Elen，M. J. Bishop. Handbook of Research on Educational Communications and Technology. New York：Springer，c2014：101-111.

其他相关问题的研究

大学生网络学习障碍的调查与分析

——基于沈阳师范大学网络教学平台的研究

王宏艳[1]　王凯丽[2]

（1 东北师范大学　计算机科学与信息技术学院，吉林　长春　130117；

2 沈阳师范大学　教育技术学院，辽宁　沈阳　110034）

摘　要：网络教育教学质量的研究已经在教育信息化建设中成为重点，对学习者学习特征的研究越来越受到重视。本文从智力因素和非智力因素两个维度对影响网络学习者学习障碍的成因进行了探索性分析，把学习障碍按由强到弱的程度进行了排序，并针对不同类型的学习障碍初步提出克服和消除这些障碍的策略与建议，以期提高网络教学水平，提升网络学习者的学习质量。

关键词：网络学习　网络学习者　网络学习障碍

一、引言

计算机和网络技术日新月异的发展使得网络教育在现代社会尤其是高等教育中扮演着越来越重要的角色，而网络学习者自身的特点以及网络学习环境与学习过程的特殊性使得网络学习者面临诸多困难和挑战。对此，国内外学者做了多方面的研究。

国外初期的研究大多为理论探讨，之后基于调查问卷、个案的实证研究[1]逐渐增多，研究的焦点倾向于学习者的网络学习特征[2]，研究的视角也逐渐多样化，不再局限于学习障碍本身。相比之下，国内学者在该领域的研究多数是从宏观上进行探讨或提出一些指导性原则[3]，对特定情境下的学习障碍进行梳理和归类，分析其产生的原因，提出解决的策略与方案[4]，而对诸如学习者的自主学习能力、时间管理、学习动机等一系列因素如何对学习者产生影响没有进行深入的探究。从研究方法来看，进行深入调查的实证研究成果比较少，研究成果的推广度不高。

二、问题的提出

通过国内外学者对网络学习障碍的研究，可以总结出网络学习者学习障碍产生的一些原因：师生、同伴之间缺少眼神、手势等交流，学习者易产生孤独感；长期在应试教育和灌输教学倾向极重的文化教育体制中学习，学习者养成了比较顽固的对教师课堂集体面授讲课的依赖，较少有自主学习的习惯，不能自主控制学习进度、选择学习策略；等等。这些障碍使得学习者在网络学习中经常表现出较严重的不适应，网络学习障碍问题未能很好地解决。因此，了解网络学习者在学习过程中遇到的各种障碍和困难，并为他们提供必要的解决策略，具有重要的实践意义和理论价值。

三、研究设计

1. 研究假设

基于以上分析及国内外研究现状，本文提出以下关于网络学习者学习障碍成因的研究假设：网络学习者普遍存在着不同程度的学习障碍；网络学习者的学习障碍主要来源于智力因素和非智力因素两个方面；网络学习者非智力因素方面的学习障碍略强于智力因素方面的学习障碍。

2. 研究工具设计

根据大学生网络学习特点，以上述分类为依据，编制了《大学生网络学习障碍调查问卷》作为研究工具，问卷除了调查网络学习者是否存在学习障碍，还关心存在哪些类型的学习障碍以及不同类型学习障碍的强弱程度。问卷包含七个部分，共38个题项，采用利克特五点计分法，哪种类型的学习障碍倾向平均得分越低，表明网络学习者在学习过程中表现出的该种学习障碍越强（评价标准：以3分为中间值，平均值高于3分，说明学习障碍较弱；平均值低于3分，说明学习障碍较强）。

本研究以从沈阳师范大学26个学院全日制本科生中随机抽取的学生作为被调查样本，共发放问卷150份，回收问卷143份，回收率为95.3%；其中有效问卷105份，有效回收率为73.4%，对于收集到的有效数据采用SPSS for Windows 18.0软件进行数据分析与处理。

四、网络学习者学习障碍的成因分析

本研究从学习者原有的认知结构和认知能力（智力因素）以及学习者在进入学习前所具有的一般心理特征（非智力因素）两方面将网络学习者的学习障碍分为七类，如图1所示，而后，通过问卷调查法及后期的数据分析，最终将网络学习者存在的不同程度的学习障碍进行了由强到弱的排序。

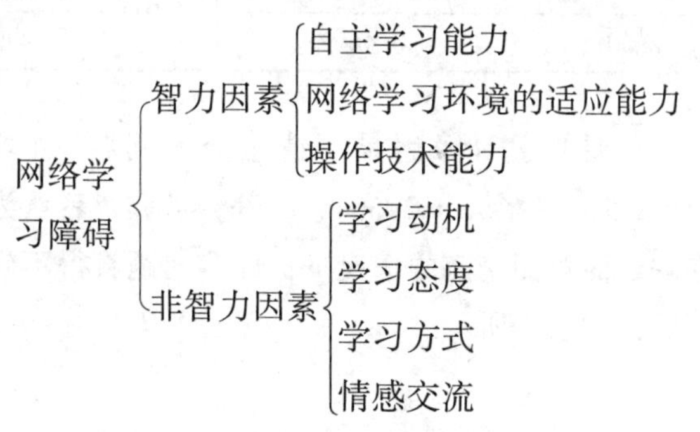

图1　网络学习者学习障碍分类

1. 网络学习者学习障碍情况分析

从图2所示的统计数据来看，网络学习中学习障碍较强的学习者占77%，学习障碍较弱的学习者占21%，不存在学习障碍的学习者仅占2%，这说明网络学习者普遍存在着不同程度的学习障碍。

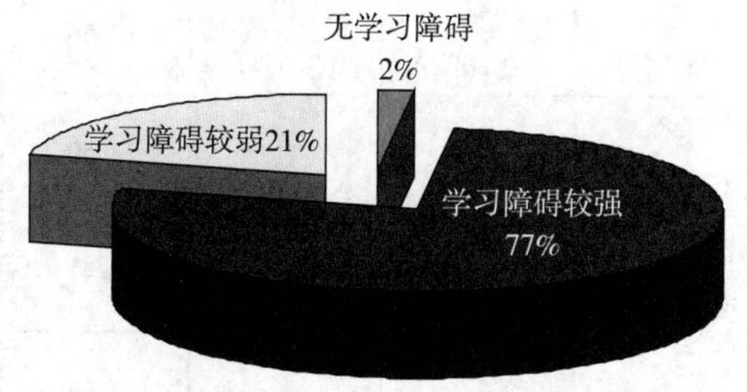

图2　样本群体存在学习障碍的情况

2. 智力因素与非智力因素对学习障碍的影响分析

"智力是一种综合的认识能力，其主要因素包括注意力、观察力、记忆力、想象力和思维力；非智力因素，是指影响智力活动和智力发展的那些具有动力作用的个性心理因素，主要包括需要、动机、兴趣等。"[5]学生的学习活动是智力因素和非智力因素协同活动的结果。在本研究中，二者对学习障碍的影响分别如图3和图4所示。

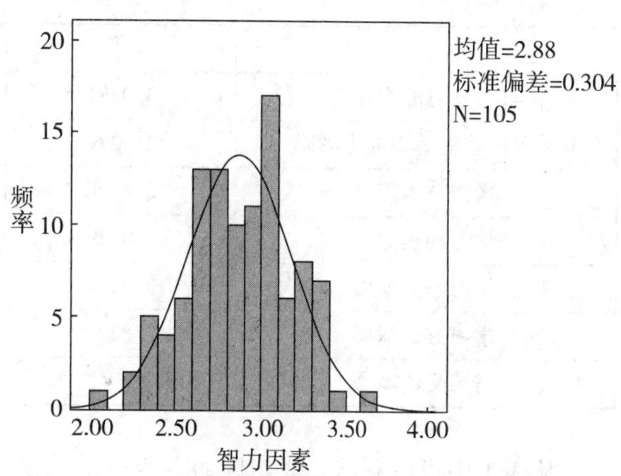

图3　智力因素频率分布直方图与正态曲线

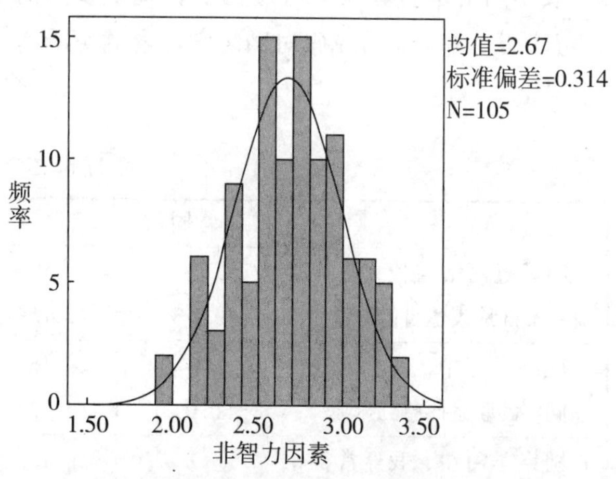

图4　非智力因素频率分布直方图与正态曲线

图3所示样本总数为105，横轴表示样本数据的连续可取数值（即调查问卷中五点计分法由1至5的取值倾向）；纵轴表示频率（落在各组样本数据的个数除以样本总个数）的值，图中各

个矩形的高和底边分别代表频率和组距。由图 3 可知以下几点：① 统计结果显示，均值（正态曲线的峰值）为 2.88，小于 3.0；② 众数为 3.05，即最高矩形底边中点的横坐标，其值接近 3；③ 以 3 为中间值，由直方图可以计算出小于 3 的样本数约占 62.8%，大于 3 的样本数约占 37.2%。以上数据说明，学习者在网络学习中表现出一定的智力方面的学习障碍。

同理，由图 4 可知以下几点：① 均值为 2.67，小于 3.0；② 众数为 2.55、2.75，也小于 3.0；③ 以3 为中间值，小于 3 的样本数约占 81%，大于 3 的样本数约占 19%。这说明大学生在网络学习中也表现出一定的非智力因素方面的学习障碍，且非智力因素方面的学习障碍的均值和众数均小于智力因素方面的学习障碍的均值与众数。

以上数据表明，网络学习者的学习障碍主要来源于智力因素和非智力因素两个方面，且非智力因素方面的学习障碍略强于智力因素方面的学习障碍。

采用均值描述统计方法测量网络学习者所表现出的学习障碍倾向水平，结果如表 1 所示。

表 1　网络学习者学习障碍总体现状分析

	均值	众数	标准差	排序
自主学习能力障碍	3.0381	3.20	0.48365	7
学习环境的适应能力障碍	2.9276	2.80	0.51971	5
操作技术障碍	2.6590	2.60	0.48669	2
学习动机障碍	2.8229	3.00	0.43528	4
学习态度障碍	3.0267	3.00	0.41330	6
学习方式障碍	2.8229	2.80	0.37139	3
情感交流障碍	2.5943	2.60	0.46695	1

从表 1 中可以看出，学习障碍各因子的均值除“自主学习能力”和“学习态度”外都低于 3，表明网络学习者在学习过程中表现出较强的学习障碍，七种学习障碍对网络学习者的影响程度不同。首要的学习障碍是“情感交流问题”（均值=2.5943，众数=2.60），大部分被调查者认为在缺乏面对面交流的情况下，许多问题将得不到解决，如表 2 所示。

表 2　情感交流障碍调查结果

	非常同意	同意	中立	不同意	极不同意	平均数
我能通过网络与他人进行交流，准确地表达自己的看法	2 （1.9%）	32 （30.5%）	48 （45.7%）	19 （18.1%）	4 （3.8%）	3.09
在网络学习中，我会因缺少和同伴的联系而感到孤独	0 （0.0%）	16 （15.2%）	37 （35.2%）	42 （40.0%）	10 （9.5%）	2.56
在网络学习中，我经常得不到老师的及时反馈	2 （1.9%）	15 （14.3%）	38 （36.2%）	38 （36.2%）	12 （11.4%）	2.59
在网络学习中，我会因无法感受老师的言传身教而苦恼	0 （0.0%）	8 （7.6%）	41 （39.0%）	42 （40.0%）	14 （13.3%）	2.41
网络中缺乏眼神、手势等情感交流，遇到问题不易解决	0 （0.0%）	11 （10.5%）	36 （34.3%）	34 （32.4%）	24 （22.9%）	2.32

表2中几种学习障碍表现的平均数多小于3，或接近3，证明网络学习者在情感交流方面表现出较强的学习障碍。网络教学情感交流的障碍主要包括与教师和同伴的交流不足、网上学习的孤独感、得不到及时反馈等。

排在第二位的学习障碍是"操作技术问题"（均值=2.6590，众数=2.60），如表3所示。

表3　操作技术障碍调查结果

	非常同意	同意	中立	不同意	极不同意	平均数
我在网络学习中经常因为电脑操作或软件问题影响学习	0（0.0%）	17（16.2%）	29（27.6%）	47（44.8%）	12（11.4%）	2.49
我每次都能顺利登录网络平台进行学习	4（3.8%）	18（17.1%）	37（35.7%）	39（37.7%）	7（6.7%）	2.74
我熟悉网络学习的相关技术	7（6.7%）	15（14.3%）	44（41.9%）	37（35.2%）	2（1.9%）	2.89
我能根据自己的需要从网上下载应用程序并进行安装	11（10.5%）	41（39.0%）	31（29.5%）	19（18.1%）	3（2.9%）	3.36
我很希望得到技术人员的帮助	0（0.0%）	3（2.9%）	19（18.1%）	39（37.1%）	44（41.9%）	1.82

表3中几种学习障碍表现的平均数多小于3，或接近3。此外，在回答开放题目时有学习者反映"遇到技术问题时得不到技术人员的相关帮助"，即网络学习者在计算机操作技术方面也表现出较强的学习障碍。这部分网络学习者不熟悉计算机的相关操作，希望得到技术人员的帮助。可见，缺乏相关的适时指导，面对多而复杂的网络功能和软件，学习者也会有很大的学习障碍。

排在第三位的学习障碍是"学习方式"（均值=2.8229，众数=2.80）。表4中几种表现的平均数多小于3，或接近3，证明网络学习者在学习方式上同样表现出较强的学习障碍。可见，这部分网络学习者在网络学习中没有自己的一套学习方法。虽然网络资源已经非常丰富，但是如果缺乏对学习者如何利用资源和恰当高效的学习方式的有效引导，学习者也很容易在纵横交错的知识网络中迷失方向。

表4　学习方式障碍调查结果

	非常同意	同意	中立	不同意	极不同意	平均数
我在进行网络学习前经常制订学习计划	4（3.8%）	19（18.1%）	43（41.0%）	36（34.3%）	3（2.9%）	2.86
在网络学习中，我有自己的一套学习方法	5（4.8%）	23（21.9%）	51（48.6%）	24（22.9%）	2（1.9%）	3.05
在网络学习中，我经常借鉴别人的学习方法	3（2.9%）	14（13.3%）	38（36.2%）	47（44.8%）	3（2.9%）	2.69
在网络学习中，我除了刻苦努力，没有什么学习方法	1（1.0%）	22（21.0%）	40（38.1%）	36（34.3%）	6（5.7%）	2.77
在网络学习中，我找不到学习方法	1（1.0%）	20（19.0%）	45（42.9%）	30（28.6%）	9（8.6%）	2.75

排在第四、五、六、七位的学习障碍分别是“学习动机”（均值=2.8229，众数=3.00）、“学习环境的适应能力”（均值=2.9276，众数=2.80）、“学习态度”（均值=3.0267，众数=3.00）和“自主学习能力”（均值=3.0381，众数=3.20）。学习动机障碍表现为学习者缺少内部动机，大部分学习者学习的目的只是完成老师布置的任务，而不是为了自身的发展而主动进行学习；学习环境的适应能力障碍表现为学习者会感觉孤独和不适应；学习态度障碍方面，部分大学生的学习态度不够端正，如学习时浏览无关网页、网上讨论参与度不高等；自主学习能力障碍方面的调查显示，很大一部分网络学习者普遍不具备自主学习能力。大量的教学实践也证明了这一点，许多网络学习者仍然用传统的学习方式进行学习，容易在浩瀚的学习资源中迷失，不会自主学习，也不会与同学进行沟通和交流，普遍不具备自主学习能力。[6]

五、网络学习障碍的初步解决策略与建议

通过以上研究可以看出，大部分网络学习者在学习过程中确实存在着不同程度的学习障碍。如果这些障碍得不到及时解决，将会严重影响学习者的学习信心和学习兴趣，进而影响学习效率。为此，本研究针对网络学习者的特点，从情感交流、计算机操作技术、学习方式等方面对解决各类障碍提出了以下策略与建议。

1. 情感交流障碍解决策略

由第四部分的分析可知，情感交流障碍成为网络学习者的最主要障碍，且原因是在网络教育中师生、同伴间缺乏沟通和交流。针对这一点，可进行以下方面的设计。

（1）定期组织线下聚会活动。

教师（或由教师指定的负责人）可在统一的时间、固定的地点把大家召集在一起，面对面进行交流，互相讨论问题，这样可以相互了解，增进友谊，减少孤独感。

（2）及时做出反馈。

反馈是网络教学重要的互动环节，及时的反馈是人性化教学的要求，也是情感关怀的体现。积极的反馈有助于学习者及时了解自己的学习情况，加深对问题的理解与掌握，为下一步学习打下良好的基础，从而激发进一步学习的愿望。及时反馈还能帮助学习者及时发现、纠正他们自身存在的问题与错误，从而调整学习计划，提高学习效率。相反，如果没有反馈或反馈不及时，学习者无法得知或很久以后才得知自己的学习结果（如作业正确与否），那么，学习者就很难保持已有的学习热情，学习兴趣也会大大降低。

此外，教师还要注重交流手段的多样化，如运用即时通信工具（QQ、飞信、微信等）、E-mail、BBS、Blog等灵活多样的手段，提供广阔的交流平台，引导学生学会交流、倾听与表达。

2. 操作技术障碍解决策略

根据问卷统计结果，有79%的学习者希望得到相关技术人员的帮助，也有学习者在问卷的开放题中反映“遇到技术问题时不知道向谁寻求帮助”。因此，有必要组织技术培训。

针对沈阳师范大学网络教学平台教学现状，笔者认为，在技能培养上不应求全求多，由于家庭背景和之前所受教育的不同，网络学习者的信息素养参差不齐，只要适应课程的网络学习即可，可结合课程所使用的特定学习平台进行基本操作技能的培训，如信息检索工具与技巧的介绍、办公软件的使用、上传下载文件等基本操作技术的培训等。

3. 学习方式障碍解决策略

由第四部分的分析可知，在学习障碍各因子中，学习方式障碍平均数为2.8229，排在第三位。因此，有必要加强学习策略方面的指导。

实践证明，学习策略的应用与学习者的学习效果呈正相关。而学习策略有很多种，教师在具体应用时要讲究方法，不能乱用，要针对具体学习内容的特点，选择最佳的学习策略。如可以以一种学习策略为主，辅之以其他的一种或两种学习策略，并解释为什么要这样做，明确这样做的目的，以防机械地套用。

4. 其他学习障碍解决策略

学习动机是影响学生学习的重要情感因素，

可采用 ARCS 模型强化学生学习的内在动力并不断巩固和维持学习动机，提高学习者的学习自觉性、学习意志力，激发学生的求知欲和学习热情。

此外，还应创设良好的网络学习环境。首先，网络教学应遵从网络教育教学规律，进行良好的网络教学设计，在网页视觉设计方面做到色彩搭配合理、符合学生的视觉心理。其次，应加强网络学习资源开发的深度和广度，进一步增强资源的直观性、形象性和实用性。

学习态度是影响学生学习的重要非智力因素之一。解决这一问题不仅需要教学人员对学生提出更加严格的要求，而且有必要开展耐心细致的思想教育工作，使学生树立正确的学科价值观，从本质上解决学生的学习态度问题，使他们能够以积极乐观的心态完成各项学习任务。

提升自主学习能力也就是要加强学习者的自学能力和自我管理能力。首先要培养学习者良好的内部学习动机，使其对学习具有持久的热情；其次，学习者要根据自己现有的水平和条件制定近期的学习目标，并确保自己在每个学习阶段按时完成任务，增强意志力与自我管理能力。

六、总结与展望

本研究通过问卷调查和文献分析，对网络学习者学习障碍的成因及各类学习障碍的强弱程度进行了深入的分析，并针对不同类型的学习障碍，初步提出了克服这些障碍的策略与建议。为更好地验证这些策略，笔者今后将着重开展各学科的网络学习障碍微观层面的研究，并对问题解决策略实施的有效性进行充分论证。

参考文献

［1］冯琨．远程学习者学习障碍的调查与分析［D］．济南：山东师范大学，2010.

［2］冯琨．远程学习者学习障碍的调查与分析［D］．济南：山东师范大学，2010.

［3］蒋成凤，魏志慧．网络学习障碍分析与研究综述［J］．中国远程教育，2003（11）：32-35.

［4］王书荃．我国学习障碍研究的现状和存在的问题［J］．现代特殊教育，1999（5）：20-24.

［5］杨春荣．初中英语教学非智力因素的激发与培养［J］．吉林教育，2012（12）：67.

［6］吴颖寅．我国网络学习影响因素的研究现状分析［J］．软件导刊（教育技术），2009（3）：34-36.

贵州省教育技术学本科毕业生就业现状研究
——以贵州师范大学毕业生为例

杨　娇　冉怀敏　黄威荣

（贵州师范大学　教育科学学院，贵州　贵阳　550001）

摘　要：教育技术是研究学习过程和学习资源的理论与实践，而教育技术学作为一门专业已立足于各大高校，并蓬勃发展，取得了一定成就。贵州省教育技术学专业的毕业生就业状况如何？根据就业现状该如何调整教育技术学专业课程的设置？本文以贵州师范大学为例，通过对调查数据、访谈记录进行定量、定性分析，总结其就业现状，并得出针对性策略，以期为贵州省教育技术学专业的发展提出一些理论支持。

关键词：教育技术学　贵州省　毕业生　就业现状

一、引言

教育技术学专业是培养能够在新技术教育领域从事教学媒体和教学系统的设计、开发、运用、管理和评价等的高级专门人才。随着科技的发展和时代的进步，尤其是信息时代的高速进步，我国教育技术学专业发展迅速，不仅数量增多，培养层次也得到了提升，地位在信息化时代也不断地得到提高。目前，全国不同类型、不同性质、不同层次的学校中设置教育技术学专业的已超过200多个。但是社会上的用人单位对教育技术学专业人才的需求量是有限的，并且用人单位对教育技术学专业不是十分了解，甚至有不同程度的误解，这就在很大程度上导致了教育技术学毕业生供求矛盾的出现。

拟定这个研究课题，旨在深入了解贵州省教育技术学本科毕业生就业现状；了解主要矛盾，为教育技术学人才培养方案改革提供理论支持。通过对教育技术学专业本科生就业现状的调查，得出相应的结论并进行分析，提出相应的建议和看法，希望能对该专业的毕业生就业有所帮助。

二、调查研究基本情况介绍

（一）问卷发放及回收情况

本次调查研究主要采用文献法、问卷调查法以及访谈法。查看相关文献，主要为了形成研究思路、了解研究动向，从不同的角度去研究问题；通过相应的网络渠道（如QQ群），将笔者设计的调查问卷通过网络的形式传给2009、2010、2011、2012、2013（以下简称09、10、11、12、13）连续五届教育技术学专业的毕业生，然后收回问卷，统计相关数据，分析结论。收回问卷的时候，09、10、11、12届各收回12份，13届收回23份，为了使分析结果更加准确，笔者又从13届的23份问卷中随机抽取了12份。而每个班人数平均在55左右，发放问卷是随机的，因此将收回的问卷用来分析结果是有效的。此外，对个别的毕业生进行了访谈，并通过他们了解他们所在班的大概情况；对相关的用人单位也进行了访谈，了解他们对毕业生的评价，从用人单位的角度去了解毕业生的就业情况。

（二）班主任访谈记录

除此之外，还对09届到13届的各班班主任进行了简单的访谈，从他们那里也得到了近五年来毕业生就业现状的重要信息。在访谈之前，笔者拟定了一个比较简单的访谈大纲，其主要内容是本班人数、男女生比例、就业率、就业分布情况、读研人数等。访谈通过面对面交谈、电话交谈、QQ 交谈等形式开展。由于 10 届连续换了几个班主任，所以未联系到恰当的老师进行访谈，此次访谈对象主要是 09 届的班主任杨红老师、11 届的班主任卓毅老师、12 届的班主任何玲老师、13 届的班主任黄威荣老师。访谈结果见下文。

三、近五年来毕业生的就业现状

（一）就业率越来越高

总体来看，09 届到 13 届的毕业生中，每级一个班，在每个班随机抽取十几名毕业生来了解他们的就业现状。图 1 是从 09 届到 13 届的毕业生一毕业是否能找到工作的柱形图。

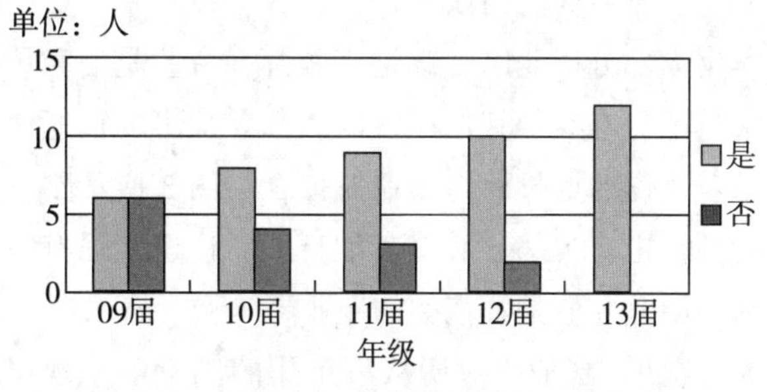

图 1　一毕业是否能找到工作的人数

从调查结果来看，大部分的毕业生刚毕业就能找到工作，只有少部分毕业生没能找到工作，而且整体看来，教育技术学专业的毕业生就业率越来越高，就业形势一年比一年好，这说明本专业随着时代的进步和科技的发展也取得了一定的进步。每一届毕业生也存在一毕业不能就业的同学，这说明本专业自身在发展的同时也存在一定的问题。当然，这也免不了受当前就业难、竞争激烈等因素的影响，但不能说教育技术学专业没有不好的地方。为此，笔者进行了更进一步的调查。

通过班主任访谈得出了以下相关数据：09 届一共 64 名学生，男生偏多，就业率大概为 94%；10 届班主任换了好几位，没有明确的数据；11 届共 54 名学生，男生 24 名，女生 30 名，就业率为 96. 5%；12 届共 55 名学生，男女比例大概为 1 : 2，就业率在 97%左右；13 届共 59 名学生，男生 24 名，女生 35 名，就业率为 98. 3%。从访谈结果看，就业率一年比一年高，结合图 1，更加强有力地说明了教育技术学本科毕业生就业率越来越高。

那为什么会出现这种情况呢？其实这有诸多原因，最主要的就是社会在不断发展，不断进步，尤其是以信息技术为标志的时代正在飞速发展，带动了很多事物都在不断进步、提高，教育技术学专业在这样一个大背景之下也是如此，它也在不断发展、不断完善，因此毕业生就业问题越来越乐观。

（二）毕业生工作单位分布多样化，但大多数集中在中小学

为了解教育技术学专业毕业生就业分布情况，笔者特意对毕业生就业专业对口情况做了调查，如图 2 所示。

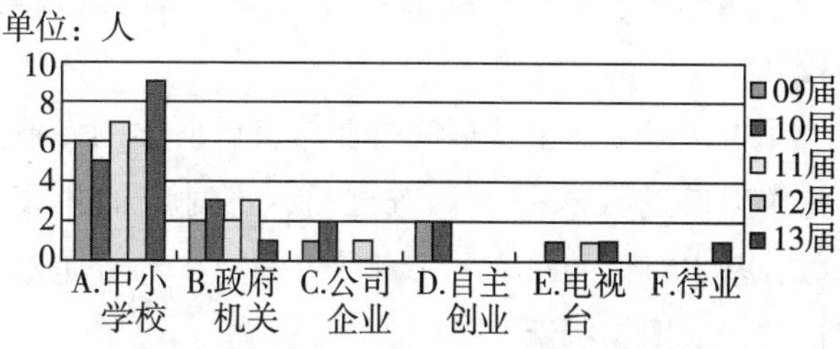

图 2　教育技术学专业毕业生就业分布情况

调查情况显示，大部分毕业生都在中小学担任信息技术教师或其他学科的教师，其中，女生占的比例比男生稍微高出一点。这与个人的兴趣有很大的关系，对这些在中小学就业的毕业生进行随机访谈，多数女生都认为教师是一个非常适合女性的职业。当然，也有少部分毕业生就业于其他行业，如政府部门、公司企业、电视台、职业院校等。此外，有个别的毕业生还在读研继续学习。

从各位班主任那里得知，09 届毕业生大部分考特岗，而且大部分都考上了，至于更详细的信息，由于时间久远加上有些毕业生也是在不断的更换就业单位，所以班主任也记不清楚了。11 届毕业生从事的行业很多，从事教育行业的最多，其中，担任中学信息技术教师的占大部分，这与图 2 的数据是完全吻合的，其他毕业生有些是特岗，有些在职业院校就职。此外，还有其他的行业，就职于公司企业的占到了 12. 3%，也有部分人考取了公务员，在政府部门工作，这样的毕业生占 15. 8%，在电视台工作和读研的只有极个别

毕业生。12届毕业生的就业分布也很广，大部分担任中学信息技术教师，有一部分考取了公务员，在政府部门工作。至于更详细的信息，班主任也记不清楚了。13届毕业生就业分布很广，贵州全省各地都有，去其他省份就业的也有几位。他们从事的行业很多，其中大多数人选择了做教师，其他的除有两人在读研深造外，都去了政府部门、企业单位等。

由于教育技术学专业属于师范类专业，所以出现上图所示的现象，即大部分毕业生都在中小学就业就很好理解了；又由于教育技术学专业有很多方向可以就业，所以对于那些不喜欢做教师的毕业生来说，他们就可以选择自己喜欢的行业了。

（三）毕业生从事的行业与专业的对口率较低

再次对毕业生从事的行业与自己所学的专业是否对口进行深一层调查之后，不对口的占多数，基本对口的只有一小部分，只有少部分是对口的，如图3所示。

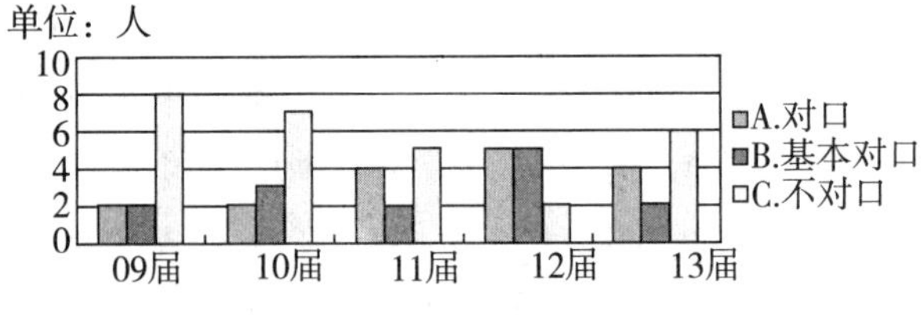

图3 毕业生从事的工作与专业对口情况

这个现象说明了当年我们刚进大学的时候，师兄师姐对我们说的一句话“就算你学这个专业，以后也不一定从事相关的行业，此现象普遍存在于各个专业”。那这是什么原因呢？有的毕业生认为，在这个竞争激烈的大环境下只要能有工作就不错了，还有的毕业生说这与个人的兴趣、个人的能力有关，还有可能与家人的建议及地理环境有关，等等。试想，处于当前就业难的背景下，大学毕业以后能找到一份既与专业对口，又是自己喜欢的工作是多么困难啊，何况还存在那么多的外在因素。

从班主任的访谈中得知，教育技术学专业的学生大部分毕业以后都是当教师，有些是信息技术教师、有些是其他科目的教师，从事的行业也随着年份的增长而与专业对口，与图3所示刚好吻合，也有少部分从事其他行业，这也能强有力地说明此专业是师范类的专业。

（四）毕业生对所从事工作的满意度呈现出多样化

已经就业的毕业生，他们对自己所从事的工作是否满意呢？对于这个问题，很满意、满意、不太满意、很不满意的人都有，不太满意和满意的人偏多一些，而很满意和很不满意的比率大致相同，如图4所示。

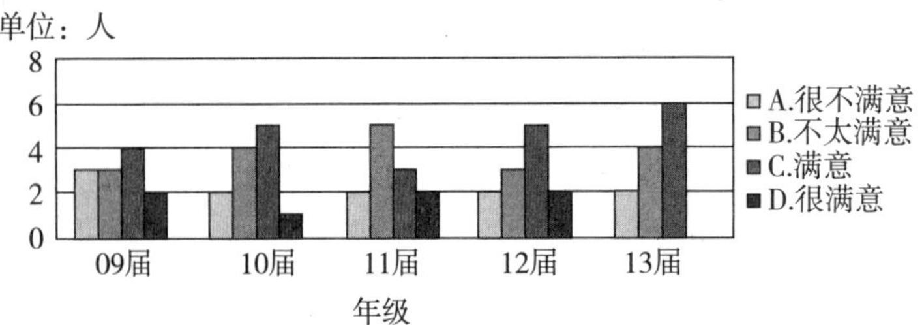

图4 毕业生对所从事工作的满意度

尽管如此，毕业生对目前所从事的工作，有巨大压力的人很少，一点压力都没有的也很少，而存在一般压力的人占大多数，毕业生对所从事工作的满意度呈现正态分布。

（五）毕业生视角下教育技术学专业的就业形势日趋好转

综上所述，对于已经就业的毕业生来说，根据他们的经历，他们如何看待教育技术学专业的就业形势呢？对此，笔者把问卷题目设置为单项选择题的形式，分别设有很不乐观、一般、比较乐观、非常乐观四个选项。如图5所示，选择“很不乐观”的毕业生是在逐渐减少的，这说明教育技术学专业的就业形势越来越好，这也证实了正因为就业形势越来越好，所以毕业生的就业率越来越高。

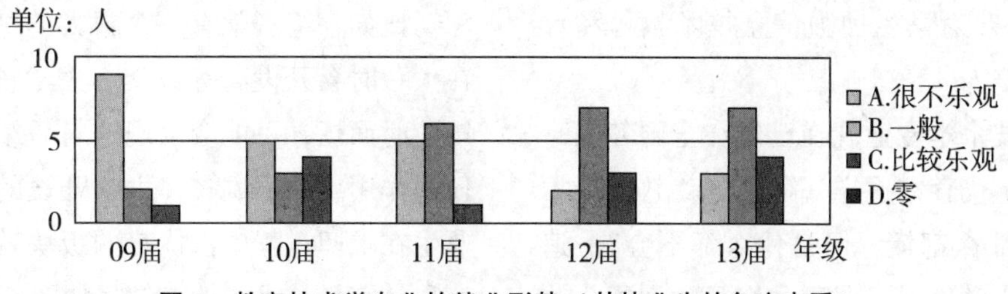

图 5　教育技术学专业的就业形势（从毕业生的角度来看）

总体来看，选择“很不乐观”和“一般”这两项的毕业生占大多数，在所有问卷中没有任何一个人选择“非常乐观”这一项，这说明了一个很重要的问题，即教育技术学专业毕业生的就业形势不是很理想。问题出在课程设置上呢，还是培养方式上呢？为探究其原因，笔者特意从各个方面进行调查，并从调查结果中总结出了一些解决教育技术学专业毕业生就业问题的相关措施。从班主任的访谈结果还可以得出，教育技术学本科毕业生的就业形势是比较乐观的，当然，这与诸多因素有关，如毕业生自身的能力、当年总的就业形势等。这一点与毕业生提供的数据有些不吻合，这是什么原因呢？因为不同的人有不同的观点，站在不同的角度就能得到不同的结论。

四、解决教育技术学专业毕业生就业问题的途径

（一）加强学生专业技能的培养

也许现在还没有毕业的那些学生认为，专业成绩是衡量一个人水平的标准，也是毕业后用人单位最注重的方面。可现实不是这样的，调查结果显示，在求职的过程中，最具竞争实力的不是大学里的学习成绩和仅仅因为学习成绩好拿到的那些荣誉证书，更多的是毕业生正掌握的专业技能。所以，单纯的高分并不是用人单位所欣赏的，也许每次考试成绩都是九十多分，都是“优秀”，但是毕业生真正掌握所学的技能了吗？这也验证了高中时听到的那句话：“高考怕什么，考的都是会的！大学才可怕，考的都是不会的！”这话不无道理，大学里，很多人是临近考试的那两周勾勾重点，背背笔记，谁勤快谁就能得高分？所以，在培养教育技术学专业的学生时，建议教师多多注重专业技能的培养，甚至在评优评奖的时候，可以以专业技能这一点作为评定的标准。这样，学生就会更加重视自身技能的提高，同时也避免了考试临时抱佛脚、考试得高分而真正掌握的知识与技能没有多少的现象。此外，有一部分毕业生认为实习经历也很重要，所以也可以在实习这一环节上加大培养力度。

（二）提高课程的实践性、独特性和深入性

目前，对这一问题进行调查的文献也有一些，在这些文献中，指出了部分地区教育技术学专业毕业生就业的现状，同时针对一些不乐观的现象也提出了建议。最有代表性的是侯冬青和刘敏对陕西咸阳师范学院的教育技术学专业毕业生就业现状的相关研究。在他们的研究中，提出了教育技术学专业课程开设的一些问题：本专业开设的种种课程应体现什么样的特色？学生学了以后到底能做什么？由此可以看出，目前已有部分人士针对教育技术学专业毕业生就业现状做出了深入的调查，他们已经发现教育技术学专业自身还需要不断完善。其实每件事物都是处于一个不断完善、不断更新的过程中，不能保证这些事物就是最完美的。对于本专业，他们认为存在的最大问题就是开设的课程没有鲜明的特色，缺乏独特性和深入性，学生学习这些课程以后不明确自己到底能做什么。

从他们提出的问题中可以看出，需要通过提高课程的实践性、独特性和深入性来培养教育技术学专业的学生并提高他们的技能，而且要在很大程度上提高，使他们能够真正地在工作中胜任自己的角色，这样他们才能在就业市场上找到一席之地。

（三）进一步对学生加强信息技术教育和计算机技术能力培养

即便教育技术学专业现在已经在全国各大高校开设，社会上仍存在这样一种说法“教育技术学专业的学生什么都懂，但是什么都不会”。追根溯源，是因为学生对于课程内容只学到了一些皮毛，最大的原因之一就是课程设置存在一定的问题，课开了很多，什么都学一点，什么都学不深。比如，笔者就有一个很大的疑问，很多学校在大一时会开设高等数学、大学物理课程，学生毕业时回想，可能会发现这对后续课程没有起到任何作用。根据调查，大学开设的课程能够让毕业生在求职过程中占优势的板块就是信息技术教育和计算机技术。调查结果如图 6 所示。

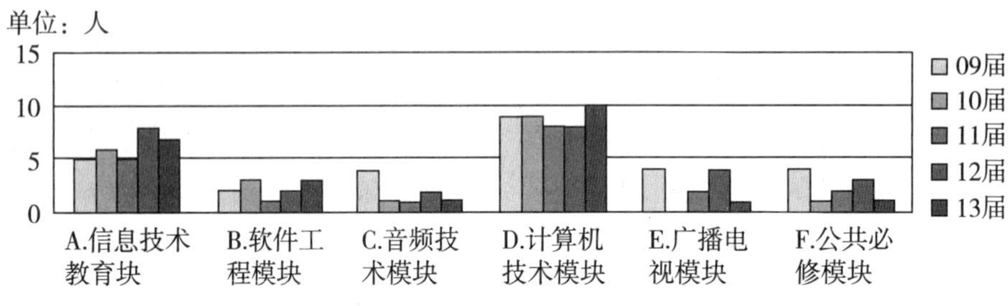

图 6　对求职最有支持的课程体系

当然，这也要根据个人兴趣来确定，这一点另当别论。调查结果显示，课程设置上应该多加强信息技术教育和计算机技术培养，不要各类课程都开设，只介绍入门性知识，而要多注重实践，让学生真正掌握一技之长。就教育技术学专业开设的课程来说，从已经就业的毕业生角度来看，他们认为计算机相关软件和硬件的操作与维护、教师技能和教学方法这两部分是在校学习期间最需要学习的专业知识，这也解释了该专业是教育信息技术方向。所以，在培养学生的时候，应该在这两部分加强力度，而不是每一部分都均匀用力。

甚至有部分毕业生认为大学开设的课程都没用，他们觉得大学里除了学习专业知识外，应该学一些自己想学且对自己有用的东西，如人际交往能力、学习能力，以后想考公务员的同学还可以自学一些行政能力测试、申论、公共基础方面的知识；也有的毕业生认为知识越多越好找工作，应多多参加社会实践以提高个人的交际能力。

（四）提升对“考证热”的认识

目前，“考证热”越来越流行，“考证”早已成为大学校园里一道美丽的风景线，大多数学生都在为考取各种各样的证书而忙碌奔波。其实，这也不失为一种增加就业渠道、提高就业率的方法。调查结果显示，在以往几届的毕业生中，如果想找到理想的工作，除了大学文凭外，英语四六级证书、计算机等级证书、普通话过级证书都是比较重要的，这些证书在求职过程中起到了很大的作用；而“优秀干部”“优秀学生”“三好学生”“奖学金证书”等证书所起的作用并不是很重要。所以，教师要给学生适当讲讲前三类证书的重要性，而不是一味地强调专业知识。

甚至部分毕业生认为，证书并不代表竞争力，仅仅只是一个证明，拥有一技之长，才能战胜千军万马。那么，找工作的过程中主要的影响因素有哪些？自身能力问题和个人定位是主要的影响因素。当然，还有少数毕业生认为家庭实力、社会关系、地域环境，甚至是性别对找工作来说也很重要。提到这里，人们一直有个疑问，教育技术学专业是理科专业，那为何每年我校都要招那么多女生，而男生相对来说都要少于女生？其实在招生的时候，学校应该考虑多招收一些男生。用人单位最关心毕业生的哪些条件呢？根据调查，专业技能和综合能力是用人单位的首要选择，这也证实了以上所说的大学学习成绩在求职过程中不是很重要的事实。用人单位还看重一个人的社会经验、发展潜力，此外，思想品德也是举足轻重的。在笔者看来，思想品德应该是最重要的，不管是对求职还是对交友来说，一个人的人品都是最重要的。

（五）注重自身综合素质的培养

不管怎么说，毕业生自身也要努力，只有提高自己，持有积极上进的态度才能找到理想的工作，才能成为用人单位所需要的人才。笔者随机抽取某些用人单位进行简单访谈了解到，用人单位对教育技术学专业的毕业生的评价不是很高，最大的原因就是有些用人单位对教育技术学专业并不是很了解，只知道是师范类专业，毕业生可以进入学校工作；而有些用人单位招聘了此专业的毕业生后，也没有让他们从事相关的工作，只是录入文字、复印资料什么的，根本没有好好进行“合理利用”。这个时候，作为教育技术学专业的毕业生就一定要学会热爱自己的专业，树立起对自己专业的信心；在学校学习期间，一定要加强实践能力的锻炼，真正掌握一门技能，最好是多参加相应的比赛，求职时带上自己的作品，这样更具说服力，更能得到用人单位的肯定。此外，教育技术学专业的毕业生一定要学会展示自我，适当地推销自己。

在刚进大学的时候，要制定一个职业规划，多参加相关职业培训来提高自身的求职技巧，了解更多的就业渠道；根据自己的实际能力调整择业期望值，切勿过高，也不宜过低，联系实际情况对自己合理定位。此外，提高职业素养、调整心态等也是更重要的技巧。

五、结语

信息化是当今社会发展和教育改革的大趋势，而教育信息化是教育发展的动力，人才是教育信息化的基础。教育技术学专业人才的就业前景越来越好，体现了国家对教育信息化的重视与支持。但教育技术学专业的人才培养方案与模式还需要进一步优化，还有很长的路要走。

参考文献：

[1] 杨改学．教育技术学专业的发展——路在何方［J］．中国电化教育，2006（7）：8-11.

[2] 邓云桂．谈教育技术学专业人才培养与就业问题［J］．凯里学院学报，2007（2）：71-72，78.

[3] 侯冬青，刘敏．教育技术学专业本科生就业现状的调查研究［J］．中国教育技术装备，2012（12）：13-15.

[4] 王健，李玉斌，张海燕，付彬彬．教育技术学专业人才实践能力培养研究［J］．电化教育研究，2012（6）：117-120.

[5] 王国俭，张有录．新建地方本科院校教育技术学专业毕业生就业问题探讨［J］．甘肃科技，2010（12）：177-180.

[6] 魏玉花，马秀峰．教育技术学本科毕业生的就业现状、问题与对策——以山东省曲阜师范大学为个案［J］．软件导刊（教育技术），2009（1）：51-53.

[7] 郭雪峰．教育技术学专业本科生就业难问题的探讨［J］．内江科技，2009（10）：69，107.

[8] 李志河，黄云芳，蔺婷，刘会臣．我国教育技术学本科专业培养目标与学生就业断层因素分析［J］．现代教育技术，2012（8）：47-50.

[9] 聂会宇．教育技术学专业本科生就业现状分析及对策［J］．青春岁月，2013（20）：277.

[10] 胡苗苗，刘梓红，赵志超．教育技术专业学生就业现状分析与思考［J］．现代教育技术，2006（4）：49-51，38.

手机媒体对大学生学习影响的研究
——以贵州师范大学为例

刘　青　黄威荣

（贵州师范大学　教育科学学院，贵州　贵阳　550001）

摘　要：随着人们生活水平的不断提高，作为通信设备，手机媒体的普及率不断上升，功能也在不断完善，对大学生的学习产生了一定的影响。本文主要研究手机媒体对大学生学习的影响，并对如何正确引导大学生使用手机媒体进行探讨。

关键词：手机媒体　大学生　学习

一、引言

手机媒体的广泛使用和功能的不断完善，无论在空间上还是在时间上，都极大地方便了大学生接收和传播信息。同时，手机媒体与互联网紧密相连，迷你化、便携式、隐私性的客户端，在取代了纸质阅读后，其传播地位已跃居计算机终端之上。大学课堂模式决定了大学生专业性、开放性和自主性的学习特点，这样的学习特点也决定了手机媒体会对大学生的学习产生不可小觑的影响。

本研究以贵州师范大学为例，以发放纸质问卷和现场访谈相结合的方式，主要针对学生对手机的应用情况、对利用手机进行学习的态度及上课使用手机的情况等问题设计问卷进行调查，并进行访谈，研究手机对大学生学习的影响，其中着重研究具有上网功能的手机媒体。本次调查共发放问卷200份，收回问卷174份，剔除回答不完整、不认真的问卷数据，得到有效问卷161份，问卷回收率87.00%，有效率92.53%。

二、手机媒体

（一）手机媒体概述

手机媒体，是以手机或掌上移动设备为视听终端、以手机上网为平台的个性化信息传播载体，它是以分众为传播目标，以定向为传播效果，以互动为传播应用的大众传播媒介。其基本特征是数字化，携带和使用方便是它具有的最大优势。作为网络媒体的延伸，手机媒体不仅具有信息传播即时、信息更新快、信息获取快捷方便等特性，还具有跨地域传播信息、网络媒体互动性强以及高度的移动性等特性。

（二）手机媒体的学习功能

1. 手机媒体的优势

手机媒体普及率高于传统媒体。如今，报刊、广播、电视等传统媒体正逐渐与手机媒体结合或被取代。社会上发放的各式各样的调查问卷中，个人基本信息中的固定电话一栏已不再是必填项，取而代之的是手机号码。移动和联通等通信公司竞相为高校的新生提供入网返话费、接听免费、校园V网、漫游优惠等套餐业务，固定电话已不再具有话费优势，失去了存在的意义。而广播节目大多样式陈旧、内容枯燥无味，除了轻音乐的播放，早已被学生当成噪声过滤了。同时，学校有用电限制和熄灯的规定，学生通过计算机上网并不自由，所以集收音机、电视、新闻、电话和简讯功能于一体的手机媒体普及率远远超过了传统媒体。

手机媒体比传统媒体传播成本低。收听广播、订阅报刊、收看电视，都需要付出很大的成本，而使用手机媒体通话费、上网费较低，同时，移动和联通等通信公司为大学生用户提供了多种套餐优惠服务，使信息传递成本变得更低。

手机媒体的即时性比传统媒体的强。书信是最原始的消息传递方式，但已经逐渐退出历史舞台。利用手机编辑短信、传递信息，只需花极短的时间即可实现。

2. 手机媒体中的学习资源

大学生在课堂学习之外，面对的是海量信息，手机媒体多渠道获取信息的方式和消化信息所需的时间较少等特点备受青睐。手机报、手机短信等省去了一定的筛选信息的时间，满足了大学生的“浅阅读”需求。同时，作为网络媒体的延伸，手机媒体不仅具有信息传播即时、信息更新快、信息获取快捷方便等特性，还具有跨地域传播信息、网络媒体互动性强以及高度的移动性等特性，所以使用手机媒体上网学习是可行的。

手机报是传统媒体与最新电信增值业务相结合而产生的，是指以手机媒体作为传播载体，由报纸、移动通信商和网络运营商联手搭建的专门的信息传播平台，大学生可以通过浏览手机报了解最新新闻实事。随着手机报的发展，高校也开始将手机报作为信息传播的载体，高校手机报主要分为国内近期新闻事件、天下新闻、文体连线、快乐生活、大千世界、求学择业、招聘信息等板块，学生可以在每个板块中学习到不同的信息。

手机短信是手机媒体最基本的功能之一，一直以来很受人们青睐。如今，短信功能还添加了表情、符号、彩图等多彩元素，用以传递发信人的心情、情绪等。短信业务引起了“短信文学”这种新的文学创作形式。短信文学是一种特殊的文学活动，它发源于网络，创作人可通过网络、手机或书面写作，以手机发送为传播形式，它是一种以格言体为基础的短小精悍、时效性与文学性并具的文学新样式。

随着各大通信公司的竞争，各种优惠套餐随之而来，上网费用也越来越低，人们可以利用手机媒体随时随地访问互联网。只要拥有一部能支持上网的手机媒体，联入网络后就可以随时随地上网获取所需要的信息。

三、大学生学习情况

（一）大学生学习的特点

1. 专业性

专业性是大学生学习的特点之一。在我国现行教育管理体制下，学校根据国家建设需要和学校性质设置各种专业，大学生在入学之前就需要确定自己的专业方向，入学后着重培养自身某一方面的专业技能。大学的教与学都是围绕具体的专业而展开的，各个专业都制订了本专业独有的教学计划，以实现本专业的培养目标和要求。

2. 开放性

开放性是现代教育的一大特征，同时又是现代大学学习的一大特点。大学具有活而不乱、松而不疏的管理方式，以及宽松的学习环境、充足的学习时间、充裕的教学资源，这就留给学生相当多的空间，去思考，去拓展。学生可以在课外多途径、多渠道、多方式地进行开放式的学习，以拓展学习内容，掌握博大精深的专业知识和专业技能，提高自身的综合能力。

3. 自主性

自主性是指大学生在课余时间独立自主地进行学习。除了学习教师在课堂上所教授的知识外，为了更深层次地拓展自己的知识面，提高自身综合素质，大学生会自觉地确定学习目标，并制订相应的学习计划，采取有效措施加以实施，从而最终达到学习目的。

（二）大学生使用手机媒体的调查

1. 大学生使用手机媒体的基本情况

通过调查发现，现在的大学生人均拥有一部手机，手机媒体已经成为大学生生活必不可少的一部分。手机媒体的广泛使用丰富了学生的业余生活，学生每天都会花费大量的时间使用手机媒体与朋友、亲人联系，并利用手机上网冲浪、上网购物、收听广播、QQ 聊天、微博互动、浏览新闻、看小说、看电视以及学习等，这不仅让学生能更快地了解周围发生的事，也扩大了学生的朋友圈。大学生选择手机媒体的另一个动机是手机的娱乐特性和时尚标志。青年人是手机市场的主要消费人群，五彩斑斓的颜色、金属外观、高像素手机摄像头等设计都是为了满足青年人对时尚元素的追逐。集 MP3 播放功能、FM 收音功能、手机电视、可视性电话等功能于一体的智能机，符合大学生需求的大方向。

2. 大学生使用手机媒体学习的情况

由图 1 和图 2 可知，现在的大学生人均拥有一部手机，学生每天会花费大量的时间使用手机，但是把手机用于学习的时间却只占少数。大多数学生每天利用手机进行 1—3 小时的学习，少部分学生进行 4 小时以上的学习。大学生利用手机媒体进行各种娱乐是大学生每日生活必不可少的部分。在手机媒体与互联网相结合的前提下，大学生利用手机媒体可以方便快捷、多渠道、随时随地地获取想要获知的信息，而且能减少消化知识信息的时间，所以，有一部分学生会利用手机媒体进行学习。虽然利用手机媒体学习非常方便快捷，但在学习过程中很容易受其他的内容（如短信、微信等消息）影响，同时，利用手机媒体学习没有实体课堂的学习氛围，而且长时间观看手机对视力也不好，这就导致了部分同学不愿利用手机媒体学习或长时间学习。也因此，很多学生认为利用手机媒体学习是弊大于利的学习方式。

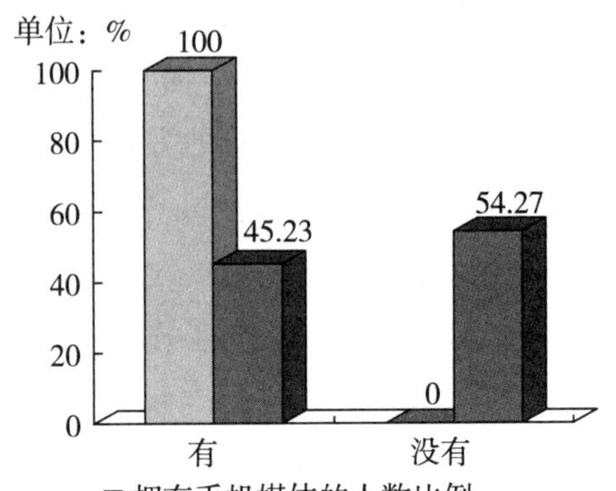

图 1　大学生拥有手机媒体与使用手机媒体学习的人数对比

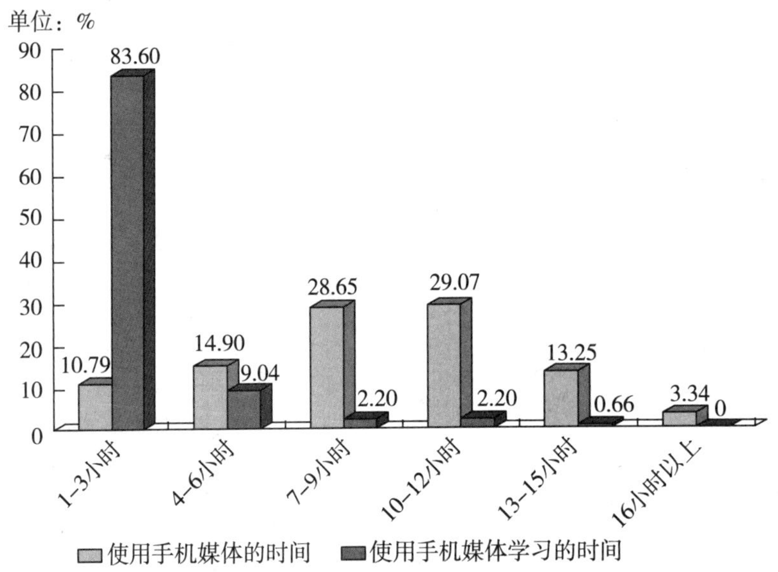

图 2　大学生每天使用手机媒体与使用手机媒体学习的时间分配对比

根据调查，在使用手机媒体学习的学生中，大部分学生学习的内容是自己感兴趣的知识或是对自己有帮助的知识，少部分是与自己专业有关的，如图 3 所示。出现这样的现象，是由于大学生进入大学后，学习方式不再像从小学到高中那样了。以前，学生的学习都是在教师、家长以及考试指挥棒的指挥下进行的，而大学学习主要是一种自主学习、自我教育、自觉提高，所以，大学生除了上课，还有大部分的时间可以用来做其他的事。大学生的学习具有专业性、开放性和自主性等特点，由于课堂上所学的知识都是专业性的知识，所以学生在课外利用手机媒体进行学习时，很少对跟自己专业有关的知识进行学习，大部分学生着重学习自己感兴趣的知识或是对自己有帮助的知识。

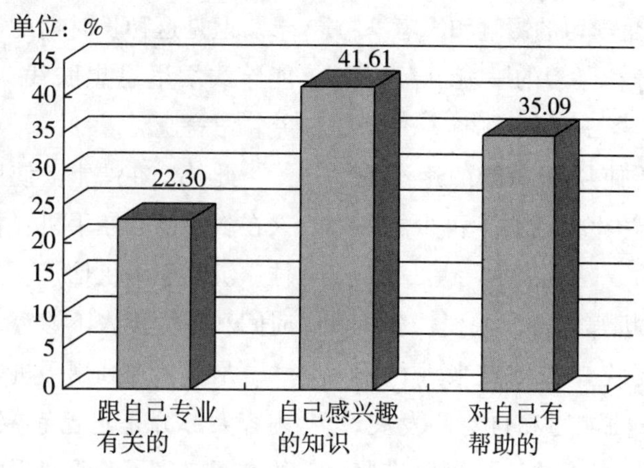

图3　大学生使用手机媒体学习的内容

3. 大学生在课堂上使用手机媒体的情况

图4和图5所示的数据显示，大部分大学生在上课时，即使知道上课使用手机媒体会影响上课质量，还是会在课堂上使用手机媒体，这种现象是大学课堂上最常见的。进入大学之后，学习方式有了前所未有的变化，每天上课的时间变少了，考试方式改变了，很多同学有了“六十分万岁，多一分浪费”的思想，所以开始变得散漫起来，于是迟到、缺课现象随处可见，即使到了课堂上，也不愿认真听讲，而是抱着一种无所谓的态度学习，在课堂上使用手机媒体发短信、聊天、刷微博等更是家常便饭。这就导致了学生人在教室、心在手机；精力不集中、听课效果不佳；沉溺于手机游戏，热衷于微博、微信，学习时间和精力投入不够等。

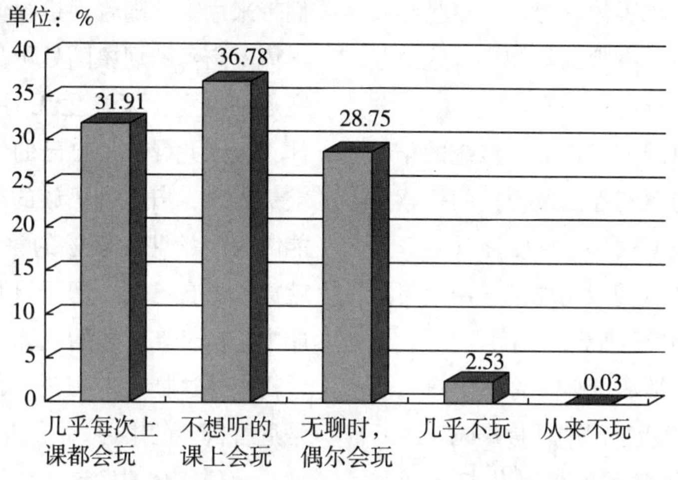

图4　大学生在课堂上使用手机媒体的情况

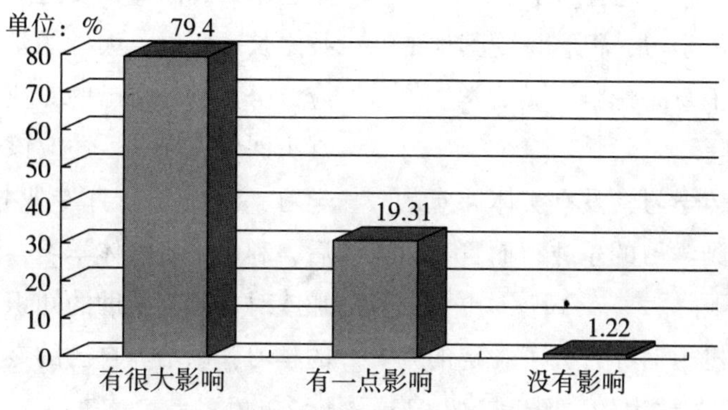

图5　大学生在课堂上使用手机媒体的影响

四、手机媒体对大学生学习的影响和思考

（一）手机媒体对大学生学习的影响

1. 手机媒体对大学生学习的积极影响

随着手机媒体的广泛使用和功能的逐渐完善，手机媒体已经成为大学生生活必不可少的一部分。

大学生在课后利用手机媒体方便快捷、多渠道、随时随地地获取想要获知的信息来进行学习，可以加强自己各个方面能力和自身的发展。阅读能力：学生平时进行文章写作时，可以借鉴网上各种类似的文章，这就需要学生具有良好的阅读能力，特别是学生在写论文时，阅读能力更是重要，学生需要阅读大量的文献，才能在此基础上展开自己的论文。搜索能力：随着手机媒体和网络的广泛使用，人们越来越多地上网搜索信息，人们普遍使用的搜索就是百度、谷歌等搜索引擎，但是搜索是需要技巧的，这就需要学生学会如何进行全面、正确、快捷的搜索，学生在生活中经常使用手机媒体，能慢慢培养搜索能力。自身发展：学生利用手机媒体学习时，多是学习自己感兴趣的或是对自己有帮助的知识，这对学生自身的发展有很大的帮助。

利用手机媒体学习的方式打破了传统的学习模式。手机媒体上网的便利性以及便捷的搜索功能，打破了传统的学习模式。如百度提供的“百度手机输入法”附带待机搜索功能条，用户可以随时随地输入关键词进行搜索。实际上，字典、辞海等已不再是大学生学习所必需的工具书了。

2. 手机媒体对大学生学习的消极影响

学生利用手机媒体学习的各种优势无可厚非，但是我们也不能忽视它的危害。

首先，利用手机媒体学习，很容易受其他的内容（如短信、微信等消息）影响，导致学生注意力分散，学习效率下降。

其次，使用手机媒体学习，没有实体课堂的学习氛围，学生感受不到学习的乐趣，而且长时间观看手机会导致视力下降。

再次，手机报、手机短信等省去了一定的筛选信息的时间，满足了大学生的“浅阅读”需求。但是这种长时期的浅阅读、碎片化阅读，可能导致学生思想肤浅，写作能力下降，逻辑性差、语言匮乏。

此外，在课堂上使用手机媒体，会导致学生人在教室、心在手机；精力不集中、听课效果不佳；沉溺于手机信息，热衷于微博、微信，学习时间和精力投入不够等。

最后，在利用手机媒体学习时，学生学习的内容大部分是自己感兴趣的或是对自己有帮助的，而忽略了专业知识的学习，学生在课堂上学到的专业知识只是一部分，课后如果不进行深层次的学习，那么将导致学而不精的后果。所以，利用手机媒体进行学习，应该加强对与自己专业有关的知识的学习。

（二）手机媒体对大学生学习影响的几点思考

1. 大学生应明确自身的使命

手机媒体的使用就像一把“双刃剑”，在充分利用它给我们带来的便利时，也要防止它给我们带来危害。随着手机媒体的普及，大学生手机媒体不离身的现象随处可见，无论是在街上、寝室还是教室，大学生无时无刻不在关注手机媒体，也因此影响了自己的学业。大学生是国家的宝贵人才，肩负着民族的希望、祖国的未来，不能因为大学课堂轻松的氛围，或自控能力不足，就放松了自己的学习，自甘堕落。所以，大学生应牢记自己在学校的主要任务是学习，应该利用手机媒体这把“双刃剑”促进自己的学习，而不是危害自己的学习。

随着社会的发展，大学生人数越来越多，竞争也越来越激烈，要适应现在的社会，就要有一技之长。所以，大学的学习是专业性的，大学生应该努力学好自己的专业知识，除了在课堂上认真听课外，在课后还应该进行深层次的专业知识学习，以提高自身专业技能。也就是说，在课后，利用手机媒体学习，不应该只注重自己感兴趣或对自己有帮助的知识，更应该进行专业知识的学习，以培养自己的专业技能，成为具有竞争能力的人。

2. 大学生应加强自身的控制能力

在学习、生活中，我们经常会被一些无关紧要的琐事吸引和扰乱，影响了正在做的事情，这时就需要学会自我控制。在完成一项任务时，要有立刻行动的心理和行为，然后再去从事那些无关紧要的事，久而久之就会养成一种良好的习惯。实践证明，每一次用顽强的意志换来的成功都能使自信增加一分，自信的增加，会带来下一次的成功。或许，新任务会更加艰难，但应该相信，既然以前能成功，那么这一次以及今后也一定会成功。所以，大学生可以根据自己的情况，制定相应的办法来控制自己在课堂上使用手机媒体的行为，如不带手机媒体上课、上课时关机、上课之前将自己的手机媒体交给同学保管等。以上这些办法，大学生可以以寝室为单位，大家约好如何做，没有按照要求做的需要接受惩罚等。这样，就能慢慢改掉上课使用手机媒体的习惯。

3. 教师应正确引导

在课堂上，教师也是参与者，为了能让学生不在上课时间使用手机媒体，可以做出相应的要求，如强制性要求学生上课不许使用手机媒体。这种方法可能不是最有效的，但其能起到一定的作用。除此之外，教师还可以将自己的手机媒体与学生的手机媒体关机或静音后放在一起，下课后再发还给学生。教师起了带头作用，学生自然就会跟着效仿。这样的方法也可以帮助学生改掉上课使用手机媒体的坏习惯。

（三）手机媒体对大学生学习影响的衍生应用

1. 手机媒体应用于教学中

随着社会的不断进步，教学模式、教学媒体在不断改变，从以教师为主体的教学模式到以学生为主体的教学模式，从黑板到多媒体，都代表着人类是在不断发展的。手机媒体的广泛使用势不可当，手机媒体的功能也在不断完善，所以将手机媒体运用到教学中未尝不可。

高校可以考虑学生上课使用手机媒体的因素，利用手机媒体的各种优势，将手机媒体应用于课堂中，开设以手机媒体为教学媒体的课程，以大学生喜闻乐见的方式加以指导和帮助，使课堂模式变得多样化。

2. 手机媒体与移动学习

网上学习是现在很流行的学习方式，在网络学习环境中，汇集了大量的数据、档案资料、程序、教学软件、兴趣讨论组、新闻组等学习资源，形成了一个高度综合集成的资源库，为学习者带来了很大的便利。现在应用最为广泛的网上学习形式是 E-Learning、MOOC。

E-Learning，英文全称为 Electronic Learning，中文译作“数字（化）学习”“电子（化）学习”“网络（化）学习”等。三种翻译方法分别强调了三个方面，一是基于互联网的学习，二是电子化，三是在 E-Learning 中要把数字化内容与网络资源结合起来。三者都强调了数字技术，强调用技术来改造和引导教育。所以，其定义为：通过应用信息科技和互联网技术进行内容传播与快速学习的方法。E-Learning 具有知识的网络化，学习的随意性，学习内容保持及时、持续的更新等特性，可以给学习者提供一种全新的学习方式。所以，大学生只要有一部具有上网功能的手机媒体，就可以根据自己的时间针对自己有待提高的方面进行便捷而有效的学习，同时，手机媒体具有高度的移动性，学习者可以不分地域地进行学习，也就是移动学习。

MOOC，英文全称为 Massive Open Online Courses，中文译作大规模在线开放课程，它是一种新的课程模式，具有比较完整的课程结构，这是一般网络主题所没有的。它实行的是开放的教育领域，没有人数、时间、地点的限制，通过网络进行传播。MOOC 具有开放性、大规模性、组织性和社会性等特点。也就是说，MOOC 的信息来源、评价过程、学习环境都是开放的，学习者来自全球各地并参与课程，MOOC 是有组织的网络学习平台，是一种社会化的学习，而社会化学习有利于构建社会化学习网络与知识的创造和分享，对于推动开放教育可能会产生深远的影响。MOOC 课程使用的技术平台主要包括课程中心网络、虚拟教室工具、人际互动工具、课程资源分享工具。MOOC 还提供课程认证，通过学习，学生可以获得相应的学分或证书。所以，大学生可以利用手机媒体在 MOOC 平台上进行移动学习。

3. 手机媒体与应用软件

根据调查，大学生使用手机媒体时，除了日常生活所需的电话联系、短信联系外，还利用手机媒体进行网上冲浪、网上购物、收听广播、QQ 聊天、微博互动、浏览新闻、看小说、看电视以及学习等。其中，男生更多的是打游戏，女生更多的是上微博或浏览购物网站。就如同我们在初高中学习英语时，老师会给我们看英文电影一样，在观看电影的同时，我们也间接地学习了英语，我们也可以将手机媒体学习的不利因素转换成有利因素，考虑设计开发部分应用软件，将游戏与学习相结合或将购物与学习相结合，这样既能满足学生打游戏、网上购物的需求，又能达到学习的目的。现在，将游戏与学习结合的游戏还是比较常见的，如打字游戏，可以开发一些帮助大学生学习的游戏软件。微博也是现在大学生的最爱之一，有很多大学生会利用微博上传学习资料。目前还很少有将学习与购物结合在一起的应用软件，软件设计者可以考虑设计这方面的软件，说不定这将会赢得大学生的市场。

五、结语

随着科学技术的发展，手机媒体的各种功能将进一步完善，手机媒体广泛使用的趋势势不可当。但是手机媒体有利有弊，当代的大学生应当充分利用手机媒体方便快捷、多渠道、随时随地地获取信息，以及减少消化信息的时间等优势，利用手机媒体学习的方式打破传统的学习模式，不断提高自身的学习能力。同时，也应该加强自身控制能力，加上教师的引导，养成良好的媒体素养，形成自身的思维方式，提高自身的分析能力，从而趋利避害，合理运用手机媒体，使之朝着有益于整个人类社会的方向发展，这样才能充分发挥大学生的优势，努力完成自身的使命。

高校可以考虑将手机媒体运用到教学中，开设以手机媒体为主要教学媒体的课程，充分发挥手机媒体的优势，帮助学生正确使用手机媒体进行学习。

参考文献

［1］匡文波．论手机媒体［J］．国际新闻界，2003（3）：55-59.

［2］刘丹．第五（手机）媒体的功能对人们生活方式的影响［J］．中国商界（下半月），2008（7）：255.

［3］杨品舒，铁铮．手机媒体对大学生的影响探析［J］．北京教育·德育，2013（9）：45-47.

［4］侯迎忠，陶杜娟．手机媒体传播信息状况探析［J］．当代传播，2008（1）：75-77.

［5］罗庆龙．手机媒体的互动功能探析［J］．湖南社会科学，2008（4）：226-228.

［6］万志勇，迟宏伟．关于大学生学习特点的几点思考［J］．现代教育科学，2006（S2）：144-156.

［7］宦成林．21 世纪学习技能：新媒体素养初探［J］．中国远程教育，2009（10）：41-44.

［8］马烨．大学生对于手机媒体的使用与满足分析［D］．北京：中国青年政治学院，2011.

［9］李莹，沈阳，金鑫．大学生课堂使用手机情况的调查与对策研究——以沈阳某高校为例［J］．教科文汇（下旬刊），2010（11）：207-208.

［10］胡余波，徐兴，赵芸，郑欣易．手机媒体的大学生思想政治教育模式探索［J］．中国青年研究，2010（8）：100-103.

体验学习理论的解读与思考*

许　玮

（浙江大学　教育技术研究所，浙江　杭州　310007）

摘　要：体验学习理论认为，学习是通过经验转换创造知识的过程。国内学者对体验学习理论的介绍较多地集中在体验学习的方式、体验学习的理念以及体验学习圈上。本文从多角度解读库伯的体验学习理论，包括该理论的基本前提、体验学习圈、学习空间、学习风格、发展和深度学习的观点，并提出了相关的思考，讨论了体验学习理论在教育理论建构和实践探索中的意义。

关键词：体验学习理论　体验学习空间　体验学习圈　学习风格量表

一、体验学习理论概述

体验学习理论（Experiential Learning Theory）建立在20世纪诸多杰出学者的研究基础之上，在"体验在人类学习和发展中占据核心地位"这一观点上具有共识，表1中罗列了体验学习理论的奠基学者。体验学习理论基于学习圈的动态视角，试图辩证地解决两对矛盾集合，即把握经验——具体体验（Concrete Experience，简称CE）和抽象概念（Abstract Conceptualization，简称AC），以及改造经验——反思观察（Reflective Observation，简称RO）和积极实验（Active Experimentation，简称AE），根据这四类基本学习模式，形成体验学习螺旋式上升的环状学习模式结构，即"体验学习圈"。同时，它也是一个基于整体观的理论，认为学习是涉及整个人的适应过程，不仅适用于正式的学校教育，而且适用于生活的全部领域，体验学习过程是泛在的，时时刻刻体现在人类的行为中。体验学习过程的整体本质意味着它在人类社会的各个水平上发挥着作用，从个体到群体，到组织，再到整个社会。

库伯的体验学习理论观点的提出有六个涉及学习观的基本前提。

表1　体验学习理论的奠基学者

	威廉·詹姆斯 * 激进经验主义		约翰·杜威 * 经验教育
	库尔特·勒温 * 行动研究		让·皮亚杰 * 建构主义
	卡尔·罗杰斯 * 通过体验过程自我实现		维果茨基 * 最近发展区
	卡尔·荣格 * 专业化整合发展		保罗·弗莱雷 * 对话中的命名体验

第一，学习是一个过程，而不是一个结果。提升学习效果的关键是使学生投入学习过程中。

第二，所有的学习都是再次学习。学习通过有效激发学生的信念和想法而得到促进。

* 基金项目：国家社会科学基金教育学课题"虚实融合环境中的非正式学习模型及其应用研究"（BCA130018）。

第三，学习需要解决对立模式的双重辩证矛盾。矛盾、差异、争论驱动着学习。在学习的过程中，学习者需要在反思、行动、感受和思考的对立模式间来回移动。

第四，学习是一个适应性的整体过程。它不仅是认知的结果，而且涉及思考、感受、感知、行为等心理活动。它包含掌握科学方法、问题解决、决策制定和创造性实践。

第五，学习的结果来源于人和环境间的协同交互。人类学习的稳定性和持久性由个体与他所处环境的协同交互引起。我们做出的选择和决定某种程度上决定了我们生活中所遇到的事件，这些事件也将影响我们未来的选择。

第六，学习是创造知识的过程。体验学习理论赞同建构主义学习理论的观点，社会知识是在学习者个体知识中进行建构和重建的。这个观点与传播模式形成鲜明对比，目前很多教育实践是在先前存在的固有观念基础上，将知识传递给学习者。

二、体验学习圈

体验学习理论试图辩证地解决两对矛盾集合，即把握经验——具体体验和抽象概念，以及改造经验——反思观察和积极实验。作为一个动态的、整体的理论，体验学习将学习过程设想为一个理想化的学习周期，由上述四种学习方式以环形的方式呈现，形成“体验学习圈”，如图 1 所示。

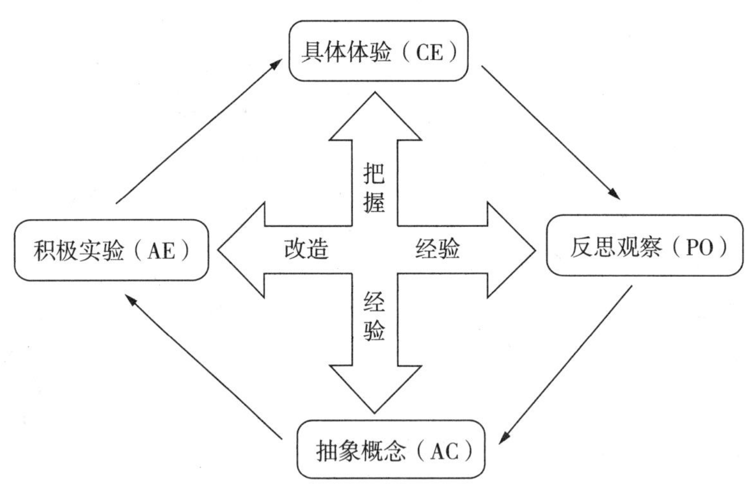

图 1　体验学习圈

体验学习圈描述了一个由体验、反思、思考、行动组成的持续的、递归的学习周期，这个周期不是一个封闭的环形，而是呈螺旋式上升的结构，如图 2 所示，周期的每一次循环完成都将以新的视野回归到体验中去。因此，这个体验学习圈描述的是学习如何从体验中获得发展的过程：具体体验通过反思得以丰富，通过思考赋予意义，通过行为得到转化，在这一周期结束后获取的新体验将更加丰富、广泛、深化，而下一轮的迭代循环将在新的情境中探索和转化体验。

库伯的体验学习圈融合发展了众多学者的研究成果，卡尔·荣格发现了通用的 mandala 符号，mandala 意味着环，一个永恒的过程，即结束一次次地再次成为开端。威廉·詹姆斯提倡激进经验主义，它作为一种新的现实和思想哲学，首先解决 19 世纪理性主义和经验主义、唯心主义和唯物主义哲学间的矛盾。威廉·詹姆斯认为，所有事物在连续经验中开始和结束。巴西教育家保罗·弗莱雷则主要强调实践，他通过分析人类间的对话方式来变革性地辩证反思和实践的关系，即“只说不做”和“只做不说”。美国凯斯西储大学的一名生物学家 James Zull 发现了体验学习理论和神经科学研究的联系，认为体验学习的过程是与大脑运作过程相关的：具体经验通过感觉皮层工作，反思观察涉及后脑皮层的整合，创造新的抽象概念发生在额骨整合皮层，行动测试涉及大脑。

库伯的体验学习圈并不是将具体体验、反思

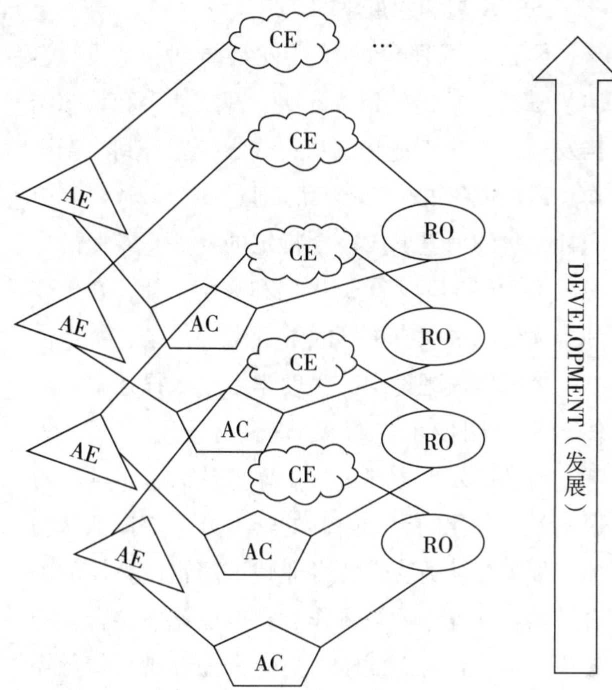

图 2　体验学习的螺旋式上升结构

观察、抽象概念和积极实验四个步骤进行简单的连接，而是从哲学思辨的角度出发，试图解决现实世界学习过程中具体和抽象、反思和行动这两对基本的二元对立矛盾，从把握经验到改造经验，最后将其转化为学习者的知识。国内对体验学习圈的理解局限于四个步骤的实施，忽略了循环周期的开放性、迭代性和发展性。

三、学习空间

体验学习理论中学习空间的观点建立在库尔特·勒温的场论及其对生活空间的理解基础上，进一步阐述了体验学习过程中学习者的学习风格及其个体、环境交互的整体、动态的本质。库尔特·勒温认为，个体和环境是内在相互依赖的变量，他将这个概念转换成数学公式，$B=f(p, e)$，行为B是个体p和环境e的函数，生活空间是整体的人主观经历的心理环境，它包含需求、目标、无意识影响、记忆、信仰等，及其他将对行为产生作用的要素。这些要素在给定的生活空间中是内在相互依赖的，只有在由合理要素构成的象限区域中才能解决这些要素的内在依赖关系。

因此，体验学习的学习空间旨在描述多样化的学习风格与个体、环境交互作用的内在联系，

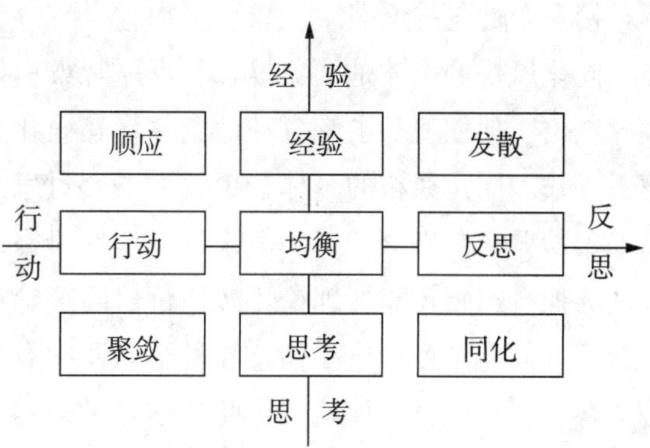

图 3　体验学习空间的九个区域

它用“行动/反思”和“经验/思考”两对矛盾集合构成二维的象限图，如图 3 所示。个体的学习风格在区域中的位置取决于行动、反思、经验和思考四个力的平衡，这个位置取决于个人性格和学习环境特征的结合。库伯的学习风格量表测量的就是个体偏好在学习空间所处的特定位置。

体验学习理论的学习空间强调学习不是一个通用的过程，而是学习领域的地图，即可同时促进不同学习方式的发展。体验学习过程可以被视为一个在学习空间不同区域运动的过程，这个过程受学习者的学习风格在学习空间中位置的影响。

四、学习风格

由于学习者在体验学习圈不同阶段的喜好，产生了学习上的个体差异，形成独特的学习风格，这是由我们的遗传因素、特殊的生活经历以及所在环境需求导致的。库伯 1984 年的早期研究表明，学习风格受到人格类型、教育程度、职业选择和目前工作角色与任务的影响。

库伯的学习风格量表测量个体对不同学习方法的喜好，从而形成了四种学习风格——发散风格、同化风格、聚敛风格和顺应风格。

发散风格的个体是具体体验和反思观察占据主导地位，他们擅长从许多不同观点中观察具体情况。在如头脑风暴会议的活动中，发散风格的个体会有突出的表现。他们喜欢收集信息，对人感兴趣，富有想象力和情感，拥有广泛的文化兴趣，试图专攻艺术。在正式的学习情境下，发散风格的个体喜欢群体工作，带着开放的思维倾

听，接受个性化的反馈。

同化风格的个体是抽象概念和反思观察占据主导地位，他们擅长了解各种信息并将其简化为逻辑形式。同化风格的个体较少关注人，对思想和抽象的概念更有兴趣。一般来说，这种风格的人认为拥有逻辑可靠性理论比实用价值的理论更加重要。同化学习风格在信息和科学职业中有显著优势。在正式学习情境中，此类学习风格的个体更喜欢阅读、讲座，探索分析模型，思考事情。

聚敛风格的个体是抽象概念和积极试验占据主导地位，他们擅长发现思想和理论的实践使用。他们在发现问题或困难的解决方案基础上，有能力解决问题，做出决策。聚敛风格的个体喜欢处理技术类任务和问题，而不是社会问题和人际问题。这些学习技能在专家和技术职业中至关重要。在正式的学习情境下，此类风格的人喜欢经历新的思想、刺激、实验室作业以及实际应用。

顺应风格的个体是具体体验和积极试验占据主导地位，他们能够从“动手”经验中学习。他们喜欢制订计划，让自己进入新的和有挑战性的体验中，倾向于“内部”感觉，而不是逻辑分析。在解决问题方面，聚敛学习风格的个体喜欢从他人那里获取信息，而不是自己分析。这种学习风格对于市场营销或销售职业至关重要。在正式的学习情境中，顺应学习风格的个体喜欢同他们合作完成作业，确定目标，做现场工作，并用不同的方法来完成一个项目。

只偏爱四类学习方式——经验、反思、思考、行动——的学习者形成了相应的四类学习风格，而偏爱四类学习方式中的两种——即把握经验中的经验或思考、转变经验中的反思或行动——的学习者则形成另外四种学习风格，即图3中的发散、聚敛、同化、顺应。而对这四类学习方式同样偏爱的学习者形成了第九种学习风格，即图3中间的均衡风格。库伯发明了专用的学习风格量表来测试学习者的学习风格在图3中的具体位置。

五、发展和深度学习

体验学习理论的学习发展分为三个阶段：(1) 获得，从出生到青春期，基本能力和认知结构发展；(2) 专业化，从正式学校教育到早期工作，以及成年的个人经历，通过社会、教育和组织社会化的力量形成一个特定的发展、专业的学习风格；(3) 职业生涯中期和晚年生活，在工作和个人生活中没有主导的学习模式。

体验学习理论中，深度学习用来描述整合了体验学习圈四个学习模式——经验、反思、思考、行动的发展学习过程。库伯认为基本的学习风格是专业化的、受限制的学习方式。Jung 认为成人发展是从适应性的专业化道路走向整体的整合道路，深度学习被看作是从专业化向整合化的转变。整合化的深度学习是一个能够满足情境需求的四个学习模式的创造性融合。

深度学习的发展分为三个层次：第一层，学习是绩效取向的，强调专业化学习风格的两个学习模式；第二层，学习是解释和学习取向的，包含三个学习模式；第三层是整合和发展取向的，包含所有四类学习模式。

例如，传统的课堂课程强调第一水平，绩效学习强调反思和抽象学习模式，包含少量的行动，以及少量的个体经验联系。如果辅以行动的反思则深化了概念理解，这就涉及实践应用，创造第二水平的深度学习，即包含三个学习模式，进一步加入学习体验，涉及个人经验，例如实习或实地项目则能够创造第三水平的深度学习。相反，实习生通过行动和体验模式强调绩效学习，通过加入行动来刺激反思，到达第二层的深度学习，如小组讨论实习经验。最后联系概念材料和经验增加第四类学习模型，到达第三层的深度学习。

六、思考

体验学习理论是以学习者为中心的代表性学习方式，同时，也是从传统的正式学习向非正式学习转变的主要学习方式之一。它从解决双重辩证矛盾——具体和抽象、反思和行动——出发提出体验学习圈，对现实中的教育实践具有重要的指导意义。然而，从上述对体验学习的解读中可以看出，体验学习圈建立在库伯对学习空间和学习风格的研究基础之上，通过把握经验和改造经验两个维度建立有利于学习者整体发展的学习空间，分析学习者对四类基本学习方式的偏爱，判断其在学习空间的位置，获取其学习风格的特征，从学习者的遗传因素、个体生活经验、受教育背景等个人经验出发，给予其适应性的体验学习支持。然而，有学者曾经指出，仅仅支持适应学习者个体特征的个性化学习，是否会造成学习者其他能力、其他学习方式的弱化，甚至缺失。因此，库伯的发展和深度学习的理论观点在促进学习者的整体性整合发展中具有重要意义，将发展从学习者一生发展的角度分为三个阶段，将深度学习对四类基本学习模式的掌握情况分为三个层次，这在我们开展终身学习过程中，对促进学习者的整体发展具有指导意义。

体验学习理论在教育领域研究中的理论建构和实践探究都具有极其重要的指导意义和研究价值。

作为非正式学习的主要学习方式之一，体验学习理论可根据学习者特征建构面向大众的“通用”型体验学习模式。非正式学习项目面向的学习对象越来越多样化，包括年龄、受教育水平、个性特征等，可利用体验学习理论提出的体验、反思、思考、行动、同化、顺应、发散、聚敛以及均衡这九类学习风格，以及成熟应用的学习风格量表，在非正式学习项目中建立适应学习风格“通用”型体验学习模型，测量学习者的学习风格，获取其对学习方式的偏爱，提供相应的学习资源和工具。

体验学习理论的学习空间研究可为探究学习环境的设计框架提供理论依据和指导。体验学习理论的学习空间观点延续了库尔特·勒温的行为研究，即行为是人和环境相互作用的结果。因此，学习空间或学习环境的设计在影响人的行为方面至关重要。库伯指出，为了使学习者全身心地投入体验学习圈的每个环节中，学习空间必须与学习周期的四个环节紧密契合，它需要一个让人容易接受、有安全感，同时具有挑战性的环境，允许学习者控制各自的学习进程，给予充分的时间重复实践，获取更加准确的知识。库伯在其2005年的研究中提出了设计学习空间的原则，包括支持对话性学习、专业发展学习、行动和反思、感悟和思考等。

体验学习圈的螺旋式上升结构与深度学习可在开放的学习环境中促进学习者的整体性发展研究。体验学习圈在教学实践中的指导作用已得到广泛应用，其螺旋式上升结构在研究过程中遇到了瓶颈，因为正式学习的学习环境受到时间和资源的限制，很难完成一轮轮的循环递归，多数教育者甚至认为这是一个闭合的学习环，学习者能将知识赋予积极实验中即可视为学习过程的终止。开放的学习环境中，如肩负科普任务的科技中心里，参观者拥有足够的时间，馆内提供足够的资源和工具，如何在这个开放的环境中促进参观者在一次次的体验循环中获得更加完整的、深化的学习历程，是值得研究的。

体验学习理论的研究是极具意义的，旨在促进学习者的整体性发展和深度的学习，它的实施也是有一定难度的，因为它需要具备足够的开放空间、学习资源以及多种多样的学习方式，以完成动态的、多样化的体验学习圈。因此，简单地按照四个学习步骤设计课程或项目，实际上使体验学习的实践指导作用受到了局限，只有拥有足够开放的环境、足够丰富的资源和工具，以及具备多种学习风格的学习者才能完成这个螺旋式上升的学习圈模型。

参考文献

[1] Seel, N. M.. Experiential Learning: Encyclopedia of Sciences of Learning [M]. Springer US, 2012: 1200-1219.

[2] Kolb, A. Y., Kolb, D. A.. Experiential Learning Theory: A Dynamic, Holistic Approach to Management Learning, Education and Development [C] //Armstrong, S. J., Fukami, C.. Handbook of Management Learning, Education and Development. London: Sage Publications, 2008: 1-59.

［3］许亚锋，张际平，高丹丹．技术支持的体验学习研究述评［J］．远程教育杂志，2012（4）：20-29.

［4］王嘉毅，李志厚．论体验学习［J］．教育理论与实践，2004（23）：44-47.

［5］张而立，张丹宁．体验学习的哲学思考［J］．中国电化教育，2013（3）：19-23.

［6］郁晓华．个人学习环境设计视角下自主学习的建模与实现［D］．上海：华东师范大学，2013.

大数据时代的数据挖掘在高校管理中的应用研究

张立莹　陈会元　刘志勇　张　琢　解月光
（东北师范大学　信息与软件工程学院，吉林　长春　130117）

摘　要：大数据时代已经到来，它的威力也冲击着教育系统，许多高校在管理中积累了大量的数据，但这些海量数据却没有被有效利用。基于此，本文提出在大数据时代的背景下，应该充分利用数据挖掘技术，从高校沉淀的数据中挖掘出有价值的信息。数据挖掘在高校管理中的应用主要表现为网络系统运行、教学教务管理、特定学生分析、科研分析四个方面，本文提出了其应用的难点及对策。随着大数据时代的来临，可以预见，数据挖掘技术在高校管理中有着广泛的应用前景和巨大的发展潜力。

关键词：大数据时代　数据挖掘　高校管理　教育数据挖掘

一、引言

随着云时代的来临，大数据（Big Data）也吸引了越来越多的关注。大数据与云计算是一个问题的两面：一个是问题，一个是解决问题的方法。通过云计算对大数据进行分析、预测，会使得决策更为精准，释放出更多数据的隐藏价值。2012年，联合国发布的《大数据促发展：挑战与机遇》白皮书指出，大数据时代已经到来，大数据的出现将会对社会各个领域产生深刻的影响。大数据的领先研究者、英国学者维克托·迈尔-舍恩伯格在其著作《大数据时代》中提出，大数据正在实现人类生活、工作、思维的大变革。大数据并非等同于大量的数据，大数据是基于云计算的数据处理与应用模式，汇聚的数量巨大、结构复杂、类型众多的数据集。数据量大（Volume）、输入和处理速度快（Velocity）、数据多样（Variety）和真实性（Veracity）是大数据的核心特征。与传统数据相比，它的转变体现在：（1）要分析所有数据而不是数据样本；（2）乐于接受数据混杂性而不是追求精确性；（3）关注事物相关性而非因果关系。

大数据将对教育信息化产生深刻的影响和冲击，许多高校数据库里积累了海量的非结构化数据，由于数据分析、利用技术仍停留在初级水平，数据很难被发掘利用，同时这反映了在系统建设和使用过程中的数据不准确、不精确、不一致等诸多质量问题。但高校数据库所拥有的大量教学、管理、科研等数据信息，恰为做数据挖掘提供了成熟的时机。如何把数据深层次的价值挖掘出来，让它们为决策服务，是现在各大高校都在研究和讨论的重点。

二、数据挖掘

（一）数据挖掘的相关概念及辨析

1. 数据挖掘

数据挖掘，从技术角度来说，即从大量的、不完全的、有噪声的、随机的、模糊的数据中，提取隐含其中的、规律性的、人们事先未知的、但又是潜在的有用信息和知识的过程。数据挖掘是一个在海量数据中利用各种分析工具发现模型与数据间关系的过程，它可以帮助决策者寻找数据间潜在的某种关联，发现被隐藏的、被忽略的因素，因而被认为是在这个数据爆炸时代解决信息贫乏问题的一种有效方法。

数据挖掘作为一门交叉学科，融合了数据

库、人工智能、统计学、机器学习等多领域的理论与技术。数据库、人工智能与数理统计为数据挖掘的研究提供了三大技术支持。

2. 数据分析

数据分析是指通过建立审计分析模型对数据进行核对、检查、复算、判断等操作，将被审计单位数据的现实状态与理想状态进行比较，从而发现审计线索，搜集审计证据的过程。

数据分析的目的是把隐没在一大批看来杂乱无章的数据中的信息集中、萃取和提炼出来，以找出所研究对象的内在规律。

3. 数据挖掘与数据分析辨析

（1）对象目标上：数据分析要分析的目标一般比较明确，而数据挖掘的目标不是很清晰，需要依靠挖掘算法来找出隐藏在大量数据中的规则、模式、规律、价值等。

（2）数据量上：数据分析的数据量可能并不大，而数据挖掘的数据量极大。

（3）结果上：数据分析对结果进行解释，呈现出有效信息，数据挖掘的结果不容易解释，对信息进行价值评估，着眼于预测未来，并提出决策性建议。

数据挖掘是数据分析的基础支持。数据分析是把数据变成信息的工具，而数据挖掘是把信息变成认知的工具，如果我们想要从数据中提取一定的规律（认知）往往需要数据分析和数据挖掘的结合使用。

（二）数据挖掘的过程

数据挖掘的最终结果是从大量数据中发现可用的知识，这一过程一般包括数据准备、数据挖掘、结果表达与解释三个阶段。整个数据挖掘是一个不断反馈修正的过程，在挖掘过程中，发现所选择的数据不合适或使用的挖掘方法无法获得期望结果，则需要重复进行挖掘过程，甚至从头开始。由此可以看出，要实现很好的数据挖掘，足够的数据量及真实的高质量数据是必备的条件。

三、教育数据挖掘

教育数据挖掘，指应用数据挖掘方法从来自于教育系统的数据中提取出有意义信息的过程，这些信息可以为教育者、学习者、管理者、教育软件开发者和教育研究者等提供服务。2012 年，美国国家教育部发布了报告《通过教育数据挖掘和学习分析促进教与学》，列出了教育数据挖掘的四个研究目标：（1）通过整合学习者知识、动机、元认知和态度等详细信息进行学习者模型的构建，预测学习者未来的学习发展趋势；（2）探索和改进包含最佳教学内容和教学顺序的领域模型；（3）研究各种学习软件所提供教学支持的有效性；（4）通过构建包含学习者模型、领域模型和教育软件教学策略的数据计算模型，促进学习者有效学习的发生。

典型的应用案例当属美国普渡大学的“课程信号”项目。普渡大学通过研发“课程信号”平台，实现学生课程学习数据的全程采集和汇聚，同时提出了一种成功预测算法来分析学生课程学习的成功概率。教师可以根据预测结果采取有针对性的干预措施（交流反馈、推荐学习资源等），最终提高学生的学习成功率和新生保有率（入学的大一新生在结束大一课程后仍在这所大学继续就读的比例）。

四、数据挖掘在高校管理中的应用

（一）对网络系统运行所做的数据分析

2012 年 3 月，我国教育部正式颁布《教育信息化十年发展规划（2011—2020 年）》。随后，在 2012 年 9 月召开的全国教育信息化工作电视电话会议上，刘延东提出“三通两平台”是我国教育信息化建设“十二五”的核心目标与标志工程。目前，共有 70 家高等职业院校和 104 家中等职业院校参与到“世界大学城”网络服务平台中。

多数高校网络运行系统安全设施配备不够，没有有效的安全预警手段和防范措施，应用软件均不可避免地存在黑客入侵网络或计算机病毒导致的各种安全“漏洞”，常常会使校园网崩溃。此外，校园数字化资源建设处于封闭状态，对网络环境的定量分析研究较少。云计算对数据的分析仍然是依赖于简单的关系数据库，分析、查询往往耗费大量的时间、人力、物力，并且效率不高。没有认识到数据作为基础资源的重要地位，导致应用水平处于较低层次，有模仿但没有创新，很难形成学校自己的特色。

应通过数据挖掘手段，分析信息系统的历史性数据，预测信息系统的运转趋势，提前优化系统结构，从而降低信息系统出现故障的概率。当然，也要加强高校对校园网的重视及资金投入。

（二）对教学教务管理所做的支持

高等学校多年来在教学和管理工作中积累了大量的元数据，这些数据是大量的、有价值的，足可以建立一座教育数据的金矿。数据挖掘的结果可以对学校教学管理、学生管理起指导作用：可以建立一个学生管理决策树挖掘系统，对学生日常管理进行分类挖掘。通过该挖掘系统可以得到许多有价值的信息，帮助学校更好地管理学生、掌握学生日常生活的情况；利用数据挖掘技术对教师进行全面考核，跟踪教师的成长过程，运用回归分析、关联规则挖掘等方法帮助教师分析教学方法和手段的有效性，帮助教师及时调整教学方案，优化教学方法，提高教学质量；通过采集外部信息、分析教务管理系统中的历史数据发现规律，实现未来教务管理工作趋势的预测和教务管理战略的制定。数据挖掘为各高校合理分配资源提供了重要方法，可为高校领导层的科学决策提供依据，已成为管理决策支持系统中不可缺少的重要工具。

（三）对特定学生的分析

教育应该尊重每一位学生的个性差异，使其个性得到充分自由、和谐的发展，即个性尊重。由于传统教育缺乏有效的信息获取途径和有效的数据分析手段，容易忽视个性差异，出现供需偏差，难以实现真正的因材施教。但随着大数据时代的到来，我们可以利用数据挖掘技术持续跟踪、采集学习成长中的各种数据，进行全面、系统的统计分析和数据挖掘，为每个学生提供相应的学习和成长机会，以实现以人为本的个性化服务。例如，复旦大学对来自不同区域的学生进行分析发现，学生成绩受不同地区基础教育发展状况的影响较大。从平均绩点看，来自东部地区、中部地区、西部地区学生的成绩呈递减趋势。在中部和西部地区，城镇学生成绩优于农村学生，东部地区则相反。分析认为，出现这种情况或与学生所受基础教育相关：在中部和西部地区，城镇的基础教育资源和水平明显高于农村；而在东部地区，农村和城镇教育资源与水平相对均衡，不少农村学生在基础教育阶段反而可能学得更深。

（四）对科研所做的数据分析支持

传统的高校科研存在着许多问题：目前，仅停留于数据收集阶段，管理系统的功能主要集中于项目、经费、成果的录入、修改、查询、报表等基本功能，管理人员只能通过简单的统计或排序等功能获得表面的信息，隐藏在这些大量数据中的信息一直没有得到有效的应用；统计分析功能相对简单，与高校其他数字化平台的关联度低，系统的统计分析功能绝大多数局限于对人员、科研经费、论文数、专利等的简单累加，很少会给出数据反映的问题；数据积累多，辅助决策功能欠缺。

利用已有的内部以及外部数据，进行数据分析和挖掘工作，建立评估模型，将现有的管理数据转化为可供使用的知识，以此提高科技管理水平和技术含量。减少科研立项工作中存在的一些重复性、经费安排不合理、项目依托人不称职等因素，以此指导科研项目立项，促进科技资源优化配置，提高科技经费的使用效益，为管理部门决策提供客观、科学、全面的参考。

五、关于应用难点与策略

数据挖掘在高校应用中的美好前景令人神往，但目前数据挖掘的应用还存在很多难点，主要有数据集成困难、数据挖掘方法有待提高和数据隐私问题。

（一）数据集成

在很多高校中，设计管理信息系统时对数据的收集因素考虑欠缺，导致数据挖掘时缺乏高质量的数据来源，同时对于定义良好的结构化数据很多高校也尚未很好地集成，由此带来了新的挑战。高校应该探索融合结构化、半结构化、非结构化数据的统一模型，同时提高数据采集的质量，充分扩展应用，才有可能挖掘更多有价值的数据。

（二）数据挖掘方法

海量非结构化数据的迅猛增长，给传统的聚类、关联分析等数据挖掘技术带来了巨大的冲击和挑战。因为很多应用方面要求数据的实时分析及关联知识。高校需要紧密关注数据挖掘分析方法的研究动态，同时技术人员也要熟悉校园网业务。

（三）数据隐私问题

数据挖掘的基础是获取更多的个人信息，而且通过分析还可以使数据之间产生关联关系，进而揭示更多的个人隐私。因此，需要设立新的模式来保护个人隐私，这种模式应该更着重于强调数据挖掘者为其行为承担责任。

六、结语

在大数据时代背景下，数据挖掘应用于高校管理是信息化教育发展的一大突破，更对社会的发展有着不可估量的价值。数据挖掘为高校的科学发展提供了新的思路，数据挖掘的结果也为高校合理分配资源提供了重要方法，当然，也引发了新的思考。如何挖掘蕴含在海量数据之中的潜在价值，如何利用挖掘结果构建预测模型，制订教育发展方案实现真正的以人为本的个性化学习，这些问题都值得进一步探讨。

参考文献

［1］维克托·迈尔-舍恩伯格．大数据时代［M］．杭州：浙江人民出版社，2012.

［2］What is Big Data?［EB/OL］．［2014-01-07］．http：//www.villanovau.com/university-online-programs/what-is-big-data.

［3］李婷，傅钢善．国内外教育数据挖掘研究现状及趋势分析［J］．现代教育技术，2010（10）：21-25.

［4］刘雍潜，杨现民．大数据时代区域教育均衡发展新思路［J］．电化教育研究，2014（5）：11-14.

［5］徐鹏，王以宁，刘艳华，张海．大数据视角分析学习变革——美国通过教育数据挖掘和学习分析促进教与学报告解读及启示［J］，远程教育杂志，2013（6）：11-17.

［6］杨永斌．数据挖掘技术在教育中的应用研究［J］．计算机科学，2006（12）：284-286.

科普场馆数字化的新趋势及其典型应用*

朱芸毅　张剑平

（浙江大学　教育技术研究所，浙江　杭州　310007）

摘　要： 信息技术的高速发展给大众带来了全新的科普场馆体验方式，科普场馆中的自持设备、基于位置的服务应用、自然用户界面等理念及其应用，使科普场馆充分发挥了信息技术及现代设施的作用，也大大提升了科普场馆的服务质量。学习国外科普场馆数字化应用的长处，可以为我国科普场馆的发展提供参考，使场馆学习与家庭、学校教育融为一体，使大众科普传播深入到社会中的每一个人。

关键词： 科普场馆　自持设备　自然用户界面　基于位置的服务

一、数字化科普场馆及其新理念

联合国教科文组织在《世界科技报告》中指出：发展中国家与发达国家的差距，从根本上说是知识的差距，是人才和劳动者素质的差距。所以，国民科学素质的高低，不仅对国家经济和个体综合素质的发展有很大影响，而且还决定着整个民族素质的高低，决定着民族的前途和命运。

在博物馆中的非正式学习是学习者自主学习的过程，也是学习者提高自身素质的一个重要环节，学习者必须具有较高的学习兴趣和动机来维持这一学习过程，而且要具备诸如合作交流能力、探究能力、问题解决能力等高级思维能力。此外，信息素养的高低也在很大程度上影响着非正式学习的效果。

国外研究者发现了非正式学习的巨大潜能，并进行了大量的研究，非正式学习正在以其独特的魅力吸引着越来越多的研究者。科学博物馆和科技馆等众多科普场馆，作为非正式学习环境的重要组成部分，鼓励观众动手操作、注重互动性与趣味性的展示方式，成为大众乐于亲近的教育机构，这使得它们在影响参观者的学习方法、思维能力、学习兴趣等多方面都有很大的作用，只要加以适当的引导，它应当能成为许多人一生中非正式学习的重要场所。

当前，我国各级各类的博物馆已经免费开放，科技馆也有免费开放的趋势，这些都是作为吸引大众参与科学学习的措施。在互联网以及信息高速公路不断发展的时代，科普场馆紧跟着信息技术的步伐，发挥着收藏、展览与教育的功能，不仅体现为实体博物馆的资源信息数字化，在网络上提供教育资源，而且还体现在科普场馆新技术与新策略的合理运用上。

由美国新媒体联盟（New Media Consortium，简称 NMC）和马库斯数字艺术教育学院（Marcus Institute for Digital Education in the Arts，简称 MIDEA）合作推出的博物馆教育《地平线报告》中预测 2010 年至 2013 年新兴信息技术在未来五年内将对全球范围内的教育和教学产生重大影响。其中，增强现实技术早在 2010 年就被提出，在 2012 年中增强现实技术更多地与移动技术进行融合，使它变得更为有用和有趣；2010 年，作为手势计算技术中提到的自然用户界面，在接下

* 基金项目：国家社会科学基金教育学课题“虚实融合环境中的非正式学习模型及其应用研究”（BCA130018）、浙江省科技计划项目“智能化办事大厅信息展示与交互平台的研制”（2013C33050）。

来的几年中仍为预测的热点；从2010年的移动通信使用到2011年的平板电脑，再到2013年的自持设备，参观者期待博物馆能提供更多的数字资源和内容，希望可以通过个人设备实现与这些内容的互动，手持移动设备的使用也在发生变革。如表1所示。

表1　2010年至2013年博物馆教育《地平线报告》中列出的技术趋势

趋势类型＼年份	2010	2011	2012	2013
近期趋势（1年内）	移动通信、社交媒体	移动应用、平板电脑	移动应用、社交媒体	BYOD（自持设备）众包
中期趋势（2—3年内）	增强现实、LBS（基于位置的服务）	增强现实、电子出版	增强现实、开放内容	电子出版、LBS（基于位置的服务）
远期趋势（4—5年内）	手势计算技术、语义网	数字资源保存、智能物体	物联网、自然用户界面	自然用户界面、保护和保存技术

本文围绕《地平线报告》2013年预测的博物馆数字化技术的近期趋势、中期趋势与远期趋势，讨论新兴的三个新理念在科普场馆中的应用案例。

二、自持设备的应用

（一）概述

BYOD的全称为Bring Your Own Device，译为自持设备，是指人们在一个公共环境中学习或者工作时使用自己的笔记本、智能手机等设备，实现随时利用随身便携设备进行学习。这一术语是2009年英特尔公司发现越来越多的员工在上班时间使用自己的设备和同事交流而提出的，企业发现在管理上推行自持设备这一政策后，员工的工作环境与时间变得富有弹性，这一举措不但促使员工工作效率大大提升，还减轻了公司在提供设备方面的经费压力。

不论是作为展品展示的补充功能，还是在员工间交流互动的管理上，自持设备在博物馆中的运用为博物馆员工提供了便利，节省了购买设备的经费。目前，教育类APP的大量开发促使博物馆参观者使用更具个性化的自带设备，使得博物馆中的APP应用成为自持设备的主导者，开发优秀的APP成为成功吸引用户使用自持设备的关键。

（二）应用案例

应用自持设备的典型案例之一是克利夫兰艺术博物馆。在该博物馆一楼展厅放置了可互动的触摸屏，参观者通过触摸观赏展品，可以将自己喜爱的展品收藏，自带安装了相应APP的iPad可以同步喜爱的展品。这个应用不仅包括了展品的试听资料，还有整个展馆的地图与相应位置的展品信息，参观者可以利用自带的设备策划自己在馆中的行程，得到满意的体验旅程，策划的路线还可以取名后与网友分享。在该博物馆中，展品的信息不再是挂在墙上厚重单调的文字，整个应用过程也使参观变得乐趣横生，增加了参观者参与的积极性。但是，自带设备中的APP包含了大量展品的信息，想要畅通下载，提供免费快速的WiFi将成为关键，连接网络的安全性也是十分重要的，剩余的就是软件开发与用户体验的问题了。

克利夫兰艺术博物馆的案例表现了自持设备在展品展示中带给参与者的魅力，自持设备应用模式给市场开拓者与残障人士也带来了机遇与便利。墨西哥美术博物馆运用自持设备后，参与者参观博物馆或参与活动时，可在Facebook、Twitter等社交网站实时分享动态与心情，活动中孩子可参与作画并将自己的作品上传分享，将活动宣传到特定范围的人群中，吸引更多感兴趣的参与者参与到类似的活动中；布达佩斯美术博物馆专门为听力有障碍的观众开发了一款应用软件，这款应用软件中包含了150幅画作的手语介绍视频，为残障人士提供了便利。

国外对移动终端的开发利用案例不胜枚举，创意繁多，我国的科技馆与博物馆也在紧跟世界发展的潮流。例如，中国科技馆、中国国家博物馆、苏州博物馆等先后开发了手机及平板电脑导览等应用程序。2012 年 5 月“苏州博物馆移动智能终端应用”开始了服务之旅，苏州博物馆的 APP 应用包含了馆藏、展厅、图库、活动等多种功能，除了图片与文字，还有固定的音频音乐。如介绍一段江南特色的民乐，观众在欣赏视觉盛宴时也能获得听觉的享受。湖南省博物馆收藏了齐白石先生艺术作品的部分藏品，包括绘画、篆刻、书法等艺术作品在内，博物馆设计了一个以“白石墨韵”为专题名的 iPhone 手机应用，观众不仅可通过图片与文字了解齐白石先生的生平、逸闻与作品，还能参与例如虚拟盖章、给大师作品“找茬”等互动小游戏，形式新颖，寓教于乐。

三、自然用户界面及应用

（一）概述

自然用户界面是指用户以自然语言（如触屏方式、身体动作等）为输入方式，与新一代设备（智能手机、平板电脑等）进行互动，用户可以参与虚拟活动，采用类似于他们在现实世界中用到的动作，直观地操纵内容，随着高精确度系统的快速发展，自然用户界面变得格外有趣，高精确度系统能够理解人的手势甚至面部表情的细微变化。它的发展可以追溯到 20 世纪七八十年代的人机交互实验。2006 年，任天堂 Wii 游戏机可以捕捉玩家动作和手势，实现了在家打网球、高尔夫等运动；2010 年，微软推出的 Kinect 使用更加高精确度的系统，拥有的摄像头与 3D 深度探测使其成为自然用户界面的成功典范。

（二）应用案例

《美国国家地理》邀请 Unified Field 参与设计华盛顿一场名为“鸟之天堂”的人机互动体验，互动模仿了 Kinect 跳舞机的形式，根据鸟类的一系列求偶动作设计 3D 模型，两名体验者在屏幕前的跳舞区进行鸟类动作的模仿比赛，不但机器可以捕捉到体验者的动作进行评估，而且周围的参观者也可以参与互动，对体验者进行反馈评价，模仿雌鸟的形态。其中，使 3D 模型动作设计符合人体运动规律是一个难点，撇开技术上的问题，应考虑如何让消费市场上颇受欢迎的自然用户界面项目在博物馆中发光发亮。在展览中，从根本上让人们在肢体上动起来，与展品进行互动是一个有潜力的联系，可在展览一幅画作时，提供一个虚拟画架和作品作者当时使用的工具，或抓取参观者的面部特征，寻找千年前相似的脸庞等系列的互动环节；更多的内容都是透过技术表达而不是停留在技术层面，试想一下，坐在计算机前单击鼠标和拿着 iPad 随意滑动，使用者在互动的时候，心理有微妙的不同，计算机的使用增强了工作的代入感，携带 iPad 参观展品时，重心落在展品上，人机交互只是作为全身心感受展品的工具。

南京博物院数字馆突破了传统模式，减少了传统展板和展品实物陈列的方式，采用了“分列式多屏幕”“二维码”“3D 屏幕”等多媒体展示形式，并使用“实时抠像”“动作捕捉”等数字技术，场馆内有免费网络，在基于实体展示的基础上，扫描二维码的应用拓展了观众的游览视野；结合着数字化展示，通过触摸板模拟制作陶器，利用手势识别技术开发射击游戏等可增添访问者的乐趣；3D 影院创造了一个逼真生动的展示环境，将观众带入时光河流之中；以网络为平台，观众自己制作的内容通过遴选将推送到展馆展示，集合大众的智慧精粹和情感。在这样一个多媒体的环境下，观众可以体验到知识与人的交互性，感受科学带来的魅力。由此，南京博物院已成为南京接待游客的著名景点之一。

四、基于位置的服务及其应用

（一）概述

基于位置的服务（Location Based Service，简称 LBS）是根据移动终端所在位置，通过无线电给用户提供一个动态的信息以便用户自定个性化设置，通常准确的位置信息通过 GPS 等卫星定位的数据进行定位，随着新技术的发展，室内精确位置的标定也得到实现，主要依靠无线定位技术如红外 IR、蓝牙、超声波、电子标签等得到实现。目前，基于位置的服务已经涵盖了广告、新闻、社会网络等相关服务业，在商业领域已经很透明，下一步关注的是在室内获取精确位置服务，以让客户自己取得信息制订相应的计划。近来，博物馆也开始针对自带设备参观的顾客提供免费 WiFi，以便其获取所在位置和特定信息，使个人体验更个性化。

（二）应用案例

芝加哥艺术博物馆的“芝加哥艺术馆之旅”提供安卓与苹果系统的免费 APP“室内 GPS”，智能手机使用者可以在下载的地图上看到代表休息室、各种艺术品的蓝色光点，参观者可以根据自己的喜好选择 50 多种不同路线探索博物馆，或探索博物馆中不熟悉的区域。这既满足了每位参观者的需求，又可以使他们在参观过程中体验个性化的服务。当然，在使用位置服务过程中，要达到最好的体验效果，免费网络是不可缺少的。从软件下载到定位功能的使用，不论是什么应用，都预见了无线网络的不可或缺。假设定点位置所在的信息需要更新，那么势必要使用 WiFi，这就创造了网络向访问者开放的双赢局面。

南京市“甘家大院”的导览系统可以根据观众的参观地点进行消息的定点推送，安装甘家大院的 APP 后，当观众踏入大院门的那一刻，手机上会立刻收到一条推送信息，以语音讲解的方式介绍甘家大院的前世今生，跟随着人群参观各处的展品时，手机上也可智能定位出参观地点，“讲解员”开始讲解各个展品的特色和特点，根据定位系统，观众可以自行制定游览路线，即便是洗手间也可以根据手机的 GPS 定位出来。

五、小结

数字化科普时代给大众带来了革命性的全新场馆体验。在信息技术飞速发展的今天，科普场馆应当要把握现代技术特征，选择合适的方式在科普场馆内进行展示和科普活动。截至 2012 年 12 月底，我国手机网民规模达 4.2 亿，但是与国外相比，室内定位等数字化场馆应用相对还不够成熟，除了应用先进的信息技术，科普场馆还要满足不同层次参观者的需求，更重要的是学习活动设计的科学性与合理性，在这方面，国外优秀的科普活动形式与有特色的科技展品都值得我们学习。

参考文献

[1]许蓉．联合国教科文组织 1996 年度世界科技报告[J].世界科技研究与发展，1996(5)：74-75.

[2]赵军,王丽．新媒体在科普中的应用及相关问题研究[J].科普研究,2012(6):46-51.

[3]李若新．浅谈科技馆未来发展方向[J].才智，2012(8):341-342.

[4]顾洁燕,王晨．试论当代数字博物馆的模式和发展[J]. 科普研究，2011，6(4):39-44.

[5]周荣庭，黄堃．科普产品的数字化创新[J]. 科普研究,2008(5):33-37.

[6]周祥云，钱慧，余轮．基于 RFID 的博物馆人机互动定位系统[J].微型机与应用，2011(20):99-102.

[7]唐科萍，许方恒，沈才樑．基于位置服务的研究综述[J]. 计算机应用研究，2012，29(12)：4432-4436.

[8] Johnson L. F. ,Witchey H. . The 2010 Horizon Report：Museum Edition[J]. Curator：The Museum Journal，2011，54(1)：37-40.

[9] Johnson L. , Adams S. ,Witchey H. . The NMC Horizon Report：2011 Museum Edition，2012.

[10] Johnson L. , Adams S. ,Witchey H. . The NMC Horizon Report：2012 Museum Edition，2012.

[11] Johnson L. , Adams S. ,Witchey H. . The NMC Horizon Report：2013 Museum Edition，2013.

[12] What Do Visitors Say About Using Mobile Devices in Museums? [EB/OL]. http://www.vam. ac. uk/b/blog/digital-media/museum-visitors-using-mobile,2014-1-10.

[13] Natural user interface[EB/OL].[2014-

01-12]. http://en. wikipedia. org/wiki/Natural _ User_Interface.

[14]Johnson C. The Evaluation of User Interface Notations[M]//Design, Specification and Verification of Interactive Systems. Springer Vienna, 1996: 188-206.

[15] 5 Lessons In UI Design, From A Breakthrough Museum[EB/OL].[2014-01-20]. http://www. fastcodesign. com/1671845/5-lessons-in-ui-design-from-a-breakthrough-museum#5.

[16] Art Institute of Chicago Becomes First Art Museum to Offer Tours With "Indoor GPS" for Apple and Android Devices[EB/OL].[2014-01-20]. http://www. prweb. com/releases/2013/2/prweb10448885. htm.

[17]Javed T ayyab. Enabling Indoor Location-Based Services Using Ultrasound [D]. Kingston: Queen's University,2013.

[18] Ni L. M., Liu Y., Lau Y. C., et al. LANDMARC: Indoor Location Sensing Using Active RFID[J]. Wireless Networks, 2004, 10(6):701-710.

[19]Why WiFi Networks are the Future of Location-Based Mobile[EB/OL].[2014-01-20]. http://nfarina. com/post/50427245962/meridian-goes-to-aruba-why-wifi-networks-are-the.

[20]郝倩倩.移动技术在科技馆中的应用[J].科普研究, 2013(3):82-86.

基于学科专业的文献摘要个性化管理系统设计与开发*

陈锋娟　赵呈领　徐晶晶　马　丹

（华中师范大学　教育信息技术学院，湖北　武汉　430079）

摘　要：科学研究过程中需要调研学习大量文献，在这个过程中对文献的选择以及管理是非常关键的。本文根据实际需要，构建了基于学科专业的文献摘要个性化管理系统。系统中提供了学科专业文献数据库和搜索引擎，另有自主收藏管理、在线学习、论坛等功能模块，可为学科专业文献摘要的检索以及管理、学习等提供有力支持。本文以教育技术学专业为例，详细地介绍了系统的设计与开发过程以及系统的应用价值。

关键词：学科专业　文献摘要　个性化　系统

一、引言

在科学研究或学习工作中，为避免做重复工作或少走弯路，往往需要大量的文献调研工作来了解、借鉴已有的研究。文献调研是一个极其烦琐复杂的过程，单从文献的数据量上就足以说明这一点。如在中国知网中，笔者曾以“教育技术”为关键词进行检索，得到了共 2411506 个结果；以“教学设计”为关键词进行检索，得到了共 1636499 个结果；以“教育信息化”为关键词进行检索，得到了共 200660 个结果。可以看到，这些文献的数量非常庞大，对这些文献筛选、归类、学习是非常耗时、耗力的。然而，在实际的学习研究中，这些文献不可能全部符合某一学习者的需求，例如有关“教育信息化”的文献，有理论探究类的，有资源建设类的，有技术支持类的，等等。有时候学习者可能只需要其中一个分类的文章，甚至不同的学习者，他们对同一篇文献的需求和理解也会有所不同。如果学习者将每一篇文献都拿来通读一遍以确定其研究内容，然后再决定是否进一步精读学习，这样会花费大量的时间和精力。那么，如何快速地确定文献的研究内容以决定是否对其进行分类管理和学习呢？我们知道，仅通过文献题目或关键词不能准确定位文章所讨论研究的问题，而学术论文的摘要是论文发表及检索的重要因素，它篇幅不长，却可以直观明了地为读者提供文章的主要研究内容。[1]所以，在实际的学习研究过程中，可以通过阅读文献摘要来确定文章的研究内容，从而选择是否进一步学习该文献。

根据这一需要，笔者构建了基于学科专业的文献摘要个性化管理系统（以下简称文献摘要管理系统），实现学习者文献摘要的检索、自主收藏管理以及学习交流等功能，可为学科专业相关学习研究者的文献调研工作提供帮助。

二、系统的设计

（一）设计理论依据

本系统是以认知负荷理论和建构主义学习理论为依据来设计开发的。认知负荷理论认为在学习过程中要尽量降低外在认知负荷以提高学习者的学习效率。[2]在文献摘要管理系统中，数据库中所有文献资源均是与专业密切相关的文献，因此用户在搜索资源时，可以避免花费大量的时间

* 本文受“十二五”国家科技支撑计划项目“低成本体验式农村信息服务关键技术与终端研发”（项目编号：2012BAD35B02）基金资助。

和精力去筛选与本专业不相关或相关性不强的资源，从而提高查找文献的效率。此外，系统界面统一、导航清晰、容易操作、没有过多冗余的动画视频新闻、信息整合性呈现，有效地避免了学习者在学习过程中分散注意力，降低了学习者学习过程中的外在认知负荷。此外，本系统设计还根据建构主义理论所强调的学习过程的情境性和协作性以及学习者的主动性[3]，同时参照 PLE[4] 特征，不仅为用户提供了个性化的学习空间，促进学习者的个性化学习，而且还设计了学习论坛模块，供不同空间领域的学习者跨时空进行知识的交流和共享，促进协作性学习的发生，有效调动了学习者的学习积极性。

（二）系统的结构设计

基于学科专业的文献摘要个性化管理系统是在 Visual Studio 2010 开发环境下，使用时下比较流行的三层架构方法进行的系统开发。三层架构，即将系统分为表示层、业务逻辑层和数据访问层，这三部分独立性强，以最少的耦合协同工作，使应用系统具有较好的稳定性和兼容性。[5]

1. 表示层

表示层，位于系统的最外层，离用户最近。该层是文献摘要管理系统为用户提供的一种交互式操作界面，用于接收用户输入的数据和显示结果数据，即通过接收用户请求将经过数据访问层和业务逻辑层处理过的信息呈现给用户。在页面设计过程中，运用了 CSS+DIV 技术对网页进行布局和编辑，同时也使用 Photoshop CS5 等美图工具进行了页面美化。

2. 业务逻辑层

业务逻辑层，位于数据访问层和表示层中间，在数据交换中起核心作用，负责逻辑性数据的生成、处理和转换。包括文献摘要管理系统领域的全部业务逻辑，即系统内文献摘要检索模块、个人空间模块、交流模块以及管理员模块等的全部业务逻辑。

3. 数据访问层

数据访问层，也称持久化层，主要负责数据库的访问，即对数据库中数据表的查询、增加、删除、更改等具体操作和处理。文献摘要管理系统数据库中主要是学科专业文献资源、留言信息、注册用户的基本信息、与用户相匹配的收藏文件夹信息、文献信息和学习笔记等。本系统使用的数据库为 SQL Server 2008。

（三）系统的功能模块设计

1. 功能模块

对于文献摘要管理系统，在表示层、业务逻辑层和数据访问层的整体架构基础上，笔者设计了管理员模块、资源检索模块、用户模块和交流模块。文献摘要管理系统的功能结构模型如图 1 所示。

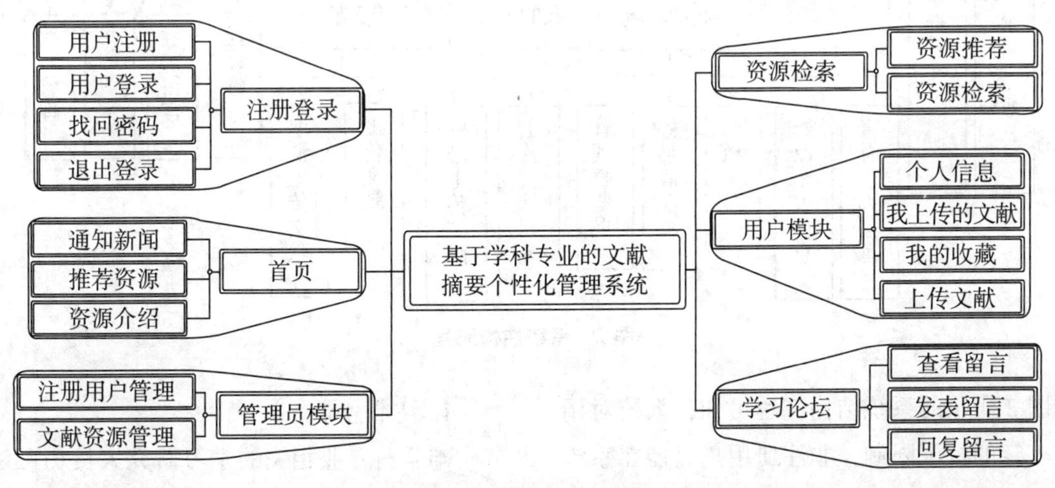

图 1　系统的功能模块

2. 功能模块分析

管理员模块主要是实现管理员对网站的维护、对网站资源及用户的管理等。

资源检索模块是文献摘要管理系统的核心模

块，供用户在系统中检索文献摘要。

用户模块是文献摘要管理系统中用户的个人学习空间，该模块又分为个人信息、我的收藏、我上传的文献、上传文献四个小栏目。个人信息用于显示用户的基本信息；我的收藏栏目中有用户自定义的收藏文件夹以及每个文件夹下对应的收藏文献；我上传的文献是用户向系统中上传文献的详细列表；上传文献实现的是用户向系统中上传文献以实现资源共享的功能。

学习论坛是文献摘要管理系统中供用户与其他用户相互联系的途径，用户可以在此查看、发表或回复留言，与其他用户实现跨时空互动交流。

通过上文所述可知，资源检索模块、用户模块、学习论坛三个模块是文献摘要管理系统的核心组成部分。三个模块从不同角度相辅相成，共同实现了对用户文献学习研究工作的支持。用户在系统中不仅可以检索、查阅学科专业文献摘要信息，对这些摘要进行自主分类收藏管理。还可以通过学习论坛模块，随时随地与其他用户进行异地实时或非实时的互动交流，实现思想碰撞或协作获取问题解决的办法，实现信息技术环境下学习方式由“封闭式的自我学习”到“分布式的协作学习”的转换。[6]

三、系统的具体应用与特色分析

（一）系统的具体应用

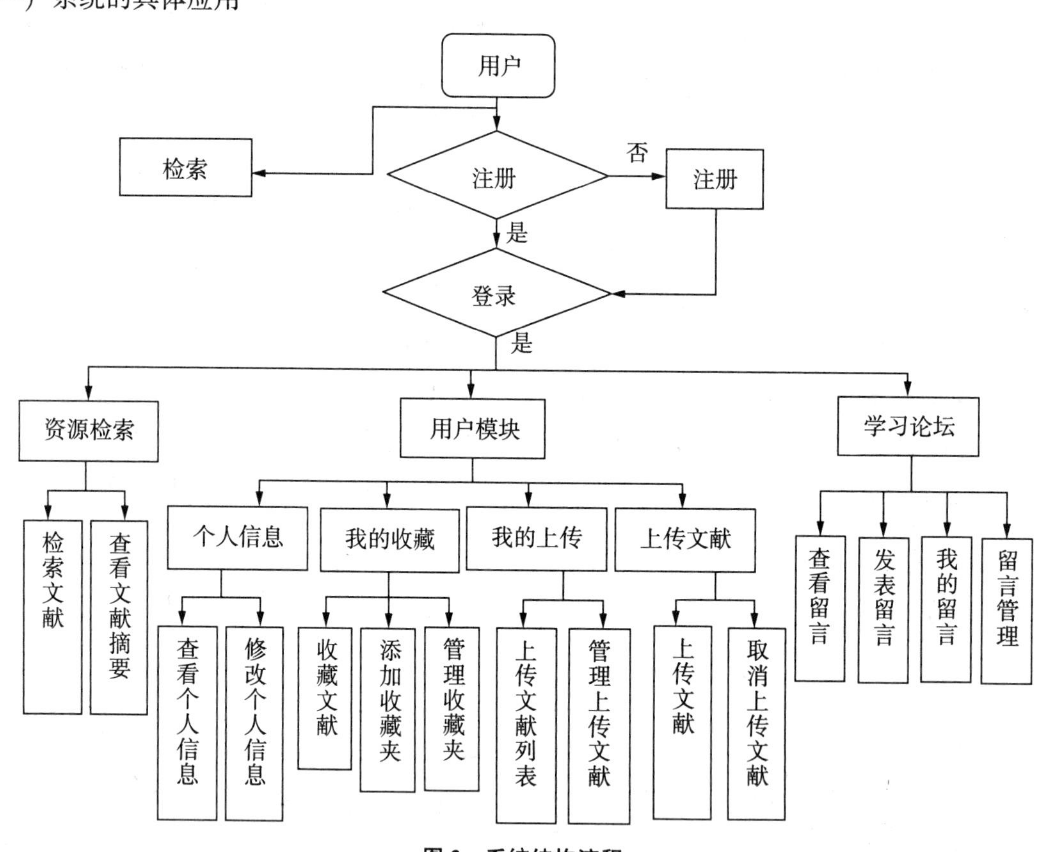

图 2　系统结构流程

如图 2 所示的系统结构流程可知，系统对用户设有一定的权限限制，非注册用户只能在系统中简单地检索文献，只有注册用户才能进一步使用本系统。下面笔者将结合系统结构流程图详细介绍系统的具体应用。

1. 注册登录

与学科专业相关的学习研究人员均可注册使用本系统。注册时用户需在注册页输入用户名，通过验证，确保此用户名在系统中无重复后，可继续填写密码、邮箱、性别、学历、职业、研究领域等信息完成新用户创建。注册成功的用户可在登录界面输入正确的用户名和密码登录本系统。用户若忘记密码，可以在找回密码页面通过填写正确的个人信息找回密码。

2. 首页

用户登录成功，自动跳转到系统的首页面。首页面分为资源简介、资源推荐、新闻通知等三部分内容。用户在资源简介部分可以查看系统的资源介绍，了解系统的资源信息和具体应用；资源推荐部分会根据用户请求的历史数据记录，推送给用户一些相关文献；新闻通知部分主要是呈现与学科专业方面相关的新闻动态以及系统的公告通知等。

3. 资源检索

在首页的搜索引擎中，用户通过选择文献研究领域，如教育技术学专业的领域分支远程教育、教学设计、教师专业发展、教育信息化等限定检索范围；再选择按照文献名称、作者或关键词来检索文献，可使检索出的结果更加精确，最大限度地满足自己的学习需求。检索结果按阅读量从高到低的顺序呈现。当鼠标指针经过某篇文献，页面就会显示该篇文献的摘要信息，用户通过浏览文献摘要，确定文献研究内容，从而进一步选择收藏、下载或在线阅读。

4. 用户模块

如前所述，用户模块相当于用户的个人学习空间，包含有个人信息、我上传的文献、我的收藏、上传文献四个栏目。

在个人信息栏目下，用户可以查看并修改注册时填写的全部个人信息。

我的收藏栏目是供用户收藏、管理文献所用。系统中本栏目不是“鼻子眉毛一把抓”，将用户收藏的所有文献全部放在一个收藏夹下，而是满足用户的个性化学习需求，让用户根据自己的理解和需要对文献进行自主分类收藏。即用户可以在系统中新建并命名多个收藏夹，收藏文献时可以选择自建的文件夹实现对文献的自主分类收藏。用户还可以在系统内阅读文献全文，对于用户收藏的文献，在阅读学习过程中，用户可以在系统内添加学习笔记，以记录自己学习过程的学习感悟或有待思考解决的问题。当然，用户也可以选择将文献下载至本地计算机后再展开进一步的学习。

在我的上传栏目下，用户可以浏览、管理自己向系统上传的文献。

在上传文献栏目下，用户可以通过填写文献名称、作者、关键词、摘要等信息向系统中上传文献，使用户不仅是系统资源的消费者，也成为系统资源的贡献者，实现用户从信息消费者到信息产销结合者的角色转换。为保证数据库中数据的正确性与唯一性，提高查询结果的准确度，用户在上传文献时需要经过管理员审核，只有审核通过，才可成功上传文献。

5. 学习论坛

用户进入学习论坛模块后可参照快速导航栏，单击“查看留言”按钮，按照主题查看系统内用户的留言及留言回复，并选择感兴趣的留言主题进行回复；单击“发表留言”按钮，填写留言主题、留言内容等发表新的留言；单击“我的留言”按钮，可查看并管理自己的全部留言以及其他用户的回复信息。

综上所述，文献摘要管理系统的重点是为用户提供学科专业文献摘要检索工具。系统中所有的文献资源录入数据库时均需要审核其所属的学科研究领域，这样用户在系统中便可通过限定研究领域缩小检索范围，再输入关键词、作者信息来检索文献摘要。如此一来，不仅提高了查询效率，也同时确保了检索结果的全面性和准确性。系统还添加了收藏管理和学习交流功能，用户检索完毕，可根据自己的学习需求对文献摘要信息进行自主收藏管理或学习，用户在系统中还可以与系统中的其他用户展开实时或非实时的交流互动，实现专业知识学习共同体的建立，提高学习者的学习主动性。文献摘要管理系统是一个基于Web的、具有专业针对性的，资源检索、资源获取、学习、交流一体化的文献研究辅助支持性软件；是与学科专业相关学习研究人员用以检索获取、管理专业文献摘要，学习文献和进行专业知识交流共享的开放性平台。

（二）系统的特色分析

通过对系统的应用分析以及与其他类似软件的对比分析，基于学科专业的文献摘要个性化管理系统具有以下特色。

1. 具有专业针对性的资源支持

基于学科专业的文献摘要个性化管理系统并不是完全意义上的网络版文献管理软件，一般的文献管理软件只重视文献管理这一核心功能的实现，忽略了对学习过程中学习资源的支持。本系统加入了资源数据库，它不像中国知网、万方数据库一样容纳各个学科领域，而是一个小而精的、具有学科专业针对性的数据库，可为专业研究人员提供具有针对性的学习资源支持。

2. 注重学习者的个性化需求

工具性软件满足用户的需求是首要的，需使用方便且能有效提高工作效率。[7]本系统不仅操作简单，易于上手，且在满足用户基本需要的同时考虑了用户的个性化需求，用户可以自建子目录，根据自己的学习需求完全自主地分类收藏、管理和学习文献。与将所有文献不分研究方向、混乱地收藏在一个文件夹下的管理相比，显然前者更能为学习者的文献管理学习提供有效的帮助。

3. 注重学习研究中的协作交流

文献摘要个性化管理系统不仅为用户文献调研学习过程提供资源支持和文献管理工具性支持，而且还注重学习过程中的协作交流。系统中学习论坛模块的设置打破了传统软件仅用于个人用户的限制，学习者可以在论坛中畅所欲言，阐明自己的观点和遇到的问题，变单调乏味的文献研究为互动的、探讨的、有意义的学习过程，这样有助于有效激发学习者的学习积极性。[8]

四、总结与展望

基于学科专业的文献摘要个性化管理系统是一个集文献检索功能、文献自主分类收藏功能、在线阅读功能、论坛交流功能于一体的，资源丰富且具有专业针对性的专业文献摘要个性化管理系统。系统打破传统的文献调研方式，大大提高了文献调研速度；个性化的管理方式，有助于实现学习者的个性化学习；跨时空的协作交流，促进了专业知识学习共同体的构建，能够有效激发学习者的学习兴趣和学习积极性。以教育技术学专业为例运行该系统，经过一段时间小范围的测试和使用，得到的反馈是该系统能够较好地帮助教育技术学专业的学习研究者对文献的搜集、管理和学习。

在下一步的设计开发中，系统会更加注重用户的个性化需求，如在资源推送方面加入数据挖掘技术的使用，使推荐给用户的资源更加切实符合用户的学习需求；注重通过对用户个人数据的统计分析，定制满足用户学习偏好的页面信息呈现方式、页面链接等。此外，系统的交互功能也有待于进一步加强和完善。

参考文献

［1］葛冬梅，杨瑞英．学术论文摘要的体裁分析［J］．现代外语，2005（2）：138-146，219.

［2］尹睿，何丽珍，彭丽丽．个人学习环境构建方式与实现技术的对比分析［J］．中国电化教育，2013（9）：10-15，27.

［3］Paul Chandler，John Sweller. Cognitive Load Theory and the Format of Instruction［J］. Cognition and Instruction，1991，8（4）：293-332.

［4］何克抗．建构主义——革新传统教学的理论基础（上）［J］．电化教育研究，1997（3）：3-9.

［5］徐枫．ASP. NET 三层架构体系分析与应用［J］．数字技术与应用，2011（8）：109-110.

［6］祝智庭，陈丹．技术推动协同创新——解析“红气球项目”引发的美国公立大学本科教育变革［J］．开放教育研究，2013（15）：12-19.

［7］谢群．文献管理软件的功能层次划分理论研究——以 Endnote 为例［J］．现代情报，2008（4）：113-114，117.

［8］钱彦琮，覃炳庆．沟通、互动：有效地激发学员学习积极性［J］．高等教育研究学报，2000（3）：86-87.